DOMA ALTERNATIVA
LA REVOLUCIÓN
EN HORSEMANSHIP

DOMA ALTERNATIVA
LA REVOLUCIÓN
EN HORSEMANSHIP

THE REVOLUTION
IN HORSEMANSHIP
And what it means to mankind

Doctor Robert M. Miller
y Rick Lamb

LETTERA

Sevilla, 2008

Director editorial: Joaquín Fernández Cepedello.
Coordinadora editorial: Mª José Fernández Fernández.

Copyright © 2005 del Dr. Robert M. Miller y Richard A. Lamb.
Diseño de la portada de Linda R. Loiewski.
Fotografías por Coco
Foto de contraportada de Tom Dorrance por Julie Baldocci

© 2008 Grupo Lettera S. L., Sevilla. De la edición para todos los países de habla española.
© Traducción lengua española, Grupo Lettera S. L.
Traducción: Juan Gállego Gil y la colaboración inestimable en la corrección de textos de Edgar Guerrero.

Diseño y Maquetación: Lettera Design.
Impreso en España. Printed in Spain.
Imprime: Publidisa
Es una realización de:
Grupo Lettera S. L.
Pol. Ind. La Red Norte C/6, parcela 54, nave 13.
41500 Alcalá de Guadaira (Sevilla).
Centralita/Fax (+34) 954 424 300
www.letteranet.com
E-mail: lettera@letteranet.com
NIF: B-41359779
D.L.: SE-0404-08
I.S.B.N.: 978-84-96060-19-7

Este libro está dedicado a la memoria de Tom Dorrance,
el padre de esta revolución en horsemanship.

Horsemanship es la relación existente del hombre que quiere
comprender las actitudes y comportamientos del caballo;
y del caballo, que acepta voluntariamente al hombre
como líder haciendo lo que éste le pide. Es una suma
de conocimientos, manejo, capacidad y voluntad
de comunicación entre hombre y caballo.

CONTENIDO

AGRADECIMIENTOS

Desde hacía varios años quería hacer un libro titulado La Revolución en Horsemanship, pero mis intereses y proyectos diversificados, que incluyen medicina veterinaria, horsemanship, ciencia del comportamiento, antropología, historia, esquí, escribir y diseñar, me han dejado muy poco tiempo libre para dedicar a este formidable proyecto.

Así pues, estoy muy agradecido a mi co-autor, Rick Lamb, con su experiencia en estos medios, en la industria del caballo y con notables dotes de comunicador, cuando me propuso en 2002 que podríamos colaborar en este libro.

Aunque somos de diferentes procedencias y nos separa más de una generación en edad, somos extraordinariamente compatibles e igualmente entusiastas de esta revolución.

Las opiniones de mi esposa, Debby, que ha sido, además de esposa, cariñosa colaboradora que comparte mi pasión por el horsemanship, han sido de mucha ayuda.

Para terminar, quiero expresar mi profundo agradecimiento a los instructores/profesionales involucrados en esta revolución. Ellos han probado que los conceptos sobre el entrenamiento de caballos que concebí en mi juventud son válidos. Sin ellos, la revolución, con su trascendental lección de cómo los seres vivos pueden comunicarse, mientras rechazan el uso de la coacción, nunca podría haber existido.

Doctor Robert M. Miller.
Enero de 2004

Mientras que mi socio en este proyecto tiene en su haber varios libros, para mí éste es el primero, y desearía extender mi sincero agradecimiento a aquéllos que me han ayudado, directa o indirectamente, para completarlo.

A Bob Miller, por su amistad, generosidad y dedicación tanto a los caballos como a la ciencia; a Hugh Downs por su amable prólogo; a J.P. Giacomini, Cherry Hill, Fran Jurga, Dr. Michael Collier, Jane Crosen y Steve Price, por sus inapreciables comentarios sobre el manuscrito; a los numerosos fotógrafos y artistas colaboradores por permitirnos usar sus trabajos; a mis viejos amigos y empleados en Lambchops Studios, Susan Bolin y Jim Sherry, por mantener el negocio en marcha, mientras yo estaba con los caballos; a los patrocinadores, empresas afiliadas, invitados y oyentes de mi programa de radio por creer que lo que tenía que decir valía la pena escucharse; a mis hijos Ryan, Todd y Blair, y a mis padres, Dick y Ann Lamb, por apoyarme en todo lo que he emprendido; a mi suegra, Laura Baines, por alimentar a los caballos cuando yo no podía hacerlo; y, más que nada, a mi esposa y mejor amiga, Diana, por darme el apoyo para intentar cosas nuevas y disfrutar de la vida diaria.

Rick Lamb
Febrero de 2004

PRÓLOGO

En la relación entre las especies de este planeta es muy raro que pueda producirse un cambio profundo, amplio y rápido. La simbiosis en las relaciones se han producido, pero ello ha sido a lo largo de largos períodos de tiempo.

Equus caballus y *Homo sapiens* han sido compañeros en la tierra durante una fracción de tiempo mensurable. El caballo primigenio, del tamaño de un perro, en el Eoceno, estaba destinado a crecer a través del tiempo hasta el momento en que aparecieron los humanos; y el caballo ha estado ligado a la vida de la humanidad de una forma u otra desde que se ha escrito la Historia. En la *Ilíada*, de Homero, Héctor era un domador de caballos, una ocupación que demandaba habilidad y fuerza, ya que un caballo podía pesar diez veces más que su entrenador.

Aunque seguramente en lugares aislados hubo personas que, de tiempo en tiempo, esporádicamente, pensaron que se podía ser suave con los caballos y no someterlos a abusos, la revolución en nuestra relación con el caballo que estamos viviendo hoy en día en todo el mundo es algo único.

La difusión de la idea de que las nuevas y más humanitarias técnicas para conseguir caballos que cooperen con sus maestros humanos resultan en un mejor entrenamiento y una asociación más estrecha, hace que nos preguntemos por qué durante tantos siglos la mayoría de la gente pensara que el espíritu del caballo debía ser "quebrado", antes de que pudiera ser montado con seguridad. Existen varias razones para esto, y en este libro las detallaremos claramente.

Existía cierta coincidencia cuando conocí a Rick Lamb durante varios años y a Bob Miller por más de medio siglo. Grabé varios programas de audio en el estudio de Rick antes de que supiera su interés por los caballos; y estuve en un rancho en el que Bob Miller actuaba como vaquero, antes de convertirse en Doctor en Medicina Veterinaria.

Si tienes un poquito de interés en el mundo de los caballos y lees este libro, te interesarás aún más. Si ya estás seriamente interesado, te entusiasmará. Una de las cosas que más me impresionaron es la teoría del autor de que esta revolución no solamente produce maravillas en el caballo, sino también en el humano: la propia comprensión de sí mismo y la mejora en la cooperación entre nosotros se revelará en la aplicación de estas nuevas técnicas.

Hugh Downs
2 de Junio de 2004

PREFACIO

La esperanza de los autores de este libro es proporcionar perspectiva histórica y comprensión técnica del fenómeno que hemos llamado revolución en horsemanship. También espero que este libro unifique fuerzas dentro de la comunidad hípica mundial, un tanto fragmentada, y en el interés público en estos temas, que se ha incrementado considerablemente en los últimos tiempos.

El miedo a que se enfrentan los autores, al abordar un tema de este calibre, es olvidarse de alguien o de algo que debería haberse incluido, o haber incurrido en algún error. Es enteramente posible que algunos lectores piensen que hay otros sistemas diferentes de los que explicamos, en uno u otro aspecto. Si sucede esto, les exhortamos a compartir sus sentimientos e ideas con nosotros.

Aunque podríamos seguir adelante sin decirlo, queremos dejar muy claro que no hay ninguna discriminación genérica asociada al término horseman, como tampoco la hay en la palabra humanidad. Además, sin la aportación femenina a la especie humana, no existiría ninguna revolución en la relación del hombre con el caballo ni en nada más que podamos discutir.

Finalmente, esperamos que todo aquél que lea este libro aprecie su amplia implicación y significado: que la comunicación entre diferentes individuos es posible sin el uso de la fuerza. Entendemos que ser coactivo es un rasgo natural e innato en algunas especies, incluyendo la nuestra, pero esta revolución en horsemanship (en la relación entre el caballo y el humano) ha probado una vez más que, como especie racional, podemos dejar aquel instinto a un lado y aumentar inconmensurablemente nuestra habilidad para comunicarnos.

PARTE I

CAPÍTULO I

LA EQUITACIÓN NATURAL

EN LAS ÚLTIMAS DÉCADAS del siglo XX se inició en América una revolución que se extendió por la mayor parte del mundo. No fue una revolución corriente. No se dispararon armas, no fue derrocado ningún gobierno y no se alteró ninguna frontera geográfica. No obstante hubo heridos: la ignorancia, la injusticia y los comportamientos surgidos de ella, murieron, como si una enorme espada hubiera traspasado sus corazones. En su lugar, emergieron nuevas formas de pensar y de actuar, bien respaldadas por el progresismo de la cultura en general y el mayor poder económico. Cuando el polvo se asentó, la revolución había incrementado extraordinariamente las relaciones entre millones de personas... y sus caballos.

Durante más de 6.000 años, el hombre había intentado salvar el abismo que existía entre su propia especie, el máximo predador, y el caballo el animal-presa genuino. La razón era simple: el hombre necesitaba al caballo. Necesitaba su fuerza, su velocidad, su resistencia. Necesitaba la ventaja que el caballo podía proporcionarle en su batalla por la supervivencia y el progreso. Pero la naturaleza había programado al caballo para ser de todo menos servidor del hombre, y para superar este desafío, el hombre empleó su herramienta más familiar: la fuerza bruta. Fue cruel, ineficaz e indigno de su noble propósito, pero la fuerza fue la base sobre la que la relación entre hombre y caballo, *horsemanship*, fue practicada por la mayoría de los hombres durante milenios.

La revolución en las relaciones hombre y caballo, que ocurrió hacia el final del siglo veinte, tiene en su base algo muy simple: los caballos pueden controlarse más efectivamente *sin* el uso de la fuerza.

Esto no era una idea nueva. Hubo momentos, a lo largo de la historia, en que buenos caballistas habían probado la efectividad de métodos humanitarios y psicológicos para manejar a los caballos. Algunos compartieron sus técnicas; otros no. Algunos llegaron a ser célebres y famosos, y llegaron a servir a la realeza. Otros fueron acusados de usar artimañas o cosas mucho peores. Hacia el año 1600, campesinos temerosos de Dios, en Arlés, Francia, quemaron en la hoguera en la plaza del mercado, un entrenador de caballos itinerante italiano y a su caballo preparado, Mauroco. Para ellos la comunicación del hombre con el caballo, era algo tan antinatural que sólo podía proceder de alguna alianza con el demonio.

Fuera lo que fuere lo que sus coetáneos pensaran de ellos, estos hombres de a caballo fallaron al no poder influir permanentemente y con amplitud en el camino hacia el cambio en las relaciones con los caballos. Instintivamente, el hombre siempre vuelve a lo que parece más natural para él, como predador: usar el músculo y la violencia para conseguir lo que desea del caballo. La revolución que rompió este círculo no llegó hasta que el caballo dejó de ser una necesidad en la vida diaria de la mayor parte de la humanidad.

EL CABALLO EN AMÉRICA

A comienzos del siglo veinte, los norteamericanos aún necesitaban muchísimo al caballo. Confiaban en él para el transporte, la agricultura, el comercio y la guerra. Todo hombre, mujer o niño, en alguna medida, tenía experiencia con caballos.

Pero los tiempos fueron cambiando. Los motores a vapor se usaban ya profusamente y los coches sin caballos, propulsados por motores de combustión interna, se aventuraban por los rudimentarios caminos de América.

En esa época Henry Ford introdujo el Modelo T, en 1908, y se puso en evidencia que el vehículo a motor era el futuro y que el caballo era el pasado.

El co-autor Rick Lamb, en 1962. En esa época la mayoría de los caballos en América del Norte eran animales domésticos. (Richard M. Lamb, jr.)

A lo largo de las siguientes décadas, la mecanización redefinió la larga relación entre el caballo y el hombre. En sólo cincuenta años, la población equina en América del Norte descendió en casi 20 millones. Los caballos desaparecieron por completo de ciudades y pueblos. Los modernos métodos de guerrear los relegaron casi por completo de los campos de batalla, aunque más de 10 millones de caballos y mulas, en diecinueve países, murieron durante la II Guerra Mundial. Incluso en las granjas, el vocablo "caballo de fuerza" alcanzó un nuevo significado, ya que equipos a motor tomaron su puesto en las tareas que tradicionalmente se hacían con caballos. Los caballos quedaron relegados principalmente al ocio o como animales domésticos. Durante miles de años fue una necesidad básica para la vida, y en el siglo veinte, la equitación se convirtió en un pasatiempo recreativo, como el esquí, la pesca o el bordado.

Ha sido una serie de situaciones afortunadas. La revolución en la relación con el caballo podría no haber ocurrido nunca sin el enorme cambio de papel del caballo. No importa cuánto interés pongan los norteamericanos en su trabajo; siempre hay un hueco para satisfacer su pasión por las aficiones. Entre ellas ocupa un lugar destacado el interés por los caballos, lo que ha proporcionado un gran ímpetu a la revolución en las relaciones caballo-humano.

EL REGRESO

El regreso del caballo a América del Norte comenzó a mediados de los años 70, la década del bienestar. La guerra de Vietnam había terminado y la música disco retumbaba en las radios de los automóviles. El espíritu de la nación estaba en su punto álgido, y era culturalmente aceptable gastar tiempo y dinero en la búsqueda de aquello que les proporcionara satisfacciones y, muchos norteamericanos tenían bastante de las dos cosas; para un número sorprendente de personas, fueron los caballos.

Quizás era una fantasía alimentada durante años por el cine y las series de televisión, un deseo de volver a los placeres de la juventud, un interés en acercarse a la naturaleza, o quizás el simple magnetismo que emana de ese magnífico animal. Sea cual fuere la razón, personas de diversas procedencias –rural, suburbana y también de áreas netamente urbanas– se veían atraídas por los caballos. Los entusiastas del caballo se convirtieron en propietarios de caballos, y los propietarios de caballos anhelaban ser auténticos caballistas. En mayor o menor grado, todos ellos querían aprender más de sus caballos y hacerlo mejor, y lo más importante: esta generación deseaba buscar planteamientos no convencionales.

A finales de los 70, una nueva raza de profesionales en equitación apareció en el oeste de los EE.UU para encontrarse con una creciente demanda en educación equina. Antiguas, y no violentas, filosofías de entrenamiento, iban codo con codo con modernas y creativas técnicas en el manejo del caballo. El nexo de unión entre todas era que tenían en cuenta el punto de vista del caballo. Muchos estudiosos se animaron a aprender a pensar y actuar como lo haría un caballo, dentro de su propio esquema de conducta. Este nuevo sistema sorprendió. A los estudiosos les gustaba lo que veían y oían. Hablaba de sus corazones tanto como de sus mentes, y estaban ansiosos por ver cómo funcionaría.

El mensaje se extendió. Sus seguidores se convirtieron en profetas, los estudiosos en maestros y, en muy pocos años, este planteamiento de relación hombre y caballo se extendió a lo largo y ancho de los Estados Unidos, y saltó hasta Canadá, Australia, Nueva Zelanda, Inglaterra, Europa y el resto del mundo. Se formó una industria, y hacia 1990, lo que empezó como un tímido movimiento, se convirtió en algo estandarizado, en un fenómeno universal.

El trasfondo filosófico de la revolución atrae a personas de todas las edades y clases sociales. Incluso veteranos caballistas, como el legendario entrenador Jack Brainard, se unen a jóvenes alumnos para ayudarles a extenderla por el mundo. (*Foto de Coco*)

A todas luces, la gente estaba preparada para esto. Pero ¿de dónde venía esa técnica antigua, pero sorprendentemente nueva otra vez, en el manejo de los caballos?

LA EQUITACIÓN NATURAL

Donde la mecanización no había sustituido por completo al caballo fue en los ranchos de ganado del

A pesar de que la tecnología se extendía por doquier, el ranchero californiano seguía trabajando el ganado montado en su caballo, como hacían sus abuelos. (*Peter Campbell Collection*)

Oeste americano. Aunque muchos rancheros usaban camionetas y tractores extensivamente, y experimentaron con todo terrenos, motocicletas, quads y hasta helicópteros, se dieron cuenta de que ninguna máquina podía igualarse a un buen caballo de rancho cuando se trataba de reunir y conducir los rebaños, o seleccionar y separar alguna res.

En California, especialmente, existía una rica tradición en equitación que venía desde lejos a través del *vaquero y californio*, hasta Méjico y la

Hacia 1980, el californiano Pat Parelli acuñó el término "natural horsemanship"/ "equitación natural". (*Foto de Coco*)

Madre Patria. A lo largo del siglo veinte, a pesar de que la tecnología lo invadía todo, el ranchero de California continuaba trabajando con el ganado montado sobre su caballo, como lo habían hecho sus abuelos.

Consideraba a su caballo como su amigo, su compañero, una criatura pensante y con sentimientos, que era psicológicamente delicada, aunque físicamente muy fuerte. El desafío y la dicha que él hallaba montando su caballo no provenían del hecho de dominar y someter a una especie mayor que él, sino de lograr construir una relación entre ambos y llevarla hasta los más altos niveles de perfección y compenetración. Se dieran o no cuenta de lo que representaban, fueron un eslabón importante con los grandes caballistas del pasado.

Estos hombres no tenían la menor intención de iniciar una revolución, o de cambiar el mundo, ni siquiera de influir en la mente de nadie. Los rancheros tenían un trabajo que hacer, y ser unos buenos caballistas lo hacía más fácil. Amaban a sus caballos y, para bien del caballo, estaban deseosos de compartir lo que habían aprendido con todos aquellos que mostraran un real interés en ello.

Cuando realmente empezó la revolución en la relación hombre - caballo fue cuando sus filosofías y métodos llegaron a manos de maestros superdotados y emprendedores, hacia 1980. Fue entonces cuando los profesionales comenzaron a difundir estas técnicas entre el público, y empezaron a emerger los sistemas de enseñanza que combinaban estas técnicas modernas con aquéllas de los grandes caballistas no violentos del pasado.

En ese momento, esta forma de trabajar con los caballos no tenía un nombre definido, pero se distinguía perfectamente de las otras, debido a su compromiso de ver el mundo a través de los ojos del caballo, a utilizar la naturaleza del caballo en lugar de luchar contra ella, y a comunicar con el caballo de forma que éste comprendiera instintivamente. Por ello, uno de los primeros estudiosos, un ex cowboy de rodeo dedicado a entrenar caballos, experto en caballos y bien dotado para la comunicación, quiso finalmente llevar la idea hasta los más alejados confines de la tierra: añadió la palabra "natural" a "horsemanship", equitación natural. Y el nombre prosperó.

Los puristas discuten la precisión del término, exclamando que nada de lo que hace un ser humano con un caballo es completamente natural para ninguno de los dos. No importa. Natural Horsemanship o Equitación Natural es el nombre por el cual el sistema de principios y técnicas que han revolucionado la relación entre caballo y humano es mejor conocido en todo el mundo, hoy por hoy.

AMÉRICA VS. EUROPA

Claro está que los cowboys norteamericanos no inventaron ni la monta western ni la equitación. En Europa, el uso del caballo para la caza o para propósitos militares o artísticos precedió al cowboy americano en más de dos milenios. Estos estilos de monta constituyen lo que la mayoría de gente conoce hoy como "estilo Inglés", y es la base para la mayoría de las competiciones internacionales, incluso en los Juegos Olímpicos.

Quizás la revolución debería haber comenzado allí, pero no fue así. Los que motivaron a legiones de entusiastas del caballo en los últimos años del siglo veinte no eran discípulos de los grandes maestros de Doma Clásica, que enseñaban un control perfecto del cuerpo del caballo, sino que seguían los ejemplos de un par de "suaves" manos de cowboy que lograban una comunicación perfecta con la mente de su caballo.

Debido al lugar donde comenzó, La Equitación Natural se identificó al principio como una forma más de la Monta Western. Esta opinión está desapareciendo, y rápidamente, además. La mayoría del trabajo con el caballo se hace pie a tierra, mucho antes de proceder a ensillarlo, embridarlo, ponerle los arreos e incluso antes de pensar siquiera en montarlo. Los jinetes, hoy en día, participan frecuentemente en más de una disciplina hípica, y se llevan con ellos sus habilidades en equitación natural, mientras cambian sus sombreros de cowboy por la gorra de jockey, el sombrero hongo de la Doma Clásica o el casco de seguridad. Medallistas olímpicos y campeones mundiales en variadas competiciones deportivas hípicas, ya hablan claramente sobre equitación natural y han integrado sus filosofías y métodos dentro de sus Programas de Entrenamiento.

Los principios que son la base de la revolución van más allá de las diferentes disciplinas, las razas y las individualidades. Son principios realmente universales y están facilitando la apertura hacia un cambio de ideas e información entre los entusiastas del caballo.

GRANDES NEGOCIOS

No obstante, la popularidad de muchos de estos principios había sido irregular a lo largo del tiempo. ¿Qué ha sido lo que los ha situado en el día de hoy de manera tan estable?

Quizás la razón más poderosa tiene poco que ver con la propia esencia de estos principios y más en el grado de arraigo que han logrado en la cultura actual. La equitación natural ya no es un movimiento advenedizo: es una gran y lucrativa industria. Hay demasiadas personas que tienen intereses en él para dejarlo morir. Además, tienen muchas razones para invertir sus energías en hacer que funcione y se desarrolle.

Cada año, a lo ancho de Norteamérica y en muchos otros países, cientos de caballos son admirados en ferias y exposiciones, convocando a más de 100.000 entusiastas en un solo fin de semana. La mayoría de estos eventos encabezan los titulares de sus publicaciones con el nombre de profesionales de la equitación natural. Se montan pistas para el trabajo pie a tierra y demostraciones de monta. Se organizan salones de exhibición para promocionar las herramientas y utensilios usados por los caballistas naturales. En los escaparates y expositores de las tiendas brillantemente iluminadas abundan los libros y videos sobre este tipo de entrenamiento.

Abundan los profesionales que se equiparan en fama a los artistas del rock o a los atletas y deportistas profesionales. Manos callosas y ásperas por el rudo trabajo de años con lazos y riendas, ahora se afanan en firmar autógrafos. Hace unos años, muchos de ellos trabajaban como cowboys, uno de los trabajos peor pagados de América.

Ahora van con un séquito de ayudantes. Semi-remolques llenos de productos y caballos les preceden en sus apariciones públicas. Algunos viajan en espléndidas casas rodantes; otros vuelan hasta allí donde son

Manos ásperas y callosas de años y años de trabajo manejando lazos y riendas, ahora se afanan firmando autógrafos. *(Emily Kitching)*

requeridos. Sus esfuerzos generan ingresos fabulosos en millones de dólares, provenientes cada año de sus demostraciones, clínics, cursillos, libros, vídeos, CDs, venta de corrales circulares, y bridas, cuerdas, bocados, espuelas, sillas de montar y mantas, prendas de vestir de marca, subscripciones a cursos y también provenientes de las empresas patrocinadoras. Algunos cuentan con fieles admiradores internacionales.

Muchos profesionales ofrecen Certificaciones de Programas que preparan a sus estudiantes para que a su vez enseñen sus métodos, al estilo de las franquicias. Estas Certificaciones no son fáciles ni baratas –un estudiante tiene que pagar miles de dólares para completar un curso– pero, a cambio, ofrecen al caballista natural serio la esperanza de una carrera más emocionante y financieramente rentable que muchas otras más tradicionales, mientras que, al mismo tiempo, promocionan a la propia organización central.

Los profesionales son las verdaderas figuras, las super-estrellas, los animadores de la industria. Están dando la cara representando al producto, mientras la caja registradora de ventas detrás de ellos es mucho mayor de lo que el público pueda imaginar. Detrás de los escenarios, cientos o quizás miles de empresas, procesan la información y los productos para el consumidor amante de los caballos. Algunos de éstos son solamente artículos para el cuidado del caballo y no tienen mucho que ver con el entrenamiento. Pero la industria crece al amparo del impacto que le ha dado la Equitación Natural.

En los Estados Unidos se editan cientos de publicaciones dedicadas al caballo, desde folletos gratis, hasta lujosas revistas impresas en brillantes

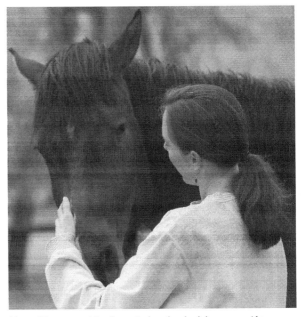

Natural horsemanship abarca todo sobre la dulce persuasión. *(Fotos de Coco)*

colores. Y aún hay más a través de internet. Casi todos ellos dedican una parte de sus páginas a los tópicos de equitación natural y su publicidad. Institutos y universidades en Norteamérica ofrecen cursillos sobre ciencias equinas e incluso programas que enseñan a sus estudiantes las teorías y técnicas de la equitación natural. Lo mismo sucede en otros países de todo el mundo.

Como industria, la equitación natural goza de buena salud y de una segura y considerable parte de la tarta de la industria del caballo en general. Alimenta los sueños y esperanzas de incontables aficionados y de un creciente número de profesionales de la competición. Todos ellos están más que satisfechos pagando por ello. El producto es bueno. Todos ganan.

De acuerdo con un estudio realizado en 1996 por el *American Horse Council* (Consejo del Caballo Americano), la industria del caballo en América produce bienes y servicios directos valorados en 25,3 mil millones de dólares anuales, con un importante impacto en la suma total del consumo interior bruto anual de 112 mil millones de dólares.

Estas cifras sorprendieron a mucha gente cuando fueron publicadas en 1997. ¿Quién hubiera pensado que el caballo, desde hacía tiempo sustituido en sus labores propias por máquinas, podía retornar como uno de los deportes y sistemas de ocio más importantes del país? Mientras estas estadísticas reflejaban la contribución del movimiento Equitación Natural, este movimiento estaba apenas empezando a impactar hacia mediados de 1990. Hoy en día, apenas es posible imaginar su contribución a la industria.

Hace un siglo, la gente tenía caballos para poder sobrevivir; hoy día mucha gente vive de los caballos. Los caballos han pasado de ser un medio en sí mismos, a ser el medio de vida para millones de personas en América y en todo el mundo. La Equitación Natural reclama para sí una parte de este logro.

SU INFLUENCIA EN EL ARTE AMERICANO

En ninguna parte puede verse tan vívidamente la naturaleza del cambio en la relación caballo-humano como en el Arte Western Americano.

El caballo saltando salvaje, frecuentemente como un adversario terrible, se representa en hermosos trabajos de maestros como Frederic Remington (1861-1909), Charles M. Russell (1864-1926), y Will James (1892-1942), por desgracia, todos ellos desaparecidos ya.

El caballo como compañero, sólo representado muy raramente en el Arte tradicional Western, ahora es un tema común. El cowboy compartiendo una manzana con su caballo (*Sharing an Apple*, de Tom Ryan); la joven pareja con sus hijos, a horcajadas delante de ellos montando a caballo por un dorado sendero otoñal (*Quality Time*, de Tim Cox); el cowboy haciendo un piaffe con su caballo sin silla ni bridas (*Sincronía*, de Veryl Goodnight), definen todos ellos la nueva sensibilidad en el Arte Western.

Han quedado lejos las imágenes de postes para la doma (palenques), fustas, bocas abiertas, espuelas con enormes rodelas afiladas, caballos con los ojos desorbitados, las cabezas alzadas y los músculos en tensión, y el hombre doblegando la voluntad de otro ser vivo. La nueva imagen del Arte Western americano muestra la dulce persuasión, el compañerismo, la cortesía y el buen comportamiento por parte del caballo y del humano, captados en las más hermosas composiciones.

Sincronía, por Veryl Goodnight (2004). *(Veryl Goodnight)*

The Broncho Buster, de Frederic Remington (1895). *(Cortesía del Frederic Remington Art Museum, Ogdensburg, New York)*

UN NUEVO LENGUAJE

También hay otros signos que son definitorios del camino que está tomando esta nueva revolución.

Veamos el lenguaje de un caballista natural. Hoy en día no *domamos* un caballo –*iniciamos* un caballo. Más que *trabajar con* el caballo, un caballista natural *juega con* él, esperando que en el proceso pueda manejar el impulso juguetón del caballo. Los *juegos* son preferidos casi siempre a los *ejercicios*. La *incomodidad* ha remplazado al *dolor* como un medio de motivar el movimiento del caballo. Se debate sobre las *Zonas de Confort* y los *Planes de Lecciones*, y el *Concepto de Sustitución* se usa para cambiar a comportamientos deseables, en lugar de los indeseables.

Los términos *Joining up o Hooking on* (La unión, la conexión) son entendidos como significativos de ese momento especial cuando el caballo acepta el liderazgo humano y se vincula emocionalmente con él.

Sensibilización, habituación, dominación heredada, respuesta condicionada y comportamiento alfa eran expresiones usadas hasta hoy casi en exclusiva por los científicos y académicos, y actualmente son parte del léxico de un caballista natural, ya que estos conceptos subyacentes son la clave para una comunicación efectiva con el caballo.

Groundwork, el manejo del caballo pie a tierra, es actualmente en sí mismo todo un estudio. En el pasado, no se conocía apenas con ese nombre, y si se practicaba, casi siempre recibía sólo una atención superficial dentro del contexto de la monta a caballo. Hoy día, el trabajo pie a tierra empieza con el caballo nada más nacer y se refuerza a lo largo de su vida. Muchos problemas de comportamiento, incluso aquellos que se sufren cuando montamos, se solucionan con un buen trabajo pie a tierra.

Quizás aún más importante es la *recompensa por intentarlo*. Esto es la versión moderna de la famosa máxima del Capitán Etienne Beudant (1863-1949): "Pide a menudo, alégrate por las cosas pequeñas, recompensa siempre". El caballista natural no le pide enseguida la perfección al caballo. Le pide sólo que lo intente hacer un poco mejor que la última vez, y entonces es cuando lo premia instantáneamente. Con paciencia, persistencia y consistencia en pedírselo, el caballista natural ayuda al caballo a encontrar la respuesta correcta.

El nuevo lenguaje de los caballistas naturales refleja los nuevos modos de pensar y las nuevas normas de comportamiento. Los expertos llaman a esto un cambio paradigmático o ejemplar. Los caballos no se preocupan por los nombres elegantes, pero puedes estar seguro de que saben que ha sucedido algo especial. Puedes verlo cuando un buen caballista se acerca a un caballo nervioso o inquieto: hay un cambio perceptible del comportamiento de éste. El caballo sabe que el humano entiende, pero también sabe cuando esto no es así.

Liberando los deseos de jugar de tu caballo, le proporcionarás diversión, al mismo tiempo que él será una diversión para ti. *(Fotos de Coco)*

Concedamos que una parte de este lenguaje ha sido originalmente acuñado con propósitos comerciales, para dar al "producto" una imagen de marca definida dentro del mercado. Puede que a una parte del público esto le desagrade, y pueda pensar que solamente los productos de baja calidad necesitan ser presentados hábilmente. En cambio, el marketing sólo es para llamar la atención hacia el producto, y los productos de mala calidad no pasarán el examen del comprador. Además, la demanda en la educación ha dado como resultado variados sistemas para comunicar los eternos principios sobre la psicología animal y el manejo del caballo, permitiendo a los caballistas corrientes alcanzar resultados *extraordinarios* con sus caballos en un número y porcentaje nunca superado en la historia.

LA CONCIENCIA POPULAR

Aquellos de nosotros que amamos a los caballos, nos veremos comprensiblemente atraídos por la revolución en la relación hombre-caballo. Pero lo que es particularmente revelador es el interés mostrado por el público en general.

En 1996, un hombre de a caballo de California, Monty Roberts, atrajo la atención de la gente con su autobiografía, *The Man Who Listens to Horses* (El Hombre que Escuchaba a los Caballos). Publicado originariamente en Inglaterra y Australia, el libro llegó a ser un best-seller mundial durante cincuenta y ocho semanas en la lista de Bestsellers del New York Times.

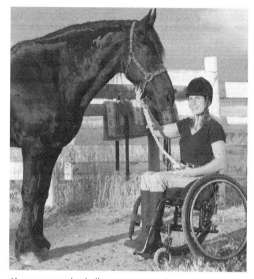

Ahora vemos al caballo como motor de cambio de la condición humana. *(Hanselmann/NARHA)*

Casi al mismo tiempo, la novela de Nicholas Evan, *El Susurrador de Caballos*, resucitó un término muy antiguo asignado a los caballistas naturales, e introdujo este concepto en la literatura de ficción. El actor y director de cine Robert Redford, con el asesoramiento técnico del caballista natural Buck Brannaman, llevó la historia a la pantalla, captando más millones de personas en el proceso.

En 2001, los principios básicos de la revolución impactaron de nuevo al público concienciado con otro libro best-seller, *Seabiscuit: An American Legend* ("Seabiscuit": una Leyenda Americana), la verdadera historia de un caballo de carreras que en 1930 acaparó la atención nacional en los años de la depresión americana. Escrito por la periodista hípica Laura Hillenbrand, el libro traía un mensaje que sonó alto y claro: un entrenamiento humanitario e inteligente es el camino que hay que seguir para alcanzar grandes logros con el caballo. Tanto el libro como la película que siguió fueron éxitos comerciales y de crítica.

Escritores, guionistas de cine y publicistas explotan la eterna fascinación que supone la clase de relación que puede llegar a existir entre el caballo y el humano.

Pero los caballos han hecho mucho más que aportar beneficios a la economía. Cada vez más, los caballos se emplean en ayudar a las vidas de aquellas personas que más lo necesitan. La revolución ha permitido que veamos a los caballos bajo una nueva perspectiva, *como motores de un cambio de la condición humana.*

Las novelas de Walter Farley sobre el semental *Black Beauty* fue el principio de un programa progresivo de lecturas que impactó sobre la vida de miles de jóvenes. *The Black Stallion Literary Project* aúna las experiencias con caballos vivos y libros de regalo –frecuentemente el primer libro para muchos niños–, para captar la imaginación de los más jóvenes y promover en ellos la afición por la lectura.

La *North American Riding for the Handicapped Association* (Asociación Norteamericana de Equitación para Minusválidos) y otras organizaciones similares ensalzan el poder curativo del caballo para fortalecer y potenciar, emocional y físicamente, a personas discapacitadas de todas las edades.

El sistema de Justicia americano ha reconocido la asombrosa manera en que los caballos pueden cambiar las vidas de algunas personas, y ha instituido el *Programa de Adopción del Mustang*, apoyado en los principios de la equitación natural, para reclusos, pandilleros y otros jóvenes desarraigados. Los efectos en la rehabilitación han superado las expectativas, con una gran incidencia entre los participantes, alcanzando niveles sin precedentes.

Los profesionales de la equitación natural son invitados a dar conferencias para enseñar el arte de la persuasión suave, el liderato benevolente y la comunicación no verbal a empresas que desean contar con mejores gestores y tener empleados más productivos.

La revolución en la equitación natural coincide con una evolución en el papel que los caballos juegan en la vida humana. Cuantitativa al principio, poco a poco y con seguridad, ha ido ganando en *calidad*. Ya no se trata de saber a cuántos kilómetros por hora puede correr un caballo, o cuántas hectáreas de campo puede arar al día. Para muchos de nosotros, el caballo se ha convertido en una razón y un vehículo para nuestra propia superación personal. Una relación estrecha con el animal más magnífico de la naturaleza, el caballo, es la zanahoria en el palo que nos mantiene en movimiento hacia adelante, esforzándonos en ser un poco mejores cada día.

Los ideales cualitativos en la comunicación, liderazgo y justicia, sobre los cuales está basada esta revolución, son los ladrillos para construir una mejor relación caballo-humano. A medida que los interiorizamos pueden ayudarnos, pero también empiezan a afectar a otras partes de nuestras vidas, en nuestros hogares, trabajos y escuelas.

La Equitación Natural no sólo está creando mejores caballos, sino que también está creando mejores personas.

CAPÍTULO 2

EL CABALLO EN LA NATURALEZA Y LA DOMESTICACIÓN

EVIDENCIAS ARQUEOLÓGICAS NOS HAN PERMITIDO pintar un cuadro verosímil de cómo evolucionaron la tierra y sus habitantes. En el Norte, Sur y Centroamérica, o Nuevo Mundo, como ha sido conocido desde su descubrimiento por los europeos, al principio no hubo población humana. El hombre se originó en lo que hoy día conocemos como África. Norteamérica, no obstante, fue el origen de numerosas especies animales, incluido el caballo.

Originariamente, era una criatura herbívora, pequeña, con varios dedos en las patas, que habitaba las zonas pantanosas y los bosques húmedos; el caballo evolucionó a medida que su hábitat se iba desecando y convirtiendo en pastizales, en lo que hoy día denominamos prade-

El caballo evolucionó para poder vivir en las llanuras herbosas. *(Heidi Nyland)*

ras o estepas. Un dedo, ideal para correr sobre la hierba, reemplazó a varios de cada pata. Su columna vertebral flexible, muy importante para esquivar y escabullirse rápidamente a través de la maleza, dio paso a una columna rígida y unos miembros que estaban optimizados para correr rápidamente en línea recta. Aumentó de tamaño, y su anatomía, su sistema cardiovascular, sus sentidos y todo su comportamiento, se fueron modificando para ayudarle a sobrevivir en un hábitat lleno de hambrientos predadores. Se convirtió en uno de los últimos animales presa capaz de sobrevivir, porque podía, generalmente, detectar y sobrepasar en velocidad a sus enemigos.

Sus enemigos naturales, especialmente los grandes carnívoros de las familias de los cánidos y félidos, eran formidables. Con los cambios climáticos y los predadores sonó la hora para el caballo primitivo, y algún tiempo después de la gran glaciación –según los investigadores, hace unos 12.500 años– se extinguió en la tierra que lo vio nacer.

Afortunadamente, algunos caballos ya se habían escapado del continente norteamericano para asegurar la supervivencia de su especie. Cuando el nivel de los océanos disminuyó notablemente, debido a las grandes masas de hielo continentales, un puente de tierra seca emergió en lo que es hoy el Estrecho de Bering, que separa Alaska de Siberia. Fuertes, rápidos y muy adaptables, los caballos estuvieron entre los animales ungulados que hicieron uso de ese puente hacia Asia.

El caballo prosperó sobre las planicies de Asia, incluso después de desaparecer del continente norteamericano y, con el tiempo, se extendió

en todas direcciones, hacia Europa, el Medio Oriente y África. Muchos miles de años tenían que pasar hasta que conquistadores españoles reintrodujeran los caballos en el Nuevo Mundo, hacia finales del siglo dieciséis.

Aunque el caballo es originario de Norteamérica, desapareció de ese continente hace unos 12.500 años. Los conquistadores españoles reintrodujeron el caballo en Norteamérica. Ellos llegaron montados sobre los ancestros de este semental Lusitano.
(*J.P. Giacomini Collection*)

El rápido crecimiento de la población en Eurasia dio la bienvenida al caballo, y no sólo por su valor como fuente de alimento. Pinturas rupestres en las cuevas de lo que es hoy Francia y España muestran claramente que el caballo era admirado ya en épocas tan remotas por su belleza y majestuosidad. Estos sentimientos, en última instancia, hicieron que el hombre domesticara al caballo, un giro que probablemente salvó a la especie en Europa y Asia de lo que le sucedió en Norteamérica. Pero el caballo quizás hoy no estaría entre nosotros si su predador más peligroso –el urbanita, racional y usuario de herramientas, el ser humano– no hubiera encontrado otro empleo para él.

No obstante, la domesticación del caballo no fue puramente un acto del deseo del hombre. Recientes estudios arqueológicos del comportamiento animal sugieren que la domesticación fue un largo y lento proceso de adaptación mutua. Ambos evolucionamos juntos.

El caballo estaba bien adaptado para la domesticación. No era un maniático en el comer. Nutricionalmente, se había vuelto casi omnívoro. Podía sobrevivir e incluso prosperar con una gran variedad de fuentes alimentarias, proporcionadas por la naturaleza y, más adelante, por el hombre. Sus patrones reproductivos y sociales son relativamente simples y se adapta bien a la vida entre los humanos. Esto es especialmente importante: la domesticación no significa solamente que un animal pueda ser dócil, sino que pueda reproducirse también en cautividad. De casi 4.000 especies de mamíferos que han habitado la tierra en los últimos 10.000 años, el caballo es uno de la docena escasa que han sido domesticados con éxito. El hombre sólo tiene una parte del mérito en todo esto. El caballo vino a nosotros con todos los ingredientes necesarios para nuestra futura relación de convivencia (partnership).

Probablemente, al principio, el caballo se empleaba sólo como animal de carga, ayudándonos a mover nuestras cosas de un lado para otro. Después, cuando fue inventada la rueda, hace unos 5.000 años, le atamos a un carromato y lo usamos como animal de tiro.

Es muy probable que el hecho de montarlo vino mucho más tarde, pero nuevas evidencias arqueológicas han cambiado esta creencia. En una excavación en Dereivka, en la estepa ucraniana, han sido encontrados los dientes de un caballo que vivió al menos hace 6.000 años. Estos dientes muestran marcas que sólo podrían proceder del roce de un bocado metálico. La rueda aún no se había inventado en esa época, por lo que ese caballo en particular podría haber sido montado con algún hierro en su boca. El acto de montar, quizás con propósitos ocasionales, pudo haber precedido al enganche.

Nunca sabremos quién fue el primer humano que montó sobre un caballo, pero, conociendo los caballos salvajes y sus reacciones ante algo que perciben como peligroso, y siéndonos bien familiares los comportamientos de nuestra propia especie, podemos conjeturar un probable escenario: el primer humano en montar un caballo fue, probablemente, un niño, montando sobre el potro con el que se había familiarizado y vinculado afectivamente. El niño había estado viendo que sus padres y los otros hombres adultos de la tribu muy pronto se veían superados en sus posibilidades físicas. "Si pudiéramos montar sobre un caballo", seguramente pensó "¡podríamos hacer estragos entre las tribus vecinas!".

En cualquier caso, mucho antes de que la silla fuera inventada y mucho antes aún de que lo fuera el estribo, guerreros asiáticos, montados sobre robustos y pequeños caballos, barrieron la tierra, matando, robando, saqueando, raptando y esclavizando. Somos una especie predadora.

Es difícil para nosotros hoy en día comprender el profundo efecto que la domesticación del caballo tuvo en las sociedades primitivas. El hombre de esa época no podía viajar a mayor rapidez que corriendo, y cualquier conejo podía vencer al mejor corredor olímpico. No somos una especie rápida. De repente, podemos movernos a la velocidad del caballo, más deprisa y más lejos de lo que cualquier hombre sería capaz. Esto aumentó extraordinariamente nuestra habilidad para cazar y facilitó obtener comida de nuestro entorno.

Tampoco somos especialmente fuertes como especie. Pero con ayuda de un caballo, podemos cargar o tirar de grandes pesos. El caballo también nos hizo más letales en las batallas. El antiguo Imperio Hitita debió una gran parte de su éxito en la guerra al uso de carros tirados por caballos. Unas cuantas centurias más tarde, los escitas demostraron la superioridad de unas tropas montadas bien organizadas, cuya gran maniobrabilidad les hizo aún más mortíferos que los carros hititas.

Los caballos fueron tan importantes para el hombre antiguo que llegaron a ser algo así como una moneda de cambio, una medida de la riqueza. Los escitas, que creían que la vida material continúa después de la muerte, cuando morían enterraban a sus caballos con ellos. Un acaudalado escita fue enterrado junto con 400 caballos.

La dependencia de los caballos afectó a la cultura escita de otras formas. En esa época, en que la mayor parte del mundo civilizado vestía breves o amplios y sueltos vestidos, inventaron pantalones que permitían cabalgar con más comodidad.

La civilización empezó cuando los primeros nómadas aprendieron a asegurarse el suministro de alimentos labrando el suelo y plantando forraje para los animales, en lugar de salir a cazar o reunir manadas de animales. El caballo era valioso, no sólo como animal de tiro que podía arrastrar el arado por los campos y tirar de grandes pesos, sino que también facilitaba el agrupamiento y control de otras especies domésticas como terneros, cabras y ovejas.

Los caballos y otros animales de tiro, como los bueyes, incrementaron la cantidad de terreno que podía cultivarse. Fue la tecnología agraria la que posibilitó que el hombre viviera en pueblos y ciudades, en lugar de en unidades tribales primitivas, limitadas en tamaño por la cantidad de caza y las plantas comestibles silvestres disponibles. Era un cambio importante en el estilo de vida que el hombre había conocido desde hacía miles de años.

El caballo tuvo un efecto sobre el progreso del hombre como nunca había ocurrido antes, o que ha ocurrido después, hasta la invención del motor a vapor y el de combustión interna.

EL MITO DE LA EQUITACIÓN/HORSEMANSHIP(*) NATURAL PRIMITIVA

Desde los primeros tiempos, en todas las culturas humanas que han domesticado el caballo, los jinetes de esa cultura han sido glorificados y ensalzados. Se les ha colocado en elevados status sociales y sus proezas y destrezas han sido notablemente exageradas.

Los animales domésticos se han tenido en muy variada estima en las diferentes culturas. Nosotros, por ejemplo, tenemos un gran cariño por el perro, llamándolo "el mejor amigo del hombre". No obstante, en algunas culturas el perro es despreciado, viéndolo como una criatura inmunda, y en otras culturas se le valora principalmente como alimento. La vaca es deificada en la India; vista como un mueble o símbolo de riqueza en África, o como una humilde bestia de carga en muchos otros lugares. El caballo, en cambio, es muy bien considerado casi en todas partes, y así ha sido a través de la historia.

Reyes y emperadores que nunca habían montado a caballo son inmortalizados en estatuas montados sobre nobles sementales. El caballo es como un fetiche que se ha identificado con un dios, ha sido representado como animal volador a través de los cielos, usado para

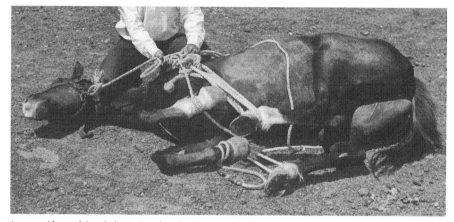

La coacción es típica de la equitación primitiva en todo el ancho mundo, debido a que es innata en el hombre. Métodos psicológicos, que debemos aprender, son más seguros y efectivos.
(Monty Roberts Collection)

vender cerveza y para transportar y proteger a la realeza. Es la figura heroica central de éxitos cinematográficos como Black Beauty, The Black Stallion, Pharlap y Seabiscuit. No sorprende, por tanto, que en todas las culturas se glorifique a sus caballistas, creando frecuentemente con ellos símbolos nacionales completamente desproporcionados a la importancia real de sus roles en la sociedad, especialmente en nuestros tiempos. Por ejemplo, el gaucho argentino, el charro mejicano, el cowboy americano, el nómada mongol, el beduino africano, el granjero australiano o el cazador de zorros inglés son emblemáticos de sus respectivas culturas.

(*) *Horsemanship, horseman/en.* Palabras que son de difícil traducción al español. Podríamos hablar de horseman igual a caballista (u hombre de a caballo) como la acepción que más se le acerca: según el Diccionario de la RAE: Caballista: "Persona que entiende de caballos y monta bien". Pero no se trata solamente de un jinete experto, ni de un criador de caballos, ni de un entrenador o "domador". Es un poco, o un mucho, de todo esto. Aún queda por encontrar el equivalente a horsemanship, que el Diccionario OXFORD traduce como "habilidad en el manejo del caballo". Aquí podría observarse la diferencia entre Monta y Equitación. El Montar a caballo es una cosa y la Equitación llega más allá: exige instrucción. Por eso se dice que la equitación es un arte; en cambio montar a caballo es una habilidad. Por todo ello hay una cierta discusión entre los aficionados sobre cómo traducir estas palabras y parece que la tendencia es de conservar su nombre en inglés. También añadiríamos que la primera de las dos palabras que se usan para definir una de las tendencias actuales, Natural Horsemanship, tampoco es fácil trasladarla al castellano: Doma natural no es del todo válida, ya que no se considera que domar es lo que se hace ahora con el caballo, sino que va más allá del acto de "sujetar, amansar y hacer dócil al animal a fuerza de ejercicio y enseñanza", como dice el Diccionario de la RAE. Natural Horsemanship es quizás Equitación Natural y se ejerce a través de toda la vida en común de caballo y humano. Es una comunicación, una unión de las dos almas, con comprensión por parte del humano de la "personalidad" del caballo, de su carácter, comportamiento, motivaciones y deseos, y por parte del caballo la aceptación de buen grado del liderazgo del humano, llegando a hacer lo que éste le pide, no por obligación o imposición, sino voluntariamente, por complacerle y aceptándolo como líder de su "manada" de dos. En fin, en este libro vamos a conservar en ocasiones las palabras inglesas, y dejo al gusto del lector usarlas o no en su lenguaje particular, pero se aplicará en otras ocasiones su correspondencia en castellano. *(Nota del traductor)*

Cada una de estas culturas está enormemente orgullosa de sus respectivas razas de caballos y de aquellos jinetes que las montan, y cada una de ellas proclama que sus jinetes y su equitación son los mejores del mundo.

La verdad es que aquellos primeros caballistas eran bastante rudos. Podían ser excelentes jinetes, pero aún eran caballistas inexpertos, comparados con los caballistas que abundan hoy en día en todo el mundo. Expliquemos esto.

La mayoría de las técnicas de equitación que han evolucionado en el mundo se basan en técnicas que son naturales para nuestra especie. Los seres humanos son predadores, primates que usan herramientas. Tenemos una inteligencia destacable, pero, sin ninguna duda, somos primates y compartimos el 98 por ciento de nuestro ADN con nuestro pariente más próximo: el chimpancé.

Como otros primates, establecemos nuestra jerarquía dominante con lo que es conocido como "gestos intimidatorios". En los grandes primates, éstos se manifiestan con golpes en el pecho, gritos, chillidos, saltos y tirando cosas. Aunque los humanos, frecuentemente, hacemos todos estos gestos, la civilización ha hecho que nos inhibamos de mostrar estos instintos. De todas maneras, decir juramentos, hacer gestos amenazantes, insultos verbales y otras expresiones de frustración y enfado son muy comunes. La pataleta y el berrinche no son necesariamente bien aceptados, pero sí son ciertamente comprendidos.

Hay que tener en cuenta que todo lo anterior, que son comportamientos naturales de la especie humana, impulsa al caballo a huir de miedo. Estos comportamientos no le transmiten el deseo de acercarse a nosotros y seguirnos.

Somos una especie racional. Si le decimos a alguien: "Si no haces lo que quiero que hagas, te voy a castigar", esta amenaza será entendida claramente.

Los caballos no pueden entender el concepto de castigo. Hemos visto a demasiados caballos mostrar decepción cuando el jinete les ha golpeado con la fusta por haber tenido una actuación deficiente en el recién terminado concurso. Para un caballo tres minutos ya es mucho tiempo.

Vayamos a una tienda especializada en artículos para caballos y veamos todas las herramientas de castigo: bocados que parecen diseñados por un verdugo de la Inquisición, espuelas que son como muestras de un maestro artesano en espadas. Estos instrumentos ¿sirven para hacer algo? ¡Claro que sí! ¿Y lo hacen bien? No, si se usan para lastimar al caballo. Los caballos se pueden entrenar, y han sido entrenados a lo largo de la Historia, con el miedo, el dolor y la intimidación. La revolución nos ha enseñado, no obstante, que estos métodos no logran el máximo resultado.

Uno de los autores y su esposa han tenido el privilegio de observar y montar con caballistas nativos por todo el mundo: gauchos en Argentina, chalanes en Perú, charros en Méjico, indios nativos americanos en los Estados Unidos, y gardiens en la Camarga francesa. Los dos se entusiasmaron alguna vez al ver un grupo de beduinos galopando al lado de su automóvil alquilado, con sus ropas flotando al viento; pero entonces se dieron cuenta de que sus caballos árabes abrían dolorosamente sus bocas y tenían sus narices retenidas hacia lo alto, con las riendas tirantes.

La equitación natural nativa es un mito, no porque estas culturas sean incapaces de producir caballistas expertos. Pueden y los tienen. Es un mito porque se generaliza desde una extraordinaria minoría hasta una mayoría ordinaria. Ciertamente, cada cultura ha dado sus extraordinarios hombres de a caballo, pero el promedio de los jinetes mongoles, el promedio de los cowboys americanos, de los vaqueros, el promedio de los cosacos, y el promedio de los jinetes en cualquier lugar del mundo, a excepción de alguno, no son ni siquiera aprendices de un caballista natural.

LA CALIFORNIA COLONIAL

En ninguna otra parte del mundo la equitación nativa alcanzó un nivel más alto que en la California colonial. Influenciada por los jinetes del norte de África, que ocuparon España durante más de 700 años, y por el trabajo de los maestros jinetes italianos y franceses, la equitación en España alcanzó un alto nivel durante el siglo dieciocho. La burguesía terrateniente llevó esta tradición hasta la joven California.

Allí, en algo más del siglo que precedió al advenimiento del motor de combustión interna, la relación del género humano con el caballo alcanzó su punto álgido, y en la colonial California, un imperio con vastas praderas, el caballo era el rey.

La Equitación Western en Norteamérica proviene de tres principios, todos ellos de origen mejicano y español.

Primero, a finales del 1700, mientras California era colonizada y se establecía un rosario de misiones, vastas manadas de ganado vacuno pastaban en la inmensidad, y allí nació el horseman. Todo esto hizo posible que naciera la más sofisticada equitación nativa que el hombre había visto hasta entonces, pero aún era coercitiva, comparada con los estándares de la revolución actual.

Entonces, en 1832, tres vaqueros mejicanos fueron hasta las Islas Hawai para enseñar a los polinesios a lazar terneros y a montar a caballo, a fin de que pudieran cuidar de los miles de cabezas de ganado y caballos salvajes que habían sido introducidos en las islas y proliferado hasta formar grandes manadas. Los paniolos (viene de la palabra españoles) de Hawai aprendieron bien la lección y aún existen hoy rudos y dispuestos expertos jinetes y lazadores, pero siguen siendo caballistas rudimentarios.

Más tarde, después de la Guerra Civil Americana, grandes rebaños de reses se trasladaron hacia el norte de los Estados Unidos, donde se construían las líneas del ferrocarril y nació el vaquero de Tejas, copiando en su vestimenta, lenguaje y equipamiento, al vaquero mejicano.

Aunque superior a algunas otras escuelas de equitación colonial, el método californiano aún sufrió de algunas técnicas demasiado rudas, y le faltó la mayoría de los elementos que son enseñados hoy en día, y que son más correctos desde el punto de vista de la ciencia del comportamiento. Algunos hombres de a caballo modernos, que han

En la California colonial, un imperio de vastas praderas llenas de hierba, el caballo era el rey. *(Ernest Morris)*

conservado viva la tradición del vaquero, la han mejorado sutilmente pero de manera importante.

Es interesante resaltar que los hombres que promovieron esta revolución en la equitación natural eran todos ellos cowboys, y fueron los que aprendieron de ellos los que llevaron el mensaje al público en general. Todos estaban justificadamente orgullosos de su pasado de cowboys y de sus conocimientos, pero estaban de acuerdo también en conceder que la equitación tradicional de los cowboys americanos era casi siempre innecesariamente violenta y científicamente incorrecta. Muchos expresaron su arrepentimiento por los métodos que habían usado cuando eran jóvenes. Pat Parelli dijo en 1985: "Aunque enseñe estos métodos mejores durante el resto de mi vida, no expiaré por las cosas equivocadas que hice a los caballos durante mi juventud".

La equitación nativa casi nunca se caracteriza por una deliberada y terca crueldad. Los métodos que son inhumanos e ineficaces, cuando se examinan objetivamente, resultan ser, casi siempre, fruto de tradiciones que nunca han sido cuestionadas seriamente. Las personas usan esos métodos porque así los han aprendido. No saben si hay un método mejor. Afortunadamente para el caballo, la revolución en la equitación está llevando estos métodos a todas partes, para iluminar más y más países cada año.

CAPÍTULO 3

EMPIEZA LA REVOLUCIÓN

Es IRÓNICO QUE EL MODELO de equitación progresista haya aparecido en el país de los cowboys. Para el resto del mundo, el cowboy de rancho americano ha sido siempre un ejemplo de violencia, bravuconería y equitación ruda, gracias mayormente a las novelas del oeste y a artistas y cineastas de Hollywood, pero también a la realidad de la vida en los Estados Unidos después de su Guerra de Secesión.

En el último cuarto del siglo diecinueve, para ser un cowboy (o cow-boy, como se decía entonces), no hacía falta estar graduado en Harvard. Si tenías el ímpetu necesario y eras capaz de mantenerte sobre la silla de un caballo, podías seguramente encontrar un empleo como cowboy en los grandes desplazamientos de rebaños de ganado, frecuentes en aquella época. Un montón de cowboys encajaban en esta descripción, pero también había individuos inteligentes y con cierta cultura que tenían aprecio a sus caballos y trabajaban con ellos desarrollando controles más suaves.

Había una razón práctica para refinar esta relación entre caballo y humano. Cuando había que conducir un gran rebaño a través de terrenos variados y con cualquier clase de tiempo y clima, en pocos segundos podías pasar desde un transcurrir tranquilo y monótono, hasta correr un riesgo mortal. Cuanta mayor confianza pudieras tener en tu caballo, mayores probabilidades tenías de llegar a cobrar tu sueldo al final del viaje.

Muchos cowboys tenían su veta competitiva, y mientras hacían su trabajo acarreando el ganado, gustaban de probar sus habilidades como jinetes y las de sus caballos. Aquellos que aspiraban a mejorar al máximo sus posibilidades no tenían problemas en encontrar a su alrededor mejores caballistas de los que aprender. Cada una de las generaciones, desde entonces, produjo caballistas que seguían intentando mejorar su pericia cada vez más.

Poco a poco, se las ingeniaron para redefinir qué significa ser un cowboy. El orgullo, la confianza en uno mismo y el machismo seguían ahí, pero no eran muy visibles. Continuaban viviendo bajo una capa de caballerosidad que se ha ido haciendo poco común en nuestra sociedad actual. El cowboy moderno lleva su mano al sombrero cuando saluda a una dama, y se lo quita por completo cuando escucha el Himno Nacional. Su lenguaje está salpicado inconscientemente de expresiones como "señor" y "señora". Sus movimientos son casi siempre pausados y deliberados, sus maneras denotan seguridad en sí mismo, pero carentes de petulancia. Generalmente, ha cursado la enseñanza secundaria. Puede ser capaz de escribir poesía y prosa, sabe bailar y quizás toca un instrumento. El cowboy moderno no es perfecto, pero está muy alejado de la caricatura de zafio que tenía anteriormente.

De algún modo, es digno de que la revolución que ha traído la auténtica equitación hasta el jinete medio, se haya producido debido a sus actuaciones. Ha tardado mucho en llegar. Nadie lo había planeado, y sus primeros participantes no se dieron cuenta hasta mucho más tarde de que habían sido los creadores de algo muy importante.

No obstante, el tiempo ha ido clarificando muchos puntos importantes, como la cuestión de quién fue realmente el que comenzó la actual revolución. Los hombres de a caballo actuales no se ponen mucho de acuerdo, pero virtualmente, todos ellos están conformes en una cosa: esta revolución empezó con un cowboy que se llamaba Tom Dorrance.

TOM DORRANCE (1910-2003)

Tom Dorrance fue el sexto hijo de una familia de cuatro hermanos y cuatro hermanas, y creció en un rancho de ganado al noreste de Oregón, que su padre, un canadiense de nombre William Church Dorrance, había arrendado de joven (*). En su mejor momento, este rancho llegó a tener 750 cabezas de ganado y 150 caballos. Todo esto tenía a los chicos muy ocupados.

Como el más joven de los hermanos Dorrance, aprendió pronto que en la vida tiene más valor usar la psicología que la fuerza para conseguir lo

---

(*) El gobierno de los Estados Unidos, cedía amplias parcelas de terreno a colonos jóvenes, a fin de poblar el territorio, a cambio de que se cultivara y saneara.

que se quiere. Le dis-
gustaban los conflictos
de cualquier clase, y
entre sus hermanos era
conocido como el pacifi-
cador. Esto fue muy
importante en su traba-
jo con los caballos.
Según su hermano
Bill, "Tom era muy
bueno con los caballos
y éstos trabajaban a
gusto con él. A él le gustaba estar junto a ellos.
A medida que pasaba el
tiempo, Tom compren-
dió cómo conseguir una
relación relajada con

Tom Dorrance se definía a sí mismo como "el abogado de los caballos". *(Julie Baldocchi)*

los caballos. Casi ninguno de sus caballos se le rebelaba, pero si uno lo
hacía era muy difícil que consiguiera que Tom se apartara de él. Esta
actitud relajada realmente funcionaba bien para Tom y para el caballo".

Tom Dorrance trabajó en el Rancho de la familia, en Oregón, durante
más de tres décadas, hasta que su padre lo vendió en 1945. Después de
eso nunca tuvo un caballo de su propiedad. Durante los siguientes veinte años, fue un cowboy nómada, trabajando en ranchos de Oregón,
Nevada y Montana, y pasando los inviernos en el rancho de unos familiares en California. A los cincuenta y seis años, Dorrance se casó con
Margaret y vivieron los últimos treinta y siete años en California.

Aunque carecía de una educación académica, Dorrance era inteligente, creativo y sensible. Tenía unas inusuales dotes de observador, una
memoria fotográfica y una mente lógica. Le encantaba aprender cosas
nuevas. Durante la mayor parte de los últimos años de su vida estuvo
trabajando en el diseño de una puerta basculante automática para hacer
la vida en el rancho un poco más cómoda. Un ingenioso invento a base
de puntos de apoyo y balancines permitía que una puerta pesada pudiera abrirse con un solo dedo.

Muchísimas personas y caballos se han beneficiado directamente de
la asombrosa habilidad de Tom Dorrance para evaluar situaciones y

Cuando ya no tiene miedo de un objeto, el caballo frecuentemente se vuelve curioso hacia él, y trata de dominarlo. Al final se mostrará completamente indiferente. *(Heidi Nyland)*

estar en el sitio correcto en el momento adecuado, para aplicar la palabra o la acción necesaria. Se refería a los problemas de los caballos como "problemas de la gente" y se definía en broma a sí mismo como "el abogado de los caballos". Pero Dorrance fue mucho más lejos en su defensa del punto de vista del caballo. Cuando su amigo y alumno Ray Hunt le preguntó dónde había aprendido todo lo que sabía de caballos, Dorrance fue rápido en nombrar a sus maestros. "Ray –replicó–, lo aprendí todo de los caballos.

Había sido así. Mientras crecía en el rancho Dorrance, se esperaba que Tom fuera capaz de solucionar todo lo que hiciera falta. Si no sabía cómo arreglárselas con un caballo, podía consultar con su hermano Fred. Pero Fred murió en 1940, ahogado en un accidente de caza. Después de esto, Dorrance se quedó solo. Sabía que no tenía que atemorizar al caballo para conseguir que hiciera lo que él quería. Él no era de esta naturaleza. Aprendió a hacer que su deseo fuera el deseo del caballo.

Como profesor, Dorrance fue generoso con su tiempo y escogía sus palabras cuidadosamente. Podía ir directo al grano, o ser deliberadamente enigmático y vago, desafiando a los jinetes a valorar las situaciones y sacar sus propias conclusiones. Tenía un estilo perfectamente adaptado al grupo de sus estudiantes más aplicados, pero a veces los dejaba rascándose la cabeza.

Pat Parelli cuenta que fue a visitar a Dorrance al hospital cuando cayó gravemente enfermo. Pensando que quizás no volvería a hablar con él, Parelli le preguntó en voz baja si creía que había algo que él sintiera que Pat debería saber. "No destruyas la curiosidad de un caballo joven", susurró finalmente Dorrance. En las semanas siguientes Dorrance se recuperó lo suficiente para volver a su casa, pero Parelli continuaba barajando el sentido de las palabras de su maestro. Gradualmente fue entendiendo que la *curiosidad* es la emoción opuesta al *miedo* en un caballo. El programa de Parelli se enfoca ahora en desarrollar la curiosidad del caballo.

La mayoría de los profesionales actuales en equitación natural consideran a Tom Dorrance como el que más les ha influenciado. Algunos le conocieron personalmente y trabajaron con él. Sin lugar a ninguna duda, su alumno más importante ha sido Ray Hunt, un cowboy de Idaho que conoció en la Feria de Elko, Nevada, hacia 1960. Hunt le pidió a Dorrance que le ayudara con su caballo *Hondo*, y Dorrance aceptó. Fue un instante fundamental para la revolución, ya que fue Ray Hunt el que tomó más tarde el relevo de Tom Dorrance.

Dónde termina el horsemanship de Tom Dorrance y dónde empieza el de Ray Hunt es difícil de decir actualmente. El primero fue el maestro y el segundo fue el alumno superdotado preferido, pero, con el paso del tiempo, la frontera entre ambos está muy borrosa. La forma de relacionarse con los caballos de ambos hombres es profunda, rica y personal, pero algunos de los principios básicos son muy fáciles de entender. Están compendiados en una colección de simples y profundas máximas, que son citadas con mucha frecuencia:

1. Observa, recuerda y compara.
2. Haz que las cosas incorrectas sean difíciles y las correctas fáciles.
3. Deja que tu deseo sea el deseo del caballo.
4. Debes ser tan suave como sea posible, y tan firme como sea necesario.
5. Cuanto más despacio vayas, más deprisa lo lograrás.
6. Siente lo que el caballo siente, y actúa desde su punto de vista.
7. Haz menos para lograr más.
8. Tómate el tiempo que sea necesario.
9. El caballo tiene la necesidad de auto-protegerse en su mente, cuerpo y espíritu.
10. *El caballo nunca se equivoca.*

Como su hermano Bill, Tom Dorrance estuvo muy influenciado por la tradición *vaquera* de California y apreció tanto como cualquiera un buen caballo de silla montado con un bocado con palancas. Pero se conside-

Tom Dorrance no quiso ser parte del debate sobre horsemanship. *(Julie Baldocchi)*

raba más atraído por iniciar caballos y trabajar con caballos "problemáticos". Debido a esto él usaba un filete casi exclusivo. Hoy día, el filete es como el emblema de los caballistas naturales.

Tom Dorrance inspiró una revolución en la equitación y una industria multimillonaria, pero él personalmente se benefició muy poco de ella. En 1987 publicó su único libro: *True Unity: Willing Communication Between Horse and Human*, editada por Milly Hunt Porter; en 1999 editó un vídeo, *Greetings from Tom Dorrance*. Ambos fueron, y continúan siéndolo, vendidos modesta pero regularmente. Él vivió sus últimos años en una casa prefabricada en el rancho de su hermano Bill, en Salinas, California. En 2001 Ray y Carolyn Hunt organizaron el *Benedit Tribute to Tom Dorrance* para conseguir dinero con el que sufragar los gastos de clínica. El evento, celebrado en Fort Worth, Texas, reunió a los más importantes caballistas naturales, pero Dorrance estaba demasiado enfermo para poder asistir.

Después de un ataque de apoplejía, Tom Dorrance murió en una Residencia de Monterrey, California, el 11 de junio de 2003, a la edad de noventa y tres años, con su esposa Margaret a su lado.

Tom Dorrance fue una de esas personas extraordinarias que causa una perdurable impresión a todo aquél que lo conoce. Aparecieron artículos sobre él en la revista *People* y en el *New York Times*. Poco después de su muerte, en un artículo titulado "Un tributo a Tom Dorrance", Porter escribió: "Nunca tuve la sensación de que Tom era un hombre que sabía de caballos. Muchas personas que asistían frecuentemente a observar cómo trabajaba Tom no eran jinetes, ni siquiera propietarios de caballos, sino educadores, psicólogos o provenientes de otros campos profesionales. Todos ellos parecían encontrar algo que aprender de él".

Bill Dorrance, Ray Hunt y Tom Dorrance. *(Julie Baldocchi)*

El artículo de Porter fue publicado en *The Trail Less Traveled*, una revista dedicada a la equitación natural. Irónicamente, la revista cerró unos meses después, al cabo de más de nueve años de publicarse.

Hacia el fin de su vida, Tom Dorrance se inhibió de su papel de *gurú* en caballos, de leyenda viviente y el más veterano impulsor del movimiento que él mismo había inspirado. Casi nunca concedía entrevistas, pero cuando lo hacía, compartía todos sus conocimientos liberal y generosamente. En estos casos, pedía que no fuera citado. No quería formar parte del debate.

Tampoco quería que se le nombrara en aquello que la gente hacía con sus caballos. Según Margaret Dorrance, decía: "Si el sistema funciona, puede no ser sólo a causa mía, y no necesitan usar mi nombre para nada; y si no funciona, seguramente no me han comprendido bien, de modo que tampoco quiero que usen mi nombre".

Tom Dorrance fue un héroe a regañadientes, un hombre de necesidades modestas y hábitos sencillos que durante la mayor parte de su vida dio gratis sus consejos sobre caballos. Le molestaba la vasta comercialización de la equitación. Para llegar a más personas, y así ayudar a más caballos, la mayoría de sus ideas se simplificaron, empaquetadas por otros para hacerlas más asequibles a los consumidores y divididas en fascículos para los entusiastas del caballo de fin de semana. Dorrance no tenía ningún control de lo que estaba pasando y realmente se benefició muy poco de ello.

La falta de privacidad que llega junto con la fama también le molestaba a él y a Margaret. Incluso llegaron a cambiar su número de teléfono.

Y más importante: Tom Dorrance no estaba en absoluto de acuerdo con todo lo que se estaba haciendo bajo la amplia sombrilla de la equitación natural. Como la mayoría de los buenos caballistas, tenía su propia opinión de las cosas, y le dolía que su nombre apareciera asociado a personas y técnicas que no le gustaban.

Actualmente, Margaret Dorrance hace el mayor honor a los deseos de su esposo al negar al mundo la posibilidad de aprender de su notable vida.

RAY HUNT (1929)

Sin Ray Hunt, la revolución en la relación del hombre con el caballo no habría ocurrido de la misma manera que lo hizo. Hunt fue el carácter fundamental, el iniciador, el que comenzó a hacer rodar esa bola.

Él estuvo desde siempre en el centro de todo el asunto. Hasta hoy, ha iniciado personalmente a más de 10.000 potros, y, directa o indirectamente, ha imbuido la comunicación hombre y caballo a millones de personas alrededor del mundo.

Ray Hunt era un cowboy de treinta años con un caballo problemático cuando encontró a Tom Dorrance en la Feria de Elko. Dorrance abrió los ojos de Hunt hacia el punto de vista del caballo y le aconsejó un par de nuevas técnicas para que las probara. Unos meses más tarde, ese caballo, *Hondo*, ganó la cinta azul en varios concursos hípicos y era tan dócil que incluso los hijos de Hunt podían montarlo. Era el año 1961.

Hunt reconoció enseguida el genio de Tom Dorrance y decidió aprender de él todo lo que pudiera. Aprendió muy rápido. Dorrance diría de él más adelante: "Nunca he conocido a nadie que fuera capaz de captar las más pequeñas claves y desarrollarlas en la dirección correcta en tan poco tiempo –es como si lo hubiera estado haciendo toda su vida".

A mediados de 1970, cuando la mayoría de profesionales en los caballos western aún se basaban en los tradicionales y coactivos métodos y en la filosofía centrada en las necesidades humanas, Hunt empezó ofreciendo al público algo diferente. Hizo falta valentía en el vaquero de Idaho para enfrentarse a los conocimientos de los cowboys normales. Pero entonces, Ray Hunt no hacía mucho caso de lo que los demás pensaban de él. Se ha hecho famoso por empezar siempre sus clínics, incluso hoy, con las siguientes palabras: "Yo estoy aquí por el caballo, para ayudarlo a que reciba un mejor trato". Dejó bien claras las prioridades de manera inequívoca. No habría ni concesiones ni se iría de puntillas sobre las delicadas sensibilidades humanas. Si eras tirado al suelo o coceado o mordido, obviamente era que te habías equivocado en algo y eso era imperdonable. El caballo, por otra parte, no se equivoca nunca, y Hunt no retrocedería ni un ápice en esta convicción. Ray Hunt estaba allí por y para el caballo. Punto.

En 1978, Hunt escribió un pequeño libro, ya clásico, en un intento de dejar escrito el enfoque sobre horsemanship de Dorrance/Hunt. *Think Harmony with Horses: An In-deph Study of Horse / Man Relationship*, editado por Milly Hunt, había inspirado y desconcertado a sus lectores durante décadas. Hunt y Dorrance batallaban contra el mismo problema. Lo que sentían, lo que sabían y lo que podían hacer con los caballos no se podía verter fácilmente en palabras. Cada caballo es diferente, cada persona es diferente, cada día es diferente. Ellos no podían acuñar reglas de "cómo hacer" tal cosa, "si sucede" esta otra, porque los caballos y las personas y su vida son un gigante multidimensional que engulle masas de cambios. Es como una diana móvil que es casi imposible de acertar.

Ray Hunt se encargó de hacer público el trabajo de Dorrance, y comenzó la revolución de los horsemen. *(Julie Baldocchi)*

De acuerdo con Hunt, "Todos los quién, qué o dónde determinan los por qué, cuándo y cómo". Antes de que puedas decidir en un proceso normal de acciones en una situación concreta, tienes que tener en consideración todos los factores que componen esa situación. El mejor consejo que cualquiera puede dar es "Adáptate a las circunstancias".

Cuando llegas a esta conclusión, Equitación para Hunt y, probablemente, para cualquier gran caballista es, más que nada, *sensibilidad*. ¿Cómo describirías sensibilidad? Es algo intangible, quizás la reina de los intangibles.

Pregúntale a un músico de jazz cómo sabe qué nota debe tocar en un solo improvisado. Pregúntale a un carpintero cuántas pasadas de papel de lija harán falta para dejar ese armario como un espejo. O pregúntale a Ray Hunt cómo sabe cuándo un caballo está pensando en intentar hacer lo que le pide. El experto se apoya en un montón de experiencias e íntimos conocimientos del tema que son muy difíciles de explicar. Son como partes de él mismo; operan desde su intuición interior. Todo esto al final llega a convertirse en *sensibilidad*.

Es por esto que muchas respuestas de Ray Hunt a preguntas sobre el comportamiento del caballo, empiezan siempre con la misma palabra: *depende*. Depende de la sensibilidad en ese preciso momento, y la sensibilidad llega solamente con la experiencia.

Una vez dicho todo esto, el libro de Ray Hunt se las componía para capturar algunas esencias importantes para que podamos reflexionar sobre ellas. Les dio la forma de una serie de máximas, algunas de su propia cosecha y otras probablemente originales de Tom Dorrance, presentadas bajo el título de *"Equesology"*, una palabra que parecía familiar pero que no aparece en ningún diccionario. Estas máximas son brillantes en su simplicidad y relevantes en sí mismas, y forman una base útil para poder edificar un lenguaje basado en la sensibilidad.

Algunas ya han sido descritas anteriormente. Aquí mostramos algunas más:

1. En lugar de tirar fuertemente, trata de conseguirlo con una suave firmeza.
2. Piensa muy cerca del suelo.
3. Si vas a enseñarle a un caballo alguna cosa y tienes con él una buena relación, no le hagas aprender aquello –deja que lo aprenda.
4. La sensibilidad correcta y la sintonía te proporcionarán el equilibrio.

5. PIENSA.

6. Monta sobre tu caballo con todo tu cuerpo, no sólo con tus manos y tus piernas.

7. Advierte el mínimo cambio y el más ligero intento, y prémialos.

8. Monta con vida en tu cuerpo.

9. Él sabe lo que sabes, y tú sabes lo que él sabe.

10. *Tú no vas a trabajar a tu caballo, tú vas a trabajar en ti mismo.*

Esta última máxima nos recuerda lo más importante de la revolución en la relación con el caballo. Significa que nos permite desarrollar caballos mejores, más seguros, más felices, pero volviéndonos nosotros mismos mejores, más seguros y más felices a través de ese proceso. Ésta es la revolución en la equitación comunicativa, pero también es la revolución en la realización del potencial humano.

Hoy día Ray y Carolyn Hunt residen en Mountain Home, Idaho.

BILL DORRANCE (1906-1999)

Aunque sólo cuatro años mayor que su hermano Tom, Bill Dorrance ya nació en una era diferente, la era en la que Henry Ford cambió América con su carruaje sin caballos, el Ford Modelo T.

El rancho de la familia, cerca de Enterprise, Oregón, tenía muy pocas comodidades para sus habitantes. No tenían tractor, ni automóvil. Los caballos se utilizaban para el transporte, arar los campos, montar y trabajar con el ganado. Los Dorrance eran una típica familia rural americana de principios del siglo veinte. Confiaban en los caballos para sus necesidades cotidianas.

Las hermanas Margaret y Lillian crecieron hasta ser maestras en la escuela como su madre, Minnie Tinsley Dorrance, mientras que Jean y Ethel se inclinaron por los trabajos de oficina. Pero sus hermanos Jim, Bill, Fred y Tom fueron todos ellos caballistas, cada uno a su manera.

El hermano mayor, Jim, podía montar cualquier caballo, se botara o no, e hizo que esto pareciera fácil. Si un caballo era un poco más nervioso y tenía muy mal genio, mucho mejor. A Jim le gustaba esto. El hermano más joven, Tom, siempre intentaba redirigir esta energía en una dirección positiva para conseguir un caballo calmado y tranquilo. Bill quiso dedicarse a entrenar caballos desde que era un adolescente y se apuntó a un curso por correspondencia que compró a *The Beery School of Horsemanship*, en el lejano Pleasant Hill, Ohio. Fred, probablemente el

Bill Dorrance haciendo lo que más amaba. *(Julie Baldocchi)*

más dotado de los cuatro, fue un experto montando caballos cimarrones para un rancho de Nevada. Entonces, hacia 1930, fue el primero de los hermanos Dorrance que se trasladó a California. Bill no tardó en seguirle.

Cuando Bill Dorrance llegó a California a finales de noviembre de 1931, Herbert Hoover era el Presidente de los Estados Unidos y la nación estaba sumida en la Gran Depresión. California no era un mal sitio donde vivir, considerando la situación general. Había trabajo de rancho que hacer y un cowboy podía trabajar donde quisiera durante todo el año. Realmente, nadie *enseñaba* a adiestrar sabiamente por entonces, y apenas se hablaba de ello, pero

Dorrance era un buen observador y se dio cuenta de que algunos cowboys tenían más sensibilidad que otros con sus caballos. Él aprendió de cada uno de ellos. Le gustaban todos los caballos y deseaba llegar a tener una mejor relación con ellos.

Fue en California donde Bill Dorrance comprendió y abrazó las tradiciones de los caballistas californianos coloniales, los *Californios* y, especialmente, los *vaqueros* que trabajaban con el ganado. Aprendió a trenzar sus propias *reatas* (cuerdas de cuero crudo o de pelo de caballo) y hacerse la mayoría de sus arreos de trabajo. El trenzado de cuerdas y lazos han sido habilidades que ha conservado a lo largo de su vida.

Los grandes ranchos de California estaban, en cierto sentido, congelados en el tiempo. Automóviles, camiones o tractores aún no habían sustituido a los caballos y mulas, al menos no de la forma extensiva que se había producido en el Este. Conseguir un caballo que pudiera ir "hacia adelante a la brida" era la meta de casi todos los caballistas. El sistema californiano, lento y cuidadoso, constituía la forma suprema de embridar. Bill Dorrance quedó prendado de todo esto y ha sentido su influencia durante toda su vida. Le gustaba la idea de ver hasta dónde se podía llegar con un caballo.

También le gustaba ayudar a la gente con sus caballos. Gene Armstrong, un instructor de la Universidad Politécnica del Estado de California, en San Luis Obispo, le enviaba frecuentemente estudiantes que tenían problemas con sus caballos. A veces venían para una tarde y se quedaban varios días. Instructores, profesionales como Buck Brannaman, o Bryan Neubert, han sido ayudados por Dorrance. Según Buck, Dorrance reflexionaba sobre qué debería haber hecho para tener una escuela de equitación. Pero no lo decía en serio. Siempre tenía mucho trabajo que hacer en el rancho de Salinas, allá en las montañas, donde él y su esposa, Marie, criaron a sus tres hijos.

Uno de los estudiantes más aprovechados de Bill Dorrance fue Leslie Desmond, propietario de una escuela de equitación en el Este. Desmond se estableció en California en 1990 y se sorprendió al enterarse que Dorrance conocía y tenía experiencia con caballos y no había sido inmortalizado para la posteridad. No se había escrito ningún libro, ni vídeos. Nada. Fue gracias a sus esfuerzos que Bill Dorrance publicó su único libro sobre equitación: *True Horsemanship Through Feel*. El lenguaje en este extenso y bien presentado libro, es simple pero, como en el antiguo libro de su hermano, contiene grandes valores bajo la superficie, asequibles a aquellos que quieran profundizar en ellos.

Los editores y correctores de pruebas animaron a Desmond a interpretar y plasmar las ideas y métodos de Dorrance para hacerlos más comprensibles a los lectores. Desmond rehusó. Por ello, el libro está escrito con las propias palabras de Bill Dorrance, dando muestras de la fuerte sensibilidad del caballista y caballero que era.

Dorrance murió en 1999, poco después de su publicación, a la edad de noventa y tres años.

PAT PARELLI (1954)

En los 80, Pat Parelli acuñó el término "natural horsemanship", equitación natural y le dio nombre a todo un movimiento. Hoy día, el sistema educacional que lleva su nombre, *Parelli Natural Horse-Man-Ship*, se usa en todo el mundo.

Pat Parelli. *(Foto de Coco)*

Nacido en una comunidad ranchera en Livermore, en la zona de la Bahía de San Francisco, el joven Pat Parelli se obsesionaba con los caballos desde su más temprana edad, y al cumplir los nueve años ya estaba trabajando en los establos de los alrededores. A lo largo de los años, tuvo varios maestros que le enseñaron no sólo sobre caballos, sino también sobre ganado y perros, y a vivir en armonía con la naturaleza. Él era como una esponja, un entusiasta y talentoso estudiante que absorbía cada brizna de información a que tenía acceso. Al cabo de poco tiempo, ya formulaba sus propias teorías sobre criar potros y entrenar caballos.

Mientras estaba en la escuela superior, Parelli ya competía en los rodeos. Como apunta: "Estuve montando caballos broncos hasta que mi cerebro maduró". Bajo la guía de su entrenador, John Hawkins, ganó el *Bareback Rookie of the Year* en 1972, a los dieciocho años escasos, con un *buck-off average* (promedio de derribos) de sólo un 4 por ciento.

Parelli se graduó como bachiller en Educación Agraria en la Universidad del Estado, en Fresno. Luego trabajó en los establos de Troy Henry, cerca de Clovis, California, donde comenzó seriamente su educación sobre caballos. Henry le ayudó a comprender el mundo del caballo y le enseñó el valor de la psicología y la comunicación en el entrenamiento de los caballos de competición. Henry también le puso en contacto con el que sería su futuro compañero equino, un magnífico semental Quarter Horse, *Salty Doc*. Un día ambos adornaron la portada del libro revolucionario de Pat, *Natural Horsemanship*.

El público empezó a oír hablar de Pat Parelli en 1981. Su casi victoria sobre una mula en el *National Reined Cow Horse Association* (Asociación de Caballos Vaqueros de Rienda), en la prestigiosa *Snaffle Bit Futurity*, dio mucho que hablar. En 1982, después de unas semanas de práctica, dio la campanada y comenzó a enseñar y demostrar lo que había aprendido sobre el entrenamiento psicológico de caballos. La visión de Parelli fue enseñar a la gente a enseñar a los caballos. Quería crear los medios para que la gente pudiera usar medios de comunicación con el caballo efectivos, pero no violentos, en lugar de la fuerza, el miedo y la intimidación. Al público le gustó la idea y atrajo hacia Parelli la atención de otros prestigiosos caballistas.

El año siguiente, a Tom Dorrance, Ray Hunt y Ronnie Willis les gustó la demostración de Parelli montando sin riendas en el *California Livestock Symposium*. Los tres se convirtieron en mentores de Parelli en los años por venir.

Ese mismo año, un co-autor de este libro, el Dr. Robert Miller, se reunió con Pat Parelli y escribieron una serie de tres libros sobre él, titulada *A New Look of Old Methods* (Un Nuevo Vistazo a los Antiguos Métodos). La serie se publicó desde noviembre del 1983 hasta enero de 1984 en la revista *Western Horseman*, y dio a conocer el nombre de Pat Parelli a decenas de miles de lectores de esa revista western. En 1993, *Western Horseman* publicó el libro de Parelli, *Natural Horsemanship*, que continúa siendo uno de sus mejores best-sellers. El éxito continuó y hoy en día el nombre de Parelli es sinónimo de Equitación Natural en los Estados Unidos y en todo el mundo,

Aunque pocos critican su equitación, a algunos críticos les disgusta el espectáculo que monta Pat Parelli. A él no le molesta. "Podría enseñar cualquier cosa, incluso matemáticas, y las haría interesantes", dice, "porque yo soy un actor y esto mantiene la atención de la gente; y porque me entusiasmo haciéndolo, y esto es contagioso". Fuera del escenario Parelli es sorprendentemente tranquilo y sencillo. Se relaja tocando la guitarra, y una sesión de música en grupo rodeado de varias balas de paja, es una de sus pasiones.

Los Siete Juegos

Quizás la mayor contribución de Pat Parelli a la revolución en la equitación –y probablemente su legado– es una rutina de trabajos pie a tierra que él llama *The Seven Games* (Los Siete Juegos). Basados en el lenguaje corporal que los caballos emplean para comunicarse entre ellos, a fin de establecer el liderazgo, estos juegos crean una relación, calman al caballo, centran al humano, demuestran el derecho del humano de ser el

Parelli empieza con el Juego de la amistad. *(Foto de Coco)*

líder del equipo y refuerzan el lenguaje que el humano y el caballo debe-
rán usar para comunicarse. Están diseñados para hacerse en orden, y
prueban al caballo que el humano comprende su mundo.

Juego 1. *The Friendly Game (El Juego de la Amistad).* Se trata de
tocar al caballo de una manera amistosa, confortable, por todo el cuerpo
con tus manos o con una cuerda, una fusta, una bolsa de plástico, una
manta de silla, o cualquier otra cosa. Esto demuestra al caballo que aunque seas un predador, no vas a actuar como tal. Cuando se hace con
ritmo, también lo desensibiliza a varios estímulos. Es importante sonreír mientras juegas al *Juego de la Amistad* y volver a repetirlo después y
entre los otros juegos.

Juego 2. *The Porcupine Game (El Juego del Puercoespín).* Se juega
ejerciendo una presión constante con la punta de los dedos o una fusta
rígida (como el *Carrot Stick*, fusta de color naranja, de Parelli), sobre diferentes partes del cuerpo del caballo para animarlo a ceder a la presión y
que aleje de ti esa parte de su cuerpo. La presión se aplica en fases cre-
cientes de firmeza según sea necesario: presionando primero superficial-
mente sobre el pelo, luego ya sobre la piel, para seguir sobre el músculo,
y luego sobre el hueso. Cuando el caballo responda, la presión debe cesar
inmediatamente. Las diferentes fases de firmeza en la presión y el hecho
de soltarla de inmediato, se usan también en los otros juegos.

Juego 3. *The Driving Game (El Juego de la Guía).* Es como una versión manos libres del Juego del Puercoespín, creando una presión *implí-
cita* por medio de "agitaciones" en el aire cercanas a la parte del caballo

que queramos mover. Una fusta larga o una tralla pueden usarse para golpear rítmicamente el suelo como un medio para estimular al caballo a moverse sin tocarlo.

Juego 4. _The Yo-Yo Game (El Juego del Yo-Yo)._ En este juego le pides al caballo que retroceda alejándose de ti y luego que se acerque, todo por medio de tu lenguaje corporal y la aplicación rítmica de diversas fases de presión hechas con la cuerda.

Juego 5. _The Circling Game (El Juego del Círculo)._ Ésta es la versión de Parelli del trabajo a la cuerda (_longeing o lungeing_), pero es mucho más que eso. Una vez que el caballo ha sido impulsado en un círculo amplio y le has pedido un aire determinado, se le deja –y se espera que sea así– que continúe a ese aire sin ulteriores indicaciones. Después de dos o tres círculos, se le pide que vuelva a tu lado, y que desplace sus patas traseras (que "desuna" sus cuartos traseros) en el proceso. Éste es un ejercicio más mental y emocional que físico y le deja al caballo la responsabilidad de mantener un ritmo de movimiento.

Juego 6. _The Sideways Game (El Juego del Paso Lateral)._ Enseña al caballo a moverse lateralmente a ambos lados. Inicialmente, se hace con el caballo frente a una valla para impedirle cualquier movimiento hacia adelante. La presión se hace rítmicamente alternándola sobre su parte delantera y su trasera, tal como se hizo en el Driving Game.

Juego 7. _The Squeeze Game. (El Juego del Apretón)._ En este juego le pides al caballo que pase entre tú y otro objeto, una valla, un barril, lo que sea. Esto le enseña al, por naturaleza, claustrofóbico caballo, a entrar en espacios reducidos y cerrados, como los remolques o los establos.

Los Juegos de Parelli empiezan en el suelo, pie a tierra, pero también tienen aplicación sobre la silla. La mayoría utilizan herramientas de uso común entre los caballistas, pero que Parelli ha desarrollado y mejorado a través de los años. La más importante entre todas es la cuerda de cabezada, la cuerda de conducción de 12 pies de largo (unos 4 metros), y la fusta de entrenamiento que ha bautizado como _Carrot Stick._ Estas herramientas ya existen de una forma u otra desde mucho antes de la época de Parelli, pero él las ha mejorado, desarrollando usos creativos y efectivos para ellas, y popularizándolas.

Natural Horse-Man-Ship de Parelli

Como sistema educacional que es, _Parelli Natural Horse-Man-Ship_ ha tomado prestadas las mejores ideas del escultismo, las artes marciales y la educación tradicional. Se ha intentado que proporcione un aprendizaje acelerado y está influenciado por los programas lingüísticos, la ciencia práctica de detectar, desarrollar y usar el pensamiento consciente y el inconsciente, y los patrones de comportamiento que constantemente experimentamos.

El Programa de Parelli hace que el estudiante vaya avanzando paso a paso a través de varios niveles, de varios rangos y grados.

Hay diez niveles. En los niveles 1 al 3, que tratan de la equitación natural básica, en realidad tratan de enseñar al humano. Hacen considerable énfasis en desarrollar una relación con el caballo, psicología equina, comprensión de la relación predador / presa, y la aplicación por partes iguales de amor, lenguaje corporal y liderazgo. Los niveles 4, 5 y 6 nos llevan al trabajo y al refinamiento con el caballo. Más allá de esos niveles es cuando la equitación se convierte en arte y los niveles están menos claramente definidos. Cuando se le presiona, Parelli se considera estar actualmente en el nivel 8.

A mediados de los 90, Pat Parelli se casó con su mejor estudiante, Linda Paterson, jinete australiana de Doma Clásica. Linda, que es la responsable de la mayoría de los materiales escritos que se emplean en el *Programa de Parelli* hoy día, se ha convertido en una excelente profesora

Su Savvy Conference anual atrae a miles de personas a verlo en el Pat & Linda Parelli's Internacional Study Center, en Pagosa Springs, Colorado. *(Fotos de Coco)*

por derecho propio. Los Parelli tienen varios ranchos y centros de estudio en Pagosa Springs, Colorado, y en Ocala, Florida. La de Colorado se ha ganado la acreditación del *Colorado Department of Higher Education* (Departamento de Educación Superior de Colorado).

La primera esposa de Parelli, y madre de su hijo e hija, es también profesora de natural horsemanship. Karen Parelli Hagen y su esposo, Jim, operan el *Natural Hoofprints*, en el norte de California.

MONTY ROBERTS (1935)

Monty Roberts merece el honor de haber llevado hasta las masas las ideas plasmadas en la revolución en la equitación. Su primer libro, *The Man Who Listens to the Horses* (El Hombre que Escucha a los Caballos), fue un auténtico impacto entre el gran público en todo el mundo, haciendo a Roberts muy conocido y llevando el entrenamiento no violento de los caballos hasta el escenario internacional.

Nacido en 1935, en Salinas, California, Roberts estuvo rodeado de caballos desde su más tierna infancia. Su padre, Marvin Roberts, era un respetado caballista que usaba los métodos tradicionales, pero desde la edad de nueve años, el joven Roberts se sintió atraído por el método psicológico empleado por su vecino Bill Dorrance.

A los trece, Roberts rastreaba mustangs salvajes en Nevada y desarrolló una comprensión de su lenguaje silencioso, un lenguaje de gestos que después denominó "Equus". Esto fue la base de su técnica de entrenamiento no violento que él llama Join-Up (La Unión).

Monty Roberts. *(Monty Roberts Collection)*

Join-Up

Durante muchos años Roberts guardó para sí sus métodos de entrenamiento de caballos que le proporcionaron éxito en varias actividades equinas. En las pistas de exhibición consiguió ocho campeones mundiales, con *Johnny Tivio, Fiddle d'Or* y *Night Mist*. No obstante, fue más conocido por haber producido varios caballos purasangre de carreras, como *Alleged, An Act,* y *Tobin Bronze* y más de 250 ganadores de *stake races* (*).

En 1986 sus métodos salieron a la luz. Un entrenador de purasangres de carreras, Farell Jones, pasó por casualidad un día en el que Roberts estaba entrenando a un caballo en su *round pen* (corral circular). Jones quedó tan impresionado con lo que vio que insistió en que el mundo necesitaba conocer todo aquello. Siguieron demostraciones en Kentucky, a las que asistieron criadores de purasangres y periodistas. Se escribieron artículos sobre los trabajos de Monty Roberts y sus métodos se hicieron públicos.

Para 1989, la reina de Inglaterra, Isabel II, propietaria y criadora de PSI y otros tipos de caballos, oyó hablar de los métodos de Roberts y expresó su interés en verlo en acción. Después de esto, le pidió a Roberts que demostrara estos trabajos por todo el Reino Unido. Fue también debido a la petición de Su Majestad que Roberts escribió y publicó su primer libro en Inglaterra. *The Man Who Listens to Horses* fue publicado después en los Estados Unidos y en catorce países más. Esto disparó la carrera en la que Roberts ha demostrado sus conceptos alrededor del mundo, aplicables a diferentes disciplinas de equitación.

El método de entrenamiento de Roberts se demuestra con más frecuencia con caballos no iniciados o con problemas (lo que él llama "rehabilitación"). Usando un *corral circular* ha depurado su técnica durante décadas. Primero, con el lenguaje corporal Roberts hace que el caballo se aleje, como haría un caballo dominante. Luego, cuando observa que el caballo parece tener intenciones de cooperar –de "re-negociar el trato", como él lo llama– Roberts cambia su lenguaje corporal para invitar al caballo a que se acerque, que se vincule a él, que haga el "Join-Up". Hecho por Roberts el proceso transforma cualquier caballo, desde temeroso o desafiante a amistoso, en 15 ó 20 minutos, y, en prepararlo para

---

(*) Carrera de caballos en la cual los propietarios de los caballos participantes contribuyen económicamente en los premios a los ganadores. *(N. del T.)*

Demostración de Join-Up de Monty Roberts ante miles de espectadores.
(Monty Roberts Collection)

ser montado, llevar un jinete sobre él, con calma, en unos 30 minutos. A partir de ahí el caballo ya está preparado para entrenamientos más extensivos.

Los mismos principios empleados para ganarse la confianza y el respeto en el *corral circular* se emplean para la carga en remolque, cruzar a través de agua, y otros problemas típicos de los propietarios de caballos.

Hay una fuerte fibra filosófica que enhebra a través de todo el trabajo de Monty Roberts: no-violencia. "La violencia es producida siempre por el violador", apunta, "nunca por la víctima".

Esto requiere una explicación: Roberts podría ser el primero en admitir que los caballos pueden recurrir al contacto físico entre ellos. El lenguaje Equus que observó es un lenguaje de gestos físicos, casi siempre de *presión* física –los caballos muchas veces cocean o muerden a otros caballos como gestos de dominación– y esto parece ser en extremo violento.

Por lo tanto, ¿cómo puede uno estar a favor de comunicase con los caballos en un lenguaje que ellos entiendan, si no acepta los aspectos físicos más duros de él?

Vamos a ofreceros nuestra propia opinión sobre esto.

Quizás la violencia se definiría mejor no como una medida objetiva de fuerza, digamos tantos kilos por centímetro cuadrado de presión ejercida, sino por el estado mental que la misma supone. Un humano que está enfadado, frustrado o vengativo, cuando ejerce presión sobre un caballo, podría estar cometiendo un acto violento, y el caballo detectaría de seguro esa vibración negativa. Debido a su componente psicológico, lo definiría como un ataque, un inapropiado e injusto comportamiento que seguramente provocaría una reacción de *miedo* en el caballo, un estado mental distinto del que sería un simple sentimiento sumiso ante un individuo dominante. Por otra parte, la misma presión física, aplicada desapasionadamente, sin intención de lastimar o vengarse del caballo, podría ser una técnica de entrenamiento legítima que debería producir la respuesta sumisa deseada.

Por otro lado, la violencia requiere que el que la recibe se sienta violentado. Vete merodeando un buen rato entre varios caballos, y seguramente serás coceado de un momento a otro. Esto duele y deja una buena magulladura, pero seguramente no te sentirás violentado. Quizás más bien tendrás que reconocer que no has prestado la suficiente atención. Ahora considera la misma herida producida por un delincuente con un bate de béisbol, en la oscuridad de un aparcamiento. Esto es un acto de violencia. Uno tiene un claro componente psicológico, el otro no. Uno es un *ataque* y el otro no. Esto es algo más que un juego de palabras; existen auténticas diferencias entre ambos casos.

La vida de Monty Roberts ha tenido muchos hechos destacados. Cuando era muy joven fue el doble de Elizabeth Taylor en *National Velvet* y, en otras películas de Hollywood, de Roddy McDowell, Mickey Rooney y Charlton Heston. Con apenas veinte años ganó dos *National Intercollegiate Rodeo Association Championships*, en 1956, en team roping (lazo por equipos), y en 1957 en *bulldogging* (derribo de terneros). En su rancho *Flag Is Up Farms,* en Solvang, California, donde vive con su esposa, Pat, una consumada caballista y talentosa escultora, es un respetado criador. Produce caballos de carreras, caballos de exhibición y para concursos de morfología. Roberts ha recibido numerosos premios, un certificado de reconocimiento de la CIA y es doctor honorario en ciencias del comportamiento por la Universidad de Zurich. Ha hecho exhibiciones en el Castillo de Windsor y es un consumado chef.

Para completar el cuadro, debe decirse que el primer libro de Roberts, que le catapultó a la fama internacional, también reveló una amarga y pública enemistad familiar ante la versión que dio sobre sus primeros años de vida y sobre su padre, ya fallecido. Aunque desagradable, esta controversia no disminuye la importancia de Monty Roberts en la revolución de horsemanship.

RICHARD SHRAKE (1944)

"¡Tú puedes montar siempre un buen caballo!" es la frase de despedida típica de Richard Shrake. Y vamos a explicar por qué.

Shrake es uno de esos buenos tipos, un caballista imponente, en una industria con sus conflictos de personalidad, que es respetado y querido por todo el mundo. El sentimiento es mutuo. Como famoso entrenador de caballos de exhibición y juez, ha jugado un papel excepcional y muy importante en la revolución de la equitación.

Richard Shrake nació en Salem, Oregón, y creció en la granja de vacas lecheras de sus padres. Su padre, anteriormente un cowboy de rodeo de Colorado, tenía toda clase de caballos en la granja y le gustaba comprar algunos más siempre que tenía oportunidad. Esto le dio a Shrake y a su hermano, Greg, la posibilidad de adquirir mucha experiencia en manejar todo tipo de caballos de diferentes edades, razas y características, entrenándolos lo suficiente para cambiarlos por otros mejores.

A los nueve años, Shrake expuso su primer poni en la feria local, camuflado entre los otros niños en el espectáculo de caballos y las clases

Richard Shrake y Miss Resistance Fee. *(Jim Bortvedt)*

de equitación, y, al final del día se proclamó presentador campeón entre los presentadores de su edad. Parecía tener un don para el espectáculo, incluso siendo tan jovencito.

Gracias a su inscripción en el Salem Saddle Club, Shrake fue presentado a varios buenos caballistas. Aunque un poco a la fuerza, el joven cowboy estudió junto a uno de ellos, un entrenador alemán de Doma Clásica, durante tres inviernos, una experiencia que le ha beneficiado a lo largo de su carrera. Dos de sus compañeros de club, Doug Brown y Larry Mahan, fueron famosos en el rodeo.

En la facultad de la Oregon State University, Shrake entrenó caballos, en parte para ganar algo de dinero. Terminó de graduarse en educación en Portland State y pronto se encontró él mismo organizando clínics a lo largo y ancho de la costa oeste para Carnation-Albers, una gran compañía de productos alimenticios y complementos dietéticos. En esa época él ya sabía lo que quería hacer en la vida.

A los veintitrés, dio la paga y señal de un terreno de nueve hectáreas en el campo, cerca de Portland, y empezó su propio negocio de entrenamiento de caballos, "Horsemanship West". Dieciocho años más tarde vendió la propiedad con un buen beneficio debido al crecimiento de la ciudad hacia allí. Hoy día un centro comercial ocupa ese terreno y Shrake se mudó hacia el este de las Range Cascades, en Sunriver, Oregón.

Durante sus años de auge, "Horsemanship West" tenía hasta cincuenta caballos en régimen de entrenamiento. Shrake ganó más de una vez premios por ser el que más estudiantes congregaba en una exhibición. Un año, reunió veintiocho estudiantes con sus caballos en el Junior Cow Palace, en San Francisco.

Pero Richard Shrake sentía que necesitaba probarse a sí mismo como concursante si quería tener la credibilidad necesaria para una continua carrera como profesor. A lo largo de los siguientes años actuó compitiendo contra reputados caballistas en la costa oeste, en la *Open Division of Shows*, aprobada por la AHSA (*American Horse Shows Association*/Asociación Americana de Espectáculos Hípicos). En 1974 ganó el primer premio en *Horse of the Year* (Caballo del Año) en *Trail Horse, Western Pleasure y Ranch Work* (Trabajo de Rancho). Estos campeonatos nacionales le dieron la credibilidad que estaba buscando. Puso la guinda en la copa unos años después, en el 1979 American Quarter Horse Congress, el espectáculo de caballos más grande del mundo. Sobre un caballo llamado *Windjammer*, Shrake ganó el premio más codiciado de todos: el All-Around. No podía haber ninguna duda. Este hombre sabía montar.

Después, Shrake se fijó el objetivo de ser el mejor profesor posible. En los años siguientes, numerosos alumnos de Shrake ganaron toda una impresionante serie de premios muy codiciados en los concursos de caballos a través del país. Finalmente, se sintió preparado para alcanzar su tercera meta: ser Juez.

Richard Shrake ha servido de juez para numerosas asociaciones de criadores. Ha juzgado en más de 1.000 eventos, incluyendo once mundiales y nacionales, para la American Quarter Horse Association, la American Paint Horse Association, el Appaloosa Horse Club, la International Arabian Horse Association y el Pony of the Americas Club. Ha juzgado en cada estado de los EE.UU y en Canadá, Alemania, Suiza y Australia. Empezando a mediados de los 70, Shrake ha conducido más de 1.400 clínics y seminarios, y ha aparecido en 105 universidades e institutos en todo el mundo. Inició y apadrinó el United Status World Cup Team, y fue el primer entrenador conocido que trabajó con el BLM (Bureau of Land Management - Oficina de Gestión del Territorio) en su programa con los caballos salvajes(*).

Richard Shrake ha escrito tres libros: *Western Horsemanship, Resistance Free*, y *Resistance Free Riding*. Ha escrito artículos para numerosas publicaciones sobre caballos y escribe dos columnas mensuales, "Bridle Wise" y "Strides to Success" (Los Caminos del Éxito), que aparecen en más de 150 publicaciones en Estados Unidos y Canadá.

Ha producido una extensa colección de videos, hasta ahora dieciocho, y tiene registrados nueve bocados en la Richard Shrake Resistance Free Bit Collection.

(*) Los caballos salvajes Mustang son los descendientes directos de los caballos que llevaron a América los españoles en el siglo XV y ss. Su nombre Mustang, proviene del castellano "mesteño", o sea "sin amo conocido". Huidos de las granjas, corrales, etc., se concentraron en las enormes y despobladas praderas herbosas y, sin predadores naturales, se multiplicaron extraordinariamente. Hasta mediados del siglo veinte fueron usados como montura por los indios, cazados para fabricar comida para perros o simplemente por ser una amenaza para los granjeros agricultores, que se quejaban de que les destrozaban los cultivos. Se cazaban desde camiones, camionetas y hasta desde helicópteros. Llegó el momento en que estaban a punto de desaparecer. Por fortuna, el Gobierno de los EE.UU se dio cuenta del enorme potencial de estos animales, no sólo a nivel cultural histórico, sino también práctico, y el BLM inició hacia los años 70 un amplio programa de protección y apadrinamiento, que no sólo los protege sino que, además, propicia que cualquier ciudadano, por una aportación económica, pueda "apadrinar" un caballo Mustang. Hoy en día se han demostrado unos caballos excelentes, una vez superada la etapa de su educación y se ha fundado la Spanish Mustang Horse Association, que los protege, agrupa y representa. Más información en Capítulo 9. *(N. del T.)*

Shrake tuvo varios mentores, incluyendo los californianos Jimmy Williams (considerado por muchos mientras vivió como el más grande caballista de América), Clyde Kennedy y Arnold "Chief" Rojas (uno de los últimos *vaqueros* y uno de sus historiadores más destacados. En un vídeo reciente, Shrake revela algunos de los trucos de Rojas para ganarse la confianza del caballo. "Frota los espejuelos del caballo y luego dale a oler tus dedos".

El tema de la "resistencia cero" abarca toda la enseñanza de Richard Shrake. Desde un punto de vista del marketing, es una forma de dar imagen de marca al producto. Es una expresión de su meta, una variante de la idea de Dorrance o Hunt: "Deja que tu deseo llegue a ser el deseo de tu caballo". A través de una comunicación constante y un liderazgo empático, podemos transformar al caballo desde un animal presa, cuyas motivaciones son completamente diferentes de las nuestras, hasta un compañero bien dispuesto que se siente miembro de nuestro equipo, de nuestra manada. ¿Puede ser eliminada toda resistencia? Quizás no, pero es un logro encomiable y Shrake nos exhorta a que lo tengamos claramente en nuestro punto de mira. Sus esfuerzos para llevar estos principios al mundo del espectáculo lo hacen particularmente valioso dentro de la revolución en horsemanship.

Richard Shrake y su esposa, Lee Ann, viven en el centro del estado de Oregón, donde opera *A Winning Way, Ltd.*, una empresa que produce las series de vídeo de Richard Shrake y dirige el acreditado *Resistance Free Trainer and Instructor Program* (Programa de No-Resistencia para Entrenadores e Instructores). Richard Shrake y Lee Ann tienen tres hijos ya crecidos.

JOHN LYONS (1947)

John Lyons ha sido siempre muy diferente. A la edad de veinticinco años, mucho antes de ser conocido como el "America's Most Trusted Horseman" (El Caballista más Digno de Confianza de América), ya era un próspero comerciante y distribuidor, ganando cantidades de dólares de seis cifras vendiendo material para implantes médicos ortopédicos a doctores y hospitales. Pero su corazón no estaba en eso, y un día el joven padre de familia decidió hacer caso a sus sueños, algo que él mismo siempre había aconsejado a otros que hicieran.

Nacido en Louisville, Kentucky, Lyons creció en el reseco desierto de Phoenix, adonde su familia se mudó debido a su asma. Era de naturale-

John Lyons. *(John Lyons Collection)*

za atlética y muy bueno en béisbol y baloncesto. Había planeado ser un entrenador de baloncesto, pero después de su estancia en la Universidad de Arizona se encontró haciendo de vendedor, y también en esto era excelente, terminando pocos años después en Kansas City, Kansas, cobrando buenas comisiones por la venta de los aparatos ortopédicos de Richards Medical Supply.

En esa época Lyons no tenía apenas experiencia en caballos –a menos que contemos las pocas veces que, cuando tenía apenas diez años, "pedía prestado" el caballo de su vecino y se iba a montar al desierto. Pensando que la tierra podía ser una buena inversión, compró unas tres hectáreas en las afueras de Kansas City y antes había adquirido un caballo para ir hasta allí. Un día cayó en la cuenta de que palear estiércol o jugar con su caballo le gustaba más que tratar con doctores y hospitales. Decidió que tenía que hacer un cambio. Éste fue el fin de John Lyons como vendedor de ortopedia y el principio de John Lyons como horseman.

Dejar de lado un buen empleo y sustanciosos ingresos no fue cosa fácil. Muchos de los amigos de Lyons y su familia estaban en contra de que abandonara esta clase de seguridad, especialmente para hacer algo de lo que no tenía ni idea.

Impertérrito, Lyons trasladó a su familia a Silt, Colorado, y probó con un rancho de ganado. El momento no podría haber sido peor. Colorado estaba experimentando la peor sequía desde hacía 100 años, y los peores inviernos, los intereses bancarios más altos en la historia de los

EE.UU y unos precios de venta de ganado sumamente bajos. Sin un capital de respaldo para capear los malos tiempos, Lyons, como más de la mitad de los rancheros en el valle donde vivían, se arruinó. Su rancho fue embargado, el ganado perdido y quedó con una deuda fuera de sus posibilidades. El sueño de Lyons de vivir en el campo se convirtió en una pesadilla.

Fiel a su naturaleza, rechazó darse por vencido, y con el tiempo, algo empezó a mejorar. La gente empezó a conocer su modo natural de tratar a los caballos y empezaron a pedirle consejo. Durante los primeros años en el rancho se había involucrado en algún espectáculo de caballos y había comprado un caballo que llegaría a ser su compañero durante los siguientes veintiséis años, un potro semental Appaloosa, llamado *Bright Zip*.

Lyons sabía que tenía que saber mucho más si pretendía convertirse en un auténtico caballista. En 1980, acudió a un clínic de Ray Hunt, que abrió sus ojos a bastantes cosas. Descubrió, por ejemplo, que la gente, en realidad, quiere aprender. Vio la manera de hacer esta clase de clínics beneficiosos para los caballos y los humanos. Y comprendió que él no tenía porqué ser el entrenador de caballos más grande del mundo para poder ayudar a los demás.

Para empezar, Lyons, dirigía clínics donde podía trabajar con diez o quince jinetes y sus caballos durante un fin de semana. Pero el hombre de negocios que había dentro de él vio que había otro modo: uno que permitiera atraer a más personas, con unos costos más bajos y con mejores beneficios para él. Por ello, en 1988 inició el *John Lyons Symposium*, con demostraciones que duraron tres días en los que Lyons trabajaba con caballos no domados o con problemas, mientras los asistentes –casi siempre varios cientos– observaban desde sus asientos. El formato del simposio se impuso, y hoy en día Lyons continúa organizándolos en EE.UU y en todo el mundo.

A lo largo de los años, John Lyons ha desarrollado una larga serie de materiales educativos y productos de marca, incluyendo libros, vídeos, audios, guarniciones y una publicación mensual, *Perfect Horse*. Lyons actúa como presentador para una serie de empresas patrocinadoras, compañías cuyos productos él usa y que puede refrendar y aconsejar personalmente. Su programa de entrenamiento, ahora en manos de su hijo, el entrenador Josh Lyons, ha concedido certificaciones a muchos entrenadores.

Por medio de un marketing inteligente y un implacable trabajo ético, Lyons ha probado que entrenar a los humanos para que entrenen a sus caballos es el mejor modo para ayudar a ambos. Ha sido honrado con varios premios a través de los años, desde dentro y fuera de la industria del caballo. Lyons ha establecido un stándard para tener éxito en la profesión escogida por él, y muchos caballistas hoy día tratan de emular su éxito.

John Lyons usa un acercamiento educacional al entrenamiento, basado en el modelo de maestro y estudiante, y hace hincapié en que el humano es responsable de lo que aprende el caballo. Su énfasis está en la comunicación y comprensión, más que en la fuerza, y la aplicación paciente de técnicas en una amable persuasión. Lyons cree que un caballo puede y debe aprender una señal (cue) para cualquier cosa que queramos que haga. Su método para enseñar cualquier señal es planearla mucho antes en lo que él llama el *plan de lecciones*.

El plan de lecciones es cuidadosamente ejecutado, teniendo cuidado de nunca pedir al caballo que haga algo a menos que se tenga la total seguridad de que el caballo va a hacerlo. Éste es el modo de Lyons para preparar al caballo para el éxito, no para el fracaso. "El caballo sólo comprende lo que sucede, no si es correcto o no", explica Lyons. "Si le pides a tu caballo que haga algo y él se niega, le estás enseñando que eso es lo que quieres, y claro, no es esto".

Lyons evita el castigo por un mal comportamiento, para, en cambio, darle al caballo un trabajo que hacer, reemplazando el comportamiento negativo, por uno positivo. El sentido común y la

El semental campeón de John Lyons, Bright Zip, ha sido elevado hasta el Appaloosa Hall of Fame (El Salón de Fama Appaloosa) y honrado como el 1994 Breyerfest Horse of the Year.
(John Lyons Collection).

lógica fluyen por todo su trabajo, lo que es una razón por la que ha sido tan popular. La otra es porque es sincero, afable y de maneras calmadas. Los caballos y los humanos sienten que es fácil confiar en John Lyons. En un momento en que un número creciente de entusiastas del caballo y también profesionales temen ser lastimados por sus caballos, Lyons ofrece esperanza. En lugar de enfrentar tu miedo haciendo la cosa que temes, Lyons recomienda que hagas aquello de lo que estás completamente seguro, incluso si sólo se trata de acariciar a tu caballo desde fuera de su cuadra.

"Hay una razón real para el miedo", dice. "El miedo se suele disimular. El miedo es el reconocimiento de la pérdida de control, y desaparece cuando se recupera el control. Es por esto por lo que debes empezar donde tienes el control, y avanzar desde ahí". De acuerdo con Lyons, nadie debe avergonzarse de tener miedo. "Es tu instinto de supervivencia. Es tu cerebro, que hace lo que se supone que debe hacer: cuidar de ti".

Las tres grandes reglas de oro de John Lyons para entrenar caballos son:

1. Tú no tienes que resultar lastimado.

2. El caballo no tiene que resultar lastimado.

3. El caballo debe estar más calmado al final de tu sesión de entrenamiento que al principio.

John Lyons vive en Parachute, Colorado, con su esposa, Jody. Tienen seis hijos. Su hijo Josh está siguiendo los pasos de su padre.

Figura importante en las presentaciones de Lyons durante décadas, su caballo *Bright Zip*, murió en 2003 y está enterrado en el *Our Dream Ranch* de la familia.

CAPÍTULO 4

LA REVOLUCIÓN CONTINÚA

HACIA MEDIADOS DE LOS 80, había signos de que esta revolución en la relación del hombre con el caballo podría producir cambios perdurables. Se estaba incrementando el interés del público. Libros y vídeos empezaban a aparecer en las estanterías de tiendas especializadas de caballos y de alimentación. Y más importante aún: numerosos expertos caballistas comenzaban a transmitir el mensaje al público.

La tendencia continúa hoy en día y cada año más profesores de equitación cuelgan fuera sus placas y abren sus puertas al negocio. La mayoría tiene algo positivo que ofrecer: nuevas perspectivas conseguidas a través de sus experiencias personales, nuevas formas de explicar conceptos esotéricos, nuevas técnicas y nuevas herramientas. Esto es bueno, porque aumenta las posibilidades para que el estudiante interesado encuentre el maestro que realmente desee.

En este capítulo encontraremos algunos de los caballistas *de esta nueva ola* (una lista más completa, con informaciones de contacto, está en el Apéndice). También aprenderemos porqué las diferencias en sus técnicas realmente no importan mucho.

CLINTON ANDERSON (1975)

Nacido y criado en Australia, su habilidad natural con los caballos se hizo patente a los seis años. A los trece fue escogido para formar parte del equipo de Polo nacional, y a los quince ya era un caballista profesional, prestando sus servicios a propietarios de caballos con problemas para cargarlos en el remolque. Frecuentemente, muchos no tenían ni idea de lo joven que era.

Procedente de Australia, Clinton Anderson ahora reside en los Estados Unidos. *(Charles Milton)*

"Mi padre quería que aprendiera algún oficio", explica, "y cuando el cliente nos vio, pensó que al que había contratado era a mi padre. Esto me hizo mucha gracia".

Anderson estuvo dos años a tiempo completo aprendiendo con el afamado entrenador y conferenciante Gordon McKinlay, de Rockhampton, Queensland, y bajo su guía trabajó con más de 600 caballos, incluyendo brumbies, los caballos salvajes de Australia. Desde allí pasó a hacer de aprendiz con otro bien conocido entrenador australiano, Ian Francis, antes de iniciarse por su propia cuenta a la tierna edad de dieciocho años.

A medida que pasaba el tiempo, Anderson se sintió más atraído por el deporte del Reining y se las compuso para hacer un aprendizaje en América con el legendario Al Dunning. Fue durante ese viaje cuando conoció y se casó con su esposa, Beth.

De vuelta a Australia, Anderson quedó a un punto de ganar el *Australia's 1997 Reining Futurity*, y al año siguiente volvió a América para mejorar su estilo. Después de un marketing agresivo y un calendario brutal de apariciones en público, el año 2001 encabezaba las exposiciones de caballos y había sido promocionado para hacer el primer programa de televisión por satélite sobre entrenamiento de caballos. Su programa se mantiene aún hoy día como uno de los más populares.

Jinete y entrenador sobresaliente, Anderson es aún mejor profesor de equitación. Su forma agresiva, el sabor australiano que respira y su lenguaje directo (dilo-tal-como-es) consigue que sus audiencias de todas las edades queden embelesadas durante sus presentaciones. Casi todas sus demostraciones son dedicadas a caballos jóvenes o con problemas, que él no había visto nunca.

Además de los mentores McKinlay y Francis, Anderson ha estado muy influenciado por el trabajo del australiano Kell Jeffery, el americano Ray Hunt, Pat Parelli, John Lyons y el Dr. Robert Miller, y los entrenadores de caballos de exhibición Dunning, Bob Avila y Andrea Fappani. La lista aumenta cada año. "La clave es seguir aprendiendo", dice.

Anderson pone un gran énfasis en el trabajo pie a tierra, y tiene numerosos ejercicios diseñados para conseguir el respeto del caballo mejorando el control sobre sus pies, haciendo que el caballo avance, retroceda, gire a izquierda y derecha con sólo una señal. Retrasa montar a un caballo por primera vez hasta que está absolutamente seguro de que ya no puede hacer nada más pie a tierra.

Sobre la silla hace extensivo uso de ejercicios de flexiones laterales para calmar al caballo y asegurarse de que sigue teniendo el control. Recomienda enérgicamente que todos los jinetes practiquen la parada con una rienda, o lo que él llama "el freno de

Clinton Anderson demuestra su técnica de Downunder Horsemanship en la competición de iniciación de potros, en "El Camino del Caballo", en 2003. Este caballo castrado Quarter Horse, de tres años ha tenido sólo tres horas de entrenamiento. *(Charles Hilton)*

mano de emergencia", que comentamos en detalle en el capítulo *sobre la equitación*. Anderson llama a su sistema de entrenamiento "Downunder Horsemanship". *Lo que podríamos traducir por equitación desde abajo*.

En diciembre de 2003 las habilidades de Clinton Anderson se pusieron a prueba en una competición de iniciación de un potro en el Cowtown Coliseum en Fort Worth, Texas. Llamado "El Camino del Caballo" (en español en el original), la competición unió a Anderson con dos reputados entrenadores, Curt Pate y Josh Lyons, y a tres potros castrados de tres años, virtualmente sin tocar, e hijos todos ellos del mismo semental Quarter. Después de tres horas de entrenamiento en round pen a lo largo de dos días, los entrenadores fueron calificados según el comportamiento de los tres caballos en una carrera de obstáculos. Anderson ganó con una carrera casi impecable, rematada *poniéndose* de pie sobre su joven caballo, haciendo restallar su látigo y ondeando un impermeable amarillo mientras la audiencia estallaba en aplausos.

En el pasado, pocos entrenadores habían cruzado con éxito el puente entre los mundos de la equitación natural y el espectáculo de competición hípica. Estas dos actividades normalmente atraen a públicos diferentes. No obstante, Anderson continúa compitiendo en serio en Reining. Dispuesto a jugar este juego, le ha ganado el respeto de un cada día mayor número de caballistas del más alto nivel, incluyendo los campeones mundiales Avila (Reining cow horse), Fappani (Reining), Martha Josey (Barrel racing) y Clave Wells (Western pleasure). Todos ellos han hecho pública mención del talento y eficacia de los métodos de entrenamiento de este nervudo australiano. A un cierto nivel, un buen caballista es justamente un buen jinete, *se mire como se mire*. Y Clinton Anderson está en ese nivel.

Clinton y Beth Anderson están construyendo actualmente su centro de equitación en sus casi sesenta hectáreas de terreno, al norte de Columbus, Ohio.

BUCK BRANNAMAN (1962)

Dan Brannaman saboreó las primeras mieles de la celebridad a los cinco años, cuando él y su hermano mayor, Bill, ganaron un concurso de talentos en un programa de la televisión local en Spokane, Washington. Desde entonces, son conocidos respectivamente como "Buckshot y Smokie, los Cowboys de Idaho", por sus trucos con el lazo y montando. Poco después, formaron parte de lo que hoy se conoce como la Professional Rodeo

Cowboys Association (Asociación de Cowboys de Rodeo Profesionales), y empezaron a actuar en rodeos por todos los Estados Unidos.

Su fama como estrellas infantiles llegó al máximo hacia los 70, cuando aparecieron en un spot comercial de la TV para los cereales "Kellogg's Sugar Pops". Millones de americanos vieron a Buckshot y Smokie, alias los *Sugar Pops Kids*, luciendo sus habilidades y trucos con el lazo y comiendo su cereal favorito. Los dos jovencitos lo habrían dado todo al instante por tener una vida de hogar normal y tranquila.

Buck Brannaman. *(Emily Kitching)*

Dan "Buck" Brannaman nació en Sheboygan, Wisconsin, pero creció en Idaho y Montana. Sus primeros años, como relata en su autobiografía *El Lenguaje de los Caballos*, estuvieron marcados por frecuentes palizas de su padre, Ace Brannaman, un brutal y frustrado hombre que vivía de los éxitos de sus hijos. Después de la muerte de diabetes de la madre de Buck en 1973, la violencia doméstica creció hasta hacer intervenir a las autoridades locales. Los hermanos Brannaman fueron ubicados en un hogar de acogida, por una pareja amable y cariñosa, Forrest y Betsy Shirley, que los criaron como si fueran de su familia.

Después de la enseñanza secundaria, Brannaman trabajó en varios ranchos y fue ganando más y más confianza en su habilidad con los caballos. Un día, estando en Bozeman, Montana, para ver a un encargado de rancho para hablar de trabajo, tuvo que esperar un rato sin hacer nada y asistió a un clínic de equitación que presentaba Ray Hunt. Junto con Hunt estaba su maestro, Tom Dorrance. Ver a los dos maestros horsemen cambió la vida de aquel chulo jovencito. Él nunca había soñado que los caballos pudieran manejarse tan efectiva y suavemente. Desde ese momento en adelante, Brannaman hizo de su misión en la vida ser igual que Ray Hunt.

No mucho tiempo después, Brannaman se convirtió en el protegido y amigo de Hunt. El viejo horseman y su esposa trataron a Brannaman

Un maestro manejando el lazo, tiene dos "Premios Guiness en trick roping", Buck Brannaman, actualmente, enseña "ranch roping". *(Buck Brannaman Collection)*

como de la familia. Aprendió todo lo que pudo sobre la equitación y el trabajo con ganado de Hunt y de los hermanos Dorrance. El estilo de manejar el lazo en el rancho era fácil para él. Cuando niños, los hermanos Brannaman habían quedado fascinados cuando vieron a Bill Rogers en la película The Roping Fool, del año 1925, y Buck se dio cuenta de que cuando hacía estas cosas al empezar sus clínics, la gente también disfrutaba con su manejo del lazo. Hizo de esto su marca de fábrica y consiguió dos premios en manejo del lazo en el Libro Guiness de los Records.

Brannaman hizo el tercer año de contabilidad en la escuela, como uno de los primeros de la clase, pero cuando el director oyó hablar de su inusual habilidad con los caballos, llamó a Buck a su despacho, le sugirió al joven que dejara los estudios y siguiera su carrera con los caballos, y esto fue exactamente lo que hizo.

Buck Brannaman se encontró de nuevo en el centro de atención pública en 1995, cuando se supo que había sido la auténtica inspiración para el personaje de Tom Booker, en *The Horse Whisperer* (El Hombre que Susurraba a los Caballos), la primera novela del productor y guionista inglés, Nicholas Evans. Un éxito de ventas en veinte países, el libro fue más tarde llevado al cine, dirigido y protagonizado por Robert Redford. Brannaman fue contratado como asesor para hacer la película más auténtica desde el punto de vista del entrenamiento del caballo.

Cuando Redford le pidió su honesta opinión sobre las escenas clave del guión, Brannaman replicó: "Si quieres hacer algo correcto para las personas que saben de estos métodos con los caballos, yo reescribiría las escenas con el caballo y empezaría de nuevo". Redford aceptó el consejo. Los diálogos también fueron revisados bajo la dirección de Brannaman para hacerlo todo más creíble para los cowboys auténticos.

Hay un momento donde el film muestra, de manera dramática, una técnica de entrenamiento que frecuentemente es malentendida: tumbar el caballo en el suelo. Brannaman nos remite al libro:

La escena ha sido bastante controvertida porque muchas personas creen que hemos sido violentos con el caballo. Nada puede estar tan lejos de la verdad. Tumbar a un caballo es una técnica que aprendí de mis maestros, y que he usado a lo largo de los años con caballos que eran realmente problemáticos. Bajo las circunstancias adecuadas, puede salvar la vida de un caballo, al ayudarlo a tener un marco mental en el que pueda confiar en el humano. En muchos casos, habrá sido la primera vez en su vida que ha podido hacer esto.

...Cuando el caballo se tiende en el suelo y se da cuenta de que tu actuación es distinta de la que él esperaba, tienes la oportunidad de estrechar tus lazos con él de una forma que no habrías podido conseguir de ninguna otra manera. Luego, cuando el caballo se levanta, tienes la mejor oportunidad para conseguir cosas con él sin muchas de las defensas de comportamiento que han inhibido su habilidad.

Cuando no está viajando haciendo clínics, Buck Brannaman vive en su rancho de 600 hectáreas en Sheridan, Wyoming, con su esposa Mary y sus tres hijas.

CRAIG CAMERON (1949)

Durante la mayor parte de su carrera como entrenador de caballos, Craig Cameron ha estado comprobando las equivocaciones de la gente.

Durante años, ha tenido la fama de poder iniciar cualquier caballo y montarlo tranquilamente en una hora aproximadamente. "Esto es imposible", clamaban los escépticos previamente. "Tú debes haber montado este caballo antes", decían más tarde. Él sólo sonreía con su sonrisa de marca registrada y movía la cabeza.

Craig Cameron es un verdadero cowboy, nacido y criado en un rancho de Texas, y es esto solamente lo que siempre ha querido ser. Durante 1970 fue cowboy de rodeo profesional, especializándose en montar toros. Dejó el rodeo para convertirse en un entrenador de caballos a tiempo completo, labrándose un nombre en el Hickori Creek Ranch, en Giddings, Texas, donde su trabajo con caballos salvajes llamó la atención de la gente. Él quería buscar más cosas, y esto le llevó a desarrollar las demostraciones de una hora, por lo que hoy es más conocido.

Craig Cameron creció en una época en la que los caballos eran "domados", y desde que vio por primera vez estos métodos rudos y peligrosos, supo que estaban equivocados. No obstante, hasta bien entrados sus treinta años no vio ninguna alternativa que realmente funcionara. "El primer auténtico hombre de a caballo que conocí fue Ray Hunt", dice. "Él y Tom Dorrance me enseñaron a trabajar mediante la comprensión, adaptándola a cada situación, y dando al caballo el tiempo necesario para desarrollar su confianza".

También le enseñaron cómo usar el sentido de auto-conservación del caballo en lugar de luchar contra él. "Debes darle al caballo una razón para el cambio", explica Cameron. "Tienes que permitirle que se asuste para que él se dé cuenta de que no tiene porqué asustarse". El truco, claro, está en que ambos permanezcáis sin lastimaros en el proceso. Aquí es donde entran la sensibilidad, la sincronización y la experiencia (cosas que Cameron posee en abundancia).

En cuanto a las técnicas específicas que emplea, difieren un poco de las de sus colegas, pero en sus manos son particularmente efectivas. En el round pen, por ejemplo, Cameron no hace correr libremente al caballo: usa una soga o cintas largas de nylon para mantener el contacto con el caballo en todo momento. Para desarrollar el respeto del caballo practica el "sending and bending" (desplazar y flexionar); es el término que usa Cameron para desunir los posteriores del caballo. "Cuando controlas los posteriores, controlas el caballo, tanto pie a tierra como desde la silla", dice. También hace un uso magistral de maniotas de varios tipos para enseñar al caballo a tener paciencia y a ceder a la presión.

Hoy día, Craig Cameron todavía disfruta dirigiendo demostraciones de iniciación de potros y solución de problemas, y enseñando sus métodos a otros. Algunas veces lo hace sobre la marcha, pero lo más importante tiene lugar en su *Double Horn Ranches*, en Bluff Dale, Texas, y en Lincoln, Nuevo Méjico. Ambos ranchos están en la zona de gran tradición histórica del antiguo oeste, ofreciendo a sus huéspedes un agradable respiro lejos de la presión y ritmo acelerado de la vida moderna.

La más genuina de las ofertas de cursillo de Cameron es su *Cowboy Boot Camp*, un programa de cuatro días de total dedicación, con el jinete

Craig Cameron. *(John Brasseaux)*

sobre la silla ocho horas diarias. La analogía con un campo de entrenamiento militar se corresponde, aunque ligeramente. La prensa las llama "los clínics con más monta de todos". Se inspeccionan las conductas y las cualidades, las faltas se tienen en cuenta y varios *Challenge Trails* (Recorridos con Desafío) prueban la resistencia de caballo y jinete. El *Cowboy Boot Camp* tiene un aire de estructura y propósito que nos transporta a los días de la *U.S. Cavalry* (Caballería de los EE.UU). La mayor diferencia es que todos se divierten y pueden optar por varias actividades si lo desean. El propósito de Cameron es proporcionar "unas vacaciones educativas".

En una profesión de altos vuelos en la que los egos casi siempre van por las nubes, Craig Cameron es marcadamente humilde, positivo y feliz con la vida que tiene. También proclama que no tiene respuestas para todo. "La equitación es una forma de arte, un empeño para toda la vida", dice. "Debes estar siempre deseando el cambio, seas un caballo o un humano".

Su buena naturaleza e irónico sentido del humor ha apuntado comparaciones con Bill Rogers, el humorista americano, artista del lazo y cowboy. El primer libro de Cameron, escrito con la veterana de la industria Kathy Swan, se llama *Ride Smart: Improve Your Horsemanship Skills on the Ground and in the Saddle* (Monta con Elegancia; Mejora tus

La prensa ha llamado al Craig Cameron's Cowboy Boot Camp los "clínics con más monta de todos". *(John Brasseaux)*

Habilidades en Equitación Pie a tierra y Sobre al Silla). Craig Cameron vive en Bluff Dale, Texas, con su esposa Dalene y su hijastro.

PETER CAMPBELL (1964)

Peter Campbell no ha dudado ni un segundo cuando se le ha preguntado quién es el mejor hombre de a caballo: "Tom Dorrance", contesta. Se conocieron en 1988, –cuando Campbell tenía veinticuatro años y Dorrance ochenta– y cuatro años después ambos se asociaron para presentar una serie de clínics en Canadá. Fue una oportunidad rara y especial para trabajar en público con su mentor.

Peter Campbell nació el día de San Patricio, el año 1964, en el tranquilo y pintoresco Banff, Alberta, Canadá. Más al sur, los Estados Unidos se tambaleaban por la muerte del presidente John Kennedy, cuatro meses antes, y la presencia de las tropas americanas en Vietnam empezaba a dividir a la opinión pública del país. Era la época de la Beatlemanía. Hacía sólo unas semanas que el cuarteto británico había convulsionado América y apoderado de las mentes y los corazones de la juventud del país. Demasiadas cosas en tan poco tiempo.

En medio de todo esto, Ray Hunt estaba atareado aprendiendo todo lo que podía de Tom Dorrance, resaltando el trabajo pie a tierra para la revolución en la equitación natural en la que Peter Campbell iba a tener un papel importante.

A los doce años, Peter Campbell desarrolló un interés (algunos dicen que obsesión) por los caballos. A lo largo de los siguientes doce años, aprendió todo lo que pudo. Estudió equitación natural y trabajó a caballo con ganado para ranchos de Alberta, Nevada, California y Oregón y para el afamado *Gang Ranch*, en la Columbia Británica. En 1988 comenzó a dirigir clínics en los Estados Unidos y Canadá.

Para Campbell es importante que permitas que el caballo sepa que entiendes su mundo. "Quiero que el caballo comprenda que su

Peter Campbell. *(Peter Campbell Collection)*

auto-conservación no corre peligro y además responder a lo que le estamos pidiendo que haga", explica. "El caballo nos dirá qué es lo que necesitamos hacer para trabajar con él sólo si escuchamos, comprendemos y sentimos lo que hace".

Hoy en día Campbell dirige más de treinta clínics de equitación natural al año por todo Canadá y los Estados Unidos, y dos clínics exclusivos en su Rancho de Wyoming. Además de los principios de horsemanship, a Campbell le gusta enseñar el estilo *vaquero* de California y es considerado un experto en la tradición californiana de entrenar un caballo de rienda.

Regularmente Peter Campbell enseña sus ideas en programas de televisión y en artículos de revistas. Ha producido una serie de vídeos titulada *Willing Partners* (Compañeros Bien Dispuestos).

Campbell vive con su esposa Trina en Wheatland, Wyoming.

LESLIE DESMOND (1954)

El mentor que más ha influido en Leslie Desmond fue un caballista retirado que había perdido la pierna izquierda en la Primera Guerra Mundial. Cuando Desmond le conoció, Ivan Taylor tenía unos noventa años y regentaba un pequeño establo en las inmediaciones del Río Battenkill, cerca de Manchester, Vermont. El trabajo de Desmond con Taylor le inspiró para publicar su primer vídeo institucional sobre equitación para niños.

Leslie Desmond creció en la rural Nueva Inglaterra, donde tuvo acceso a la equitación tradicional. Compitió en Salto y en gymkhanas, y durante veinte años enseñó a personas de todas las edades a montar y cuidar caballos. Poco a poco se ganó una reputación de saber cómo ayudar a caballos con problemas, caballos de carreras, ponis, caballos de Salto y varios caballos de exhibición que había comprado.

En 1990 trasladó su escuela de equitación a California y editó *Horsemanship Videos for Children*, una serie de tres volúmenes. Estas series didácticas fueron muy bien recibidas y más adelante se re-titularon *American Horsemanship for Young and Old* (Equitación Americana para Niños y Adultos).

En California, Leslie Desmond conoció al maestro en equitación Bill Dorrance, quien a sus algo más de ochenta años, todavía dirigía un rancho de ganado en Mount Toro, cerca de Salinas. Bill Dorrance, su hermano más joven, y Ray Hunt eran considerados como serios horsemen en la zona.

Aunque Dorrance aún montaba y lazaba con hombres mucho más jóvenes que él, empezó a pensar en su propia edad. La escuela de equitación en la que siempre había soñado no se había materializado, y ahora estaba pensando en la idea de escribir un libro.

"Soy feliz compartiendo lo que he aprendido", dice. "Cuando ya has desaparecido, especialmente, siempre es bonito haber dejado algo que sea útil para los demás".

En la actualidad Leslie Desmond enseña horsemanship en Suecia. *(Klaus Guni)*

Desmond estaba en el sitio justo en el momento adecuado, para ambos. "Gracias a Ivan, estaba convencida del inmeso valor de los conocimientos que Bill Dorrance estaba dispuesto a ofrecernos", explica. "Fue un honor que me pidiera escribirle el libro".

Por la época en que se publicó *True Horsemanship Through Feel* (La Verdadera Equitación a Través del Sentimiento), en 1999, el público ya estaba preparado para ello e hizo el nombre de Desmond familiar a los hombres de a caballo de los Estados Unidos y de Europa. Hoy día, ella contribuye publicando artículos en revistas de caballos en ambos continentes y tiene alumnos en América, Alemania, Suecia, Noruega y Australia. Cuando no está viajando por el mundo, reside en Suecia, sede de su empresa *Diamond Lu Productions*.

BRYAN NEUBERT (1952)

Bryan Neubert nació en una familia de rancheros en las accidentadas montañas de Salinas, California. Los caballos eran esenciales para el trabajo, y comenzó montando desde tiempos inmemoriales para él. Un hombre de a caballo no podría haber crecido en mejor lugar.

A los quince años, unos compañeros de escuela le invitaron al rancho más cercano para hacer algo con el lazo. Ese día encontró a Bill Dorrance. Aunque cuarenta y cinco años más viejo, Dorrance se convirtió en el mejor amigo de Neubert, llamándole frecuentemente por teléfono sólo para hablar de los caballos en los que estaban trabajando cada uno.

Gracias a Bill Dorrance conoció a Tom Dorrance y a Ray Hunt, antes de terminar la enseñanza secundaria. A lo

Luke y Brian Neubert con Tom Dorrance, en el descanso de un clínic. *(Bryan Neubert Collection)*

Bryan Neubert educando con delicadeza a un caballo en 1996.
(Bryan Neubert Collection)

largo de los años, tra-
bajó con y para los tres
en numerosos proyec-
tos de iniciación de
potros. Neubert fue un
estudiante ansioso de
aprender y un duro
trabajador, y el más
viejo de los tres, feliz-
mente, compartió sus
conocimientos con él.
Fue Tom Dorrance
quien le enseñó casi
todo. "Tom estaba más
cerca de mi idea del genio que cualquier hombre que haya conocido", asegura Neubert. "Una cosa en la que siempre hacía hincapié era en la
importancia de pensar en la franqueza en un caballo –moverse y estar
mentalmente de forma sincera contigo. Todo era parte de la regla de oro
de Dorrance: Haz que tu idea sea la idea de tu caballo". En 1976 aceptó
el trabajo de iniciar un potro bastante grande, y Neubert se ofreció para
trabajar gratis con él sólo para aprender. Durante varias semanas el propietario del rancho insistió en pagarle.

Antes de su muerte, Tom Dorrance regaló a los hijos de Neubert una
pequeña pieza histórica. La primera silla con armazón Wade que el
mismo Dorrance había diseñado sobre el armazón que había obtenido de
su viejo amigo Clifford Wade. La silla fue el prototipo para la mayoría de
sillas que usan hoy en día los entrenadores de equitación, incluyendo
Neubert.

La fama de Bryan Neubert creció de forma importante con el artículo
que apareció en la edición de febrero de 1996 de la revista *Western
Horseman*, titulado "Taking the Wild Out of Mustangs". En 1997 publicó
el que aún hoy es uno de los mejores vídeos disponible sobre cómo iniciar potros, *Wild Horse Handling with Bryan Neubert* (Manejo de los
Caballos Salvajes, con Bryan Neubert). Usando un caballo joven y salvaje procedente de las llanuras de Montana, las dos horas del vídeo muestran con gran detalle el proceso completo para construir la confianza y
la fe, enseñándole a tolerar el manejo por el humano, y montándolo por
primera vez.

Neubert también hizo un vídeo sobre otra de sus pasiones, una que ha compartido con su amigo Bill Dorrance. *Introduction to Rawhide Braiding* (Introducción al Trenzado de Cuero Crudo). *"The Cowboy's Craft" with Bryan Neubert*, es para el aficionado a trenzar cuero o pelo de caballo, y le enseña un método para hacer riendas, ramales, bosales, fustas, trallas, hackamores, reatas y maniotas.

Hoy día Neubert dirige clínics sobre iniciación de potros, solución de problemas, trabajo con ganado y cómo mejorar el rendimiento. No obstante, aún no disfruta especialmente de la notoriedad que se ha ganado. "Yo sólo quiero ser el mejor cowboy que me sea posible", dice.

Bryan Neubert vive en el noreste de California con su esposa, Patty. Sus dos hijos y su hija montan a caballo para ganarse la vida.

LINDA PARELLI (1958)

Antes de que Pat Parelli entrara en su vida, Linda Paterson era una amazona de Doma en Australia, talentosa pero frustrada. Por casualidad vio uno de los vídeos de Parelli en una tienda de artículos para caballos donde había ido a comprar y su vida cambió por completo, al darse cuenta de que los problemas que tenía con sus caballos eran por su culpa y no de sus caballos. Se convirtió en una de sus alumnas más avanzadas y, en 1995, en su esposa.

Se había producido el maridaje de dos personalidades y habilidades complementarias, difícilmente repetible. Un jinete soberbio cuya alegría al montar es contagiosa. Linda es una buena escritora, con una gran experiencia en desarrollar materiales educativos y motivadores. Su habilidad para trasladar la visión de Pat y su entusiasmo a su programa de aprendizaje ha contribuido en gran manera a la gran difusión del sistema de Parelli por todo el mundo.

Linda Parelli nació en Singapur y se enamoró de los caballos desde el primer momento que puede

Linda Parelli. *(Foto de Coco)*

recordar. Cuando tenía doce años su familia se trasladó a Australia, donde ella empezó su largo amorío practicando el Salto. Ya de adulta se inició en la Doma Clásica y esto se convirtió en una pasión especial. Por la época que conoció a Pat Parelli, estaba avanzando en el mundo de la competición montando un ex caballo de carreras, llamado *Siren*, pero que se iba volviendo más y más torpe. Su otro caballo, un purasangre llamado *Regalo*, era difícil de contener y peligroso. Su visita providencial a la tienda fue para comprar algo que la ayudara a controlar a sus caballos.

Lo que ella vio en el vídeo de Parelli era el arquetipo de lo que ella había estado soñando obtener con sus propios caballos: una fogosa actuación y una completa armonía, todo en uno. Se sintió entusiasmada con el sistema de Parelli desde el primer momento y en 1993 se trasladó a los Estados Unidos para involucrarse aún más en él.

A medida que aprendía, Linda lo iba escribiendo todo. Sus notas fueron evolucionando a lo largo de varios años para convertirse en la base del programa de estudios de Parelli, un grupo de cursos multimedia, adaptados paso a paso al ritmo de aprendizaje, que comprende tres niveles: *Partnership* (Amistad), *Harmony* (Armonía) y *Refinement* (Refinamiento).

Hoy en día, Linda Parelli es al mismo tiempo estudiante y profesora. Ella ha llegado al nivel 4 en el Parelli Horsemanship y es una más del puñado de 150 instructores autorizados por Parelli en todo el mundo que poseen la categoría de *Parelli Five Star Premier*. Ella ha contribuido con conceptos originales al programa, como la *fluidez*, una manera de sincronizar con el caballo, imitando su movimiento, "moviendo todas tus articulaciones", como ella hace. "Galopando con tus brazos" es uno de los ejercicios que ella ha desarrollado para ayudar a los jinetes a captar la idea.

Linda Parelli combina el estilo colorido y entretenido de su esposo con una igualmente atractiva y clara dicción y una elegante gracia personal. Lejos de causar una impresión contradictoria, el cowboy y la dama, juntos, ofrecen una experiencia educacional perfectamente coherente a los estudiantes interesados y aún a los observadores ocasionales.

Y es divertido.

Linda Parelli ha alentado a los que desean llegar a caballistas naturales con estas palabras: "...no hace falta tener mucho talento, no hace falta ser muy valiente, y no hacen falta muchos años para llegar a ello. Hace falta corazón, deseo, y el acceso a un sistema educativo correcto".

GaWaNi PONY BOY (1965)

De joven, GaWaNi Pony Boy, un mestizo de sangre Tsa-la-gi (cherokee) americano, estaba más interesado en las bicicletas de montaña que en los caballos de su familia. Años más tarde, en el *Berklee College of Music*, trató de seguir su sueño de conseguir fama y fortuna como pianista de jazz. A la larga, no obstante, la enseñanza pareció ser su destino.

Actualmente Pony enseña a niños de escuela elemental y media sobre la cultura nativa americana, viajando por los Estados Unidos haciendo presentaciones en los gimnasios de las escuelas. Aparece vestido al estilo auténtico de los nativos, con sus largos cabellos recogidos a la manera tradicional, con un *tipi* auténtico y un caballo pinto como ayudas visuales. Multitud de niños se sientan con las piernas cruzadas sobre los duros suelos de madera, pendientes de cada una de sus palabras.

En las presentaciones y clínics sobre caballos, y en sus escritos, Pony enseña la equitación, combinando los principios naturales de la revolución con la filosofía básica de sus raíces nativas americanas. En su primer libro, *Horse Follow Closely* (Siguiendo al Caballo de Cerca), fue un best-seller, una atractiva combinación de su filosofía sobre equitación e impactantes fotografías de Gabrielle Boiselle. Luego siguió una versión infantil, *Out of the Saddle* (Fuera de la Silla), una colección de ensayos escritos por mujeres titulado *Of Women and Horses* (De Mujeres y Caballos), y una serie sobre las preguntas más frecuentes con sus respuestas, en la colección *My Horse*.

Los principios del entrenamiento de caballos que él emplea son muy fáciles de entender: Escucha más. Habla menos. Deja que el caballo te enseñe a ti, en lugar de tratar de enseñarle a él. Uno de los primeros ejercicios que Pony enseña a sus estudiantes está basado en la antigua costumbre cheyenne cuando se conoce un nuevo caballo: simple-

GaWaNi Pony Boy. *(Barbara Simons)*

mente dedicarle tiempo. Un día entero, si es posible, sin hacer nada, sin pedirle nada, sólo observando la forma en que vive y actúa. Aprender qué lo motiva como individuo, antes de pedirle que haga algo para ti. Es un sorprendentemente útil modo de emplear un día, algo que la mayoría de los dueños de caballos nunca consideraría hacer.

Elocuente y atento, Pony también es modesto sobre su habilidad para entrenar caballos. "Mi fuerza está en enseñar a los dueños de caballos a que comprendan mejor su comportamiento", explica. Él ve esto como un don que quiere compartir con los demás.

Las técnicas de entrenamiento de Pony, que llama "Relationship Training" *(Entrenamiento amistoso),* tienen mucho en común con las de los otros entrenadores de equitación natural. Usa muchas de sus mismas herramientas, incluyendo el corral circular. Aunque ya no usa los vestidos con flecos y bordados de cuentas, típicos de los nativos americanos, en sus presentaciones públicas con caballos, las enseñanzas de GaWaNi Pony Boy todavía rezuman un característico sabor que atrae considerables audiencias a todo lo ancho de los Estados Unidos y en el extranjero.

GaWaNi se pronuncia en español tal como está escrito y es un nombre que se ha repetido en su familia desde generaciones y que significa "Él está hablando".

GaWaNi Pony Boy y su familia viven en San Agustín, Florida, donde emplea su tiempo libre pescando y haciendo submarinismo, y siendo el líder del Christian Surfers United States, un movimiento nacional de la cultura del surfing. También sigue tocando música, pero ahora para su propio esparcimiento.

MARK RASHID (1956)

Mark Rashid podría ser el cowboy más sensitivo que hayas conocido. Además de ser un caballista, toca la guitarra, canta, compone canciones y sus escritos sobre equitación tienen un gran estilo personal de cuentacuentos que se ha probado como vehículo ideal para la comunicación de su original versión de la relación caballo/humano.

Rashid nació y creció en Fond du Lac, Wisconsin. A los diez años conoció a su mentor, un inteligente viejo caballista, llamado Walter Pruitt. Durante años, el joven Rashid iba en su bicicleta hasta la modesta granja para limpiar los establos y aprender del anciano todo lo posible sobre caballos. Y aprendió. Episodios de este periodo formativo de su vida salpican muchos de sus escritos.

Más tarde, Rashid tuvo la oportunidad de ganar experiencia en el
manejo y entrenamiento de caballos
trabajando como vaquero en varios
ranchos de vacaciones en Colorado.
Los caballos para ranchos de vacaciones presentaban diferentes retos,
pero Rashid logró tenerlos a todos
preparados para trabajar bien y con
mucha mayor seguridad para los
urbanitas que los montaban.

Mark Rashid es tranquilo y de
trato fácil, un hombre agradable con
un bigote en foma de manillar de bicicleta y un poco de aire del Viejo oeste
a su alrededor. Es aficionado a repetir

Mark Rashid. *(Mark Rashid Collection)*

que él "sólo trata de ir tirando", pero el hecho es que está impulsando
hacia delante la práctica de la psicología equina.

El concepto de Rashid de "Liderazgo Pasivo" desafía el punto de vista
usual del papel del hombre en el mundo del caballo. En lugar de buscar
convertirse en el jefe alfa de tu caballo, Rashid recomienda modular tu
papel como "líder pasivo" de la manada.

El líder pasivo es el caballo que lidera con el ejemplo. Él no fuerza a los
demás miembros a seguirle. Ellos le siguen porque quieren. No lo hacen
para cuestionar su liderazgo de alfa. En la jerarquía de dominación en la
manada, él se coloca casi siempre en el centro. Evita la confrontación con
otros miembros del grupo eludiendo figuradamente (y a veces literalmen-
te) sus avances. El líder pasivo es seguro de sí mismo e independiente, y,
como el mismo Rashid, sólo trata de ir tirando. *Buck*, el caballo de rancho
de Rashid y la estrella de su último libro, le ha ayudado a formular sus
originales ideas. Prolífico y con un inusual talento como escritor, Rashid
ha escrito cuatro libros: *Considering the Horse, A Good Horse is Never a
Bad Color, Horses Never Lie,* y *Life Lessons from a Ranch Horse*
(Considerando el Caballo, Un Buen Caballo Nunca es de Color Feo, Los
Caballos Nunca Mienten y Lecciones Vitalicias de un Caballo de Rancho.)
También ha hecho una serie de vídeos, *Finding the Try*.

Cuando no está por la carretera enseñando horsemanship, Mark
Rashid vive en Estes Park, Colorado, con su esposa Wendy y sus tres hijos.

DENNIS REIS (1958)

Dennis Reis nació en Marin County, California. A los doce años un amigo de su padre le regaló un bayo castrado. El caballo se botaba y desbocaba y era un verdadero incordio. No quería entrar en el remolque y era incluso casi incontrolable montándolo, de modo que el muchacho tenía que ir a los espectáculos de caballos, con su padre conduciendo despacio, detrás con las luces de emergencia del coche centelleando. Pero esto no importaba. El joven Dennis tenía un caballo, como en las películas de cowboys de la televisión, que él tanto admiraba.

A mediados de los 70, Reis iba empleando su experiencia en corcoveos y saltos en los circuitos de rodeo. Dos veces se hizo con el *National High School Rodeo Finals* montando caballos broncos a pelo y con silla, respectivamente, y se convirtió en miembro de la *Professional Rodeo Cowboys Association* a los dieciséis años. Trabajó iniciando potros en un rancho de purasangres y fue asistente de entrenador en un rancho de caballos de Reining y Cutting.

Más importante aún, conoció a un veterano cowboy que compartía su profundo interés en saber qué hacía a los caballos volverse quisquillosos. Pat Parelli ya estaba haciéndose un nombre en el rodeo y había conseguido un empleo con un afamado entrenador de caballos, Troy Henry. Parelli compartía con Reis lo que había aprendido sobre el entrenamiento psicológico de caballos, y ambos se unieron para irse a Australia.

A lo largo de los años siguientes, Dennis Reis vio cómo Parelli empezaba a enseñar lo que había aprendido y él tardó un poco más en hacer lo mismo. Pero Reis era diferente. Parelli era sociable, hablador y parecía sumamente seguro de sí mismo. Reis era tímido, introspectivo y tenía un cierto problema de tartamudeo. Pasaron varios años hasta que se sintió capacitado a intentarlo,

Dennis Reis. *(Dennis Reis Collection)*

pero en 1989 Dennis Reis dirigió su primer clínic. Decir que
estaba nervioso sería minimizar
la realidad. "Yo estaba hablando demasiado aprisa", cuenta.
"Pienso que estaba explicando
un clínic de noventa días en
cinco minutos". Con el tiempo, sin
embargo, desarrolló su propio
estilo y sus propios seguidores.

Hoy día, Dennis Reis sabe
expresar sus ideas y es un maestro inspirado de lo que él llama
"Equitación Universal". Tiene
varias ofertas originales. Por ejemplo, en 1997 empezó un extenso
programa anual de clínics sola-

Dennis Reis enseña a este caballo a flexionar lateralmente, un buen ejercicio para la mente y el cuerpo. (*Dennis Reis Collection*)

mente para mujeres. "La mayoría de mis alumnas son mujeres de mediana edad que aman profundamente a sus caballos, pero que han tenido
experiencias desagradables", explica. "Este tipo de clínics me ayuda a
enfocar mejor sus necesidades". Reis también ha puesto en marcha "The
Day of the Horse", un gran espectáculo en *Las Vegas's Excalibur Hotel*
durante el *National Finals Rodeo*, cada mes de diciembre. Proporciona a
los asistentes al rodeo y también a los Congresistas de Las Vegas un vistazo revelador del poder de la equitación natural.

Una figura importante de estos últimos años ha sido Ty Murray, el
cowboy de rodeo más famoso de todos los tiempos (nueve Campeonatos
Mundiales, y siete de All-round también mundiales). Después de retirarse del rodeo y habiendo conocido el método de Reis, este cowboy legendario llegó a la conclusión alarmante de que él *no sabía montar*. Él podía
mantenerse sobre un caballo mejor que cualquier otro ser humano vivo,
pero recurrió a Reis para que le ayudara a desarrollar la finura de un
buen jinete.

El equipo de Reis ha trabajado sin descanso para conseguir que
al caballo se le reconozca su propio Día Nacional. *El Día del Caballo*
es actualmente una realidad en California, y se han cursado
numerosas peticiones para convertirlo en una celebración de ámbito
nacional.

Denis Reis y su esposa, Deborah, viven en el Reis Ranch, en Penngrove, California, donde dirige clínics y organiza sus, cada día más numerosos, negocios de enseñanza.

POR QUÉ LAS DIFERENCIAS NO IMPORTAN

Los dueños de caballos que se han involucrado seriamente en la revolución de la equitación, frecuentemente son discípulos de un único profesor. Esto está bien. Todos los instructores de primera línea son competentes y efectivos entrenadores de caballos. Sus técnicas están basadas en unos principios científicamente correctos de cómo moldear el comportamiento del caballo e imitar al profesor es uno de los medios que usa el estudiante para aprender.

Las técnicas que emplean estos caballistas varían, a pesar de todo, y es difícil para algunos estudiantes contemplar esas diferencias desde una cierta perspectiva.

Un instructor puede emplear una técnica determinada porque así fue enseñado a su vez por su instructor. Si le ha ido bien a él, no ha tenido por qué probar otros métodos. O quizás ha probado otros métodos, y ha llegado a la conclusión de que éste era el mejor de todos. O quizás éste resultó más fácil para él que los otros. Pero sea cuál sea la razón, perfeccionó la técnica y la hizo efectiva para completar la tarea. Por fin, actualmente, es algo que él comprende por completo y que puede enseñarlo con entusiasmo. ¿Es quizás éste el único medio para hacer el trabajo? No.

Un instructor puede usar una técnica específica, *simplemente para ser diferente*. Para muchos de nosotros, los caballos son una afición, pero para el profesional, es su medio de vida y tiene que hacer todo lo posible para lograr que su producto, el que está enseñando, sea único y valioso para su cliente. Si cada instructor dijera e hiciera las cosas de la misma manera, no habría ninguna razón para que probaras uno u otro, cuando esto significa gastar dinero duramente ganado. También perderías las ventajas de acceder a diferentes puntos de vista y opiniones.

Los instructores más populares y que han tenido más éxito son hombres de negocios inteligentes, lo que es bueno para todos nosotros, porque nos asegura que los materiales y equipamientos que necesitamos para progresar en nuestra propia equitación continuarán estando disponibles para nosotros. Estos instructores son expertos en formar a sus seguidores, muy parecido a lo que hacen los entrenadores deportivos con sus equipos. Los productos con marca de fábrica que muchos de ellos ofrecen, están calculados para ayudar a formar la mentalidad de equipo.

De nuevo, esto no está mal. Pero, es un error que el estudiante piense que los otros instructores están equivocados porque sus técnicas son diferentes.

Y aún es un error mayor que instructores alimenten esta actitud de rivalidad entre sus estudiantes. Es un mal servicio a la industia del caballo que unos instructores critiquen a otros, aunque la crítica esté basada en una sincera convicción de que sus competidores están haciendo las cosas incorrectamente, o por celos, inseguridad o por la necesidad de elevar sus propios egos.

Es muy tentador hacerlo, y algunas veces empieza de forma bien inocente. Muchas veces los estudiantes de equitación quieren oír por qué deben gastar tiempo y dinero en un sistema de entrenamiento en lugar de otro. El instructor, a veces, puede estar en un dilema, cuando, frente a una gran audiencia, se le insta a comparar sus métodos con los de otros.

Es lo mismo que cuando se le dice a un vendedor de coches: "Dime por qué debo comprar este Chevrolet en lugar del Ford de la tienda de enfrente". Los estudiantes de equitación son iguales que los compradores de coche. El vendedor avispado le responderá: "Ese Ford es un coche magnífico, pero déjame enseñarte qué hace al Chevy ser diferente". No mejor. Sólo diferente. Ambos automóviles llevarán al comprador al lugar adonde quiera ir. Y al final, no importa realmente cuál de los dos escoja. Sólo es cosa de las preferencias personales, y éste es el método que debe funcionar cuando escogemos el sistema de equitación a seguir.

Dejadme que haga un breve comentario sobre otro aspecto de este tema de la rivalidad: Internet. Nunca antes en la historia del hombre ha habido un medio tan fecundo para sembrar y alimentar la información y la desinformación, para extender verdades y medias verdades y para generar apoyos e influencias sobre virtualmente todos los temas. En Internet cualquier persona con una opinión o una agenda (y tiempo disponible) puede presentarse a sí mismo como un experto en cualquier cosa.

Cuando se trata de equitación natural el hilo conductor o los debates en curso sobre un punto en particular, están enlazados con informaciones tan valiosas como peligrosas –y en algunos casos difamatorias– mentiras. Los instructores no están casi nunca involucrados en estos debates, pero sus opiniones y métodos son pasto para numerosos intercambios apasionados. Los viajes por el ciberespacio se soportan mejor con un poco de sal y pimienta. Internet puede que sea el avance más importante en la comunicación de todos los tiempos, pero lo que lo hace aún imperfecto es que lo usen los humanos.

La clave de todos estos comentarios es que no hay necesariamente un único camino para hacer las cosas correctamente. Puede haber varias vías, y lo que va bien para una persona, o para un caballo, puede no ser lo mejor para otra persona o para otro caballo.

Vamos a dar algunos ejemplos típicos:

Cuando iniciamos un potro con un filete, algunos instructores usan martingala. Otros no. No importa. Cualquiera de los dos métodos, usado correctamente, puede producir un caballo bien entrenado.

Algunos enseñan la flexión lateral atando una rienda en un estribo. Otros atan la rienda a la cola del caballo. Algunos lo enseñan sólo desde la silla, mientras otros lo hacen pie a tierra. Lo que importa es que, como resultado final, un caballo flexione lateralmente. Ninguno de los métodos mencionados le hará daño al caballo. Todos son humanamente aceptables.

Algunos instructores enseñan al caballo a levantar una pata delantera presionando el hombro para aligerar el peso sobre el pie deseado. Otros pellizcan el espejuelo, o el tendón de la parte inferior de la pata. Los dos métodos funcionan. Ninguno es mejor que el otro.

Hacer retroceder al caballo puede hacerse pie a tierra o desde la silla. Puede enseñarse haciendo serpentear una cuerda larga para crearle

A Clinton Anderson le gustan las cabezadas de cuerda. *(Charles Hilton)*

Monty Roberts prefiere una cabezada plana. *(Monty Roberts Collection)*

incomodidad, dándole golpecitos insistentemente en el pecho, haciendo que las patas se muevan independientemente usando las riendas, o una combinación de todos ellos. Todos son métodos aceptables. Lo que interesa es que el caballo aprenda a retroceder.

El trabajo pie a tierra empieza con la cabezada. La mayoría de los instructores hoy día usan una cabezada tipo "cowboy", de cuerda, e incluso hay diversas opiniones sobre el estilo exacto, la textura y el diseño de la cabezada.

A Curt Pikes le gusta que la cabezada quede bastante atrás de la quijada, y esto le va bien. Otros instructores usan una cabezada que no queda muy por detrás de la quijada.

Clinton Anderson quiere que tenga dos nudos en la parte que va sobre el puente de la nariz a fin de incrementar la sensación que el caballo sienta en esa zona.

Monty Roberts no usa una cabezada de cuerda. Ha diseñado una cabezada plana con diferentes puntos de fijación, de manera que la pueda usar como cabezada ordinaria o como "come-along" (ven a mi lado) o incluso como un side-pull (cabezada sin embocadura) para enseñar al caballo los elementos del Reining. Él lo llama su *Dually Schooling Halter.*

A Steve Edwards no le gusta usar cabezada en las mulas a iniciar. En lugar de eso, hace un "come-along" con su lazo.

Todo lo mencionado trabaja correctamente en manos de sus respectivos instructores, y lo hace en base a los mismos principios. Lo que inte-

Acariciar un caballo es una forma de refuerzo positivo. *(Mark Rashid Collection)*

resa es que resulte un buen caballo bien educado con la cabezada.

Algunos instructores empiezan a montar con un filete, y el tipo de filete varía con cada uno de ellos: plano, full-cheek, de anillos en D, Doctor Bristol, mullen mouth, etc. No importa. La elección depende del entrenador y del caballo. Todos ellos funcionan bien si se sabe cómo usarlos.

Algunos instructores quieren el filete bajo en la boca, mientras que otros quieren una pequeña "sonrisa" en la comisura de los labios.

La mayoría de los instructores inician a los potros con cabezada, destacando ante el estudiante que los giros, parada y retroceso pueden hacerse sin aplicar incomodidad en la boca del potro, y que la función de todo bocado, por lo tanto, es sólo un instrumento de señales.

Algunos instructores combinan enseguida ayudas de pierna con las riendas. Otros retrasan las ayudas de asiento y piernas para más adelante. El resultado final es lo que importa.

Algunos instructores hacen revolotear la cola de cuerda para hacer que el caballo avance. (Charles Hilton)

Algunos usan las espuelas casi enseguida, otros lo dejan para después, y hay ocasiones en que no las usan en absoluto. Todos están conformes, no obstante, en que las espuelas son un instrumento de señales, no un arma de castigo.

Todos los instructores involucrados en la equitación natural hacen una gran cantidad de frotamientos y caricias para reforzar positivamente al caballo. Algunos frotan aquí. Otros frotan allá. Otros frotan por cualquier parte y en todas partes. La mayoría no le dan cachetadas ni palmaditas al caballo. Aunque muchos caballos toleran algunas palmadas, esto no les ayuda a relajarse.

Algunos instructores usan regalos comestibles como premio durante las sesiones de entrenamiento. Algunos los usan solamente cuando la sesión de entrenamiento ha concluido. Algunos les ofrecen las golosinas en la mano. Algunos las echan directamente en el comedero o en un cubo. Algunos otros creen que nunca se les debe dar comida o golosinas, de ninguna manera.

Algunos prefieren usar una cuerda revoloteando para que actúe como una extensión de tu brazo y comunique tus intenciones al caballo. Otros usan una banderola, un palo o un palo con una cuerda atada en la punta. (La mayoría no llaman "látigo" al palo, por las connotaciones de castigo que implica). Los palos pueden ser llamados "carrot stick" o "handy stick", o bastón, vara, banderola, fustas, caña o sólo palo.

La mayoría de los instructores usan un corral circular. Otros no. No importa. Es cómo comunicamos nuestras intenciones y cuán efectivamente controlamos las patas y movimientos del caballo lo que determina el que nos vea o no como líderes.

Una vez montando, algunos instructores aprietan con ambas piernas sólo cuando desean movimiento recto hacia delante. Otros usan la misma señal, con el bocado un poco tenso para bloquear el avance, para indicar al caballo que queremos que retroceda. El caballo puede ser rápidamente condicionado a cualquier señal sensorial. Aprenden, y aprenden aprisa.

De todas las técnicas principales de equitación natural la que provoca más reacciones de desagrado es el proceso de vinculación inicial. Ray Hunt y Buck Brannaman lo llaman "Hooking on" (conexión). Monty Roberts lo denomina "Join-Up" (unión). Otros instructores no aplican un nombre especial, pero la mayoría usan alguna variante del mismo. Las diferencias entre todos no son tan importantes como sus similitudes y proporcionan los resultados deseados. Todos están basados en el principio de que controlar el movimiento del caballo, tanto si es incitándolo como inhibiéndolo, y controlar la dirección y la velocidad de dicho movimiento, da como resultado el dominio. De esta forma es como los caballos establecen entre ellos qué caballo dirige, y qué caballos le siguen. Los caballos son naturalmente seguidores del líder de la manada, a fin de conservar la vida en la naturaleza libre, de hecho *hook-on* o "conectarse" a cualquier criatura que puedan reconocer como líder. Además, la relación aumenta en intensidad a medida que el caballo subordinado aprende que estar al lado del líder le asegura la paz y la comodidad, y por lo tanto aumenta su deseo de "unión" con el líder.

Una vez que se ha establecido la relación, la habilidad del entrenador la mejora. Cuanto más "conectado" o "unido" esté el caballo, tanto más fácil será para el humano controlar sus movimientos. Cuanto más control tenga de los movimientos, más respeto desarrollará el caballo hacia la persona. El resultado es alcanzar esa meta tan difícil de aprehender: *completo respeto con ausencia de miedo.*

Pero un estudiante es muy raro que tenga nada parecido a la habilidad del instructor experimentado. Tiene dificultad viendo y compren-

Buck Brannaman dirige alejándolos, a varios caballos con un asertivo lenguaje corporal.
(Emily Kitching)

Cuando Buck Brannaman relaja el cuerpo, los caballos dejan de correr y uno de ellos parece que quiere "conectarse". (*Emily Kitching*)

diendo las respuestas del caballo, reaccionando con rapidez suficiente con el nivel adecuado de energía, y usando sus herramientas de una forma coordinada y efectiva. El resultado en estos casos es con frecuencia la frustración, ansiedad, miedo, impaciencia y agresividad, todas ellas reacciones humanas naturales, y todas ellas contraproducentes para construir una relación efectiva con el caballo.

Falta de atención o respuestas descoordinadas o inapropiadas interfieren con el establecimiento de respuestas condicionadas (entrenadas). Si continuamos ejerciendo presión cuando se debiera hacer un alivio inmediato de la presión, la lección no sirve de nada. Por el contrario, si la presión es necesaria, y nosotros aflojamos la presión, la lección tampoco sirve de nada esta vez.

Es por esto *porqué* tantas personas que no pueden hacer lo que hacen los instructores, con su experiencia y respuestas disciplinadas, terminan pensando que el método no funciona, o que sólo funciona para el profesor, o que el profesor posee algún místico, misterioso don de influir en el comportamiento del caballo.

Es el método preciso para obtener el "Join-Up" o el "Hooking-On", la "conexión", "la unión" o como quieras llamarlo, lo que hace que algunos instructores condenen abiertamente a otros.

Recuerda, el control del movimiento puede conseguirse de varias maneras.

Puedes *conseguirlo* rápidamente, en un corral circular, como hace Monty Roberts, y el caballo empezará muy pronto a mostrar signos de sumisión. Roberts lo ignora hasta que el caballo ha llegado hasta su "distancia de seguridad", está biológicamente cansado de intentar escapar y está clamando por liderazgo. En ese momento Monty adopta una postura no desafiante, atrae al caballo hacia él, lo acaricia para calmarlo y después de esto el caballo lo sigue dondequiera. Con un potro domado con cabezada, pero por otra parte sin instruir, se tardan unos cinco a diez minutos.

Otros instructores modifican estos métodos, casi siempre en un corral circular, respondiendo a las primeras señales de sumisión que el caballo muestra aflojando la presión, y reanudándola cuando el caballo intenta irse o bien aparta su atención del instructor.

Este método es más lento, pero al final da resultado. El caballo se vincula con el humano y lo quiere seguir como líder. ¿Cuál de los dos es mejor?

¡No importa! ¡No al caballo!

Una vez que éste decide que estar al lado del líder es el sitio más seguro, tanto si es al cabo de diez minutos o después de todo un día, la relación se ha establecido.

Aún más, exactamente los mismos resultados pueden obtenerse *impidiendo* el movimiento. De aquí la efectividad de las maniotas en las variedades de una, dos o tres patas.

En el noroeste de los Estados Unidos, frente a la costa del Pacífico, ciertas tribus de nativos americanos iniciaban potros conduciéndolos hasta el agua profunda y mientras estaban nadando, se montaban sobre ellos pasando desde un caballo ya entrenado. Un caballo no puede huir al galope mientras está nadando. Seguían nadando juntos hasta la orilla en un estado mental de sumisión en busca de liderazgo.

Durante los últimos años del siglo veinte, un método muy controvertido, el corral de aislamiento, empezó a usarse para amansar a los mustangs capturados. Los caballos eran conducidos hasta el interior de un corral con su cabeza sobresaliendo por encima de las vallas a través de una abertura en la misma. Entonces se vertía arena dentro del corral, hasta enterrar completamente al caballo excepto su sobresaliente cabeza. Después se sustituía la arena por trigo, porque es menos pesado e interfiere menos en la respiración del caballo. Completamente inmovilizado, la cabeza del caballo era entonces tocada, frotada y acariciada. Cuando el caballo se liberaba del corral, se había producido una definitiva transformación. El antes asustado y salvaje mustang estaba ahora sumiso y calmado. La sumisión había ocurrido, pero el caballo todavía tenía que ser entrenado.

Obviamente, algunos de estos sistemas de inhibición del movimiento son más extremos que otros. Inmovilizar una pata es menos traumático que derribar al caballo sobre sus rodillas o completamente inmóvil tumbado sobre un costado. El concepto más lógico es utilizar la *menor* fuerza posible para obtener el resultado deseado, aunque es frecuente que la naturaleza humana quiera conseguir lo deseado usando la máxima fuerza.

La mayoría de los caballos responderán a medios cautelosos de control del movimiento. Así que un caballo puede ser impulsado a moverse golpeándolo fuertemente con una fusta, pero también sacudiendo un palo o una cuerda será normalmente suficiente.

De manera similar, sujetar una pata producirá una actitud sumisa relativamente rápida en la mayoría de los caballos. Casi nunca será necesario tumbarlo y someterlo, sin posible defensa, sobre el suelo.

Cada instructor podrá usar el método que mejor le funcione, y enseñará este método, pero sin cerrar nunca su mente a otras alternativas.

No hay duda de que algunos métodos son superiores, especialmente en manos de un defensor experimentado, pero esto no significa que otro método sea *equivocado*.

Hay muchos métodos tradicionales que son *equivocados* en el sentido de que están basados en una innecesaria coerción y el uso de fuerza injustificada, pero los instructores involucrados en la revolución usan métodos técnicamente correctos, que utilizan una mínima coerción y que consiguen un caballo que será amable, obediente, respetuoso, pero no atemorizado.

Estos instructores son merecedores de nuestro respeto. Cada uno de ellos tiene algo que ofrecer, y el estudiante avispado asimilará lo que pueda de cada uno, tejiendo su propio tapiz de comprensión y técnica, y pondrá en la práctica futura la posibilidad de llegar a convertirse en competente con él. Haciendo esto llegará a ser un caballista tan bueno como sus instructores. En lugar de ver las cosas para criticarlas, le pedimos al lector que las mire para adoptarlas.

CAPÍTULO 5

¿POR QUÉ AHORA?

LA REVOLUCIÓN EN HORSEMANSHIP que ha ocurrido durante las últimas décadas del siglo veinte ha sido notable, no solamente por cómo ha redefinido la relación caballo-humano, sino también por el hecho de que ocurrió cuando lo hizo.

El caballo ya no es la clave de la supervivencia del ser humano, como ha sido durante miles de años. Desde la introducción de los motores de combustión interna la población de caballos ha ido disminuyendo paulatinamente, y generaciones de habitantes de las ciudades tienen muy poca o ninguna experiencia en caballos. En cierto sentido, el caballo ha pasado a ser irrelevante en el estilo de vida moderno.

Incluso más sorprendente, este cambio brusco de los métodos larga y tradicionalmente establecidos en el manejo de los caballos no ha sido promovido por científicos del comportamiento animal, ni por filósofos o religiosos; ni por los discípulos de la escuela de equitación clásica europea, adoctrinada por la sabiduría y experiencia de siglos, sino por unos pocos cowboys del noroeste de los Estados Unidos.

Cierto escepticismo inicial hacia esta revolución de estos pocos cowboys contemporáneos por parte de los hombres de a caballo ingleses, los aficionados a la Doma Clásica y, especialmente, por hombres de a caballo de otras naciones, ha ido rápidamente disminuyendo.

No hay ningún nombre realmente satisfactorio para este tipo de equitación que ha introducido esta revolución. Los distintos instructores que la enseñan la han etiquetado de la forma en que ellos mismos la ven, parecido al sistema que usan los fabricantes para sus marcas de fábrica. Unos pocos ejemplos incluyen *resistance free horsemanship* (equitación sin resistencia), *universal horsemanship* (equitación universal), *new age horsemanship* (equitación de la nueva era), *progressive horsemanship* (equitación progresiva), *downunder horsemanship* (equitación desde abajo), *renaissance horsemanship* (equitación renacida), *outside the box horsemanship* (equitación fuera del box), y *natural horsemanship* (equitación natural).

Este último nombre es el que ha arraigado más ampliamente en todo el mundo, y aunque todos los nombres acuñados son descriptivos y apropiados, *natural horsemanship* o equitación natural es el más conocido.

¿Qué significa realmente equitación natural? ¿Desde qué puntos de vista se supone que es natural? La clase de relación del hombre con el caballo de la que estamos hablando no es natural a la humanidad. ¡En absoluto! Debemos hacer que nos *enseñen* estos métodos, y sólo aquéllos de entre nosotros que más le dediquen, que tengan más afán de aprender, sean más abiertos de mente y más deseosos y capaces de oponerse a nuestras normales emociones humanas serán capaces de convertirse en expertos en esos métodos. No, equitación natural significa que es natural para el caballo. Y en esto radica su eficacia.

Hoy en día todos nosotros podemos aprender lo que hasta ahora sólo era conocido por caballistas excepcionales: cómo comunicar con otras especies usando los medios de comunicación con que estas especies han estado dotadas genéticamente. Podemos "hablar" con el caballo en un lenguaje que él entienda y por ello maximizar la relación entre caballo y humano. Podemos conseguir que un caballo haga lo que queremos, no porque sea forzado a ello, sino porque él quiera hacerlo.

Pero ¿por qué ahora? ¿Por qué esto no ocurrió hace un siglo cuando nuestra sociedad dependía totalmente de la fuerza del caballo para el transporte, la agricultura, el comercio o el poder militar? ¿Por qué hubo que esperar hasta los últimos años del siglo veinte y primeros del veintiuno, cuando el caballo ha sido relegado, en su mayor parte, al papel de animal recreativo en las naciones más prósperas e industrializadas? ¿Y por qué ha arraigado en aquellas naciones, como los Estados Unidos, Canadá, Europa occidental, Australia y Nueva Zelanda, pero sólo con exiguos avances en las naciones del Segundo y Tercer Mundo?

Hay varios factores a tener en cuenta.

EL COMPORTAMIENTO COMO CAMPO DE ESTUDIO

La ciencia de la psicología –el estudio del comportamiento– ha sido aceptada por la sociedad en general. Al contrario de las disciplinas de anatomía y fisiología, que han sido estudiadas desde hace milenios, el estudio científico del comportamiento cumple menos de un siglo, y la mayoría de los aspectos más significativos de la ciencia del comportamiento han sido comprendidos sólo desde hace muy pocos años. A principios del siglo veinte la mayoría de los médicos no recibían enseñanzas de psicología. Sólo recientemente algunas escuelas de veterinaria incluyen el comportamiento animal en sus cursos.

En las generaciones pasadas, la mayoría de las personas se sentían avergonzadas de admitir que recibían atención o terapia psicológica. Lo que conocemos como Síndrome de Shock Post Traumático en soldados agotados en combate, fue conocido como *shell shock* en la Primera Guerra Mundial, y "fatiga de batalla" en la Segunda, para hacer menos humillante a los soldados recibir la ayuda que necesitaban. Pero para finales del siglo veinte, el tratamiento para los trastornos mentales era corriente y se hablaba de ello abiertamente. El "Prozac", una droga antidepresiva, llegó a ser uno de los medicamentos más recetados de los tiempos actuales.

Hoy día la ciencia reconoce que la mayoría de los comportamientos están pre-programados en el ADN de cada especie animal, y que otros comportamientos son el resultado del aprendizaje –experiencias en nuestro entorno. La conexión entre el estado mental y el comportamiento en todas las especies ha sido mucho mejor conocida, y se ha descubierto toda una tecnología para determinar el comportamiento.

EDUCACIÓN

La mayoría de los que tienen caballos es gente con cierta cultura. No era así hace un siglo, cuando la mayoría de los que trabajaban con caballos carecían casi de formación. Incluso algunos eran analfabetos, una situación que aún perdura en muchos lugares del mundo, y el trato abusivo con los caballos era un lugar común donde reinaba la ignorancia.

La educación nos abre los ojos a lo poco que sabemos y a cuánto nos falta por *aprender*. Es una experiencia humillante. De hecho, la humildad y la mente abierta a las nuevas ideas son directamente proporcionales a la educación y sabiduría de cada uno. Sólo el ignorante cree que ya lo sabe todo.

El dueño de caballo actual es más receptivo a las nuevas ideas, debido a que es más culto y preparado para empezar a interesarse en continuar su educación.

EL "BOOM" DE LA INFORMACIÓN

La información hoy día se transmite de manera instantánea, mientras que en tiempos pasados podían pasar meses o años para que una nueva idea se conociera por el público. El propietario de caballo hoy lee. Está suscrito a varias revistas. Está conectado a internet. Compra con avidez cintas de vídeo, mira programas de caballos en la televisión y escucha en la radio programas sobre caballos. Más importante aún, los instructores que están promoviendo esta revolución viajan constantemente por todo el mundo, llevando la información directamente a la gente. Los que tienen caballos pueden ver lo que hacen, se maravillan con ello y quieren aprender a hacerlo.

Hoy día todo aquél que desee esta información tiene un acceso virtualmente instantáneo a ella y puede estar seguro de que está actualizada. La información es un valor muy cómodo de acceder y se vende de esta manera. Existe la competición entre varias fuentes, y el control de calidad es primordial. Ya no es un desafío conseguir la información rápidamente. El desafío ahora es aplicarla lentamente, porque el caballo no opera al mismo ritmo rápido que opera la tecnología.

LA MUJER A CABALLO

Posiblemente, el factor más importante en la velocidad con la que esta revolución se ha extendido es el hecho de que, por primera vez en la historia humana, la mujer domina la industria del caballo. Los instructores que han sido pioneros de este movimiento nos dirán que, sin la preponderancia de la mujer entre sus audiencias, seguramente no habrían podido seguir en el negocio.

Históricamente, las mujeres han tenido un papel muy poco importante en la instrucción de los caballos. Ocuparse de los caballos era trabajo de hombres, así como cocinar y limpiar la casa recaía en la mujer. Durante el siglo diecinueve, algunas mujeres empezaron a montar como pasatiempo, pero sólo eran de la alta sociedad las que podían optar por esos placeres (y casi siempre montaban con sillas de amazona). Aparte de esto, con muy raras excepciones a través de la historia, alguna mujer montó como pasajera y cuando era posible, en un carruaje de cualquier clase. La emancipación de la mujer en el siglo veinte, junto con un elevado estándar de vida, ha creado lo que ahora es un fenómeno muy común: la mujer montando a caballo.

Las mujeres están más involucradas en la equitación hoy en día que en cualquier momento de la historia. La instructora Linda Parelli contesta preguntas. *(Fotos de Coco)*

Si bien ha sido provechoso para las industrias equinas –aquéllas que venden guarniciones y ropa de montar, caballos, herraduras y otros productos hípicos– ha sido una *bendición* para el caballo. ¿Por qué? Porque la mayoría de las mujeres son cuidadoras por naturaleza y evitan los conflictos. Son menos agresivas que la mayoría de hombres, menos amenazantes en su postura, habla o movimientos, y menos inhibidas al murmurar o mimar a los animales. Éstas son exactamente las cualidades a las que los caballos son más sensibles.

No obstante, estas cualidades, que son menos intimidatorias para el caballo y menos propensas a provocar su deseo de huir, pueden a la vez hacer que el caballo sea menos respetuoso y se sienta más dominante hacia la mujer.

Quizás ésta es la razón por la que los instructores que empezaron esta revolución fueron todos hombres. A medida que pasaba el tiempo, sin embargo, y más mujeres adoptaban las técnicas, las instructoras en equitación natural están siendo más numerosas. Linda Parelli, Lee Smith, Julie Goodnight, Karen Scholl, Tammy Yost-Wilden, Leslie Desmond y la australiana Jayne Glenn son sólo algunas.

Aparte de todo esto, nos hemos dado cuenta de lo que hace falta para convertirse en un maestro caballista, en una persona que puede obtener esa relación ideal entre el caballo y el humano: total respeto y nada de miedo. Fijémonos en los instructores más importantes: veamos lo amables que son con el caballo, cuán considerados y pacientes. El caballo no les teme. Pero fijémonos también en lo *persistentes* que son, lo *asertivos*, y cuán efectivamente controlan el movimiento de sus caballos. A través de esto ganan su respeto. Completo respeto. Y cero miedo.

El famoso entrenador de caballos del siglo diecinueve Dennis Magner resumió los requerimientos para ser un buen caballista de este modo: "La delicadeza de tocar y sentir de una mujer, el ojo de un águila, el coraje del león, y la persistencia de un bulldog".

En palabras corrientes, podrías decir que el caballista ideal es un hombre que toca con su lado femenino, o una mujer que lo hace con su lado masculino. Son necesarias ambas características, masculina y femenina, para una comunicación efectiva.

LA VIOLENCIA SE ACEPTA CADA VEZ MENOS

Otra de las razones que ha traído esta revolución en la equitación ha sido que la gente está un poco harta de la violencia. En el último tercio del siglo veinte, la violencia está frente a nosotros como nunca hasta ahora. Guerras, asesinatos, raptos, asesinatos al azar, revueltas en las prisiones, psicópatas, violencia doméstica y disparos desde vehículos los tenemos que tragar todos los días desde que empezó la era de la televisión, primero en blanco y negro y luego a color. ¿Es ésta la época más violenta de la historia? Desde luego que no. Pero nunca como ahora la violencia parece estar tan cerca, ser tan personal. Las imágenes de la guerra del Vietnam, implacable e inexorable, así como las llamadas en pro de paz, amor y armonía. Los caballos fueron en cierto modo un escape de esta violencia que se cernía sobre los Estados Unidos y los demás países, y era natural que los amantes del caballo quisieran aplicar métodos no violentos de entrenamiento.

LA SOCIEDAD URBANA

En 1923 la cuarta parte de los habitantes de los Estados Unidos vivían en granjas. Hoy día las cifras son de menos del 2 por ciento. Además, la población urbana no lo es de ciudades pequeñas, sino de megalópolis. A principios del siglo veinte sólo había una megaciudad en los Estados Unidos: Nueva York. Ahora hay docenas. La mayoría de los habitantes de la ciudad están tan alejados de la tierra y de la vida animal que carecen totalmente de una perspectiva de la naturaleza y del ciclo de la vida y la muerte que la define. Los libros de texto de los niños, incluso en las ciudades, hace tiempo describían los animales de granja y la vida en el campo. Hoy se asume que los niños no se identifican con tales hechos. Millones de niños crecen con el convencimiento de que la vida animal es como la que muestran los dibujos animados, antropomórficos, con los animales pensando y comportándose casi como seres humanos. Hemos aceptado, incluso a los animales domésticos de las ciudades, el perro o el gato, como sustitutos del ser humano.

Los veterinarios están por completo al tanto de que la mayoría de mascotas, como nunca en generaciones anteriores, han venido a sustituir a las personas: niños, compañeros, colegas, esclavos y, ocasionalmente, maestros. El caballo, al principio un animal de carga, una máquina de transporte, se ha convertido ahora en un animal de compañía, asumiendo un papel completamente distinto en la mente humana. Es inconcebible, para muchos amantes del caballo, tratarlo como un objeto. Como sociedad, estamos preparados para asumir la revolución en la *relación* del hombre con el caballo, en la que el caballo es tratado con respeto, consideración y compasión.

LA RELACIÓN

Montarlo o engancharlo a un carro de paseo no es el objeto supremo en la relación con el caballo. La relación con el caballo es, para muchas personas, la cosa más importante, y por tanto, están muy receptivos a los métodos de entrenamiento que enfatizan estos aspectos.

Según Eitan Beth-Halachmy, un veterano instructor de California y fundador de *Cowboy Dressage*, muchos dueños de caballos –quizás la mayoría–, le prestan poca atención a los cambios de mano o a la reunión. La carga en el remolque, las maneras en tierra, que se deje conducir bien y permanezca atado, tranquilo y dócil, es lo más importante para ellos. El hecho de montarlo se limita frecuentemente a disfrutar de un tranquilo paseo ocasional por el campo, y todo lo que necesitan es un caballo manso, bien educado y de confianza.

Beth-Halachmy, un ranchero que emigró a los Estados Unidos desde Israel hace ya décadas, ha observado que para aquellos propietarios de caballos que compiten en espectáculos, carreras de resistencia, rodeo, u otros deportes equinos, un cambio cultural progresivo en la sociedad americana afecta sus intereses. La lucha por el dinero y la gratificación

Para muchos propietarios actuales de caballos, la relación es lo principal. *(Shawna Karrash Collection)*

personal es un acicate para su competitividad. Vemos que esto no es solamente en los deportes hípicos, sino también en todos los deportes y actividades recreacionales, incluso en las Ligas locales y ciertamente en los deportes profesionales. Muchos deportistas, por lo tanto, no están satisfechos sólo con competir: necesitan ganar, y están dispuestos a invertir el dinero y el tiempo necesarios para mejorar su equitación, que les proporcione una ventaja competitiva. Esperan que acudir a clínics de equitación racional, les proporcionará la ventaja deseada.

Por el contrario, la creciente corrupción en el deporte de los caballos de competición ha repugnado a muchos antiguos competidores que consideran que la mejor salida para su deseo es hacer cosas con su caballo: concretamente, involucrarse profundamente en la equitación natural. Acuden a clínics, compran cintas de vídeo o DVDs, libros, revistas hípicas y se adhieren a clubes y grupos dedicados a esta clase de equitación. Su pasión se dirige hacia sus atuendos de marca y otros artículos que realcen su afición, y muchos instructores venden tales materiales para ayudarse en la financiación de sus negocios y captar nuevos seguidores.

La corrupción dentro de las competiciones de caballos, debida a cuestiones políticas, no es el único factor que ha desanimado a muchos de participar en esos eventos, un deporte tradicional que se concibió en principio para mejorar la calidad de la cría de caballos y de las técnicas usadas en su entrenamiento. Más importante que el incremento del porcentaje de propietarios de caballos, muchos de los cuales poseen caballos de mucha calidad, son, en muchas ocasiones, las prácticas brutales, a veces ilegales, a que someten a sus caballos. Desgraciadamente, tales prácticas existen en todas las disciplinas y espectáculos deportivos.

Aunque muchas personas vinculadas con el espectáculo son muy rápidas en condenar tales prácticas en otras disciplinas, muy a menudo ignoran otras igualmente desagradables en su propio patio trasero. Otros ejemplos de situaciones que hacen que algunas personas dejen de participar en competiciones de caballos son los siguientes:

La típica úlcera en los caballos de raza Tennessee Walking se ha descrito como causada por la exagerada "acción" o movimiento de estos magníficos caballos de concurso, por ser perjudicial para sus patas los golpes de sus cascos contra el suelo. Las regulaciones Federales de los EE.UU prohíben esta sádica práctica, pero los aplausos y voces de admiración de la multitud asistente a sus exhibiciones cuando ven a uno de estos caballos y los incentivos financieros que acompañan a un público complacido han mantenido esta práctica vigente.

Los *American Saddlebreds* (Caballos de Silla Americanos) aún son herrados de forma despiadada para incrementar la acción de las patas. Frecuentemente se les aplica atropina en los ojos, una droga vasodilatadora, para conseguir que parezcan tener una mirada amplia, profunda y suave, en detrimento de su capacidad de enfocar correctamente. Se les unta jenjibre en el ano, lo que les causa una irritación pasajera y el deseo de levantar y mantener la cola más alta de lo normal.

Muchas de estas prácticas se han extendido también a otras razas, como el Morgan, que también se exhibe en esta clase de competiciones.

Caballos de *Hunter* o de Salto todavía son golpeados mientras saltan sobre los obstáculos por algunos entrenadores. El caballo es golpeado en sus cuartillas con un bastón mientras se encuentra saltando sobre el obstáculo para hacer que salte más alto. Algunas veces se añaden tachuelas en los bastones.

Un contacto excesivo con la boca, hasta niveles brutales, es muy común en el mundo de la Doma Clásica.

Los entrenadores de Reining, que necesitan una respuesta rápida, emplean riendas eléctricas, riendas con alambre de púas y zumbadores. Uno incluso usaba un pollo vivo para golpear con él el cuello del caballo cuando le enseñaba a girar.

El aire llamado "peanut roller"(*) en los caballos que practican Western Pleasure es una caricatura ridícula del paso de los caballos de trabajo de rancho en sus desplazamientos al paso. Al hacerlo se carga en exceso el peso sobre los tercios delanteros del caballo, al llevarlo con la cabeza excesivamente baja, lo que provoca, según muchos veterinarios competentes, una mayor frecuencia en padecer laminitis de las patas delanteras. Afortunadamente, se están haciendo cambios en el Western Pleasure en respuesta a las demandas públicas contra esas prácticas.

EL ACTIVISMO EN LOS DERECHOS DE LOS ANIMALES

Los movimientos para la protección de los derechos de los animales han provocado un cambio en la manera de considerar a los animales de compañía. Concedamos que hay un movimiento que roza el fanatismo, tipificado en organizaciones como PETA *(People for the Ethical Treatment of Animals* / El Pueblo por el Tratamiento Ético de los Animales) que en los Estados Unidos se opone a *casi* todo empleo de los animales por los humanos, pero el poso que queda de esos activistas radicales ha influido en algunos cambios en nuestra sociedad. Había y todavía hay muchas prácticas abusivas en granjas, circos, zoológicos, espectáculos con animales, laboratorios científicos y establecimientos de reproducción.

Grupos a favor de los derechos de los animales han llevado al conocimiento público esos problemas, muchas veces exagerando, e incluso mintiendo, para defender sus puntos de vista. Expertos en leyes han dictado sentencias en las últimas décadas que han reforzado las regulaciones del trato de los animales. Algunas de estas regulaciones son ilógicas y representan una reacción a prácticas impropias que han venido proliferando durante generaciones.

El movimiento para la protección de los derechos de los animales seguramente se inspiró en el mucho más antiguo movimiento de los derechos humanos, que se inspiró a su vez, en la Carta Magna, que el Rey Juan de Inglaterra firmó alrededor del año 1215. Por todo el mundo las legislaciones contra las violaciones de los derechos humanos son algo común, protegiendo a niños, mujeres, minorías étnicas y discapacitados. Por lo tanto, estamos viendo *cambios culturales* que antes eran inimaginables –la esclavitud era legal en los Estados Unidos hasta hace solamente siglo y medio– y ahora se aceptan como materia de estudio.

Esta misma actitud prevalece hoy día en *nuestra* sociedad hacia los animales. Pegar a los niños y a la esposa es ilegal en la mayoría de

---

(*) Galopillo corto y lento, en el que la cabeza del caballo se mantiene muy baja, típico de la modalidad del *Western Pleasure*, y que actualmente, por fortuna, ya se está modificando poco a poco *(N. del T.)*

La revolución en la equitación ha animado a algunos jinetes a participar en concursos de caballos. *(Heidi Nyland)*

países. Asimismo, también lo es maltratar a los animales. Lo que hoy aceptamos como "sentido común" o "decencia" era, no hace mucho, una idea estúpida. El mundo está cambiando, aunque muy lentamente. Ya no empalamos a una persona o la azotamos como castigo. No quemamos en la hoguera por herejía o adulterio, por lo menos no en nuestra sociedad. Estos cambios marcan los avances en la moral de nuestra sociedad, y la compasión hacia los animales forma parte del cambio.

Dejemos ahora de lado la cuestión de qué animales tienen actualmente "derechos" para que se debata en otros foros. Los activistas que apoyan estas creencias han ayudado a lograr un cambio positivo en nuestro trato con los animales, incluyendo los caballos, y esto tiene que ser reconocido como una de las razones subyacentes que ha hecho que la revolución en la equitación se produjera cuando se ha producido.

La mayoría de las razones que hemos enumerado que han retrasado el advenimiento de la revolución en la equitación están interrelacionadas. Tanto el nivel de la educación del típico propietario actual de un caballo, como el boom de la información están conectados. La cada vez mayor influencia de la mujer en la industria del caballo también está íntimamente ligada al nuevo concepto de la sociedad sobre el trato con los animales.

Por otra parte, algunas personas que tienen caballos han sido atraídas hacia la equitación natural porque piensan que esto aumentará sus posibilidades de ganar en las competiciones hípicas, mientras que otras lo han sido como un sustituto amable y dulce de aquellas mismas actividades.

CAPÍTULO 6

POR QUÉ FUNCIONA Y POR QUÉ ES MEJOR

EN EL CAPÍTULO ANTERIOR hemos aprendido por qué la revolución en horsemanship ha ocurrido cuando ha ocurrido. Una razón importante es la creciente aceptación del comportamiento animal como tema de estudio. En este capítulo echaremos un vistazo cercano al comportamiento equino y descubriremos por qué natural horsemanship funciona tan bien y es superior a muchos otros sistemas.

COMPRENDIENDO LA MENTE DEL CABALLO

El comportamiento de cualquier individuo está determinado por dos factores. Existen comportamientos genéticamente predeterminados, ya presentes desde el nacimiento, y comportamientos que son el resultado de experiencias aprendidas a lo largo de la vida, pero que son particularmente profundos al principio de la misma.

Primero consideraremos los comportamientos genéticos del caballo, aquéllos que están fijados en su ADN. Más adelante, estudiaremos los comportamientos adquiridos, que son resultado del aprendizaje *después* del nacimiento.

Los comportamientos de origen genético son el resultado de la selección natural. Como la anatomía (la *conformación* de un individuo), y la psicología (el *funcionamiento* de ese individuo), el comportamiento es esencial para que cualquier organismo pueda hacer frente a las condiciones del hábitat en el que le toque vivir.

Tomemos como ejemplo al delfín. En una época fue un mamífero terrestre, y se tuvo que adaptar al hábitat marino. Anatómicamente, lo hizo tomando la forma de un pez. Fisiológicamente, tuvo que adaptarse a poder nadar sumergido durante largos periodos de tiempo, sin poder respirar, y a soportar la presión de las grandes profundidades. También tuvo que desarrollar un sistema acústico único para poder comunicarse y para cazar la comida bajo la superficie del agua.

De igual manera, el comportamiento del delfín tuvo que adaptarse a las necesidades de vivir en un entorno acuático.

El caballo, originalmente una criatura pequeña, con varios dedos en las patas, y viviendo en zonas pantanosas, también tuvo que adaptarse a los cambios ambientales del entorno, a medida que los bosques pluviales húmedos se fueron desecando y convirtiendo en praderas herbosas. Cuando un hábitat se modifica, los animales y plantas que viven en él tienen que adaptarse a los cambios o se extinguirán. La razón por la que tantas especies están hoy día en peligro de extinción es debido a la gran superpoblación de la tierra por el hombre, el gran mamífero más abundante, con gran diferencia, que nunca haya vivido, y que está alterando su entorno de muchas maneras. Ciertas especies, siendo extraordinariamente adaptables, pueden sobrevivir a los grandes cambios. Así, el cuervo, el coyote, el gorrión, la rata o la cucaracha, prosperan allí donde otras especies están amenazadas por la extinción.

El caballo se adaptó bien. Aprendió a pastorear la hierba de las praderas en lugar de alimentarse con las hojas de los árboles del bosque. Estaba constantemente pendiente de los predadores a los que les encantaba comer carne de caballo. A medida que el caballo moderno evolucionó, no estaba rodeado solamente de los predadores actuales, como el lobo, el puma y el jaguar, sino de muchos otros, como el tigre de dientes de sable, el gran lobo, el oso de las cavernas y leones más grandes que los actuales de las sabanas africanas. Extremadamente agudo y consciente, poderoso en grupo, con una tendencia a seguir al animal más competente y experimentado de la manada, y, por encima de todo, muy rápido, le permitió sobrevivir en su cambiante hábitat natural.

Los caballos, presentes en el planeta a lo largo de mucho más tiempo que nuestra especie, han sobrevivido incluso a la domesticación. Solamente una docena escasa de mamíferos han podido ser domesticados satisfactoriamente por el hombre, y ninguno ha sido tan explotado y solicitado por su conquistador como el caballo.

Los caballos han sido considerados casi siempre por el ser humano como animales estúpidos; hermosos, rápidos, útiles, fuertes, pero estúpidos. Esta impresión ha sido debida a las diferencias que hay entre ambas especies. Sin embargo, estas diferencias son debidas a la sabiduría de la naturaleza.

Existen diez características diferentes en la conciencia del caballo y sus comportamientos asociados que deben tenerse en cuenta si queremos realmente comprender a esta criatura. Algunos de éstos son muy diferentes de los de nuestra propia especie. Es por esta razón que la humanidad ha tenido dificultad en establecer un método de comunicación óptimo con los caballos y que ha hecho que la revolución en horsemanship haya tardado tanto en llegar.

Característica n° 1: El Caballo Corre Cuando se Asusta

Existen varios sistemas de defensa. Uno puede pelear o huir. Uno puede esconderse o incluso fingirse muerto. El armadillo y la tortuga tienen como estrategias primarias de defensa encogerse dentro de sus anatomías, pero no así otras criaturas. Consideremos la mofeta, el puercoespín, el rinoceronte y el escorpión. La anatomía de cada criatura nos revela sus principales mecanismos de defensa. Los dientes del lobo o del tigre, los cuernos del búfalo o del yak, los colmillos de la víbora, y la coloración de la gallina silvestre se revelan todos ellos como medios de supervivencia.

Cuando miramos un caballo, estamos viendo una máquina creada para correr. El caballo corre a toda velocidad para salvarse, y su anatomía, su psicología y su comportamiento están todos ellos diseñados para facilitarle la supervivencia por medio de la huida. El sistema cardiovascular del caballo, su sistema musculo-esquelético y su sistema nervioso están diseñados todos ellos para facilitar la carrera.

Para nosotros es difícil identificarnos con estas características del caballo, porque no somos criaturas hechas para correr. Es más, los humanos son criaturas relativamente lentas. Como especie predadora, nuestra velocidad no contribuye mucho a nuestra eficiencia como cazadores, ni nos sirve de mucho para protegernos contra otros predadores carnívoros. Fue nuestro superior cerebro y nuestras habilidades para fabricar herramientas lo que nos ha permitido sobrevivir.

Para el caballo el hecho de huir es tan básico en su carácter, que las otras nueve características de comportamiento existen porque es un animal huidizo –el único animal doméstico cuya principal defensa en el ambiente salvaje es la huida desenfrenada. A falta de cuernos u otras armas, el caballo siempre depende de su velocidad para sobrevivir en una situación de vida o muerte. Sí, los caballos pueden cocear, golpear y morder, pero, al contrario que otras especies-presa, como las cabras, ovejas o el ganado en general, cuyos cuernos en el ambiente salvaje les sirven como sus principales armas, el caballo corre.

La huida desenfrenada del caballo es la razón que hace que tan frecuentemente se hiera él mismo o a otros. Cuando está asustado, ¡huye! Primero corre, y después pregunta, eso es todo.

Aquellos de nosotros que no comprendemos la verdadera naturaleza del caballo, podemas achacar este miedo a la estupidez. Un caballo puede correr y lanzarse contra una valla de alambre de púas, chocar contra automóviles o saltar por un precipicio. Luego, debe ser un animal estúpido, ¿no?

Olvidamos que en el hábitat natural del caballo, no existían estos objetos. Ellos vivían en praderas herbosas abiertas. Sin coches. Sin vallados. Sin trenes. Sin cuadras cerradas. Sin toros contra los que luchar, o multitudes urbanas que contener. Sin cargas de caballería, ni vagones atestados.

Pero, irónicamente, es esta tendencia del caballo a huir que lo ha hecho tan útil para nosotros, porque hemos aprovechado este instinto y lo hemos dirigido hacia la pista de carreras, a trabajar con el arnés de collerón, después para gobernarlo, saltar sobre vallas, correr alrededor de barriles, cargar contra el enemigo, atravesar una manada de búfalos, subir montañas o correr en las "charriot races" o carreras de carros (*).

Como el arte y la ciencia de horsemanship implica a otros miembros de la especie Equus, además de a los caballos, creo que es apropiado aquí decir unas cuantas palabras sobre el comportamiento de las otras especies relacionadas.

El asno, también llamado burro, ha sido domesticado desde hace miles de años. Puede ser sorprendente para los lectores saber que esta especie equina, originaria del Viejo Mundo, así como la cebra y el onagro, son probablemente especies más evolucionadas que el caballo. Los caballos, después de todo, se desarrollaron en Norteamérica e hicieron falta miles de años para que emigraran hacia otros continentes a través de la lengua de tierra del actual Estrecho de Bering. El examen de la anatomía de estas especies relacionadas ha mostrado hace poco que están aún mejor adaptadas a un entorno con forraje que el caballo. Son menos suceptibles a sufrir algunas (no todas) de las enfermedades que aquejan a los caballos. La coloración de la cebra es ciertamente muy especializada, y su dibujo está diseñado para confundir la visión de un predador al acecho cuando los animales están en grupos compactos.

La cebra ha sido un animal difícil de domar, pero no imposible de ninguna manera. En años recientes, potros de cebra han recibido entrenamiento de imprinting con éxito por los humanos y entrenados inmediatamente después de su nacimiento, un hecho que será comentado más adelante. La cebra ha sido entrenada para montarla a lo largo de la historia, pero su temperamento es notoriamente refractario.

Recientemente, se han hecho bastante populares las cebras híbridas. La cebra es cruzada con caballos o burros, y los productos son conocidos extraoficialmente como "zorses" o "zedoncs" (**), en los Estados Unidos. Son animales atractivos, y sus caracteres resistentes los hacen más novedosos que las monturas usuales.

La mayor parte de los burros (también llamados asnos) salvajes han evolucionado en territorios montañosos. Una excepción es el Asno Salvaje de Somalia, que lo ha hecho en las áridas llanuras y puede correr a la velocidad de un caballo de carreras.

Por lo tanto, la ciega huida del caballo no es típica en el comportamiento del asno. Cuando un asno siente el peligro, decide entre tres opciones posibles: huir como un caballo, quedarse quieto porque se siente seguro donde está y no piensa moverse (de ahí su reputación de testarudo), o bien atacar (de ahí el valor de los burros para proteger ovejas de los pequeños predadores, como los coyotes o los perros asilvestrados). Son por lo tanto criaturas que toman decisiones juiciosas y mucho menos reactivas que los caballos.

Cuando un asno se cruza con una yegua para producir un mulo/a, o viveversa, o un caballo con una burra, para producir un burdégano, el resultado es un híbrido que hereda la anatomía, psicología y comportamiento de uno o de los dos padres. En muchos casos son estériles.

Por ello, la poca inclinación de las mulas a reaccionar o huir de nosotros las hace menos propensas a correr escapándose a toda velocidad (aunque hay excepciones), son aparentemente más listas, y más resistentes debido a su vigor híbrido. Están menos inclinadas a sufrir el pánico ciego de los caballos, pero su posibilidad y habilidad para escoger y decidir crea diferentes problemas que en los caballos. Es la poca ten-

---

(*) Deporte muy popular en los Estados Unidos, que consta de un carrito muy ligero, de dos ruedas y para una sola persona, unido a un tronco de dos caballos. *(N. del T.)*

(**) A la hora de traducir este libro no tengo noticias de que se hayan hecho estos cruces en España, ni de la versión en castellano de los nombres de estos dos animales. *(N. del T.)*

dencia del asno a huir lo que da a las mulas el comportamiento tan diferente típico del caballo. Hay que hacer una profunda observación a la industria de las mulas: las mulas tienen que ser entrenadas de la forma en que los caballos *deberían* serlo.

La revolución en horsemanship se ha recibido aún más cálida y entusiásticamente en la creciente industria americana de las mulas. Hablaremos más adelante en detalle sobre el entrenamiento de mulas.

Característica nº 2: El Caballo es Altamente Perceptivo

Como criatura huidiza, el caballo debe ser más consciente de su entorno que otras especies equipadas con otras clases de defensas efectivas. Los rinocerontes, por ejemplo, pueden ser presa para un león hambriento. Su vista es notablemente corta, pero poseyendo un arma formidable –su cuerno– y teniendo una actitud agresiva, no necesita precisamente una vista muy aguda. Él y otras especies herbívoras pueden servir como presas, pero esto no significa que su falta de agresividad no les haga tremendamente peligrosas. Por ejemplo, la mayoría de los cazadores consideran al búfalo, animal herbívoro, como el más peligroso de todos los animales de África, incluso más que el león, predador carnívoro por excelencia. Entre los animales domésticos, ninguno puede compararse en ferocidad al toro de lidia español. Incluso las vaquillas jóvenes de esta raza pueden atacar sin ser provocadas.

Pero un animal que basa en la huida su supervivencia, como el caballo o la cebra, debe detectar el peligro lo suficientemente pronto para poder escapar huyendo.

Los caballos son extremadamente perceptivos, pero sus sensibilidades difieren de las nuestras. *(Heidi Nyland)*

Los caballos tienen los mismos cinco sentidos que nosotros, la vista, el olfato, el oído, el gusto y el tacto, pero el grado de sensibilidades difiere de las nuestras. Es importante que comprendamos las diferencias. El oído del caballo es mucho más agudo que el nuestro. Como los perros, los caballos pueden oír una gama de sonidos más allá de lo que podemos oír los humanos. Además, pueden mover las orejas (la parte externa del oído) y esto ayuda a localizar la fuente del sonido. Por todo ello, los caballos oyen sonidos que nosotros no podemos oír, y reaccionan a ellos, frecuentemente huyendo.

Nuestro sentido del olfato está poco desarrollado. ¿Cómo podemos compararlo con el del perro, que puede olfatear el suelo y saber quién ha estado en ese lugar hace una hora? Los caballos también tienen una buena capacidad olfativa, e incluso poseen un órgano olfativo que nosotros no tenemos. En su boca tienen un órgano vomero-nasal, también conocido como Órgano de Jacobson. Es un órgano olfativo adicional, conectado con la cavidad nasal. Por eso los caballos exhiben la respuesta Flehmen, levantando el labio superior para mejorar su sentido del olfato. Esto se suma a sus poderes olfativos. Los caballos huelen cosas que nosotros no podemos oler, y reaccionan en consecuencia.

El sentido del tacto en el caballo merece una mención especial. Hemos visto más de una vez a un caballo reaccionar por una mosca que se posa sobre su pelo –no sobre su piel, sino sobre su pelo-. Imaginemos lo sensitivas que tienen que ser las terminales nerviosas para detectar esos pequeños estímulos. El caballo posee un exquisito sentido del tacto en toda la superficie de su cuerpo. No es un milagro que un caballo bien entrenado pueda detectar el mínimo cambio en el asiento o en la posición del cuerpo del jinete, incluso a través de la silla. Los caballos son tan sensibles que pueden detectar los cambios en el equilibrio o posición del cuerpo del jinete cuando éste, inconscientemente, cambia el enfoque de su vista, incluso cuando el jinete no hace movimientos conscientes de su cuerpo. En otras palabras, si el jinete mira a un lado, incluso sin llegar a mover su cabeza, su cuerpo hará automáticamente cambios imperceptibles, anticipándolos al movimiento real en esa dirección *y el caballo los sentirá.* Por eso los instructores enseñan a los jinetes a que mantengan un enfoque visual hacia donde están montando, como mirar al siguiente obstáculo de salto o fijando sus ojos en el ternero cuando hacen cutting (*).

(*) Cutting: El deporte de escoger y separar del rebaño una vaca o ternero determinados, para marcarlo, trasladarlo de lugar, etc. El deporte ha evolucionado desde el trabajo con caballos de rancho en la época de los grandes rebaños de ganado vacuno. *(N. del T)*

Los caballos algunas veces se asustan por estímulos táctiles para los que no han sido desensibilizados, como el roce de una almohaza, el peso de la silla, la presión de la cincha o el toque de una espuela. El hecho de reaccionar instantáneamente a estímulos no familiares de cualquier clase, es lo que ha hecho posible la existencia del caballo durante tantos años.

La vista del caballo es muy *diferente* de la nuestra, y es motivo de incomprensiones por nuestra parte ante sus reacciones a los estímulos visuales.

Nosotros tenemos una visión en color excelente. Los caballos no, ya que ven los colores en tonos pastel. Por otra parte, el caballo puede ver muy bien por la noche. Debe ser así: los grandes felinos cazan preferentemente por la noche. Los humanos no necesitamos una buena visión nocturna, si se nos supone sentados alrededor de una buena fogata frente a la entrada de la cueva.

Además, los ojos del caballo detectan el movimiento mucho mejor que nosotros. Un ligero movimiento sobre la hierba puede significar que la muerte está cerca. Por esto los caballos se ponen nerviosos en los días de viento. Todo se está moviendo.

El ojo humano posee una excelente capacidad de acomodación, debido a su cristalino altamente elástico. Incluso si no mueves la cabeza, los cristalinos de tus ojos cambian de forma cuando pasas de observar un objeto cercano a uno lejano.

El caballo tiene unos cristalinos menos elásticos que los nuestros. Para cambiar el enfoque tiene que mover la cabeza. Cuando un caballo está pastoreando, sus ojos están enfocados en la hierba, frente a él. Si oye un ruido sospechoso, tiene que levantar la cabeza para poder enfocar a mayor distancia. Esto sirve a tres diferentes propósitos. Es muy rápido: cuando el caballo levanta bruscamente la cabeza, el cambio de enfoque es instantáneo; no hay un lapso de dos o tres segundos que podría costarle la vida. El movimiento alerta a sus congéneres cercanos. Finalmente, con la cabeza levantada, el caballo está en una posición ideal para huir a toda velocidad, si es necesario.

De la misma manera, cuando un caballo es montado, sus ojos están enfocados hacia lo que tiene directamente frente a él. Si nos acercamos a una zona con agua, barro, o hay un tronco atravesado en el camino, debería poder bajar la cabeza para ver qué es lo que está a punto de pisar o pasar por encima, cosa que un buen jinete debe tener en cuenta.

El caballo tiene unos ojos grandes y prominentes. Sus ojos está situados lateralmente, cerca de los lados de su cabeza, como en otras especies-presa, como los ciervos, cabras, antílopes, vacas, conejos, patos, ocas o gallinas. Esto le proporciona un campo de visión muy amplio, y una excelente visión periférica. Cuando pastorean, los caballos tienen una zona ciega sólo directamente enfrente y otra directamente detrás, pero moviendo ligeramente la cabeza a un lado u otro, pueden abarcar todo a su alrededor.

Este amplio campo de visión tiene un costo, a pesar de todo. Como los ojos del caballo están situados lateralmente, no tienen una buena percepción de profundidad. Sólo la tienen a una cierta distancia de su cabeza, pero no es comparable a la nuestra. Por esto los caballos se sienten confundidos y asustados por una acequia profunda o una corriente de agua.

Como sus ojos están situados lateralmente, cada ojo envía un mensaje diferente al cerebro. Por esto es que el caballo puede ver algo con el ojo izquierdo y no asustarse de ello, mientras que lo asusta lo que se acerca por su derecha. Éste es un fenómeno corriente. Hablaremos de esto más adelante en este libro, con el nombre de "compartimentación celular".

Las especies predadoras –aquéllas que pueden cazar presas– tienen sus ojos colocados enfrente de su cabeza: perros, gatos, lechuzas, halcones y los humanos, y tienen una visión frontal. Ambos ojos ven el mismo objeto y envían al cerebro la misma imagen, ligeramente sobrepuesta. Esta visión binocular estereoscópica proporciona una excelente profundidad de campo, necesaria en todas las especies cazadoras. Un halcón precipitándose desde lo alto sobre un roedor necesita una percepción de profundidad muy precisa. Lo mismo hace un águila pescando un pez en el río, o un tigre interceptando la carrera de una ágil gacela, o el hombre primitivo lanzando la jabalina a un animal que corre velozmente.

Las criaturas arbóreas también necesitan una buena percepción visual de profundidad. Un jibón

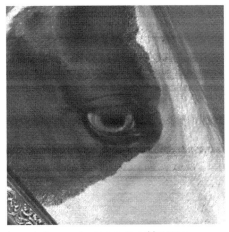

Los caballos ven de manera muy diferente a nosotros. *(Heidi Nyland)*

balanceándose en lo alto, de rama en rama en el bosque pluvial, necesita una perfecta percepción de profundidad. Por esto los primates hemos desarrollado visión binocular estereoscópica.

Los caballos captan y procesan las imágenes visuales del entorno de manera diferente a nosotros. Combina esto con los instintos de supervivencia de las especies que han evolucionado para "primero corre, luego piensa", y el resultado es una forma de actuar que a veces nos parece estúpida. Los caballos no son estúpidos. Son simplemente diferentes de nosotros. Sus ojos y reflejos son aquéllos propios de las especies que han evolucionado en praderas herbosas abiertas y plagadas de hambrientos predadores carnívoros, y que han sobrevivido gracias a escapar corriendo.

Característica nº 3: El Caballo Reacciona Rápidamente

El caballo tiene una extremada rapidez de reacción. Las especies que tienen que sobrevivir gracias a correr ante el peligro deben tener un tiempo de reacción más corto que las equipadas con algún arma de defensa, como los cuernos. Por esto los caballos son más rápidos que el ganado. Las dos son especies presa. El bovino enfrentado a un león puede correr, pero también puede girar y luchar. El caballo *debe* correr. Por esto un buen caballo de *cutting* puede sobrepasar en agilidad de maniobra a una vaca asustada, o el bien entrenado caballo de rejoneo, en España y en Portugal, puede manejarse y esquivar la agresión de un toro enfurecido.

El tiempo de reacción de, incluso, un viejo caballo, es mucho más rápido que el de un joven y atlético humano, cuyo trabajo entre caballos es potencialmente peligroso para él, especialmente si es inexperto. Si un caballo quiere cocearte o golpearte con sus patas, no para intimidarte sino realmente para herirte, no serás capaz de evitarlo. No podemos movernos lo bastante rápido. No somos criaturas corredoras. Por ello, cuando trabajemos entre caballos, nuestra posición, gracias a nuestra experiencia y conocimiento para poder leer sus intenciones, debe ser vital para mantenernos a salvo.

Característica nº 4: El Caballo Aprende Rápidamente

El caballo es el animal doméstico que aprende más rápidamente y, de hecho, es uno de los que lo hace más aprisa de todo el reino animal. Infortunadamente, los caballos aprenden los malos comportamientos tan rápido como los buenos. Por esto las personas inexpertas no deben entrenar caballos. Se requiere pericia. La rapidez de aprendizaje del caballo es como una herramienta poderosa que puede ser tan útil como peligrosa.

Por ejemplo, un caballo puede encabritarse sobre sus cuartos traseros cuando se le está enseñando a retroceder o a dar cuerda. Esto es muy corriente entre caballos muy jóvenes. No es casi nunca un acto de agresión; es, más frecuentemente, un intento de encontrar la respuesta adecuada, la respuesta que debería dar a causa de la presión que ejerce su entrenador para que retroceda.

Un buen entrenador debe ser capaz de entender al caballo lo suficiente para, antes que nada, mantenerse a salvo de accidentes, pero aunque sea así, ignorará su encabritamiento y seguirá aplicando la presión. El caballo no puede estar encabritado mucho tiempo y tratará muy pronto de encontrar un modo de librarse de la presión. Finalmente, se moverá en la dirección correcta y, cuando esto suceda, el entrenador aflojará inmediatamente la presión. El caballo aprende muy pronto que, para encontrar el alivio de esa clase de presión, en el futuro deberá realizar esa clase de movimiento solicitado.

Un entrenador novato, que se asustará por el encabritamiento, aflojará la presión demasiado pronto. Incluso puede soltar la cuerda y correr a ponerse a salvo. El caballo ha aprendido que todo lo que tiene que hacer en el futuro para librarse de esa clase de presión es levantarse sobre sus patas. En lugar de enseñarle a retroceder, el entrenador le ha enseñado algo muy diferente: a encabritarse.

Los caballos aprenden con mucha rapidez. Asegurar un comportamiento determinado como éste, de una forma fiable, por medio de señales típicas, se puede hacer en sólo tres sesiones. Éste parece ser el número mágico de repeticiones que necesita un caballo para aprender los comportamientos básicos, asumiendo que han sido enseñados de manera impecable.

La velocidad de aprendizaje es una medida de la inteligencia de un animal y, en este sentido, el caballo puntúa muy alto.

Característica nº 5: El Caballo Tiene una Excelente Memoria

Cualquier animal que tenga que conservar la vida huyendo rápidamente hará bien en tener una buena memoria. Aquéllos que tengan una memoria mediocre no sobrevivirán. La memoria del caballo es infalible. Su habilidad para retener información es formidable. Cuando resulta lesionado, el recuerdo del incidente perdurará toda su vida. Posteriores técnicas de manipulación del comportamiento quizás podrán superar la reacción en su memoria, pero no lograrán borrarla del todo. Permanece allí, dormida, esperando a ser requerida de nuevo ante una provocación suficiente.

La memoria, otra medida de la inteligencia, requeriría que situáramos al caballo muy alto: Su poder de retentiva es igual al de un elefante.

Los caballos parecen archivar todas las experiencias que recuerdan en dos grandes categorías; cosas para huir a toda velocidad y cosas para no huir a toda velocidad. Los problemas surgen cuando los caballos clasifican cosas no peligrosas, como bolsas de plástico, remolques de caballos, esquiladoras eléctricas, charcos de agua o veterinarios, como cosas de las que hay que huir a toda velocidad.

Característica nº 6: El Caballo Anhela la Compañía

Todos los animales domésticos, con excepción del gato, son, en estado salvaje, animales de manada. Esto es, viven en grupo.

En la naturaleza, algunas especies son básicamente solitarias. Pueden disfrutar de la compañía de animales de su propia especie, pero no los necesitan para sobrevivir. Con excepción del león africano, todas las especies felinas existentes son solitarias. Así son los osos y muchas

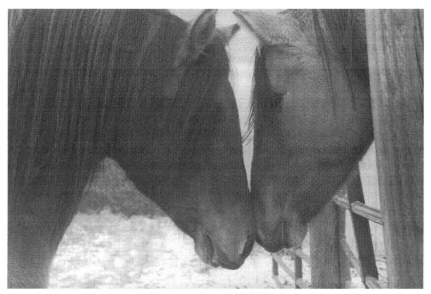

Los caballos son animales gregarios. Tienen la necesidad psicológica de estar con otros animales de su especie. Steens Kiger y su hijo, Donner, se acarician a través de la valla del corral. *(KMR/Rick Littleton)*

otras especies de mamíferos y aves, reptiles y peces. Este patrón existe en todo el mundo animal, incluso entre los insectos.

Otras especies, no obstante, viven normalmente en grupo. Esto puede ser ventajoso para conseguir comida. Los perros y lobos, por ejemplo, son cazadores en equipo. Juntos, en manada, persiguen, acosan y finalmente abaten una presa que no podrían matar en solitario.

En las especies presa, la protección mutua se basa en el número. Un solitario buey almizclero no sobreviviría fácilmente al ataque de una manada de lobos, pero un grupo de aquéllos, reunidos en círculo, con los cuernos presentados hacia fuera, pueden tener mejores oportunidades.

Los caballos dependen de la huida para sobrevivir al peligro, y muchos pares de ojos, oídos y narices tienen mejores oportunidades de detectar el peligro que un solitario par. Un grupo de caballos galopando a toda velocidad tiene mejores probabilidades de sobrevivir ante los leones cazadores. Por esto los caballos salvajes corren todos juntos cuando huyen. Los predadores tienen más posibilidades de obtener su comida si pueden aislar un animal rezagado o más lento, por viejo o enfermo.

EL PODER DEL GRUPO

Se dice algunas veces que el caballo es gregario, que tiene querencia de un compañero, o de la cuadra. Puede querer volverse hacia la cuadra o bien, en un paseo por el campo, seguir al grupo de caballos demasiado de cerca. Puede sentirse atraído, como por un imán, hacia la puerta de la pista o distraerse y ponerse nervioso cada vez que se le separa de un caballo compañero, para ser entrenado. Todos son síntomas de la necesidad de los caballos de estar junto a otros de su misma especie.

¿Hay problemas? No para el caballo. Son unos comportamientos perfectamente normales en el caballo que ha evolucionado a través de millones de años como animal gregario. Pero suponen situaciones de peligro para el humano e interfieren con nuestra posibilidad de usar los caballos en la forma que nos gustaría, y desde este punto de partida, son problemas que hay que solucionar.

La manada es una fuente de seguridad y comodidad para el caballo. Necesitamos cambiar ligeramente esta asociación mental. Necesitamos hacerle creer que cuando estamos cerca de él, estará todavía más seguro y más cómodo con nosotros que con su grupo.

Esto puede hacerse con la aplicación de los principios más importantes usados en natural horsemanship: hacerle fáciles las cosas correctas, y difíciles las incorrectas.

Esto empieza por dejarlo que esté donde él quiera estar, tanto si es en la cuadra, con un grupo de caballos en los paseos de campo, o cerca de la puerta de la pista. En ese momento se le pide que haga algo; en otras palabras, que mueva las patas. Esto puede ser trotar en círculo alrededor de los otros caballos, si estamos de paseo, o practicar roll-backs(*) frente a la puerta, o varios retrocesos en la cuadra. Cuando el caballo muestre signos de estar cansado de estas cosas, se le separa del sitio donde él se encuentra a gusto y se le deja que descanse durante unos minutos.

Lo equivocado (estar con otros caballos) se le ha hecho difícil y molesto, y lo correcto (estar alejado de los otros caballos) se le ha hecho fácil y cómodo.

Con la repetición, el caballo asociará enseguida que estar junto a sus amiguetes, con un humano encima de él manejándolo, es equivalente a trabajo. Es con el humano con el que se siente más cómodo. Los caballos tienen otro instinto muy arraigado que ahora tiene aplicación: conservar su energía. Algunas personas puede que llamen a esto pereza. No obstante, sea como sea como se le llame, los caballos siempre eligen un descanso después de un ejercicio constante.

La técnica de entrenamiento también refuerza el papel del liderazgo humano. Cada vez que consigas que el caballo mueva sus patas, estás controlando su movimiento y afirmando tu posición como miembro dominante del equipo.

Para todos los animales que viven en grupo, el grupo es lo más importante para la criatura huidiza. El líder del grupo, por lo tanto, es lo más importante para el caballo.

Las manadas de caballos salvajes están guiadas, casi siempre, por la madre yegua más vieja, no por motivo del sexo, pero sí por la antigüedad. El caballo más viejo y más experimentado en el grupo será una yegua, porque los viejos sementales son una rareza en las manadas. Una vez ha pasado su primera juventud, un semental será desplazado fuera del grupo por un competidor más joven, y quedará relegado entre un grupo de solteros (sin embargo, en las manadas domésticas muchas veces vemos a caballos castrados, que obviamente no existen en la vida salvaje, ejerciendo de líderes).

(*) Roll-back. Movimiento compuesto, que es hacer avanzar el caballo unos pasos, pararlo y girar 180 grados sobre sus cuartos traseros. (N. del T.)

Los caballos saben por instinto que siguiendo al caballo líder de la manada y estando cerca de él tienen las mejores posibilidades de sobrevivir. En otras palabras, los caballos necesitan *liderazgo*. Y necesitan *compañía*. Se sienten inseguros en ausencia de un líder y de una manada. Por todo esto se dice casi siempre que los caballos tienen "la querencia de la manada" y "la querencia de la cuadra". Se sienten inseguros lejos de su grupo.

Todos los caballos pueden ser enseñados –incluso el alfa, el líder natural-. Cómo se consigue ese liderazgo lo consideraremos enseguida. Por ahora, es suficiente decir que los caballos ansían vivir en grupo.

En ausencia de otros caballos, un sucedáneo o un sustituto pueden suplirlos. Los caballos se pueden hermanar con otras criaturas: cabras, gatos, gallinas, o personas. Los humanos hacemos algo parecido. Como muchos primates, somos criaturas gregarias, de grupo. ¿Qué sustitutos tenemos? ¿No será por esto que adoramos a nuestros perros, gatos y caballos?

Característica nº 7: El caballo se Comunica Mediante su Lenguaje Corporal

Aunque nosotros, los humanos, nos comunicamos principalmente con el habla, también nos comunicamos con nuestro lenguaje corporal. El lenguaje corporal de cada especie es un atributo genético, y por esta razón, aunque estemos con una persona que habla un idioma enteramente diferente del nuestro, aún podemos comunicarnos observando uno al otro los lenguajes corporales. Instintivamente, podemos notar el enfado, la indiferencia, el rechazo, la aceptación o la sumisión, a menos que la otra persona, deliberadamente, disimule su actitud evitando estas posiciones instintivas del cuerpo.

Los caballos vocalizan, claro, pero sus mayores medios de comunicación con los demás es por lenguaje corporal (es más seguro para las especies-presa no ser demasiado ruidosas). Si queremos comprender realmente a los caballos, necesitamos comprender su lenguaje corporal. Es cierto que, al mismo tiempo, él aprenderá el nuestro, pero nos dará una tremenda ventaja si podemos aprender el suyo y usarlo, no sólo para entender qué es lo que nos está "diciendo", sino también para "decirle" lo que queremos que él sepa.

Natural horsemanship ha hecho innecesaria la coacción en el entrenamiento del caballo porque usa el lenguaje corporal del caballo. No podemos duplicar este lenguaje porque no somos caballos, pero podemos imitarlo.

Ciertas posturas o gestos del caballo son relativamente fáciles de interpretar. Las orejas hacia atrás indican enfado, la cabeza levantada a punto de huir, enseñar los dientes y la cabeza baja en una posición amenazadora como de serpiente, son todos ejemplos conocidos.

Pero el leguaje de sumisión es un poco más sutil, y varía mucho de unas especies a otras. Hemos observado en las especies relacionadas que la sumisión se demuestra asumiendo una posición de gran vulnerabilidad.

Consideremos el ser humano. El palo ha sido durante milenios el arma principal de los humanos. Somos una especie que usa herramientas. Por lo tanto, en todas las culturas humanas, pasadas y presentes, la reverencia es el acto de sumisión por excelencia, presentando al palo la parte posterior de la cabeza. Nos inclinamos por deferencia, por respeto, para orar y para aprobar o consentir.

Los perros se tienden de espaldas, retraen sus zarpas y exponen su garganta y abdomen al individuo dominante. Ésta es la posición más vulnerable para las especies que tienen los dientes como su única arma.

La defensa o agresividad en las especies bovinas es bajar la cabeza, presentando los cuernos. Pero en la sumisión levantan la nariz, echando los cuernos hacia atrás, una posición vulnerable para las especies con cornamenta.

El caballo, que usa para la agresión cocear, golpear con las patas, morder, encabritarse o corcovear, cuando huye la defensa es imposible o inadecuada para la mente del caballo; es más vulnerable cuando está pastoreando o bebiendo. Con la cabeza baja, el caballo no puede usar con efectividad sus finos sentidos de la visión, oído y olfato. Esto es especialmente cierto en un abrevadero, donde hay partes del suelo resbaladizas. Es por esto que el león caza en los abrevaderos, y también es la razón de que los caballos dominantes beban primero, mientras los subordinados vigilan el posible peligro. Si aparece el peligro y se hace necesaria la huida de la manada, así se aseguran de que el individuo dominante esté bien hidratado. El plan de la naturaleza es la supervivencia del líder por encima de todo.

¿Cómo indica la sumisión un caballo? Lo hace de manera totalmente distinta de otras especies domésticas: él simula estar comiendo o bebiendo. Baja su cabeza y hace con la boca movimientos de masticar y relamerse. Asume una posición vulnerable.

Hasta dónde baja la cabeza un caballo depende de cuán fuerte es el poder de liderato del individuo que le desafía. Si no es suficiente, puede que sólo haga una ligera inclinación. Si es algo más concreto, se inclinará ostensiblemente. Si la sumisión es abrumadora, bajará la cabeza hasta tocar el suelo con su hocico, incluso varias veces.

De igual manera, los movimientos de la boca pueden variar con el grado de sumisión. Si es dudoso, el caballo sólo relajará los labios. En una situación de huida, los labios están apretados firmemente. Recordemos que el caballo no respira por la boca, sino sólo por medio de sus narices.

Si la sumisión es definida, el caballo se relamerá y mascará de forma ostensible, y si es abrumadora, el caballo hará igual que hacen los potros cuando se sienten amenazados: abren y cierran la boca repetidamente. Por desgracia, a esto se le llama "snapping" o "clacking"(*) en los Estados Unidos, donde tiene una connotación de agresividad, cuando, en realidad, tales movimientos de la boca a cualquier edad del caballo significan: "Soy solamente un pequeño bebé indefenso. Por favor, no me hagas daño: Tú eres el que manda".

Característica n° 8: El Caballo Debe Saber Quién es el Jefe

Desgraciadamente, los términos "dominación" o "dominante" se han convertido en connotaciones negativas debido a los usos que se les ha dado popularmente. Tendemos a identificarlos con cadenas y látigos. Asociamos estas palabras con personajes como Adolfo Hitler o Saddam Hussein. Claro que estos individuos eran dominantes, y eran además, crueles, pero la dominación no tiene por qué ser necesariamente cruel. Grandes líderes religiosos, hombres de estado y grandes maestros han sido también dominantes, y han sido amables y considerados.

Dominación significa *liderazgo*. Los caballos buscan y necesitan liderazgo. En tu relación con un caballo es absolutamente esencial que tú seas el dominante. Tú debes liderar al caballo, no al contrario.

Las especies que viven en manada y tienen un líder de grupo se basan en lo que es conocido técnicamente como *jerarquía dominante*, un orden de autoridad. En los caballos, al contrario que en todos los animales domésticos, la jerarquía dominante se establece por medio del control de los movimientos de sus congéneres.

(*) Snapping: que muerde, mordedor. Clacking: "Castañetear". Hacer sonar los dientes, dándole los de una mandíbula contra los de la otra. *(N. del T.)*

Los caballos buscan su líder. *(Emily Kitching)*

Aparte del hecho de que el caballo es una criatura huidiza, nada es más importante que este hecho. Es el secreto de natural horsemanship y lo vamos a repetir para enfatizar su importancia. *El liderazgo está determinado entre los caballos por la habilidad de controlar el movimiento de los caballos subordinados.*

El movimiento se puede controlar de dos maneras: Puede ser provocado o puede ser inhibido. El líder hará, con un ligero gesto, que los otros caballos se muevan. Cuando éstos se mueven, aunque sólo sea ligeramente, están saludando y diciendo: "Sí, jefe. ¡Tú estás al mando!".

Por el contrario, el líder puede bloquear el movimiento de los demás. Cuando éstos dejan de moverse, están reconociendo su papel subordinado.

Como líderes suplentes, los humanos pueden provocar que las patas de un caballo se muevan –o podemos hacer que dejen de hacerlo. Si lo hacemos correctamente, el caballo reconocerá muy pronto nuestra autoridad y mando, a través de su lenguaje corporal: "¡OK! Tú estás al mando. Acepto tu liderazgo. Me siento a salvo cuando tú eres mi líder. *Quiero estar contigo*".

De nuevo, este es el secreto de natural horsemanship. Demuestra porqué el uso de la fuerza, el dolor y la coacción son menos efectivos que los métodos revolucionarios que han desplazado tantos aspectos tradicionales en el entrenamiento del caballo.

Las patas son la supervivencia del caballo. Controla sus patas y controlarás la actitud del caballo. El resultado final usando estos métodos es un máximo de respeto con un mínimo de miedo. ¿No es esto lo que deseamos en nuestra relación con el caballo: absoluto respeto sin miedo alguno? El miedo inspira en el caballo el deseo de huir. Queremos una relación exenta de miedos, pero infundiendo un respeto total, porque *nosotros* somos los que tomamos las decisiones cuando trabajamos con caballos.

Característica nº 9: El Caballo Puede Ser Rápidamente Desensibilizado

Curiosamente, el caballo –esa criatura tímida, asustadiza, claustrofóbica, que puede detectar tan fácilmente cualquier amenaza y reaccionar rápidamente ante ella– puede ser desensibilizado a los estímulos aterradores pero inofensivos más rápidamente que cualquier otro animal doméstico.

¿Por qué?

Una criatura como el caballo reacciona huyendo ante cualquier estímulo sensorial desconocido, como puede ser un estímulo visual, un nuevo sonido, un nuevo olor o al contacto con algo que nunca antes había experimentado. Si no es rápidamente desensibilizado a que tales estímulos son inofensivos, nunca dejará de correr. No tendría nunca tiempo para comer, beber, descansar o reproducirse. Por ello, el fácilmente asustadizo caballo, una vez que se ha convencido de que aquello que le asustaba no puede hacerle daño, pronto lo ignora. Por eso los caballos son tan útiles en la batalla, para la caza, el polo, rodeo, Salto, jimkanas, trabajo con rebaños de ganado o en tareas policiales. Es por esto que pueden ser enseñados a tolerar el caos de los desfiles, disturbios públicos, atascos de tráfico y también tirar de carros o cargar con un animal muerto.

Sí, la mayoría de los caballos se asustan de cosas inofensivas, incluyendo plásticos, banderas, esquiladoras eléctricas, sprays antimoscas, remolques, herradores y veterinarios. Pero esto es debido a que no han sido correctamente *desensibilizados* a esas cosas y casi siempre, de hecho, son *sensibles* a ellas por alguna mala experiencia. Seguramente fue la primera experiencia. Recuerda... los caballos no olvidan.

Una parte muy importante en el entrenamiento de un caballo –y en natural horsemanship se da a ello una importancia especial–, es la desensibilización meticulosa de un caballo joven a las innumerables sensaciones que experimentará a lo largo de su vida, cosas a las que no debe reaccionar con miedo y huida. En nuestro mundo actual es necesario

incluir automóviles, camiones, plásticos, toda clase de ruidos, bicicletas, motocicletas, llamas, cerdos, muchachos sobre "skate boards", perros o fuegos artificiales.

Característica nº 10: El Caballo es una Especie Precoz

Para terminar, pero muy importante, los caballos son una *especie precoz*. Esto significa que, como otras muchas especies presa, incluyendo las

Monty Roberts desensibiliza a un caballo a la vista, ruido y sensación de un secador eléctrico, y a ser tocado en las orejas. *(Monty Roberts Collection)*

ovejas, cabras, ganado, ciervos, antílopes, elefantes, pollos, pavos, patos, ocas o faisanes, nacen o se incuban totalmente desarrollados. Son pequeños, claro, pero sus sentidos son plenamente funcionales. Son ya neurológicamente lo suficientemente maduros para sostenerse muy pronto sobre sus patas, correr si hay peligro, seguir a la madre y a su grupo, y, por encima de todo, *aprender*.

Otros animales están totalmente desvalidos al nacer. Estos animales son de las llamadas *especies altriciales*. Sus sentidos son aún inadecua-

Los caballos pueden ser desensibilizados a estímulos que de otro modo les causarían miedo y les haría huir –incluso helicópteros. *(Dennis Reis Collection)*

dos, su desarrollo es incompleto y tienen una capacidad de aprendizaje limitada. Como ejemplos de especies altriciales citemos los perros, gatos, osos, águilas, halcones, lechuzas y los humanos. Fijémonos en que todas las especies citadas son de animales predadores. La madre es la encargada de proteger y defender a sus pequeños.

Como somos una especie altricial, como lo es el animal más cercano a nosotros, el perro, asumimos que, en general, el potro recién nacido posee un limitado poder de aprendizaje. Es por ello que en la mayoría de las culturas, a través de la historia, hemos retrasado el entrenamiento de los potros. Dependiendo de la cultura y de la época, esto se hacía corrientemente y arbitrariamente al destete, o a edades específicas, como la de uno, dos o tres años.

En el oeste de los Estados Unidos y Canadá, bastante entrada la mitad del siglo veinte, era muy corriente no iniciar ningún entrenamiento hasta la edad de cuatro o cinco años, y se les llamaba todavía "potros" hasta esa edad(*).

Está claro que el aprendizaje se puede realizar en cualquier especie y a cualquier edad, y por tanto muchos caballos muy útiles han sido educados de esta manera, pero por esto es comprensible que la mayoría de esos caballos sean notoriamente impredecibles en su comportamiento, y por qué tantos caballos de trabajo con ganado se botaban cada vez que alguien intentaba montarlos. El caballo botándose es una imagen simbólica del oeste. Iniciar caballos ya maduros, y hacerlo apresuradamente y con métodos rudos no es el mejor sistema para lograr una montura dócil, segura y fiable.

Hoy día, como parte de la revolución en horsemanship, el entrenamiento de los potros a edad muy temprana es muy popular, y más adelante, un capítulo de este libro describirá este tema más ampliamente.

CÓMO APRENDEN LOS CABALLOS

Hemos analizado el comportamiento heredado del caballo: aquellas respuestas genéticamente programadas que han ayudado al animal a sobrevivir en su hábitat natural de amplias praderas herbosas y constantemente asediado por la presencia de grandes especies cazadoras carnívoras. Comprendemos de qué manera la huida del caballo, su rápida reacción, fantástica memoria, rapidez para aprender y su excepcional sensibilidad han contribuido todas ellas a sus posibilidades de sobrevivir y

---

(*) Costumbre también muy común en España. *(N. del T.)*

reproducirse. Podemos ver de qué forma su deseo de estar con otros caballos, de buscar un líder, de encontrar su lugar en la jerarquía dominante y su predeterminado lenguaje corporal, han sido factores esenciales en la probabilidad de que haya sobrevivido.

Todo esto está presente en el momento en que nace, pero en el futuro le espera mucho más, que afectará a su comportamiento, a través de su vida. Desde el momento de su nacimiento, el caballo empieza a aprender.

De hecho, el aprendizaje puede ser posible incluso antes del nacimiento. Estudios recientes han demostrado que el humano, especie altricial, es capaz de un aprendizaje prenatal. Fetos humanos a término pueden aprender a reconocer ciertos sonidos, por ejemplo, música o el sonido de una voz en particular. El sonido les llega a través de los fluidos de la placenta.

Una especie precoz, como el caballo, es capaz incluso de aprendizajes prenatales más complejos. Hay evidencias que apoyan esto, pero desde nuestro punto de partida, consideraremos solamente lo que es aprendido después de que el potro ha nacido.

Como ya hemos explicado, aprender es posible a lo largo de toda la vida. Pero, especialmente para los caballos, lo que aprenden en las primeras horas y días de su vida es fundamental. En estado salvaje la madre controla constantemente los movimientos de su potro, lamiéndolo, acariciándolo y empujándolo suavemente de aquí para allá, reprendiéndole cuando hace algo incorrecto (si se pone en peligro él mismo o a la manada), alimentándolo y, por encima de todo, protegiéndolo.

Como resultado, el potro aprende quién es su madre, a respetarla, se programa para seguirla y para aprender más de ella. Aprende a estar cerca de ella e imitar sus pasos, aprende a reconocer a los otros caballos de la manada y aprende de qué tiene que huir.

Como animal doméstico, el caballo fue útil para el ser humano primitivo por muchas razones: su instinto de la huida podía ser canalizado, de manera que el humano podía aprovecharse de su velocidad, fortaleza y agilidad. El caballo acepta rápidamente un vínculo sustitutivo, aprendiendo a aceptar al humano como "caballo" líder dominante, siempre que ese dominio se realice con sistemas suaves, persuasivos, o también con los sistemas coercitivos tradicionales. Ambos funcionan, pero por lo que hemos aprendido, los primeros son más efectivos, debido a que minimizan el factor miedo, que hace que los caballos prefieran escapar de sus amos humanos. El hecho de que los caballos puedan ser rápida y completamente desensibilizados a estímulos atemorizadores pero inofensivos también hizo del caballo el animal domesticado ideal.

Para que pudieran sernos útiles, los caballos deben ser *entrenados* y el entrenamiento de caballos implica varios procedimientos para moldear y modificar ciertos comportamientos innatos, que se describen a continuación.

RESPUESTAS CONDICIONADAS

La mayoría de las cosas que enseñamos a los caballos son respuestas condicionadas. Cuando condicionamos, tratamos de establecer un comportamiento predecible que se consolida por el refuerzo. Hay dos clases de refuerzo: negativo y positivo.

La mayoría de los entrenadores (pero no todos) usan refuerzos negativos. Éste es un término científico, uno de los cuatro apartados de *condicionamiento operativo*, y lo describiremos en detalle más adelante. Un refuerzo negativo no implica forzosamente castigo. Significa que creamos cierta incomodidad en el caballo. Esta incomodidad puede ser física o psicológica. Luego, cuando el caballo realiza el comportamiento que queremos, cesamos de aplicar la incomodidad e, inmediata y efusivamente, le proporcionamos premio y comodidad.

Consideremos un par de ejemplos:

Le pedimos a un caballo joven que gire a la izquierda tirando de la rienda izquierda. El caballo puede llevar filete, jáquima, cabezada o side-

Tan pronto como en 1927, el Dr. Jim McCall, usando su lenguaje corporal, controla un caballo en un round pen. Él llamaba a esto "tackless training" (entrenamiento sin equipo, sin aparejos). *(James McCall Collection)*

pull(*). Esto no importa. La presión se hace incómoda para el potro. Él no tiene ni idea de cómo escapar de esa molestia, de manera que trata de librarse pero no hay manera. Finalmente, mueve su cabeza, aunque sólo ligeramente, hacia la izquierda. El entrenador, inmediatamente, deja de presionar. Repitiéndolo de inmediato y sistemáticamente, el potro pronto aprenderá a obtener comodidad girando a la izquierda en respuesta a esa señal concreta. Éste es un ejemplo de refuerzo negativo utilizando la incomodidad *física*.

Un entrenador usa un round pen para enseñar a un caballo a mirarle y, finalmente, a que se le acerque. Comienza haciendo que el caballo corra a su alrededor, creándole una incomodidad *psicológica*. Esto se puede lograr lanzando una cuerda hacia el caballo, golpeando el suelo con una tralla, ondeando una banderola, agitando los brazos o con cualquier movimiento parecido. El caballo entonces se mueve briosamente alrededor del round pen en un esfuerzo por escapar de la incomodidad psicológica. Al principio, el caballo no mira al entrenador. Puede, de hecho, mirar hacia el exterior del round pen, como si ignorara la fuente de su molestia con la esperanza de que desaparezca. Más adelante, sin embargo, el caballo mirará al entrenador, y, en ese momento el estímulo debe cesar. El caballo pronto aprende que si mira y se acerca a su entrenador, éste le premiará con comodidad psicológica. Éste es un ejemplo de refuerzo negativo usando incomodidad *psicológica*.

Tengamos en cuenta que en ningún momento el caballo es *lastimado*. No se ha infligido dolor. El caballo experimenta incomodidad, pero no es extremada. De esta manera natural horsemanship difiere de la mayoría de métodos tradicionales. Lo que hemos aprendido, finalmente, es que no es necesario ser extremista. Los caballos desean comodidad y la buscarán incluso si la incomodidad que usemos con ellos para alterar su comportamiento es suave. No necesitamos pegarle. El fastidio que puede proporcionarle agitar una bolsa de plástico puede ser todo lo que haga falta. No necesitamos bocados capaces de proporcionarle dolorosas torturas. Los caballos responderán a una simple cabezada, y si aprendemos a condicionar su respuesta, podemos fijarla para siempre.

Tanto los refuerzos negativos como los positivos son sistemas de recompensa. La diferencia es que, con un refuerzo negativo, le proporcionamos comodidad deteniendo la incomodidad, mientras que con un

---

(*) Side-pull: Cabezada sin bocado, que se caracteriza por tener una anilla metálica a cada lado de la carrillera, a la que se fija la rienda correspondiente. *(N. del T.)*

refuerzo positivo simplemente le damos al caballo un premio inmediato cuando obtenemos el comportamiento deseado.

En el entrenamiento de animales la comida es el refuerzo positivo más usual. Todo aquél que come puede ser entrenado. En algunas especies, como los mamíferos marinos, el entrenamiento se hace casi exclusivamente a base de comida, usada como refuerzo positivo.

La mayoría de los entrenadores se oponen al uso de la comida en el entrenamiento, en la creencia de que esto "estropeará" al caballo y le enseñará a morder. El hecho de que el refuerzo negativo sea tan efectivo en el entrenamiento de caballos es otra razón que aducen los entrenadores para desaconsejar el uso de comida. Pero los caballos pueden ser rápida y efectivamente entrenados usando comida. De hecho, algunos de los mejores entrenadores de caballos del mundo la usan.

Los caballos de circo se entrenan casi siempre usando comida para los refuerzos positivos. Fredi Knie, posiblemente el mejor entrenador de caballos de circo, y su familia, en el *Switzerland's National Circus*, premia generosamente a sus caballos con golosinas. Así mismo sucede en la mayoría de las escuelas europeas de equitación clásica, como la *Vienna's Spanish Riding School* (Escuela Española de Equitación de Viena).

El especialista Rodd Wolff, miembro del Hollywood Hall of Fame, maestro en el arte de enseñar al caballo a caer al suelo, siempre lleva consigo un par de zanahorias para premiar al caballo por un buen revolcón.

Las caricias y las alabanzas verbales pueden usarse como premio al entrenar caballos.
(John Brasseaux)

Los entrenamientos *clicker* y *target* que se describen en detalle más adelante, usan el refuerzo positivo con comida y consiguen resultados magníficos.

Una forma más común de refuerzo positivo usada en entrenar caballos es mimar y alabar. Los caballos y los perros, siendo animales de manada, buscan la apreciación. Aún más, los caballos son de una especie que se acicalan mutuamente. Los caballos alientan la interrelación mordisqueándose y frotándose mutuamente. Por lo tanto, las caricas con o sin apreciación verbal, se puede usar como premio en el entrenamiento de caballos.

Todos los entrenadores más importantes implicados en la revolución de horsemanship usan bastantes caricias para premiar los comportamientos adecuados. No obstante, acarician en diferentes sitios: Bill Dorrance, prefiere acariciar la barriga. Richard Shrake casi siempre frota en la zona de la cruz y en el nacimiento de la cola. Monty Roberts acaricia la cara. Otros lo hacen en el cuello, y muchos por todas partes. Lo cierto es que a los caballos *les gusta* que les acaricien y froten. Como siempre, el premio, para que sea efectivo, debe ser inmediatamente después del comportamiento correcto.

Los entrenadores tradicionales no acostumbraban a ser pródigos en caricias. Obtenían los resultados requeridos a base de refuerzos negativos, quizás seguidos de palmaditas, que el caballo ha aprendido a soportar pero que para él no es un premio natural. Darse palmadas es una expresión humana. Hoy día aún pueden verse muchos caballos que reciben *palmaditas* –e incluso casi bofetadas– en el mundo del espectáculo. El jinete que hace esto significa que no sabe hacerle nada mejor. Él está exultante por la buena actuación y, como una fuerte palmada en la espalda es una manera de felicitar a un humano, piensa que tiene que significar lo mismo para el caballo. Ésta es, precisamente, la mentalidad que natural horsemanship se ha empeñado en cambiar. Los caballos son *diferentes* de los humanos.

Hoy día los instructores usan generalmente refuerzos negativos (relativamente suaves en lugar de estímulos dolorosos) y luego acarician al caballo breve pero intensamente para reforzar positivamente el comportamiento deseado obtenido. Buck Brannaman, en su libro *Groundwork*, nos aconseja repetidamente que acariciemos al caballo en conjunción con todo nuevo procedimiento aprendido. En *Think Harmony with Horses* (Piensa en Armonía con los Caballos), su autor Ray Hunt dice: "¡Piensa!

¡Siente! No te olvides de los descansos; dale al caballo un respiro –acércate a él y frótale en el cuello". El mejor sitio para frotar a un caballo, sea el cuello, la barriga, la grupa o la frente, varía con cada uno de ellos. Es cosa del humano encontrar ese sitio especial donde el tacto es más placentero para el caballo.

DESENSIBILIZACIÓN

Como son asustadizos, los caballos deben ser desensibilizados a una amplia variedad de estímulos sensoriales si tienen que ser beneficiosos para nosotros y nuestra seguridad. La importancia de la desensibilización es clara cuando miramos las estadísticas de heridas producidas por los caballos a los humanos. La mayoría son causadas por caballos *dóciles* que sufren estímulos desconocidos para ellos. La mayoría ocurren cuando la persona está en tierra, o bien montando o desmontando, en lugar de por derribos una vez montados. Es por esto por lo que es tan importante desensibilizar a fondo al caballo ante posibles estímulos atemorizadores durante su entrenamiento.

La mayoría de las cintas de vídeo producidas hoy en día son dedicadas a la solución de problemas, y la mayoría de las soluciones incluyen la desensibilización a uno u otro estímulo. Los métodos de desensibilización varían, y el estudioso de horsemanship saldrá beneficiado si estudia tanto como le sea posible. Los métodos no siempre son obvios intuitivamente para el humano.

Por ejemplo, ¿cuántos de nosotros desensibilizamos bajo la cola, para que pueda tomarse la temperatura al caballo sin causarle una reacción de miedo, con el resultado de recibir una coz? ¿Cuántos desensibilizamos sus pies para que, en el caso de que una pata quede atrapada por un alambre, se mantenga quieto y no le entre el pánico y se desgarre él mismo aún más? ¿Cuántas personas, de forma rutinaria, incluyen la desensibilización a los sprays antimoscas, chorros de agua o esquiladoras eléctricas como parte del entrenamiento de sus caballos? ¿Cuántos caballos están entrenados a aceptar la desparasitación con pastas medicinales, o a un simple dentista, o, en el caso de los castrados, a dejarse limpiar el prepucio, o las ubres de las yeguas? Estas cosas son importantes, junto con otras muchas más.

Hay dos sistemas para desensibilizar caballos. Uno es llamado *flooding* (intensivo). En el método intensivo sometemos repetidamente al caballo a estímulos atemorizadores hasta que se *habitúa*. Esto significa que, no habiendo sido herido, el caballo finalmente acepta los estímulos y pronto los ignora.

Un ejemplo *intensivo* es el método de *"sacking out"* un caballo bronco, sistema muy usado en el oeste desde hace tiempo. El potro es retenido, de forma que no pueda escaparse. Entonces es frotado repetida y enérgicamente con un saco vacío de pienso, una manta o un impermeable. Al principio estará aterrorizado con el saco, pero al final el potro se acostumbrará y hasta disfrutará con ello: mantiene alejadas las moscas y es parecido a la cola de otro caballo.

El intensivo empuja al caballo hasta el límite de su tolerancia de un estímulo en particular e inflama al máximo su reacción natural de temor, el deseo de huir. Para que el sistema funcione, el entrenador debe ser capaz de prevenir la huida y mantener al caballo en posición de evitar su segunda opción de defensa: cocear o golpear. Esto debe hacerse sólo con la cabezada y una cuerda, pero hace falta una habilidad considerable para controlar las patas de un caballo.

Este método funciona, y funciona rápidamente. El problema es que es peligroso, especialmente para novatos, y sólo se recomienda a expertos. A menos que uno tenga realmente experiencia, es muy fácil que el entrenador o el caballo resulten lesionados.

Una excepción donde el método intensivo es efectivo y seguro es hacerlo con un potro recién nacido tumbado en el suelo. Como no tiene posibilidad de librarse estando tendido en el suelo y sujeto, en más o menos una hora el potro puede ser acribillado con estímulos *intensivos*. Hecho correctamente, el potro, finalmente, ha aprendido a que sus patas sean manipuladas, preparándose para el herrador, toda abertura de su cuerpo explorada preparado para las actuaciones veterinarias, preparado para aceptar la cabezada, brida, silla, cincha, sprays, esquiladora eléctrica, papeles, plásticos, cuerdas, y una variedad más de objetos atemorizadores. Entretanto, de paso, y esto es interesante, se vincula estrechamente con su manipulador. Es vital, cuando se realizan estas cosas, *no parar* antes de que ocurra la habituación. Si el estímulo se detiene mientras el potro aún trata de escaparse, tenderá a quedar fijada la reacción de huida. En lugar de desensibilizar al potro lo hemos sensibilizado, exactamente lo opuesto a lo que deseamos. El entrenamiento de caballos a cualquier edad no es para personas impacientes.

El otro método de desensibilización es más seguro y más conocido que el *intensivo*. Se tarda un poco más, pero es menos peligroso y puede ser realizado tanto por novatos como por veteranos, indistintamente. Es conocido con el nombre de *desensibilización progresiva*.

Los instructores actuales emplean casi siempre la desensibilización progresiva en sus demostraciones de iniciación de potros. Usando una cuerda, enrollada o no, una banderola plástica o un guante relleno fijado al extremo de un bastón, un saco o una manta, o cualquier cosa que pueda molestar al caballo, el entrenador, suave pero insistentemente, enseña al caballo que esas cosas, aunque

Primero de todo es la seguridad, cuando Monty Roberts desensibiliza un caballo a ser tocado en sus patas. *(Monty Roberts Collection)*

nuevas para él, no lo lastimarán. La forma en que esto se hace es frecuentemente denominada *"Advance and Retreat"* o *"Approach and Retreat"* (Avance o Acercamiento y Retirada). El entrenador lleva el estímulo lo bastante cerca del caballo para que sufra una reacción de ligero miedo, luego se retira. Se repite, ahora un poco más cerca, y retirada de nuevo. Finalmente, el caballo aceptará el estímulo sin inmutarse.

La retirada en este método es muy importante, y también sucede completamente en contra del comportamienro instintivo del ser humano, especialmente si es hombre, y muy especiamente, si es hombre joven. Nosotros, los humanos, somos cazadores y no es de cazadores retirarse. La mayoría de los instructores de horsemanship hoy en día son hombres, y muchos de ellos relativamente jóvenes. Hay que reconocer que han sido capaces de aprender cómo y cuándo hay que retirarse a fin de tranquilizar a un caballo verde. Es considerado. Es inteligente.

La parte del acercamiento en este método está calculada para producir incomodidad psicológica, pero sin llegar al miedo. La retirada debe llevarse a cabo antes de que el caballo intente huir. El *timing* (sincronización, sincronía) es importante. Hace falta experiencia para saber cuándo el caballo está a punto de querer huir, y cuándo el objeto atemorizador, cualquiera que sea, debe ser retirado. También es importante comprender que la retirada es *temporal*. Tan pronto como disminuya el miedo, el objeto atemorizador debe volver a usarse y, casi siempre, puede ser un poquito más cerca cada vez. Presionar al caballo demasiado intensamente, como resultado de la impaciencia humana, inexperiencia, ineptitud o enfado, puede estropear la lección.

El instructor experimentado sabe cuándo acercarse al límite sin llegar a cruzarlo, pero si esto sucediera y el caballo reaccionara con miedo al estímulo, el instructor habrá pasado a hacer una sesión intensiva. No hay otra salida. Como con los potros recién nacidos, dejar de estimular cuando el caballo está tratando de huir, fija el comportamiento. En lugar de desensibilizar al caballo al estímulo, lo hemos sensibilizado. Es por esto que muchos caballos –la mayoría, de hecho–, tienen miedo a ciertos objetos y experiencias. Han sido *enseñados* a tener miedo por un instructor que ha intentado inapropiadamente curarlos de sus miedos.

Una de las mejores herramientas para desensibilizar caballos es tan corriente hoy en día que no es valorada en absoluto. Nos la regalan casi cada vez que compramos algo. Se acumula en nuestros armarios, aparadores y cajones, esperando usarla algún día, y es tan abundante en nuestro paisaje que causa una gran parte de los problemas con los residuos y basuras en nuestras ciudades superindustrializadas. Es la bolsa de plástico.

El plástico no existe en el mundo donde evolucionó el caballo. Y no ha existido hasta finales del siglo veinte. Cruje. Se mueve. Hace un ruido parecido al de una serpiente arrastrándose sobre la hierba. Se mueve impulsado por el viento. Refleja la luz de la manera que en la naturaleza sólo lo hace la superficie del agua. Sin ninguna duda, los caballos tienen un miedo instintivo a los plásticos.

Desensibilizar a los caballos al plástico es un buen ejemplo de estos procesos, utilizando la retirada, como siempre, para inspirarle confianza.

Búscate un asistente, montado o a pie, que arrastre una bolsa de plástico un poco lejos del caballo que estás entrenando. El caballo que entrenas puedes montarlo o llevarlo con cabezada y cuerda. Sigue al plástico hasta una distancia de seguridad, parándote de vez en cuando. Ten paciencia. Gradualmente, verás que tu caballo gana confianza y poco a poco se va acercando más a la bolsa, la olerá e investigará qué es. El deseo de dominación no está muy lejos de su mente, acabando en golpes con la mano y mordiendo el plástico. El paso siguiente será la indiferencia. Otra posibilidad sería esparcir por el suelo alrededor y encima de la bolsa algunas golosinas para que el caballo vaya comiéndolas.

Éste es un ejemplo de la manera en que los entrenadores de hoy en día usan la desensibilización positiva, en lugar del proceso tradicional intensivo (sacking out un caballo atado), para producir caballos "a prueba de bomba". Las unidades de policía montada han hallado que estos métodos son los mejores para conseguir caballos entrenados, que deben permanecer impertérritos, calmados y obedientes en condiciones de tráfico caótico, muchedumbres vociferantes e incluso disturbios callejeros.

EL APRENDIZAJE DEBE SER GENERALIZADO

Con la desensibilización un caballo aprende, con sorprendente rapidez, a tolerar los estímulos específicos que se le enseñen, en un lugar determinado y por una persona específica. Pero, para que sea realmente útil, el aprendizaje debe ser *generalizado*.

Las experiencias de aprendizaje se tornan generalizadas siendo repetidas en varias situaciones, y en una variedad de formas. De no ser así, conseguirás un caballo que se comportará bien en una determinada pista y con un determinado jinete. El entrenamiento debe hacerse con diferentes mantas, de distinta textura, diferentes bolsas de plástico de colores distintos (especialmente blanco y negro, que los caballos distinguen mejor), en diferentes lugares, y manejados por diferentes personas.

Los caballos, aunque inteligentes, no pueden pensar como nosotros, razonando que: "¡Ah, bueno! Es un saco de diferente color y tamaño, pero sólo es un saco y no me va a hacer daño, porque el de antes tampoco me lo hizo".

Para un caballo un estímulo nuevo (y desconocido) es un nuevo juego, y hasta que el aprendizaje se convierta en generalizado, la reacción instintiva a un nuevo estímulo sensorial será siempre echar a correr.

Es por esto que, cuando se inventó el automóvil, algún veterano y bien domado caballo enganchado a un carruaje se volvió loco la primera vez que vio uno. Algunas comunidades declararon al automóvil fuera de la ley por ser la causa de numerosos accidentes.

FOBIAS

Hay algunas clases de aprendizaje que requieren poco o ningún reforzamiento. Aquellas experiencias que ocurren durante las sesiones de aprendizaje críticas en los recién nacidos disparan esta clase de aprendizaje automático. Como se ha mencionado anteriormente, una especie presa debe aprender con rapidez para poder seguir y obedecer a su madre y ser parte de la manada si quiere sobrevivir. Éste es un ejemplo de aprendizaje normal, natural e instantáneo.

Pero incluso cuando son mayores, en cualquier periodo de su vida, ciertas experiencias profundas pueden provocar una reacción aprendida con una sola experiencia. En un animal huidizo como el caballo, esto es lo que ocurre con frecuencia después de una experiencia traumática. Veamos algunos ejemplos:

1. Un entrenador inepto trata de hacer entrar a un caballo en un remolque por primera vez. El caballo, como animal claustrofóbico, está comprensiblemente asustado de entrar. El humano rápidamente recurre a la fuerza, cogiendo un látigo y golpeando al caballo. El caballo está pensando: "Tengo miedo de entrar ahí. Tengo miedo de que pueda hacerme daño".

2. El caballo entonces resulta herido, lo que confirma su miedo, y el resultado, inmediatamente, es un caballo que tiene miedo de los remolques. El mismo proceso es el que produce más caballos "temerosos": se asustan de todo objeto sospechoso.

Un caballo que nunca ha visto un cerdo y se enfrenta de repente a uno, salta del susto y corre hasta atravesar una valla de alambre de púas y resulta herido. Con una sola experiencia, se establece el miedo a los cerdos, aunque el cerdo en sí mismo no haya sido el causante de las lesiones del caballo.

3. Un potro es herrado por vez primera. Su propietario no le ha enseñado al potro a que, con calma y tranquilamente, permita todos los movimientos con sus patas, que sean tocadas, levantadas, tocadas con una herramienta y golpeados sus cascos. No conoce al herrador y toda la escena rezuma pavor. El herrador intenta hacer su trabajo en una pata. El potro, comprensiblemente, se resiste porque está asustado. El herrador pierde la paciencia y golpea al potro con la escofina. El caballo ha estado pensando: "¡Tenía miedo de que me hicieran daño! Y me lo han hecho". Desde ahora tendrá miedo de los herradores y del herrado. Este problema puede aplicarse incluso a una sola de las patas si el trauma ocurre cuando esa pata en particular es la manipulada.

Hay caballos que son como ángeles en tres de sus patas y como diablos en la cuarta; un caballo al que le encanta que le manoseen una oreja, puede que reaccione violentamente si se le toca la otra; caballos que sienten terror ante un veterinario, pueden querer –o al menos tolerar– a otro.

Es importante que nosotros, supuestamente una especie más inteligente, podamos comprender cómo piensan los caballos y cómo aprenden; cuán rápidamente aprenden, tanto las cosas agradables como las desagradables para ellos, y cómo recuerdan estas cosas. ¡Para siempre!

Una de las lecciones más importantes que los instructores que enseñan y practican natural horsemanship han demostrado al mundo científico es: *Un comportamiento inaceptable puede ser cambiado. Y puede serlo permanentemente, incluso si el recuerdo que causó aquel comportamiento inaceptable es indeleble.* Puede cambiarse sin el uso crónico de tranquilizantes, antidepresivos y otras drogas que modifican el comportamiento. No podemos permitirnos el riesgo de poner a nuestros caballos bajo el efecto del Prozac, Ritalin, Valium o cualquiera de las docenas de las otras drogas que afectan al comportamiento, hoy día tan en uso para personas y perros.

Los instructores modernos muy frecuentemente reciben caballos con comportamientos horribles –caballos aterrorizados, con vicios, o severamente hiperactivos– y, en un notable corto tiempo, esos caballos cambian permanentemente.

El caballo es más grande, rápido y fuerte que el humano. El humano tiene que ser más listo.
(Fotos por Coco)

Los caballos son muy diferentes de los humanos, pero muchos de los principios para cambiar los comportamientos que funcionan con los caballos, también funcionan con las personas. Aquéllos que tienen que tratar problemas del comportamiento humano –como psicólogos, psiquiatras, consejeros matrimoniales, maestros y padres– deben tomar buena nota, y muchos lo hacen. La revolución en horsemanship tiene implicaciones mucho más amplias que el caballo.

Todos los principales instructores son conscientes de ello, y ponen de relieve, ante sus audiencias y estudiantes, que dominar natural horsemanship nos mejorará la habilidad de tratar con nuestros amigos, vecinos, empleados o jefes, clientes, o nuestros perros, hijos o cónyuges.

Porque la revolución en horsemanship es mucho más. Es una revolución en las relaciones humanas.

CAPÍTULO 7

LAS REVOLUCIONES EN LA EQUITACIÓN

"Montar", Según Pat Parelli, "es simplemente el hecho de no caerse". Si hacemos caso de esta definición "tongue-in-cheek"(*), se infiere que montar realmente bien no es más que ser suficientemente bueno para no caerse. La revolución ha probado de nuevo que es posible mucho más cuando la equitación natural se aplica sobre el caballo.

Siéntate en tu sillón un sábado por la tarde y mira una película western en la TV. Cualquier western de "serie B" de los años 40 y 50 te servirá. Verás algunos ejemplos sorprendentes de cómo no se caen –excepto cuando está escrito en el guión– aquellos viejos especialistas del cine. La mayoría de ellos eran muy buenos atletas, y podían hacer la equitación muy excitante y altamente atractiva físicamente en la película. La equitación natural trasladada a la espalda del caballo es mucho más que eso –y en cierto sentido, menos-. Se revela como natural, fluida. Existen muy pocos movimientos superfluos. Los buenos caballistas parecen ser todo uno con el caballo. Sienten las patas de su caballo como si fueran sus propias piernas. El centauro, medio hombre medio caballo, de la mitología griega, es el símbolo adecuado para esta unión.

La revolución en la equitación natural ha inculcado en nosotros el deseo de que todo en esta relación entre caballo y humano sea al nivel más alto posible, y en esto se incluye la equitación. La forma en que hacemos esto es integrando el simple acto de montar con la auténtica equita-

---

(*) Expresión típica que describe la forma de colocar la lengua entre los dientes, presionando la mejilla, como gesto de sorpresa, incredulidad o duda. Generalmente, va acompañado del acto de levantar una ceja. (N. del T.)

ción natural. El resultado va mucho más allá que el simple hecho de no caerse: es armonía, fluidez y, finalmente, *unidad* del cuerpo y la mente. Irónicamente, la adaptabilidad propia del caballo se ha mantenido a un nivel relativamente bajo cuando se llega hasta nuestra equitación. Los caballos son capaces de realizar las más impresionantes maniobras, incluso si les han sido enseñadas y pedidas de la manera más burda. No necesitas esta relación especial, esta unidad de la que estamos hablando, para conseguir que un caballo haga cosas útiles y sumamente complicadas.

La historia está llena de ejemplos, y podemos verlo hoy día en el mundo del espectáculo. En casi todas las disciplinas equinas, de morfología o de monta, los entrenadores profesionales usan técnicas duras de "doma" para conseguir los resultados que creen van a impresionar a los jueces, excitar a la audiencia y hacer que el dueño del caballo pida más horas de entrenamiento. Algunos caballos poseen tal espíritu y coraje que pueden llegar a superar estos abusos y realizar en la pista actuaciones sorprendentes. No podemos ni imaginar lo que estos caballos serían capaces de hacer si existiera realmente una verdadera comunicación de equipo.

TODO EMPIEZA PIE A TIERRA

Montar no es lo mismo que comunicarse. La palabra Horsemanship abarca una completa relación caballo/humano, y un gran acuerdo en esta relación se logra con los pies del humano bien plantados sobre el suelo. Es desde el suelo que alimentamos a nuestros caballos, limpiamos sus establos, los cuidamos, esquilamos, manejamos, los cargamos y des-

El respeto se gana controlando primero el movimiento del caballo pie a tierra. Aquí Clinton Anderson cambia la dirección de marcha del caballo de la derecha a la izquierda. *(Charles Hilton)*

cargamos de los remolques, los desparasitamos, tratamos sus enfermedades, les limpiamos los cascos, los herramos, los ensillamos y les ponemos la brida. El manejo de un caballo, o como se dice generalmente, el
cuidar un caballo, se practica enteramente desde el suelo.

Cuando un buen jinete no es también un buen caballista, como sucede muchas veces, es que le falta una buena base iniciada desde el suelo,
pie a tierra.

La revolución en la equitación ha puesto un fuerte énfasis en el trabajo pie a tierra porque es ahí donde el humano se gana el respeto del
caballo y establece su derecho a ser su líder, el líder de su asociación.
Una vez que se ha establecido este derecho, puede construirse un lenguaje, de manera que el caballo entienda las peticiones que se le hacen.
De nuevo, esto se hace mejor pie a tierra. El último lugar de la tierra
donde querrías estar es sobre un caballo que no puedes controlar, y no
importa si es debido a tu falta de liderazgo o a la falta de comprensión
del caballo. De cualquier manera puedes resultar lesionado.

Probablemente, el error más grande que el hombre ha cometido al tratar de conquistar al caballo es intentar obligarlo a que piense como él. La
revolución ha dejado claro que lo que tenemos que hacer es justamente
lo contrario: debemos intentar aprender a jugar con las reglas del caballo y su mundo.

Caballos y humanos son parecidos en algunas cosas, pero muy diferentes en otras. El ser humano normal puede estar solo. Incluso, muchos
de nosotros valoramos nuestra soledad y la defendemos celosamente.
Como ya hemos aprendido, los caballos odian estar solos. Son animales
gregarios. Dentro de su ADN está profundamente grabado el deseo de
buscar la compañía de otros animales, incluso de otras especies, si fuera
necesario. Una de las cosas más tristes para un verdadero hombre de a
caballo es la visión de un caballo solitario parado en un campo. No hay
ninguna alegría ni vitalidad en la conducta de ese animal.

Cuando nos vinculamos a nuestro caballo, de hecho estamos creando
una pequeña manada, una manada de dos. Una vez que son parte de una
manada, los caballos inmediatamente sienten la necesidad de decidir
cuál va a ser el "jefe". Entre ellos, esto toma la forma de una serie de juegos de dominación, a través de los cuales tratan de hacer moverse los
unos a los otros. El control del movimiento, recuerda, es la manera cómo
los caballos deciden cuál es el dominante sobre cuáles, el que liderará la
manada y al que seguirán todos los demás.

Muy adentro en su interior, el caballo es un seguidor natural, *pero sólo si está presente un líder más cualificado que él.* Esto es un punto muy importante que hay que comprender. Es por esto que un caballo determinado puede ser salvaje e irrespetuoso con un humano, pero atento y con buen comportamiento con otro. La diferencia está en cómo percibe la capacidad de liderazgo del humano. Afortunadamente para nosotros, la mayoría de los caballos no tienen problema en delegar el liderato de la manada en un ser humano, pero sólo si ese humano puede probarle, en un lenguaje que entienda, que él o ella son superiores en el papel de liderar y proteger a ambos, *todos los días.*

En el papel de líder de tu manada, no hay días de fiesta. Tú puedes ganarte ese puesto y mantenerlo de la misma manera, según cómo estás actuando alrededor del caballo. El lenguaje de la acción es lo que él entiende. ¿Te sientes seguro de tu forma de actuar, sin ser autoritario? ¿Sabes observar lo que él está diciéndote? ¿Le das un margen para que haga lo que le has pedido antes de aumentar la presión sobre él? ¿Tienes claros los límites de un comportamiento aceptable y del espacio personal, y las consecuencias instantáneas por las violaciones de ambos? ¿Eres sistemático sobre cuándo y con qué vigor harás respetar las reglas?

Si eres todo esto, tienes buenas posibilidades de que tu caballo te considere como su "jefe". Las posibilidades son buenas si parece relajado, respetuoso, atento y receptivo cuando está cerca de ti. Entonces, y sólo entonces, puedes considerar el hecho de montar ese caballo.

La revolución en la equitación natural no sólo ha clarificado nuestra comprensión del liderazgo en horsemanship; nos ha dado herramientas para que lleguemos a ser mejores líderes, y también unos medios más eficaces para comunicar nuestras cualidades de liderazgo a nuestros caballos.

DICTADURA VS. ASOCIACIÓN

El liderazgo viene en diferentes sabores. Un dictador con mano de hierro es un líder que es 100 por ciento "el jefe". Sus seguidores tienen cero opciones (no tienen nada que decir) en esta relación, y al dictador, realmente, no le importa nada lo que piensan o sienten. Tales líderes casi siempre oprimen a aquéllos que lideran.

Pero hay también líderes absolutos que tienen consideración de los sentimientos y puntos de vista de sus seguidores. Podemos llamar a esta clase de líderes dictadores benévolos. Esto puede representarse en términos de influencia en un 75/25 por ciento. El dictador benévolo tiene el 75 por ciento del control o la influencia, y sus seguidores el 25 por ciento restante. El dictador benévolo tiene todavía mucho mando, pero siente empatía hacia el punto de vista de sus seguidores y no hace nada que les perjudique o les produzca ni siquiera incomodidad mientras le profesen su obediencia.

En las primeras etapas de la relación, especialmente con un caballo que nunca ha tenido un buen líder humano, es crucial que el humano asuma el papel de dictador benévolo. Debe ser transparente como el cristal para el caballo de manera que comprenda que no debe tomar ninguna decisión mientras esté con su cuidador humano. Una vez que la relación se ha consolidado dentro de esos términos, puede evolucionar gradualmente para parecerse más a una asociación.

Asociación es una palabra que se derrocha profusamente en los comentarios sobre equitación natural. Detengámonos un momento y pensemos en la auténtica implicación de esta idea.

En una sociedad, existen ciertas *expectativas* de cómo va a actuar cada uno de los socios. Es un contrato, un compromiso. Ninguno de los socios es libre de hacer lo que quiera cuando quiera. Cada uno tiene sus responsabilidades con el otro. Cuando nos asociamos con un caballo, le decimos: "Te cuidaré y te protegeré. Yo tomaré las decisiones por los dos. Seré amable cuando te pida que hagas algo. En contrapartida, deberás darme tu absoluta obediencia". No es un mal trato para el caballo. De hecho, es la clase de trato que ha estado buscando durante toda su vida.

Una asociación humana nunca está dividida exactamente al 50/50. Siempre hay un socio que pone de su parte un poco más, que siente más necesidad de controlar los resultados, que está más capacitado para mandar, o que posee la energía y decisión para hacer que las cosas funcionen. Esto no es malo; es perfectamente normal, y ayuda a evitar los puntos muertos y empates que paralizarían la gestión. En los negocios, el socio más dominante casi siempre es el de más edad o más experiencia, de aquí el término *senior partner* (socio mayor) y la implicación de que se le otorga más poder y control a esa persona. La división teórica del poder podría estar en algo así como el 51 por ciento para el *senior partner* y 49 por ciento para el otro socio.

Esta es la clase de asociación que deberías aspirar a tener con un caballo. Tú deberás establecer las reglas en tierra para la relación desde una posición de dictador benévolo, pero una vez que esto se haya consolidado, puedes moverte fácil y suavemente hacia el papel de socio mayoritario.

¿Deberás retornar alguna vez a ser más asertivo, más controlador, más dictador? Desde luego. Tu caballo necesita saber cada día que todavía eres el líder competente, y que evitarás que resulte herido.

Incluso puede que te pida la prueba en lugar de esperar a que se la ofrezcas. Te lo pedirá con pequeñas pruebas. ¿Dejará hoy mi socio humano que me vaya, si le empujo un poco? Vale, ¿y si giro mis patas traseras hacia él? ¿Y si pongo mis orejas para atrás y actúo con agresividad? Sin unas claras, sistemáticas e instantáneas respuestas por parte del humano, el caballo puede llegar a la conclusión de que, por lo menos ese día, no hay límites a su comportamiento.

Un caballo entiende que un líder que no establece y mantiene límites en el espacio y en el comportamiento no es un líder para nada, y merece exactamente lo mismo que los otros caballos menos dominantes de la manada: sufrir recordatorios regulares por parte de los otros caballos para saber quién está realmente al mando. Esto puede tomar la forma de mordiscos, coces, carreras, golpes, resistirse a moverse o dar empujones, para mencionar sólo algunos. A la larga, todos estos comportamientos tienen que ver con el movimiento, sea provocándolo o inhibiéndolo. Hecho a los otros caballos, estos comportamientos les producen cierta incomodidad. A nosotros, frágiles humanos, estos mismos actos pueden ser mortales.

Son comportamientos normales entre los caballos. Como dice el instructor Clinton Anderson, "el caballo está simplemente mostrando sus cartas".

EL CHEQUEO PREMONTA

La estrategia más efectiva para establecer y restablecer mantener tu derecho de mando es un "ataque preventivo". En otras palabras, demostrárselo al caballo, antes de que te pida que lo hagas. Demostrarle que hoy, como ayer y el día anterior, tú eres el que está al mando.

La receptividad que un caballo determinado muestra hacia tu liderato puede variar de día en día. En términos humanos, podemos denominar esto como *humor variable*. Un caballo puede parecer hoy con más mal genio, más malhumorado, más asustadizo que ayer. Quizás sea por el viento (los días ventosos ponen a los caballos más nerviosos). Quizás sea un exceso de energía por haber comido demasiado y no haber hecho poco o ningún ejercicio. Quizás sea impaciencia por comer. Sea cual fuere la causa, estas actitudes amenazan tu seguridad. La solución es confirmarle que tú eres el líder, y que cualquier otra cosa en la vida de ese caballo no es tan importante como tú.

Acuérdate, no puedes simplemente asumir el papel de líder. No puedes anunciar un día: "OK, de hoy en adelante, yo soy el que manda". El liderazgo en el equipo caballo/humano no se confiere por el simple hecho de que tú has nacido humano y él ha nacido caballo. No hay ningún liderazgo que venga con los documentos de propiedad cuando compras un caballo, o junto con la factura cuando recibes un caballo de un entrenador. El liderazgo tiene que ganarse por cada persona que trata un caballo, y se consigue con las acciones.

Un término más bonito para nuestro "ataque preventivo" podría ser "chequeo premonta"(*). Algunos instructores llaman a esto ejercicio pie a tierra, o instrucción, o lecciones. El Sistema Parelli lo ha formalizado dentro de los *Seven Games* (Siete Juegos). El instructor Frank Bell lo llama *Seven Steps Safety System* (Sistema de Seguridad en Siete Pasos). Sea como sea la forma en que se configure, el chequeo premonta empieza con unos momentos de vinculación, de toques de una manera amistosa, sea con las manos, una soga suave o una fusta de entrenamiento. Esto es para recordarle al caballo que tú eres su amigo y tus caricias son agradables. También ayuda a que te relajes y asumas una postura no agresiva.

Lo que sigue es una serie de peticiones al caballo para que se mueva de ciertas y específicas maneras, que tú has de escoger: hacia adelante, hacia atrás, a la izquierda y a la derecha. Esto se hace con tu lenguaje corporal asertivo y subiendo en intensidad paulatinamente, si es necesario, hasta que se consiga el resultado apetecido. Cuando el caballo responde y te permite controlar sus movimientos, él te dice: "Vale, por hoy tú puedes ser el jefe".

¿Qué pasa si no responde? No debes permitir que esto suceda. Una vez que has puesto tu petición sobre la mesa, debes estar preparado para seguir más allá, a esperar tanto como haga falta, a subir la intensidad de la presión tanto como sea necesario, hasta conseguir la sumisión. Si no lo logras, es que le has enseñado a tu caballo aquello que no querías

---

(*) Chequeo. Podríamos decir revisión o control, pero me ha parecido bien dejar esta expresión inglesa, además muy usada ya actualmente para otros propósitos (mecánicos, médicos, etc.). *(N. del T.)*

Antes de montar cualquier caballo, es importante ser capaz de controlarlo con efectividad desde el suelo. Richard Winters le pide a este caballo que pase entre él y la valla. Dirigiendo su mirada y señalando hacia la dirección que quiere que vaya el caballo, él "le abre la puerta". *(Richard Winters Collection)*

enseñarle: que, si se resiste lo suficiente, te rendirás. Es por esto que los caballistas avispados son muy cuidadosos al pedirle las cosas a un caballo, de tal manera que tienen la práctica seguridad de que conseguirán rápidamente la respuesta deseada. Nadie quiere enzarzarse en una batalla con un caballo, y la buena equitación natural establece que es mejor colocar al caballo en una situación de triunfo, en lugar de fracaso. Una de las reglas principales de la equitación natural es pedir al caballo "tan suavemente como sea posible, pero tan firmemente como sea necesario". Fíjate que la opción del fracaso en conseguir la respuesta no existe.

En el suelo es donde deben tener lugar todos estos pequeños ejercicios. El trabajo pie a tierra es un sistemático y constante modo de ir construyendo y conformando el lenguaje de comunicación y la relación líder-seguidor que debe existir desde ese momento entre humano y caballo. El trabajo pie a tierra también hace que el caballo se acostumbre a sensaciones físicas concretas, a sonidos y señales que requieren de él

Winters pide al caballo que se aleje con la cuerda de cuatro metros (12 pies). *(Richard Winters Collection)*

cierta respuesta, tanto si el humano está trabajando desde el suelo o sobre su espalda.

El trabajo pie a tierra le enseña a moverse cediendo y apartándose de la presión. Puede ser la sensación de una pequeña presión en el flanco, que le pide que se mueva en dirección opuesta. Puede ser el ligero tirón de rienda en un lado de su boca, que le pide que flexione su cue-

Winters desafía a este caballo a seguir sus pasos sobre terreno escabroso. *(Richard Winters Collection)*

llo hacia ese lado. Puede ser el sonido de un chasquido de la lengua o de beso, o la sensación general de que has subido el nivel de tu energía, que le dice que debe darte más impulso hacia adelante. O puede ser el sonido de *"whoa!"* o *"easy"*(*), que, junto con el relajamiento de tu energía, le indica que debe parar o reducir su velocidad.

De algún modo, el chequeo premonta es como el chequeo prevuelo del piloto antes de despegar. Puedes descubrir problemas que te mandarían directo al suelo, igual que en el caso del piloto y su avión. No hace falta mucho tiempo: de hecho, algunos caballistas son tan buenos haciéndolo que un observador difícilmente podría darse cuenta de lo que está pasando. Sólo vería al jinete moviéndose un poco alrededor del caballo para poder montar más fácilmente. Pero el caballo sí lo sabe, porque se le ha pedido, de manera inequívoca, lo que debe hacer pie a tierra, en respuesta a los requerimientos del jinete. El jinete no montará hasta que el caballo esté claramente deseoso de ser un seguidor y esté preparado para obedecer las órdenes que le dé aquél.

EL ASIENTO INDEPENDIENTE

La revolución ha elevado la monta a los más altos niveles, no sólo mejorando y clarificando la relación entre caballo y humano, sino también dándole al jinete medios para mejorar la mecánica de la equitación. Para

---

(*) "Whoa". La palabra o sonido que en EE.UU se usa generalmente para indicarle al caballo que pare. "Easy" se usa para indicarle una reducción en su velocidad de marcha. *(N. del T.)*

llegar a esto, se ha puesto énfasis en mejorar el balance y el equilibrio sobre el caballo, y en desarrollar un asiento independiente.

¿Qué es un asiento independiente? El asiento, en este debate, no es solamente tus nalgas, sino también tus muslos, la parte de tu cuerpo que presiona continuamente sobre la silla (o si montas a pelo, directamente sobre la espalda del caballo). Estas son tus ayudas naturales más importantes, por la simple razón de que son las que están más en contacto con el caballo. Tus pantorrillas, tus talones, tus manos en las riendas, te permiten influir en el caballo, pero en una mínima fracción comparado con lo que tu asiento puede influir. Y siempre teniendo en mente que el caballo puede detectar la más ligera sensación sobre su piel. Si miras a la derecha o a la izquierda, el caballo siente el ligero cambio en tu asiento. Si cambias ligeramente tu peso hacia adelante o hacia atrás, el caballo lo siente. Si te sientas erguido en la silla, o relajado y desmadejado, él lo siente. También percibe tus intenciones, tus deseos hacia él, a través de tu asiento. Todo esto viene a formar parte del lenguaje de la equitación, y puede llegar a ser tan sutil que sólo vosotros dos sabéis lo que está sucediendo.

Y ahora, ¿qué hay sobre la parte independiente del asiento independiente? Significa que el asiento del jinete forma un todo con el caballo y se mueve independientemente del resto del cuerpo del jinete. Esto es posible gracias al diseño del sistema esquelético del humano y, especialmente, de su pelvis.

Mejorar el equilibrio en el suelo ayuda a desarrollar un asiento independiente cuando montas.
(Fotos de Coco)

Ten en cuenta todas las maneras en que puedes flexionar tu cintura. Puedes flexionarla a derecha e izquierda, hacia adelante o hacia atrás. Puedes mantenerte erguido o desmadejado. En todos estos movimientos tu pelvis permanece prácticamente inmóvil, incluso cuando el resto de tu cuerpo se ha movido considerablemente. La pelvis es una articulación móvil, un amortiguador multidireccional de los impactos cuando estás montando. La rigidez de tu pelvis es el mayor enemigo de una buena equitación. Una pelvis suelta y flexible –una "pelvis neutra", en palabras de la autora de *Connected Riding* (Equitación Asociada), Peggy Cummings– permite este asiento independiente tan importante.

El valor de tener un asiento independiente ha sido conocido y enseñado por grandes jinetes a través de la historia, incluyendo Jenofonte, que escribió que "...el jinete debe acostumbrarse a mantener el cuerpo por encima de sus muslos lo más flexible posible; ya que esto le dará más poder de acción, y será menos probable que sea desmontado si alguien trata de empujarle o tirar de él".

LECCIONES PARA EL PASAJERO

Así que, ¿cómo puede desarrollar el jinete un asiento independiente? Una buena forma de empezar es tomando las lecciones que muchos instructores hoy día llaman "Lecciones para el Pasajero". En lugar de tratar de controlar adónde va el caballo, el jinete le deja que vaya adonde quiera. La única regla es que el caballo no cambie de aire. Aparte de esto, el jinete no lo dirige. Solamente es un pasajero que se deja llevar.

Es mejor que las lecciones para el pasajero se hagan en una pista u otro lugar cerrado. Al principio es suficiente con dejar las riendas totalmente flojas. A medida que el jinete gane confianza, puede soltarlas por completo sobre el cuello del caballo, o por detrás del pomo de la silla (si es western), siempre que sean riendas cerradas, o bien haciendo un nudo con ambas si son abiertas, y apoyar las manos sobre los muslos. Una vez que esto funcione, el siguiente paso es montar con los pies fuera de los estribos; luego con los ojos cerrados, y, finalmente, a pelo, sin silla.

Durante la lección para el pasajero, el caballo casi siempre querrá dirigirse hacia la puerta de entrada de la pista, o a una zona que esté más cerca de otros caballos. Éstos son como "imanes" para él, y es perfectamente normal que se sienta atraído por ellos. El jinete no debe tratar de detenerlo, sino simplemente le incitará a que regrese al aire anterior cuando empiece a detenerse a "charlar" con ellos. La equitación natural usa un sistema similar para aquellos caballos que no quieren dejar *su cuadra* (caballos con "querencia de cuadra"), o los que no quieren separarse de *sus compañeros de manada* (caballos con "querencia de manada" o "querencia de sus compañeros"). El principio a seguir es hacer trabajar al caballo cuando esté cerca de sus "imanes" y dejarlo que descanse solamente cuando esté a una cierta distancia de ellos. Lo mal hecho se le hace difícil y lo bien hecho se le hace fácil. Recuerda que los caballos son básicamente animales perezosos. Esto no es un defecto en su naturaleza: es la única forma de conservar su energía para cuando realmente la necesiten.

Si el jinete no tiene acceso a una pista o no tiene suficiente confianza en sí mismo para renunciar al control del caballo, una aproximación a la lección para el pasajero podría hacerse con un ayudante que, con una cuerda larga, haga ir al caballo y jinete en amplios círculos. La cuerda elimina lo imprevisible de las reacciones de una auténtica lección para el pasajero, pero puede servir, sobre todo al principio.

A PELO, YOGA Y TAI CHI

No hay ninguna duda de que el estado físico, el equilibrio y la consciencia del propio cuerpo juegan un papel significativo en el éxito de un jinete. Uno de los medios más sencillos para mejorar estos tres requisitos no requiere ningún entrenamiento ni equipo. Sólo montar a tu caballo a pelo.

Una silla, especialmente una gran silla western, puede ser un impedimento. Es demasiado fácil para el jinete apoyarse en los estribos, cogerse a la concha, o agarrarse al pomo de la silla western. No hace falta perfeccionar mucho el equilibrio. Montar a pelo obliga al jinete a adaptarse al ritmo de los movimientos del caballo, a perfeccionar su equilibrio mientras se mueve. De otro modo, el jinete no durará mucho sobre el caballo.

Pat Parelli ha incluido desde hace años demostraciones de monta a pelo y sin brida en sus exhibiciones públicas. Pat corre alrededor de la pista, realiza paradas y giros, y salta sobre varios obstáculos con sólo una mano agarrada a la crin para equilibrarse. Sus estudiantes se animan muy pronto a montar a pelo. Hacerlo sin bridas viene un poco más tarde.

Un buen compromiso para el jinete que se encuentra demasiado incómodo montando a pelo, es el "*bareback pad*" (montar sobre una manta gruesa). Suaviza los efectos de la dureza de la columna vertebral del caballo bajo un trasero sensible y reduce el sudor y suciedad que transmite el caballo a los pantalones del jinete. Algunos *pads* tienen un lazo de cuero donde normalmente está el cuerno de la silla, proporcionando a jinetes inseguros un lugar donde agarrarse en caso de emergencia.

Los ejercicios, especialmente los estiramientos, son muy convenientes para cualquier jinete, y se hacen más beneficiosos a medida que pasan los años. Se han desarrollado programas completos de ejercicios específicos para jinetes(*).

El Tai Chi, una de las artes marciales, ha sido adaptado a las

Pat Parelli anima a sus estudiantes a montar a pelo lo más pronto posible. *(Fotos de Coco)*

necesidades de los jinetes. Los movimientos lentos, controlados y altamente concentrados del Tai Chi ayudan al jinete a mejorar su equilibrio, reconocer y relajar la tensión y crear armonía, gracia y flexibilidad entre caballo y jinete. El vídeo de James Shaw *Tai Chi for the Equestrian: Cross Training for Riders* (El Tai Chi para el Jinete: Entrenamiento de Cross para Jinetes), nos demuestra estos movimientos. La instructora de equitación Suzanne Sheppard también incorpora elementos del Tai Chi en los clínics que da con su socio, el entrenador natural Bob Jeffreys.

LA VISUALIZACIÓN EN LA EQUITACIÓN

La visualización en la equitación significa dos cosas diferentes. Una es la manera cómo usas tus órganos visuales, tus ojos. Hoy día se exhorta a los jinetes a que no miren a sus manos o a la cabeza del caballo, sino al horizonte o a algún objeto alejado frente a ellos que les sirva de objetivo.

(*) Actualmente, en España existen diversos centros de entrenamiento específico, tanto para jinetes como para caballos, que incluyen gimnasia, masajes terapéuticos, preparación física en general, etc. *(N. del T.)*

En otras épocas, se les aconsejaba usar "una visión suavizada, difumi-
nada", un concepto popularizado por su creadora, la instructora de
Centered Riding (Equitación Centrada), Sally Swift, o sea, no enfocar a
nada en concreto.

Esto tiende a suceder de forma natural a medida que uno se encuentra más cómodo con el movimiento del caballo, tal como ocurre cuando
aprendemos a montar en bicicleta. Pero hay una razón para tratar de
dominar esta habilidad lo más pronto posible. Mirar hacia abajo cuando
montamos cambia nuestro centro de gravedad sobre la espalda del caballo, moviéndose ligeramente hacia delante y haciendo un poco más difícil
para el caballo levantar sus patas delanteras. Nos olvidamos muchas
veces de lo pesada que es la cabeza del humano. Incluso una leve inclinación para mirar las riendas mueve nuestro centro de gravedad hacia
delante unos cuantos centímetros.

La equitación es una de esas actividades que puedes practicar gradualmente casi a tu manera. Mantener tu mirada en alto te ayuda a estar
más relajado. Bajar la mirada tiende a ponerte más en tensión, lo que es
normal, y es lo opuesto a lo que quieres. Cuando nos tensamos, especialmente como resultado del miedo, los humanos tenemos el deseo instintivo de juntar los muslos y bajar la cabeza, en una aproximación a la
postura fetal. Este es un modo natural de proteger nuestros órganos vita-
les. Irónicamente, esto tan natural para nosotros, manda a nuestro caballo el peor mensaje que podamos imaginar. Hacer que corra más, para
escapar de ese predador que le comprime su espalda con sus garras. Esto
es muy importante que lo tengamos en mente cuando montamos. La
relajación en la silla es la clave primordial para convertirte en un buen
jinete.

El otro significado de la visualización tiene que ver con las imágenes
visuales que capta tu cerebro mientras montas. Sally Swift es la más
conocida instructora que propone la visualización de varios objetos para
poner tu cuerpo en la postura y posición adecuadas. Por ejemplo, una
imagen muy efectiva para describir esta postura en un jinete es la de una
"marioneta en la cuerda". Imaginemos que tienes un globo sujeto con una
cuerda a tu cabeza. Estás suspendido de esa cuerda como una marioneta. Visualizando esta imagen hace que muchos jinetes se sienten erguidos,
sin tensión, una postura apropiada para ulteriores movimientos.

Otra imagen es verte a ti mismo como una bola de helado deshacién-
dose sobre la silla. Esto hace que te relajes y te hundas sobre la silla, una

postura apropiada para que el caballo reduzca su velocidad, o simplemente se pare.

Visualizarte a ti mismo mientras montas, haciéndolo correcta y satisfactoriamente, es una forma de auto-enseñanza, que puede dar muy buenos resultados positivos. *Mental Equitation*, de James Arrigon, y *Focused Riding*, de Robert y Beverly Schinke, explican esta técnica en detalle. Los expertos opinan que la mente subconsciente no puede distinguir entre la realidad y los hechos imaginados. Por ello, *pensar* en una buena sesión de equitación, en nuestro subconsciente, no difiere mucho de haber *vivido* una auténtica y real buena sesión de equitación. Puede aumentar tu autoconfianza, decrece la ansiedad y ayuda en la relajación y el equilibrio. Por extraño que parezca, puede incluso mejorar la actuación física del jinete. La conexión entre mente y cuerpo es muy fuerte.

LA LINEA DE CONTROL

A todos nos han enseñado que darle al caballo con los talones hace que camine más rápido, y que tirar con las dos riendas hace que baje la velocidad y pare. La mayoría de los caballos reaccionan así a esas señales, y en algunas disciplinas hípicas aún son corrientes. La revolución nos ha enseñado, no obstante, que ambas van contra la intuición del caballo y suelen fallar en una situación de emergencia.

Primero estudiemos lo de golpearle con los talones. Si alguien te golpea en un costado, tu reacción instintiva será la de encogerte en forma de bola, esa posición fetal con la que tus órganos internos quedan mejor protegidos y te encuentras más seguro. Cuando golpeas a un caballo en sus costados, él tiene la misma reacción instintiva: contrae su cuerpo, elevando la espalda y acortando la longitud de su tranco. Esto es lo opuesto a poder extender el cuerpo, alargar el tranco y aumentar la velocidad. Si necesitas acelerar tu caballo hacia adelante para evitar chocar con un vehículo que se acerca por un lado, por ejemplo, darle unos taconazos no será el mejor modo para lograrlo. *Nunca verás* a los jockeys "espoleando" a sus caballos para hacerlos ir más aprisa.

¿Cuál es la manera correcta de pedir a un caballo que vaya más aprisa? Un jinete realmente bueno piensa simplemente en ir más aprisa y va más aprisa. En realidad, el caballo capta las señales sutiles del jinete, señales que el jinete apenas sabe que las está haciendo. Inclinándose un poco más sobre la silla, proyectando su pelvis hacia adelante unos pocos grados, tensando los músculos, presionando activamente con su asiento en lugar de seguir pasivamente los movimientos del caballo –todo esto comunica un aumento general de la energía del jinete y la espectativa de un aumento de velocidad. Para jinetes menos dotados, pedir más velocidad puede implicar varios actos más deliberados, como contraer los músculos del trasero ("sonreír con las cuatro mejillas", según Pat Parelli), o presionar suavemente con las pantorrillas en los flancos del caballo. Esto es lo más cerca que estarás de golpear al caballo con los talones.

Si esto no funciona, ¡no le golpees! Aumentar la presión puede hacerse de una forma diferente. Algunos sugieren golpear con las piernas rítmicamente los costados del caballo. Otros sugieren una señal audible, como un chasquido de lengua o un sonido de beso. Si todo esto no funciona –y este es el punto clave– la presión debe aplicarse detrás de la *línea de control*, frecuentemente en forma de alguna clase de palmadas.

Sería muy interesante que tu caballo viniera de fábrica con una línea de puntos de color amarillo a lo largo de su *línea de control*. Pero esto no es así, y tú deberías dejar de lado tu lata de pintura en spray porque, además, no podrías pintarla. La línea de control no tiene una localización perfectamente definida. Coincide aproximadamente con el centro de gravedad del caballo, pero esto no es exacto al 100 por ciento. De hecho, la única forma que tenemos para definir dónde está la línea de control es describiendo de qué manera responde el caballo a la presión delante y detrás de la misma.

Como referencia general, podríamos decir que la línea de control está aproximadamente por donde pasa la cincha delantera de una silla western, más o menos a diez centímetros por detrás del codo de las patas delanteras. Casi nunca está mucho más atrás, pero puede quedar adelantada hasta llegar al declive del hombro del caballo. La región triangular delimitada por estas dos líneas de referencia es un área imprecisa, algunas veces actuando en la parte delantera de la zona y otras más atrás.

En el entrenamiento en *round pen* (corral redondo), en el que el caballo está libre de moverse en un espacio de más o menos 20 metros de diámetro en respuesta a su entrenador, se hace un uso extensivo de la línea de control. El entrenador canadiense Chris Irwin describe la técnica: Imaginemos un rayo láser que sale de tu ombligo. Cuando te encaras al caballo, si tu rayo láser impacta detrás de su línea de control, lo animará a ir hacia adelante. Si cambias de ángulo ligeramente, de manera que el rayo láser impacte por delante de su línea de control, esto lo animará a reducir la velocidad, y posteriormente, a cambiar de dirección.

La línea de control funciona de la misma manera cuando montamos. La presión aplicada detrás de la línea de control estimula un movimiento de avance en el caballo, de manera que darle palmadas en la grupa o flancos con las puntas de tus riendas o con una fusta le proporciona una señal clara de aumentar la velocidad. La mayoría de los jinetes western golpean con las riendas primero un lado y luego el otro, para hacer la presión más uniforme y más rectilíneo el movimiento de avance.

También debes ser capaz de usar la misma clase de señales por delante de tus piernas, en aquella zona imprecisa mencionada antes. No obstante, seguramente hallarás menos respuesta, porque es, en efecto, un área imprecisa. La señal no está tan clara como el cristal para el caballo. Algunos jinetes prefieren usar este área porque sus manos están más cerca de la posición normal de montar y se encuentran más seguros en la silla.

Como medio de aumentar aún más gradualmente la presión, algunos jinetes golpean con la mano primero en sus piernas, o en la silla o la manta. El caballo aún siente la energía creciente que emana del jinete y ve el movimiento por el rabillo de su ojo. Generalmente, esto es suficiente para conseguir la respuesta deseada.

Los jinetes de monta inglesa usan el mismo principio cuando cierran sus piernas por detrás de la cincha para crear o mantener una impulsión, por ejemplo controlar un movimiento de avance. Golpeando con la fusta detrás de la línea de control aumentan aún más el intento del jinete.

¿Y qué pasa con la presión aplicada por delante de la línea de control? Cuando montamos, ejercemos presión por delante de la línea de control usando las riendas y algunas veces los pies. La acción de las riendas y la brida aplica presión a la nuca, el puente de la nariz, la boca, la barbilla, y todo alrededor, lo que está totalmente muy por delante de la línea de control. Cuando hay más presión en un lado que en el otro, el caballo se desvía. También la presión en su cabeza hace que el caballo flexione el cuello verticalmente y coloque su cara hacia adentro. En combinación con la presión de los pies del jinete *delante* de la línea de control, el caballo retrocederá. En combinación con la presión de las piernas *detrás* de la línea de control, el caballo se reunirá y encogerá, elevando la espalda en el proceso y remetiendo sus posteriores debajo del cuerpo.

Como hemos dicho antes, un caballo puede aprender a reducir la velocidad y parar cuando el jinete tira de las dos riendas, pero ésta no es una señal a prueba de fallos. ¿Por qué? Pues porque los caballos pueden apoyarse en el bocado y seguir avanzando. Un caballo de carreras, de hecho, *aumentará* su velocidad cuando el jockey sujeta firmemente su boca con las riendas. Esto se debe al fenómeno llamado "reflejo de oposición", que es una respuesta que actúa contra la fuente de la presión. Este fenómeno se da en la mayoría de las especies del reino animal.

PARADA CON UNA RIENDA

La revolución en la equitación natural ha elevado hasta un altísimo nivel la importancia de la seguridad del jinete. Por una razón: la mayoría de los jinetes actuales son de más edad y no están tan sanos como antes, ni se recuperan con tanta facilidad de las lesiones. Roy Rogers, el admirado rey de los Cowboys, dijo en el ocaso de su vida: "Cuando era joven y me caía de un caballo podía romperme algo. Hoy día quedaría destrozado". Sentirse seguro sobre el caballo es un prerrequisito para sentirse seguro de sí mismo como jinete.

Para sentirse seguro, un jinete necesita saber que podrá detener el caballo y recuperar su control, pase lo que pase. Que el caballo se desboque o se ponga a botar son los dos terrores del jinete novato, porque ambos representan una total pérdida de control.

La parada con una rienda es, desde hace tiempo, el mejor método comprobado de recuperar el control en casi cualquier situación. Se la conoce de varias maneras: como el freno de mano de emergencia, cómo desunir los cuartos traseros, eliminar la tracción del caballo y doblar el caballo. Todos ellos se refieren a lo mismo: tirar de la cabeza del caballo a un lado y mantener la tensión hasta que se detenga. Más frecuentemente, se conoce como parada con una rienda, porque estás tirando *sólo de una rienda.*

Hace falta alguna fuerza, pero no tanta como puedas suponer. Los caballos tienen una tremenda fuerza para mover su cabeza arriba y abajo, pero mucho menos para hacerlo de izquierda a derecha o viceversa. La clave es tirar de una rienda y aguantarla hasta que el caballo pare y puedas desmontar con seguridad, si es lo quieres.

¿Por qué funciona la parada con una rienda? El secreto está en una de sus consecuencias más descriptivas: "desunión de sus cuartos traseros". Para poder botarse o correr, un caballo necesita que sus patas traseras, la fuente de su poder, estén alineadas en paralelo. En otras palabras, ambas deben poder moverse en línea recta hacia adelante. Las dos están engranadas de la misma manera que la transmisión de un coche. La parada con una rienda desequilibra al caballo y lo obliga a dar un paso lateral con una de sus patas traseras. Esto elimina su "poder de tracción", o coloca sus patas traseras en una posición no paralela. Las desune, o deja su cambio de marchas en punto neutro. Mantener su cabeza sujeta hacia un lado mantiene, asimismo, su posición neutral. Todas estas cosas le obligan a pensar en sus patas y es un claro recordatorio de quién es el que está al mando, el que controla sus movimientos. Cuando le haces pensar en todas estas cosas, la parte izquierda de su cerebro no tiene posibilidad de intentar botarse o correr desbocado.

La mayoría de los instructores de equitación natural enseñan la parada con una rienda y algunos insisten que sus estudiantes la practiquen en todos los aires hasta que se convierta casi en un acto reflejo. En cualquier momento que el jinete sienta que va a perder el control, se le anima a que use la parada con una rienda. Irónicamente, una vez que el jinete está seguro de que puede parar a su caballo y desmontar, llega lo esperado: se relaja y se convierte en un mejor jinete, haciendo la parada con una rienda mucho menos necesaria.

¿Por qué se enseña esto a los estudiantes? ¿Por qué les hacemos practicarlo una y otra vez hasta que ni siquiera tienen que pensar en ello? Por dos razones. Una, la sincronía es importante. En una emergencia, cuanto más tardes en reaccionar, más cosas peligrosas pueden sucederse. Cuando un caballo se desboca o se pone a botar, la adrenalina fluye tanto en el jinete como en el caballo. Lo menos fácil es pensar claramente. La parada con una rienda, ejecutada en un episodio de pánico, en una carrera desefrenada, puede originar un giro violento y hacer que caballo y jinete caigan al suelo. Segundo, hace falta bastante espacio para hacer una parada con una rienda, porque el caballo realiza un amplio arco mientras reduce la velocidad y se para. Si tú y tu caballo vais por un sendero estrecho y se desboca, esto puede ser un problema.

Cuanto más rápidamente el jinete pueda aplicar esta técnica, mejor. Si se ha practicado y ya es una respuesta instintiva por parte del jinete, un caballo sólo podrá dar unos pocos pasos antes de que se flexione su cabeza a un lado y el control se restablezca de nuevo. Los caballos también aprenden esto. Y cuando sienten la sensación familiar de una parada con una rienda, casi siempre dejan de estar asustados. Saben que su líder está con ellos y es el que manda.

La parada con una rienda puede usarse montando con bocado o con filete. El filete tiene que ser del tipo "de palillos" o usarlo con una tira de cuero como barbada, para evitar tirar a través de la boca del caballo.

MONTANDO POR EL OTRO LADO

Tradicionalmente, montamos los caballos por su lado izquierdo. Las tradiciones se inician casi siempre por razones lógicas, y ésta no es una excepción. La mayoría de las personas son diestras, y los soldados diestros llevaban la espada a la izquierda. Montando por la izquierda se evitaba que el caballero tropezara con su espada cuando levantaba la pierna derecha para montar.

No hay ninguna razón para limitarnos a montar sólo por la izquierda. Incluso es mejor para la espalda del caballo alternar los lados, y el jinete maduro agradecerá aliviar el esfuerzo constante en su rodilla izquier-

COMPARTIMENTACIÓN CELULAR

La imposibilidad de que un caballo transfiera lo aprendido en un lado al otro ha sido reconocida y aceptada desde hace tiempo por los entrenadores de caballos. Se había asumido que el cerebro de los caballos era algo diferente físicamente en este aspecto con respecto al de otros mamíferos, como los humanos. Las disecciones han demostrado que esto es falso. Las conexiones neuronales que conectan los hemisferios del cerebro del caballo no son diferentes de las de otros mamíferos.

Entonces, ¿por qué el caballo no puede hacer la correlación? ¿Por qué no podemos enseñarle las cosas en un lado y le dejamos que lo asocie en el otro?

Conforme al entrenador de caballos Willis Lamm, que trabaja con la Dra. Corrine Davis, investigadora veterinaria de la Universidad de Stanford, la teoría actual se denomina "compartimentación celular". Los caballos no entrenados no transfieren, en un grado significativo, lo que han aprendido desde la izquierda a la derecha, desde abajo a arriba, de delante a atrás, desde un compartimiento o "cajón" a otro. Se cree que es un mecanismo de supervivencia que opera a nivel celular.

De acuerdo con Lamm, "como animal presa en un mundo hostil, su tendencia a pensar en términos de que "esto (el estímulo) está bien aquí, pero demuéstrame que también es correcto allí", es la clave para la detección temprana de los peligros reales y, por lo tanto, para sobrevivir". Curiosamente, con el entrenamiento, especialmente la clase de relación y desensibilización que se establece en el chequeo premonta, el caballo se relaja y la compartimentación se difumina, haciendo más fácil enseñarle cosas nuevas y ayudarle a correlacionar experiencias pasadas. Quizás sólo es una cosa tan sencilla como que el caballo aprenda a confiar en el humano.

da. Quizás aún más importante: desde el punto de vista de la seguridad, la práctica de montar por el otro lado, el lado derecho del caballo, nos preparará a nosotros y a nuestro caballo para situaciones en que ésta sea la única forma práctica de montar.

Imagínate que vas por un camino estrecho de montaña, con un precipicio a tu izquierda y un talud de roca a tu derecha. No sería práctico ni seguro montar o desmontar por la izquierda. Pero, ¿qué pasa si tu caballo no está acostumbrado a que lo montes por los dos lados indistintamente? ¡Para él sería como si lo montaras por vez primera! Acuérdate: el caballo no asocia experiencias en su lado izquierdo con experiencias idénticas en su lado derecho, por lo menos no de la misma manera y al mismo nivel que nosotros. Por esto es que debemos trabajar ambos lados regularmente; estamos, en efecto, enseñando a los dos lados –educando ambos hemisferios de su cerebro– individualmente.

CASCOS PROTECTORES

Comparándolo con el tamaño del cuerpo humano, nuestro cerebro es bastante grande y, por desgracia, vulnerable a las lesiones. La vida no es la misma después de que el cerebro de una persona ha resultado dañado. Usar un casco cuando montamos puede ser la única protección, aunque en algunos ambientes, incluyendo en prácticamente todas las actividades de la monta western, aún no es corriente su uso. ¿Por qué?

La razón número uno es la tradición. El sombrero de cowboy es el símbolo de todo lo que es western. Llevar el estilo de sombrero con la forma adecuada es muy importante para un cowboy auténtico, y para el aspirante a cowboy de fin de semana también. Funcionalmente, el sombrero de cowboy es difícil de criticar. Mantiene tus ojos protegidos del sol y tu cuello de la lluvia. Disimula las calvicies incipientes y los cabellos sin arreglar. Si está muy usado y sucio, parece aún más auténtico. Y, claro, es un símbolo del Oeste Americano.

Pero toda esa funcionalidad y estilo no sirve para mucho en caso de accidente. El sombrero de cowboy no protege prácticamente nada el cráneo. Si no se cae, se aplasta con el impacto. Los autores de este libro, y seguramente muchos lectores, saben de personas que han muerto en un accidente de caballo, en el que quizás usar casco hubiera hecho las consecuencias menos trágicas.

En muchos países, las leyes obligan a usar casco a los motoristas, ciclistas, en motos acuáticas, etc. La mayoría de los niños ya usan casco

Usar casco es cosa de sentido común para cualquier jinete.
(*L. Hanselmann/NARHA*)

para ir en bicicleta, lo que era totalmente desconocido hace diez años. Las motocicletas y bicicletas comparten las carreteras con coches y camiones, conductores bebidos, distraídos, o suicidas, pero, por lo menos, los coches y camiones operan de una manera más o menos predecible. Pero los caballos no.

Algunas veces se considera al casco como un signo de que el jinete tiene poca confianza en su habilidad con los caballos, o que es un pesimista o falto de coraje. Todas estas cosas, claro, no tienen sentido.

Usar casco es cosa de sentido común para cualquier jinete.

Muchos participantes con caballos de exhibición western tienen la costumbre arraigada con respecto a llevar sombrero y son renuentes a ir en contra de la tradición y usar casco. No obstante, el tiempo empleado en una pista de espectáculo es mínimo comparado con el necesario para el entrenamiento o durante un paseo por el campo, en los que debería usarse siempre el casco.

Mientras se escribía este libro algunos instructores involucrados activamente en la revolución de la equitación natural usan casco para montar en público o, como mínimo, lo recomiendan. Pero ya hay signos de cambio en estas costumbres. Algunos instructores usan casco antes de tratar con caballos jóvenes o con problemas. Frank Bell, GaWaNi Pony Boy y el instructor de mulas Steve Edwards son ejemplos típicos. Y en sus demostraciones de Join Up, Monty Roberts insiste en que las primeras montas sobre un caballo se deben hacer usando casco. Incluso aquellos instructores, como Curt Pate, que aún no han iniciado el cambio en sí mismos, dicen a menudo que confían en los cascos y recomiendan a sus estudiantes que los usen.

Los cowboys de rodeo, especialmente los que montan broncos y toros bravos, han adoptado recientemente equipamientos de seguridad, como chalecos protectores y collarines. Algunos *bull riders* (jinetes de toros) ya usan casco. Aunque la mayoría de los que montan caballos broncos usan aún flexibles sombreros de cowboy. Como ellos no pertenecen al mundo de la enseñanza, es difícil criticar sus opciones personales. Pero, como los instructores, están en una buena posición para influir positivamente sobre la mentalidad de los jinetes de recreo.

Los cascos al estilo western ya se comercializaron en el pasado, pero no alcanzaron la aceptación del público por su apariencia demasiado voluminosa. Esperemos que algún día se consiga un material alternativo que haga posible que el casco conserve el aspecto de un auténtico sombrero de cowboy y, además, proporcione una buena protección para la cabeza.

CAPÍTULO 8

EL ENIGMA DEL COWBOY, RODEOS Y RANCHOS

No ERA PREVISIBLE QUE LA LARGA RELACIÓN de la humanidad con el caballo fuera a sufrir un cambio tan revolucionario en sus métodos de entrenamiento popularizado por unos pocos cowboys, a finales del siglo veinte. Éste es, con mucho, el aspecto más sorprendente de este fenómeno.

La mayoría de los hombres que han acercado estos métodos al público han sido en otros tiempos competidores de rodeo.

LOS COWBOYS DE RODEO

El rodeo es un deporte rudo, nacido en América. Es rápido y violento, y puede ser peligroso para el hombre y para el animal. No es para pusilánimes. Sin embargo, del rodeo han salido numerosos grandes caballistas que ahora apoyan y enseñan suaves, humanitarios y no coercitivos métodos para entrenar caballos; hombres que predican una filosofía de compasión, generosidad y justicia en la forma en que debemos encarar nuestra tarea con los caballos.

Pero todo esto no es tan contradictorio como parece a simple vista.

Los jóvenes, varones o hembras, se sienten atraídos inicialmente por el deporte del rodeo porque les gusta estar entre animales. Quieren trabajar con animales, jugar con ellos, e implicar sus vidas con ellos. El hecho de que el rodeo sea altamente competitivo, físicamente retador, peligroso y excitante, no desanima a los jóvenes. ¡Les atrae!

El riesgo para los animales en los rodeos ha sido muy exagerado por sus opositores. Cualquier lesión de un animal es atendida adecuadamente por los participantes en el deporte, y las reglas intentan minimizar los riesgos de lesiones. Con raras excepciones, la gente de rodeo ama

Algunos eventos de rodeo, como el team roping, requieren una buena compenetración entre caballo y jinete. *(Heidi Nyland)*

Otros, como montar con silla caballos broncos, son competiciones de corcoveos y brincos entre el hombre y el animal. *(Heidi Nyland)*

a los animales. Derrochan atenciones para con ellos. Basta con darse una vuelta por las zonas de los corrales fuera de las pistas, y se pueden ver perros en los coches, camiones, pick-ups, furgonetas o caravanas. Vemos caballos acicalados, bien cuidados, y en los corrales de los caballos broncos o del ganado para roping (lazo) hay animales bien alimentados y cuidados, tanto caballos como reses. Están bien atendidos porque son económicamente muy valiosos, si no por otra razón.

Los eventos de rodeo consisten o bien en una compenetración entre hombre y animal, como sucede en los concursos cronometrados, como roping (lazado de reses), steer wrestling(*), o carreras de barriles(**), en los que el caballo es esencial para el éxito del concursante, o bien en competiciones de toros cerriles o concursos de Saltos entre el hombre y el animal, sea caballos broncos o toros.

La gente ajena a los rodeos no está al corriente de la estima con que los concursantes ven a sus animales más valiosos. Muchos de estos animales son verdaderos atletas, con un valor económico considerable, y muchas veces sorprendentemente viejos. Ha habido ilustres caballos de rodeo compitiendo con más de veinte años de edad, e incluso entrados en los treinta, lo que es una edad considerable para un caballo. Los terneros de rodeo llevan una buena y agradable vida, están bien alimentados y sólo ocasionalmente tienen que ir a trabajar.

(*) Steer wrestling: Deporte en el que un jinete persigue a un ternero, para lanzarse sobre su espalda y, cogiéndolo por los cuernos, tiene que derribarlo, para luego atarle tres patas y dejarlo inmovilizado. Es una carrera cronometrada. *(N. del T.)*

(**) Carrera de barriles o barrel racing. Carrera de velocidad cronometrada, para la que se forma en el interior de la pista un triángulo con tres barriles, separados a unas distancias reglamentadas y el caballo debe rodear cada uno de ellos por la izquierda o la derecha, a escoger, para después del tercero, en el vértice del triángulo, llegar a toda velocidad a la línea de meta que es la misma que la de salida. *(N. del T.)*

La compenetración entre un competidor de un evento cronometrado y su caballo es muy estrecha. Una actuación satisfactoria en la pista puede durar sólo unos segundos, pero representa meses, y muchas veces años, de entrenamiento, prácticas y preparación física. No es sorprendente que los jóvenes amantes de los animales se sientan atraídos por el rodeo. Pero no es nada fácil. Siempre existe implícito un riesgo físico. Las posibilidades de éxito económico son exiguas. Los concursantes *pagan* un canon por entrar en el rodeo, y sólo unos pocos ganadores pueden salir adelante económicamente. Todos los demás pierden.

Es de destacar que la deportividad tradicional en el rodeo excede a la de otros deportes profesionales. Los concursantes aconsejan y se ayudan entre ellos, muchas veces comparten premios, comparten caballos y las exhibiciones de jactancia, mal genio, bravuconadas, fanfarronadas y egolatría, corrientes en otros deportes, son extremadamente raras y mal vistas en el rodeo. Aunque la mayoría de los competidores actuales no tienen una experiencia en trabajos de cowboys, la tradicional ética y costumbres del cowboy son todavía predominantes en este deporte.

Considerando todo lo anterior, no debe sorprendernos que algunos cowboys de rodeo, cuando se han hecho muy viejos para competir con éxito, especialmente en los eventos más rudos y peligrosos, se hayan convertido en entrenadores de caballos. El trabajo con animales ha sido su vida. Por ello, cuando tales personas, durante las últimas décadas del siglo veinte, han escogido el entrenamiento de caballos en lugar del rodeo como medio de vida, era inevitable que algunos de ellos resultaran intrigados, y después involucrados, en la equitación natural.

Bill Smith, de Thermopolis, Wyoming, fue uno de los jinetes más famosos del mundo, montando broncos con silla, durante dieciséis años. Fue tres veces campeón mundial PRCA (Professional Rodeo Cowboys Association). Hoy en día realiza clínics de equitación natural por todo Estados Unidos.

Mel Hyland, de Canadá, dos veces campeón mundial PRCA, como jinete de *saddle bronc* y actualmente instructor muy solicitado.

Pat Parelli, antes de ser un instructor mundialmente conocido, fue uno de los mejores *bronc riders* del país.

Dennis Reis, un instructor del norte de California, fue un profesional de *bronc rider* a la edad de dieciséis años.

Tres veces campeón PRCA de saddle bronc, el jinete Bill Smith, de Thermopolis, Wyoming, muestra su talento en la 1975 National Finals Rodeo. *(Bill Smith Collection)*

El californiano Richard Winters fue a la escuela en el Hartnell College, de Salinas, para poder competir en su afamado equipo de rodeo. Montó *saddle broncs* y enlazó terneros. Hoy día es un dinámico conferenciante y defensor de la equitación natural.

El instructor tejano Craig Cameron montó toros profesionalmente en su juventud.

Doyle Parker, de Montana, y J.C. Bonine, de Texas, ambos ex *bronc riders*, son actualmente instructores.

Harry Whitney, un respetado instructor, que vive en Wickenburg, Arizona, fue animador de rodeo con animales y montando a la Romana, hace trabajos de pick-up man(*).

Monty Roberts fue dos veces campeón de la National Intercollegiate Rodeo Association. Hoy día enseña equitación natural a tiempo completo y es conocido en todo el mundo.

(*) Pick-up man. Uno de los dos jinetes que, en las competiciones de monta de broncos en los rodeos, se ocupa de recoger sobre la grupa de su propio caballo al competidor, después de transcurridos los ocho segundos sobre el bronco, ya que muchas veces se hace imposible desmontar con seguridad, porque el caballo sigue botándose hasta que no se afloja la cincha trasera que le oprime, cosa de la que se encarga el otro pick up man. *(N. del T.)*

Mel Hyland, de Alberta, Canadá, ha sido dos veces PRCA World Champion montando broncos con silla. (*Mel Hyland Collection*)

Pat Parelli ha competido durante más de diez años montando caballos broncos. (*Pat Parelli Collection / Fotos de Coco*)

Dennis Reis ya era cowboy de rodeo profesional a los dieciséis años. (*Dennis Reis Collection*)

Richard Winters lazaba terneros y montaba sobre caballos broncos en competiciones de rodeo. (*Richard Winters Collection*)

Larry Mahan, que fue seis veces campeón PRCA World Champion All-Around Cowboy y se ha ganado el título del competidor de rodeo de más éxito de todos los tiempos, durante veinticinco años, hoy está inmerso en varias actividades, una de ellas como instructor enseñando esta clase de equitación natural.

Alfonso Aguilar, un veterinario mejicano y charro (la élite de los caballistas de Méjico), desde los nueve años, vivió diez años en los Estados Unidos aprendiendo equitación natural. Aunque Aguilar no fue nunca un competidor de rodeo, ha sido extraordinario con el lazo y ha competido muchas veces. Actualmente enseña, equitación natural no sólo en Méjico, sino también por toda Europa.

Buck Brannaman, además de haber actuado en ocasiones en competiciones de rodeo, ha sido un profesional de habilidades y malabarismos con el lazo desde que era pequeño, y ha participado en innumerables rodeos en esa especialidad.

El gran cowboy de rodeo, nueve veces campeón PRCA, Ty Murray, ha sido alumno en el Dennis Reis Universal Horsemanship. En 2003, durante la National Finals Rodeo, en Las Vegas, Nevada, Ty, junto con sus padres, participó en el Reis's Day of the Horse, en una exhibición en la pista del Hotel Excalibur. Murray se ha convertido en un locuaz y efectivo divulgador de la revolución en la equitación natural.

Es muy irónico que estos ex competidores de rodeo, involucrados en un deporte que, para muchas personas desinformadas, parece ser inhumano, fueran los instrumentos para eliminar la brutalidad coercitiva que ha sido la técnica tradicional en el entrenamiento de caballos desde que la humanidad domesticó a este animal.

Pero es comprensible. Estos hombres amaban el caballo, y lo conocían mejor que la mayoría de los que se llaman amantes del caballo. Esta combinación de amor y respeto por el animal, junto con una comprensión auténtica de su naturaleza, ha sido lo que ha creado la revolución en la equitación natural.

EL DEPORTE DEL RODEO

El deporte del rodeo ha tenido una influencia importante en la equitación western en Norteamérica, una positiva y otra negativa.

El rodeo es un deporte netamente americano, evolucionando desde finales del siglo diecinueve, cuando los cowboys del oeste comenzaron a competir para exhibir sus habilidades montando y lazando. Varias comunidades reclaman el título de ser las primeras en organizar rodeos, pero el primer rodeo moderno auténtico tuvo lugar en Prescott, Arizona, en 1888.

Como una gran parte de la cultura del cowboy norteamericano, el rodeo tiene sus raíces en Méjico. La palabra "rodeo", tiene su origen en el vocablo español que tiene el significado de rodear, reunir, a varias cabezas de ganado.

Durante los primeros años del siglo veinte este deporte se hizo muy popular en América, coincidiendo con la popularidad de los "Wild West Shows" (Espectáculos del Salvaje Oeste), que eran espectáculos de entretenimiento en los que tomaban parte jinetes, lazadores y tiradores expertos, y se recreaban acciones de batallas y conducción de ganado. Aunque estos Wild West Shows fueron desapareciendo antes de la II Guerra Mundial, el rodeo se mantuvo y cada vez fue más popular.

Inevitablemente, este deporte y sus estrellas influenciaron en toda la cultura del cowboy y también en la equitación western en general. Algunas de las innovaciones no eran muy adecuadas para montar de forma correcta. Por ejemplo, una silla de montar con un borrén delantero alto junto al cuerno, y el asiento inclinado profundamente hacia el borrén trasero es adecuada para montar broncos y lazar ganado. Este fue el estilo predominante en la mayoría de las sillas western desde 1930 en adelante, hasta el fin de siglo. Esta elevación situaba el centro de equilibrio del jinete *por detrás* del centro de equilibrio del caballo, lo que es contraproducente para una correcta equitación. Y así fue hasta que Ray Hunt popularizó el fuste estilo "Wade", con su asiento más alto y plano, que representó un cambio en la industria de las sillas de montar. La mayoría de los instructores actuales usan un armazón o fuste Wade, sobre el que hablaremos más adelante con más detalle.

Los borrenes traseros también han cambiado. A finales de 1940 y 1950 las sillas de *calf-roping* (lazado de terneros) se empezaron a hacer con los traseros más bajos, a fin de facilitar al jinete desmontar con rapidez en ese evento cronometrado. Entonces los *calf-ropers* desmontaban por el lado izquierdo y cruzaban por debajo de la cuerda para derribar al ternero por la derecha del caballo. Un borrén trasero más bajo, aunque fuera sólo unos pocos centímetros, era suficiente para poder desmontar más rápidamente. Hoy día, los *calf-ropers* desmontan por la derecha del caballo, lo que parece representar un ahorro de tiempo considerable, pero, como muchas novedades, al principio casi nadie lo aceptó, y los borrenes en las sillas de *roping* siguieron siendo excesivamente altos. Para la equitación western en general, los instructores de equitación natural han vuelto a popularizar las sillas con borrenes traseros de 6, 8 ó hasta 10 centímetros. Incluso Clinton Anderson usa una silla de estilo cowboy Australiano, sin cuerno y con un considerable borrén trasero. Las competiciones cronometradas de *roping* y *wrestling* requieren que el caballo corra y pare sin levantar la cabeza. Por ello, el *tie-down* (martingala fija) se hizo muy popular entre los concursantes de esas especialidades, pero no era necesario para otras actividades ecuestres. De hecho, es una excusa para caballos mal entrenados y jinetes poco expertos. A pesar de esto, debido a la influencia de los rodeos, el uso del *tie-down* se extendió a toda la monta western fuera de las competiciones de rodeo. Hoy día, esta tendencia empieza a disminuir gracias al movimiento de la equitación natural.

Las competiciones cronometradas de rodeo también popularizaron los bocados de palanca, los bocados con cierra-bocas y las *hackamores* (jáquimas) mecánicas. Casi siempre fueron útiles, pero no son buen ejemplo en el arte de la equitación natural. Es interesante resaltar que un número cada vez mayor de *steer wrestlers* (derribo de terneros) usa hoy en día filetes suaves. En el "2003 National Finals Rodeo", la mayoría de concursantes de *steer wrestling* montaban los caballos con filete y, sorprendentemente, la mitad de ellos estaban esperando, en sus *boxes* (corraletas), prestos a lanzarse como rayos tras del ternero, con las *riendas flojas*. La influencia de la equitación natural ha llegado hasta la fiera competitividad del deporte del rodeo.

Hace unos cuantos años, todos los corredores de *barrel racing* usaban las espuelas profusamente con sus caballos, y la mayoría de ellos también la fusta, golpeándolos delante de la línea de control, casi siempre de manera descoordinada. La mayoría de los buenos corredores profesionales de *barrel racing* actuales lo hacen mejor, quizás inspirados en los jockeys de carreras, que no pueden usar espuelas con sus caballos y que, cuando usan la fusta, lo hacen en coordinación con el tranco del caballo, y detrás de la línea de control. Algunos usan filete y algunos han eliminado los *tie-down*. Estos cambios deben ser, en parte, resultado de la revolución en equitación natural.

El rodeo ha influenciado considerablemente en popularizar el tamaño de los caballos western. Los *team ropers, single steer ropers* y *pick-up men* necesitaban caballos grandes. Pero la mayoría de los jinetes western actuales practican las marchas, y no necesitan realmente caballos grandes. Un alto porcentaje de caballos residen actualmente en establos suburbanos y los montan niños, jóvenes o mujeres de poco peso. ¿Para qué necesitan caballos grandes? Muchos cowboys prefieren un caballo más pequeño, ágil y brioso. Es significativo que las líneas de sangre de los caballos más populares en *cutting* y *reining* son, en su mayoría, *caballos pequeños*. Desde el punto de vista veterinario, los caballos más pequeños suelen gozar de mejor salud que los grandes. Los caballos salvajes raramente superan las 800 libras (aproximadamente 350 kilogramos) de peso y maduran más despacio. Los caballos ligeros, como los ponis Welsh y otras razas de ponis, los Morgans, los árabes más pequeños y los mustangs sufren menos de laminitis (infosura) que las razas más pesadas. Es el propio peso del caballo, y no el peso del jinete, lo que más contribuye a las lesiones.

Aparte de las citadas influencias negativas que el rodeo ha tenido en Western Horsemanship, también ha habido profundos beneficios.

Por una parte, la extrema competitividad del rodeo, en el que una fracción de segundo puede determinar el ganador de la prueba, ha significado un gran impulso para criar mejores caballos.

El American Quarter Horse y las razas que tienen un alto porcentaje de sangre de esta raza, como el Appaloosa y el American Paint Horse, han sido muy influenciados por el deporte de las Carreras de Cuarto de Milla. La aportación de sangre del purasangre había descendido incluso antes de establecerse el Registro del American Quarter Horse en 1940, pero se vio fuertemente incrementada por la popularidad de estas carreras. No obstante, el rodeo también ha tenido una influencia importante. *Steer wrestling* y el *roping* requieren caballos con un extraordinario *sprint* de salida, capaces de alcanzar la máxima velocidad en pocos segundos desde la salida del box. Los caballos de *calf-roping* precisan de una parada súbita, y los de *steer-roping* deben ser capaces de girar a gran velocidad, como también los de *barrel-racing*. Todo esto ha propiciado una crianza tan selectiva para mejorar estos atributos que las razas de caballos actuales son los mejores *sprinters, stoppers* y *turners*(*) de todas las razas.

Actualmente, en las Finales Charro Mejicanas, casi todos los competidores montan sobre caballos americanos –Quarters, Paints y

---

(*) Se dice de los caballos que mejor arrancan a toda velocidad (sprinters), paran súbitamente (stoppers) y giran con facilidad (turners). *(N. del T.)*

Appaloosas– cuando, hace treinta años, lo hacían sobre caballos andaluces o de otras razas españolas. Las competiciones cronometradas han impuesto esta selección.

Hasta mucho después de la II Guerra Mundial, el *dally roping* era una competición cronometrada de rodeo muy popular en la costa oeste de los EE.UU. *Dally roping* es un estilo tradicional mejicano de lazar, en el que después de que el ternero ha sido cogido con el lazo, la soga se enrolla en el pomo de la silla para detener al ternero(*). Los mejicanos hicieron popular esta forma de lazar en la California colonial y en las Islas Hawai. En Tejas, sin embargo, durante la época de los grandes desplazamientos de rebaños de ganado, los primeros cowboys, sin saber nada del "dally", solían atar el extremo de la cuerda del lazo al pomo de su silla. Esto se llamó como lazado "*hard-and-fast*" (fuerte y rápido). Ambos sistemas tienen sus adeptos, que defienden fuertemente las ventajas de su favorito y los inconvenientes del otro estilo.

Los que defienden el *hard-and-fast roping* aducen que un descuido puede hacer perder un dedo atrapado entre las vueltas de la cuerda sobre el pomo, o quizás más de uno, o toda la mano.

Los que son partidarios del *dally-roping* responden que el *hard-and-fast* puede conducir al desastre –ya que incluso un cuchillo bien afilado para cortar la soga puede que no sea posible usarlo con la suficiente rapidez para salvar a caballo o jinete. También alaban que el *dally roping* demanda más habilidad, mientras que para *hard-and-fast* no hace falta ninguna.

Aunque algunos eventos de roping en los rodeos se efectúan con el sistema de hard-and-fast (calf roping o, también single-steer roping, que sólo puede verse en algunos estados del oeste), en el inmensamente popular deporte del team roping se usa sólo el sistema *dally*. Tanto el *header*, que encabeza el equipo y enlaza la cabeza del ternero, como el *heeler*, que lo atrapa por las patas traseras, deben usar *dally*.

Durante la mayor parte del siglo veinte, el *team roping* se hizo un deporte muy popular en Arizona, llamado entonces "team tying". Un *header*, atando *hard-and-fast*, enlazaba un ternero por la cabeza: luego el *heeler*, también *hard and fast*, enlazaba las patas traseras. El *header* desmontaba, corría hacia el ternero, y ataba las patas con otra cuerda, con un tiempo cronometrado. Este popular deporte fue adoptado no sólo

---

(*) Dally: Esta palabra viene de las exclamaciones en español que gritaban los vaqueros cuando se lazaba una res "¡dale, dale!". *(N. del T.)*

por los cowboys, que era para ellos parte de su trabajo diario en los ranchos, sino también por estudiantes, universitarios, hombres de negocios y profesionales. El *team tying* fue mirado con desdén por los que practicaban el *team roping*, que usaban el sistema *dally roping* y era practicado ampliamente en California.

Pero a fines del último tercio del siglo veinte, ocurrió un gran cambio. No sólo fue Arizona que adoptó el sistema *dally* en el team roping de California, sino que este deporte se extendió por todos los Estados de Norteamérica e incluso Canadá. Actualmente el team roping, estilo dally, es muy popular en todas partes. Como desmontar no es necesario, incluso pueden competir jinetes de cierta edad y con sobrepeso, e incluso un número creciente de mujeres se incorporan a la práctica de este deporte. Debido a que el Quarter Horse posee en exceso los atributos necesarios de salidas rápidas, aceleración, giros rápidos, paradas súbitas y fuerza física, esta raza forma parte integrante de este deporte, otro ejemplo de la influencia del rodeo en los caballos western y en la equitación natural(*).

COWBOYS EN LOS RANCHOS DEL OESTE DE TEJAS

Hemos visto de qué manera algunos cowboys de rodeo han cambiado de vida y se han convertido en pioneros y defensores en la revolución de la equitación natural. No obstante, los cowboys de rodeo no son siempre, necesariamente, cowboys de rancho. La mayoría de los instructores que hemos mencionado fueron ambas cosas en distintas épocas, y durante la primera mitad de siglo del deporte del rodeo, la mayor parte de los participantes provenían, de hecho, de los ranchos.

Esto ya no es así. Un alto porcentaje de los participantes hoy en día nunca se han ganado la vida trabajando como cowboys en un rancho. Son simplemente deportistas que practican su deporte. Para ser sincero, la mayor parte de excelentes cowboys de rancho no podría competir con estos deportistas profesionales en una pista, esta es una de las razones por la que los "rodeos de rancho" son actualmente cada vez más populares. Están pensados para cowboys trabajadores de rancho y las reglas adaptadas para emular los auténticos trabajos de rancho.

El auténtico icono americano no es la estrella del rodeo, ni el cowboy de Hollywood, ni el hombre de Marlboro. Es aquel que se gana su sus-

---

(*) Quiero destacar que, una vez hecha la traducción o explicación de los diferentes ejercicios en Monta Western, se dejarán las expresiones originales en inglés, que son las usadas exclusivamente en los eventos y competiciones, por lo que es importante que se vayan haciendo populares entre los aficionados a estos deportes. *(N. del T.)*

tento diario montado sobre un caballo, trabajando para un rancho de ganado.

Al principio de este libro, hemos visto que allí donde existe una cultura del caballo, la sociedad glorifica sus caballos y sus caballistas. El estilo de equitación natural que ha evolucionado allí se ha visto como el arquetipo de una excelente equitación. Lo cierto es que, a despecho de la cultura, sea ésta en Australia, Argentina, Méjico, Mongolia, en los países árabes, o en el oeste de los Estados Unidos, podemos encontrar grandes jinetes, pero un examen de la equitación en uso revela el empleo de una innecesaria coacción.

Posiblemente no hay región en el mundo que se identifique más con el caballo y los caballistas que el sudoeste de los Estados Unidos. Fue la Frontera hasta no hace mucho tiempo, y el cowboy americano ha sido el icono sinónimo de las vastas y espectaculares regiones que conocemos como el Oeste Americano.

En la mayoría de los estados del noroeste de los Estados Unidos y de las provincias del oeste del Canadá existen grandes ranchos en los que los caballos aún son esenciales para su funcionamiento. En esa fría climatología el ganado debe ser alimentado durante los meses de invierno con heno, y durante el cálido verano, cuando el ganado pastorea en libertad, los caballos son empleados profusamente.

Pero en los estados del sudoeste, el clima suave permite que los cowboys monten sus caballos durante todo el año. Muchas partes de ese territorio son áridas, necesitando inmensas zonas de pastoreo. El ganado siempre está en libertad en estos territorios, que son generalmente muy agrestes e inhóspitos.

El oeste de Tejas es un ejemplo típico de país donde los grandes ranchos emplean a cowboys que trabajan sobre sus caballos a lo largo de todo el año, frecuentemente viviendo a campo abierto. Muchos de estos ranchos en el oeste de Tejas aún usan carromatos para el transporte de las vituallas, aunque la alta tecnología prevalezca en las instalaciones centrales del rancho, por lo que la vida de los cowboys no ha cambiado tanto desde hace apenas un poco más de un siglo.

En un entorno semejante es inevitable que las fuertes tradiciones evolucionen y que las personas involucradas tengan una gran estima por sus tradiciones. Es cierto que los métodos de equitación que se desarrollaron en el oeste de Tejas son fuertemente tradicionales y prácticamente el símbolo de la cultura del cowboy del sudoeste.

Buster McLaury, working cowboy, instructor, fotógrafo y escritor. *(Buster McLaury Collection)*

Es por tanto, sumamente destacable que la revolución en la equitación haya penetrado en los métodos tradicionales de esa región. Los cambios han ocurrido y siguen ocurriendo, y es un gran tributo a aquellos orgullosos rancheros, que, al haber conocido un sistema mejor, han estado dispuestos a aceptar ese cambio. No fue cosa fácil, porque sus métodos tradicionales, probados durante mucho tiempo, han producido muchos, muchos, verdaderamente buenos caballos y caballistas superdotados.

Buster McLaury

Buster McLaury, de Paducah, Tejas, es un auténtico cowboy tejano. La mayor parte de su vida ha estado trabajando con ganado en las Grandes Llanuras, en Nevada, la tierra del buckaroo, y en la zona del Big Bend de Tejas, pero principalmente en los grandes ranchos de las escabrosas praderas arbustivas del oeste de Tejas. En estas zonas de pastoreo, de entre 2.500 y 10.000 hectáreas, el ganado no suele ver a muchas personas y está libre en el campo todo el año, arreglándoselas por su cuenta. Esencialmente son animales salvajes.

Top hand(*) y también fotógrafo y escritor de talento, McLaury admite que cuando oyó hablar por primera vez de la equitación natural, reaccionó como era de esperar. Se burló de ello. Pero más tarde acudió a un clínic de Ray Hunt, en 1983, en el Rancho 6666, en Guthrie, Tejas, e inmediatamente se convenció. En esa época, Hunt iniciaba potros todos los años y hacía clínics, y Buster McLaury aprendió mucho. En 1996 comenzó él mismo a organizar clínics porque muchas personas se lo pedían. Nunca había planeado ser instructor, pero hoy en día se dedica a ello a tiempo completo. Cuando hablé con él en mayo de 2004, antes de la publicación de este libro, estaba de camino hacia Nueva York para celebrar un clínic en un centro hípico de Doma Clásica. ¿Es o no es todo

---

(*) Top Hand: Se dice de aquél que tiene buena mano, que es muy hábil en el manejo de caballos. *(N. del T)*

esto una revolución? ¿Quién podía imaginarse, tres décadas atrás, que un cowboy del oeste de Tejas fuera a dar clases a un centro dedicado a la Doma Clásica en Nueva York? ¿Y que los jinetes de ese centro fueran a escucharle?

Buster McLaury es muy perspicaz. "He estado montando caballos toda mi vida", dice. "Como trabajador cowboy me ha gustado montar buenos caballos y tengo fama de saber manejarlos correctamente. Ahora me manejo mejor. No me tengo que preocupar por estar sobre el caballo. Tengo más tiempo para dedicarme al ganado, que es mi trabajo".

Recalca que hay muchos ranchos que están evolucionando hacia tener en cuenta la equitación natural y más aún lo harán en el futuro, debido a la economía.

"La venta de caballos de rancho se ha convertido en un buen negocio, y las personas que compran esos caballos quieren que sean seguros y dóciles. Los caballos se valoran mucho actualmente, y esto hace funcionar los seguros. La responsabilidad civil en los pleitos judiciales y los descuentos de las compañías aseguradoras promueven que los caballos sean cada vez más fiables y seguros".

Hace años, una expresión muy común en un rancho era: "es un buen caballo, pero necesita un buen cowboy que lo monte".

¿Qué significaba esto? Significaba que el caballo no era de confianza. Esto, hoy en día, no es en absoluto aceptable.

Pitchfork Land and Cattle Company

La gran empresa *Pitchfork Land and Cattle Company*, cerca de Guthrie, Tejas, está dirigida por Bob Moorhouse, un tejano criado dentro del negocio de ranchos de ganado. En su extraordinario libro *The Texas Cowboy*, publicado en 1997, Thomas "Peeler" Saunders IV, uno de los importantes del Rancho Pitchfork, dice:

"Actualmente, los grandes ranchos están adoptando una nueva filosofía para iniciar sus caballos jóvenes. Contratan a caballistas ajenos para que vayan a ayudar a sus cowboys a iniciar sus potros y desarrollar una buena equitación natural. La introducción de equitación natural a través de los discípulos de Tom Dorrance, Ray Hunt, Pat Parelli y Craig Cameron, ha proporcionado a personas como yo mismo una oportunidad de ofrecer buenos equipos al servicio de sus caballos, y esas personas han respondido".

Es significativo que los de Pitchfork dicen "iniciar" caballos. Otros rancheros aún se refieren a este proceso como "domar broncos".

En 1997, el *Ranch 6666*, también llamado "The Sixes - Los Seis", contrataron a un cowboy californiano a tiempo completo para iniciar a sus potros usando los métodos que él había aprendido de Ray Hunt. Está claro que no todos los ranchos del oeste de Tejas (o de cualquier otra parte), se han convertido a la equitación natural. Muchos todavía usan los antiguos métodos: amarrar al bronco, atarle una pata trasera, taparle los ojos, usar maniotas, ensillarlo y dejar que se bote.

King Ranch y Lester Buckley

Tejas es un estado muy grande, y el negocio de los ranchos de ganado es muy importante. La revolución no está en modo alguno confinada a la mitad occidental. Hacia el sur, en la costa del Golfo, está el rancho más grande de los Estados Unidos, el *King Ranch*, fundado en 1860. Es famoso por su ganado de raza Santa Gertrudis, sus *vaqueros*, muchos de los cuales han trabajado en él de generación en generación, y sus magníficos caballos.

Lester Buckley creció en la zona de ranchos cerca de Graham, Tejas. Empezó entrenando caballos para financiar su educación en la Universidad de Saint Ross. En 1981 conoció a Ray Hunt y quedó impresionado por sus métodos, que eran muy diferentes de los que él había estado empleando hasta entonces. Él comenta: "Desde ese momento supe que eso es lo que yo quería hacer".

Buckley lo vio claro y se convirtió en discípulo de Ray Hunt, pero dice que también aprendió cosas muy interesantes de Bill Dorrance y de John Lyons. Al terminar la Universidad estuvo trabajando para varios importantes rancheros en Tejas y Canadá. Después, durante siete años, estuvo entrenando caballos de cutting.

Lester Buckley, cowboy nacido en Tejas, ha empleado las técnicas de natural horsemanship en los ranchos de ganado más grandes de los Estados Unidos. (*Lester Buckley Collection*)

Tradicionalmente, los *vaqueros* del King Ranch iniciaban sus propios potros, usando los métodos tradicionales. Pero más tarde el Rancho empezó a contratar a entrenadores externos, y Buckley y su socio Jimmy Scudda estuvieron trabajando desde noviembre hasta febrero iniciando alrededor de treinta potros. Después de esto, Buckley viajó hasta el Rancho Parker, en Hawai, el rancho de un solo propietario más grande de los EE.UU, Richard Smart. Durante cinco años estuvo haciendo estos trabajos en ambos ranchos, antes de pasar a ser capataz en el Parker Ranch, durante tres años. Luego volvió a Tejas y reanudó el entrenamiento de caballos de cutting y dando clínics para el público. En 2003, regresó a Hawai definitivamente, llevándose con él a su querido semental campeón *Colonel Win*.

Este cowboy tejano viajó a Alemania para estudiar doma y equitación clásicas, y allí trabaja de instructor en iniciar potros y entrenamiento pie a tierra. Inteligente, sincero, modesto y con talento, dice que ha aprendido de muchas personas, de muchas fuentes, pero que ha aprendido más de los caballos estando solo con ellos. Su lema es "*Piensa*".

Kokernot 06 Ranch

El *Rancho Kokernot 06* es uno de los negocios de ganado más antiguos de Tejas. Una buena parte del año sus propietarios, Diane y Chris Lacy, y su hijo Lance, viajan en un carromato tirado por caballos y acampan en tiendas mientras se ocupan de su ganado al viejo estilo.

La equitación que se practica en el *Kokernot 06* es, en cambio, cualquier cosa menos tradicional. Como dice Diane Lacy: "Cuando aprendimos esta clase de equitación de Ray Hunt, hace

"Llevándolos de vuelta a casa" en el Kokernot 06 Ranch, en Tejas. *(Diane Lacy, www.dianelacy.com)*

años, los cowboys opinaban que era estúpida e ineficaz. Algunos ni siquiera intentaron probar, y esto creó bastante confusión. Pero superamos esto y hoy día tenemos un espíritu de equipo en el que se incluyen los cowboys, los caballos e incluso el ganado. Es toda una filosofía que abarca a los caballos, el ganado, las personas y a nuestros hijos. Usamos este mismo método inclusive con nuestros hijos pequeños, premiándoles el mínimo esfuerzo y reconociendo su esfuerzo".

R. A. Brown Ranch

Fundado en 1895, el *R. A. Brown Ranch*, en Throckmorton, Tejas, es uno de los más antiguos y mayores ranchos de ganado de todo el estado, manejando frecuentemente más de 7.000 cabezas de ganado. Su propietario, R. A. Brown también es un afamado criador de Quarter Horses y es miembro de la *AQHA Hall of Fame*. Brown nos cuenta cómo le ha afectado esta revolución.

"Crecí en un rancho que trabajaban con Quarter Horses. Mi padre colaboraba en la organización de la AQHA. Aprendí a domar potros cuando estaba en la Universidad. Tenían tres años o más, y los lazábamos, los derribábamos, les atábamos una pata y dejábamos que se botaran.

"Vamos a trabajar" es una fotografía premiada que muestra la vida en el Kokernot 06 Ranch. *(Diane Lacy, www.dianelacy.com)*

Los que los montaban les golpeaban con la fusta a cada salto. Estos caballos de pura raza eran muy temperamentales y la mayoría se resistían bastante. Eran grandes caballos, pero teníamos que hacernos con ellos. Hoy día los caballos están más relajados y aprenden mejor. Uno de los alumnos de Ray Hunt vino a nuestro rancho y nos enseñó sus métodos, que nunca habíamos visto. Vimos que volvía a los sementales más dóciles. Ahora todos mis cowboys usan estos métodos. Mi hijo tiene su propio sistema, combinando lo que le han enseñado tres o cuatro instructores. No usamos ningún otro método. Es muy diferente de los anteriores. Estuvimos haciendo muchas cosas equivocadas y no lo sabíamos. Estábamos haciendo con ellos justamente lo contrario de lo que deberíamos haber hecho".

Moorhouse Ranch

A los sesenta y siete años, Tom Moorhouse, del *Moorhouse Ranch*, en Benjamin, Tejas, es un partidario entusiasta de la equitación natural.

"Crecí en la vieja escuela de los ranchos del país y aprendí a domar potros de los hombres que en aquella época eran hábiles jinetes. Pero, si bien es verdad que seguí la senda de mis compañeros y veía a los caballos manejados de aquella manera, lo cierto es que no me gustaba. Los métodos actuales no usan la fuerza bruta, y las cosas han cambiado en los 70. Ray Hunt es el que lo ha logrado. Al principio pensaba que su método era sólo adecuado para caballos tratados por mujeres y niños, pero, después de asistir a sus clínics, comprendí que debía costarle años a un caballo para comprender y asimilar la forma en que le enseñábamos. Hoy día los caballos broncos ya vienen a punto de aprender. Tratamos a los potros como trataríamos a un amigo nuestro. Tenemos mejores caballos y mejores caballistas en nuestros ranchos. Actualmente no toleraríamos tratar los caballos de la manera como lo hacíamos hace treinta años. Mi anciano padre me dijo cuando vio lo que habíamos cambiado: «Soy feliz de haber vivido para ver esto»".

Algunas tradiciones tardan en desaparecer, especialmente cuando se alimentan del orgullo de los machos de la especie. No en todos los ranchos de ganado se ha adoptado este método, ni tampoco lo han hecho todos los concursantes de rodeo. El hecho es que hay personas a las que *les gusta* pelearse con el caballo. Pero aquellos que se toman en serio lo que son los métodos más eficaces para manejar caballos, aquellos que quieren que los caballos y los cowboys permanezcan sanos y prestos a emprender sus labores con placer y voluntad, han visto la luz.

Los cambios más importantes en las actitudes humanas han venido de los mundos del rodeo y del rancho. Pero el cambio más relevante en los caballos se ha dado en el bastión más puro del comportamiento equino, el caballo salvaje. Examinaremos esto más adelante.

CAPÍTULO 9

CABALLOS SALVAJES, LA ÚLTIMA PRUEBA

CABALLOS SALVAJES –o, más apropiadamente, caballos *asilvestrados*–, ya que éstos son por lo general, caballos domésticos escapados, frecuentemente desde hace siglos, existen en muchas partes del mundo.

En el oeste de la América del Norte, se les conoce como Mustangs (de la palabra española *mesteño*-sin amo conocido), y en Australia como Brumbies.

A principios de 1970, el U.S. Bureau of Land Management (Oficina de Gestión Territorial de los EE.UU), descubrió una manada de veintisiete mustangs en una zona remota del sudeste de Oregón. Creyendo que eran purasangres descendientes directos de los caballos originales españoles que llegaron a América hace varios siglos, el Kiger Mustang se reconoce hoy en día como raza con su propio registro. *(KMR/Rick Littleton)*

Nueva Zelanda posee caballos salvajes. Manadas de ponis salvajes se han encontrado en el sudeste de los Estados Unidos, y también en Dartmoor, Exmoor y en el Parque Nacional de Dales, en Inglaterra. Hay caballos salvajes en Sudamérica, en las Islas Marquesas, en el Pacífico Sur, y repartidos por todo el mundo. Hasta hace poco tiempo, mustangs Mauna Kea corrían por las altas montañas de las Islas Hawai.

Ya entrado el siglo veinte, la caza de mustangs era legal en los Estados Unidos. Ciudadanos normales capturaban mustangs por medio de trampas, con lazos desde otros caballos, e incluso incapacitándolos con disparos de rifle atravesando la parte superior del cuello, una herida de la que algunos se recuperaban y otros no.

Después de mediado el siglo, activistas políticos obtuvieron una legislación proteccionista para los mustangs en libertad, y hoy día se sacrifican de forma selectiva las manadas excesivamente numerosas y se conducen a terrenos propiedad del gobierno, siendo supervisados y manejados exclusivamente por personal federal. La única manera de conseguir un caballo mustang nacido salvaje en territorio federal es comprándolo en una de las subastas oficiales que se celebran periódicamente en todo el territorio nacional por el Bureau of Land Management (BLM).

Domar mustangs para montarlos ha sido tradicionalmente una labor difícil, peligrosa y violenta. Se reflejó en el cine, en 1961, con la película *The Misfits* (Vidas rebeldes), interpretada por las estrellas de la pantalla Clark Gable y Marilyn Monroe, en la que fue el último papel para ambos.

Aproximadamente en la misma época que Hollywood presentaba en esta película el método tradicional de "caza de caballos mustangs", un sistema distinto estaba siendo ofrecido al público por otro californiano, el veterinario y futuro miembro del *Polo Hall of Famer*, Dr. Willy Linfoot. En demostraciones por todos los Estados Unidos, Linfoot cogía un Mustang BLM que él nunca había visto anteriormente,

Donner, este Kiger Mustang, fue el modelo para la película de dibujos animados, de los Estudios Dreamworks, Spirit: Stallion of Cimarron. En España se ha comercializado un DVD con el título de Spirit. El Corcel Indomable. *(KMR/Rich Littleton)*

trabajaba con él en un round pen durante unos 30 minutos, para luego montarlo tranquilamente alrededor de la pista. El notablemente corto tiempo que Linfoot necesitaba para lograr esto lo lograba eliminando algunos pasos previos que consideraba innecesarios para alcanzar esa meta. Por ejemplo, no trataba de acostumbrar al caballo a aceptar la brida o la silla. Él simplemente lazaba al mustang, trabajaba con él pie a tierra en el corral circular con la cuerda, desensibilizaba su cabeza, improvisaba con ella una "cabezada" y luego, progresivamente, desensibilizaba el costado izquierdo, subiendo y bajando del caballo hasta que él aceptaba su peso sobre la espalda. Finalmente, en menos de media hora, era capaz de montarlo a pelo alrededor del corral tranquilamente. Esta técnica en el corral circular ideada por el Dr. Billy Linfoot, se usa aún hoy día por muchos instructores para caballos sin domar. De hecho, algunos de ellos van aún más allá del trabajo de Linfoot, demostrando que incluso caballos salvajes adultos, pueden ser enseñados para aceptar la silla y el jinete, y convertirlos en monturas seguras en muy poco tiempo sin usar técnicas violentas. Linfoot influyó muy tempranamente en caballistas como Pat Parelli.

Otro caballista natural muy adelantado para su tiempo fue el australiano Kell Jeffery, que trabajó con brumbies a principios del siglo veinte. Aunque demostró con frecuencia la validez de su método y fue registrado en una película, el momento no era históricamente adecuado. No pudo convencer a la mayoría de sus compatriotas, que estaban empapados de las tradiciones de la frontera.

No obstante, uno de los discípulos de Jeffery, un ranchero llamado Maurice Wright, fue un convencido acérrimo, y editó un libro y un vídeo explicando el método en detalle. Ambos se titulaban *The Jeffery Method of Horse Handling* (El Método de Jeffery para Manejar Caballos), y el vídeo se hizo tan popular que ha venido a formar parte de la revolución en la equitación natural.

Maurice Wright visitó los Estados Unidos, y una de las personas a las que influenció más fue un joven llamado Dave Dohnel, de Bishop, California. Dohnel comenzó comprando mustangs en las subastas que organizaba el Bureau of Land Management, y empleando el método de Jeffery combinado con varios detalles del Join-Up de Monty Roberts, produjo rápidamente mustangs que resultaron suficientemente seguros y dóciles para pasear turistas en las excursiones que organizaba en la Sierra Nevada de California, y en las White Mountains.

En 1998 el popular show de televisión "20/20", presentado por Hugh Downs, transmitió una de las excursiones de Dave Dohnel. También mostró a Dave iniciando un potro mustang salvaje, de tres años, comprado en las subastas del Estado. En unos tres minutos Dave demostraba las bases de la técnica de iniciar potros empleada por la mayoría de practicantes de la equitación natural, empezando con un potro asustado entrando en el corral circular y terminando con Dohnel montado sobre el potro, alrededor del corral, con seguridad y calma, unas tres horas después.

Al año siguiente, Dohnel encabezó las excursiones sobre este caballo, llamado *Keno*, montándolo la mayoría del tiempo sólo con la cabezada. Sin bridas ni bocado. Ver la serie de fotografías a continuación, como muestra de esta extraordinaria transformación.

En el programa de TV 20/20, Dave Dohnel trabaja este potro mustang en el round pen hasta que el potro lo acepta como líder de la manada. Ambos han logrado el "Join-Up" *(Debby Miller)*

Ha empleado una hora acariciando y frotando al potro, desensibilizándolo, cogiendo sus patas y, ocasionalmente, recordándole que debe seguirle. *(Debby Miller)*

Dohnel emplea otra media hora acostumbrando al potro mustang a su peso sobre él. *(Debby Miller)*

El momento de la verdad: Dave Dohnel, con calma y suavemente, monta. No hay problema. Pronto él ya está montando, usando la cabezada para que el potro gire. *(Debby Miller)*

A continuación, Dave inicia al potro, llamado Keno, a una brida, al filete, y a la manta de la silla de montar sujeto con un cinchuelo. Él trabaja a Keno alrededor de la pista, y ambos "Join-Up" de nuevo. *(Debby Miller)*

Ahora *Keno* es iniciado a la silla de montar y soporta la cincha calmadamente en su lugar. *(Debby Miller)*

Pero, de pronto, *Keno* empieza a botarse violentamente, después de lo cual vuelve al lado de Dave, en busca de seguridad. *(Debby Miller)*

Desde el suelo, Dave, usando la cuerda de cabezada, enseña al mustang a flexionar y a ceder lateralmente en ambos lados. *(Debby Miller)*

Demostrando el Join-Up una vez más, *Keno* sigue a Dohnel antes de que lo monte de nuevo, esta vez ya con la silla. *(Debby Miller)*

Finalmente, el joven mustang está ensillado y montado. *(Debby Miller)*

Keno, ensillado y con filete. *(Debby Miller)*

Con los consejos de Dave Dohnel desde un lado de la pista, Hugh Downs empieza la relación con *Keno*. El potro acepta el liderazgo de Downs y permite que le coja las patas. Unas tres horas antes de esto Keno era un salvaje y terrorífico animal. *(Debby Miller)*

Este es Dave Dohnel, el guía de excursiones de la Frontera, montado sobre Keno, un año después de haber iniciado el mustang. Hoy día lo monta con bocado. En la foto se aprecia la marca del BLM. *(Debby Miller)*

1999. Dohnel con Keno, aquí con filete. *(Debby Miller)*

En el año 2000 se emitió otro documental en la TV, *America's Lost Mustangs* (Los Mustangs Perdidos de América), de la serie del National Geographic Explorer. En este documental, una manada de mustangs en el norte de Nuevo Méjico era rodeada y encerrada en corrales para tomarles muestras de sangre para pruebas de ADN. La intención era averiguar si estos caballos salvajes eran los descendientes directos de los caballos introducidos hacía varios siglos por los conquistadores españoles. Pat Parelli y su equipo fueron contratados para capturar los caballos y luego calmarlos lo suficiente para poderles extraer sangre para las pruebas. Escogiendo una de las yeguas más salvajes del grupo, Parelli usó las técnicas de la equitación natural para lograr que se calmara y confiara en él. Cuarenta minutos más tarde, la relación entre ambos había progresado hasta el punto de que Parelli pudo colocarse detrás de ella para filmarlos. El veterinario entonces extrajo sangre de la yugular de la yegua sin ninguna clase de problema. El resto de la manada fue amansado de la misma manera.

El instructor californiano Bryan Neubert, hizo un vídeo mostrando la totalidad del proceso, en el que comenzaba con un caballo salvaje y, al final, lo montaba y manejaba. Sin botes ni resistencias, sin lucha.

Clinton Anderson también publicó una serie de seis vídeos sobre el inicio de mustangs, mostrando el proceso desde el acercamiento del hombre hasta conseguir un caballo dócil, en un proceso de transformación de unas pocas horas.

Monty Roberts está comercializando una serie de vídeos de tres horas de duración. En ella, puede verse un mustang adulto desde la primera sesión de entrenamiento hasta el momento en que puede ser montado con tranquilidad y calma. En ningún momento se traumatiza o fuerza al caballo.

Richard Shrake ha hecho un vídeo demostrando el sistema que él llama *Resistance Free* (Sin Resistencia) aplicado a un caballo salvaje, un mustang BLM capturado y adoptado. Esta cinta, *Resistance Free Training the Wild Mustang* (El Entrenamiento Sin Resistencia de un Mustang Salvaje), como las anteriormente mencionadas, demuestra que incluso un caballo adulto nacido y criado en libertad puede iniciarse y hacer de él una montura segura, usando sólo métodos de comunicación tranquilos, suaves y naturales. Shrake dice que se pueden lograr muy buenos caballos de monta partiendo de mustangs adecuadamente iniciados. También son excelentes animales de tiro y carga, son inteligentes, de buenas patas y generalmente muy resistentes. Él ha visto a muchos de ellos como caballos excelentes para los niños.

En el *National Wild Horse Show* (Espectáculo Nacional del Caballo Salvaje), que se celebra cada verano en Reno, se presentan solamente mustangs. Shrake, experto Juez de los espectáculos tradicionales, asistió también a juzgar ese evento.

MUSTANGS E INTERNOS

En 1985, el BLM contrató a Richard Shrake para iniciar un programa de entrenamiento de caballos mustangs en la Prisión Estatal de Cañón City, Colorado, auspiciado por el Secretario del Interior, el Gobernador de Colorado y los funcionarios de la prisión.

En esta prisión se habían usado anteriormente técnicas tradicionales de amansar broncos y algunos caballos habían resultado lesionados. Shrake trabajó durante dos semanas para organizar el programa, usando el método *Resistance Free*. El programa continúa hoy día.

Según Shrake, muchos rancheros que habían mirado a los mustangs como la peste, cambiaron su actitud cuando vieron los caballos tan bien montados, como resultado de los mustangs iniciados con este método no traumático.

En 2000, en *The Warm Springs Correctional Center*, la prisión del Estado en Carson City, Nevada, se inició otro programa usando los métodos de Shrake. Dos años más tarde, Hank Curry, un team roper convertido a la equitación natural, se hizo cargo del programa, que empleaba BLM Mustangs y caballos extraviados en los territorios estatales. Después de haber sido entrenados por los internos, estos caballos son puestos a la venta en una subasta. En 2003, el precio medio pagado por estos mustangs fue de US $1.150 (cerca de 900 euros) por cabeza, y un caballo llegó a los US $4.700 (aproximadamente 3.600 euros). El cien por ciento de los caballos en ese programa han sido adoptados. La mayoría de los caballos tienen entre dos y tres años de edad, pero se pueden encontrar algunos de hasta diez u once años.

Un interno monta sin bridas mientras el supervisor Hank Curry lo observa. Warm Springs Correctional Center, en Carson City, Nevada.

Curry asegura que una de las partes más emotivas del programa ha sido el efecto que ha causado en los internos implicados en él. En muchos ha surgido un gran orgullo de sus caballos, y cree que algunos han desarrollado una ética en su trabajo y un sentido de los valores de los que antes carecían. Trabajar con estos caballos salvajes ha influido decisivamente en sus vidas.

Hace pocas décadas, unas cuantas prisiones en los Estados Unidos tenían ya programas de doma de mustangs para sus internos. Los asustados caballos eran entregados a hombres que usaban métodos brutales y se permitía, sádicamente, que se pelearan hasta que uno de los dos se rendía. Gracias a la revolución en la equitación natural, todo esto ha cambiado. Hombres que hasta hoy habían hecho de la violencia su sistema de vida, ahora aprenden que la suavidad, amabilidad y persuasión son medios más efectivos.

No existe una prueba más fehaciente de la eficacia y la lógica de la equitación natural que lo que se puede hacer, y se está haciendo, con los mustangs –nacidos y criados como animales salvajes, pero amansados en pocas horas e iniciados para convertirse en fiables caballos de silla.

CAPÍTULO 10

NO SE TRATA SÓLO
DE CABALLOS

Para Poder Comprender el Comportamiento de cualquier animal doméstico, primero debemos comprender el comportamiento de sus ancestros
salvajes. La razón es clara a la luz de los conocimientos científicos actuales, pero esto no era cierto hasta hace relativamente poco tiempo. Ahora
sabemos cómo se adaptan las especies a su hábitat de tres maneras:
anatómicamente, psicológicamente y en su comportamiento. La selección
natural establece estas tres cualidades. La reproducción entre las especies salvajes ocurre de forma natural.

En un entorno doméstico, no obstante, la reproducción es controlada
artificialmente, debido a la decisión y el capricho de los humanos que
quieren controlar las vidas de sus animales. El criterio que adoptamos
puede resultar completamente diferente de aquél que se adaptaría mejor
al animal en su entorno natural. Nosotros, como humanos, hemos criado varias especies domésticas con tales cualidades como el color, tamaño, conformación y atributos específicos, como la capacidad olfativa o las
habilidades pastoras en los perros, la agresividad en los gallos de pelea,
músculos con vetas de grasa en el ganado destinado a la alimentación,
una lana larga y sedosa en algunas razas de ovejas, o la carencia de cuernos en algunas razas de ganado.

En el caballo hemos programado la cría según el tamaño, pelo, velocidad, nervio, aires suaves, lograr un máximo de buena conformación y de
docilidad. Ninguna de estas cualidades mejora las posibilidades de supervivencia del caballo salvaje en un entorno natural lleno de predadores. Es
por esto que, cuando los caballos se asilvestran, como es el caso de los
mustangs en América, rápidamente vuelven a parecerse a sus primitivos

ancestros. Se vuelven más fuertes, más pequeños y más alertas. También tienden a adaptar pelo más claro, como palomino, alazán o ruano.

Aunque la domesticación *puede alterar* profundamente el comportamiento natural del caballo salvaje ancestral, no elimina las características básicas de la especie. ¿Por qué? ¡Pues porque éstas están fijadas genéticamente en el ADN! La tendencia a la huida, la aguda percepción, la rapidez de aprendizaje, una memoria extraordinaria, el instinto de manada, así como el deseo de seguir al líder de la misma, una acusada precocidad en su juventud y los métodos para establecer la jerarquía de dominancia entre sus congéneres siguen retenidos en los descendientes domesticados.

Únicamente la ingeniería genética puede erradicar por completo estas cualidades, y con las modernas tecnologías no hay duda de que algunas personas harán justamente esto.

Los humanos también somos una especie domesticada, si queremos pensarlo así. Ciertamente, no vivimos como nuestros ancestros, e incluso las culturas humanas más primitivas se apartaron de las pautas de reproducción natural de nuestra especie y sustituyeron las de selección natural por otras de selección artificial. La reproducción del *homo sapiens* desde sus tiempos más primitivos estaba definida artificialmente por medio de la selección parental, los lazos familiares, la cuantía de la dote, la esclavitud y otras formas de fuerza, que se valoraban más que las características físicas, que habrían tenido poco valor para asegurar la supervivencia del hombre prehistórico.

Las enfermedades que habían seleccionado la población del hombre primitivo debido a que los individuos enfermos no sobrevivían para poder reproducirse, se controlan hoy día con la ciencia de la medicina moderna. Por ello, personas que pueden heredar enfermedades como la diabetes mellitus, las alergias agudas, ciertas enfermedades cardíacas o renales, o un bajo nivel de su sistema inmunológico, pueden sobrevivir y reproducirse. Por ello estos problemas físicos van aumentando en la población humana. Además, la habilidad física, necesaria en el hombre primitivo para cazar y sobrevivir, ya no es un criterio básico a tener en cuenta. La civilización prioriza otras cualidades, como la buena presencia, la personalidad, la elocuencia verbal y la inteligencia.

Lo importante es tener muy claro que los humanos aún cargamos con la responsabilidad de los instintos animales y los comportamientos congénitos predeterminados, que son perjudiciales en nuestra sociedad civilizada(*). Desde un cierto punto de vista, no hemos evolucionado mucho. Las evidencias están en todas partes: graffitis, bandas criminales, abusos contra el cónyuge o los hijos, delincuencia y la rapidez y facilidad con que maltratamos a nuestros animales domésticos para conseguir su docilidad.

Las grandes religiones predican la fraternidad entre los hombres y censuran algunas de nuestras emociones humanas básicas, pero el comportamiento está tan firmemente enraizado en el ADN de nuestra especie, que la humanidad no ha dejado de corromper las enseñanzas de los líderes de las grandes religiones y ha vuelto repetidamente a sus instintos animales.

Que las personas pueden dejar a un lado sus diferencias y llevarse aceptablemente bien ha sido, desde luego, demostrado innumerables veces. Como sencillo ejemplo, veamos que el Estado de Hawaii está poblado por una gran diversidad de razas, etnias, religiones y orígenes sociales. Todos conviven extraordinariamente bien, la mayoría de ellos viéndose a sí mismo como hawaianos y como norteamericanos, sirviendo de notable ejemplo para el resto de pueblos de este convulsionado mundo.

La revolución en la equitación natural ha demostrado que los humanos *podemos* usar el *poder de la razón* para desplazar nuestros instintos animales, y lograr una amistosa relación con otros individuos, no importa cuán diferentes sean de nosotros. Podemos evitar el uso de la fuerza, podemos eliminar los conflictos y establecer una mutua y benéfica relación, *si sabemos cómo hacerlo*.

¿Por qué podemos hacer esta afirmación? ¿No hemos tenido una fuerte relación con los perros mucho tiempo antes de haber domesticado al caballo? Sí, pero nuestra relación con los perros se ha visto facilitada por nuestras similitudes. Ambos, el humano y las especies caninas son omnívoros y cazan en grupo. Cada uno tiene algunas cualidades superiores a las del otro: el perro posee velocidad, resistencia y un excepcional sentido del olfato; el humano tiene el poder del razonamiento y usa herramientas. Ambas especies respetan al macho dominante. Ambos se sienten estrechamente unidos al grupo (manada o tribu). Y son especies altamente compatibles.

(*) Hasta finales del siglo veinte, se creía, incluso por parte de distinguidos académicos y científicos del comportamiento, que todo el comportamiento en el hombre era aprendido, y que carecíamos del comportamiento instintivo que existe en todos los otros mamíferos. (N. del T.)

El caballo, en cambio, es la antítesis del ser humano. Uno es la presa suprema; el otro el cazador supremo.

El caballo, contrariamente a la mayoría de los animales herbívoros, carece de cuernos como el último medio de defensa. Su principal comportamiento para sobrevivir es huir, y toda su anatomía y psicología han sido diseñadas para la huida a toda velocidad. Es la suprema criatura-presa.

El hombre, por otra parte, debido a su cerebro privilegiado y a que usa herramientas, se ha convertido en el cazador supremo. Bípedo, con un dedo pulgar oponible y una visión binocular estereoscópica que le proporcionaba una excelente profundidad de campo, el hombre primitivo, armado con una lanza o una honda, se convirtió en un excelente y efectivo cazador. Sigue siendo el cazador supremo y hoy día sobrepasando en número a cualquier mamífero que haya vivido en la tierra, en el pasado y hasta hoy, domina completamente todos los hábitats en los que reside.

Si estos dos seres tan extremadamente distintos en sus formas de vida pueden caminar juntos sin que uno de ellos controle al otro con el uso de la fuerza, es en efecto un logro respetable y la razón de que el éxito en la revolución de la equitación natural tenga implicaciones mucho más amplias que la simple dominación de un animal doméstico que es hoy día casi arcaico y relegado al papel de objeto recreativo.

La mayoría de las formas tradicionales de doma pueden ser comparadas a la esclavitud humana. Ambas son parte de una cultura ya superada. Ambas eran moralmente aceptadas. Ambas fueron efectivas y representaron un papel importante en las culturas humanas. Aunque a menudo atemperadas por cierta generosidad y consideración, ambas estuvieron basadas en una servidumbre involuntaria y apoyada por el uso de la fuerza. Ambas justificaban el uso de la violencia en el caso de que el subyugado se rebelase. Ambas convivieron con mentes críticas que "sabían" que debía haber un método más adecuado, más justo, más justificado moralmente y *más efectivo*, pero sus voces fueron ignoradas reiteradamente a lo largo de la historia.

La equitación natural, por el contrario, utiliza métodos persuasivos, naturales para el caballo, rechaza los métodos enérgicos para obtener la cooperación voluntaria del caballo. Enfatiza la asociación, no la esclavitud.

Los instructores que han encabezado este movimiento usan algunas frases para explicar su filosofía, como "de no confrontación", "sin resistencia", "natural", "haz de tu idea, su idea", o "haz que las cosas equivocadas sean difíciles, y las correctas fáciles".

Necesitamos estas habilidades en nuestras relaciones humanas. No hemos aprendido todavía, como especie, a controlar adecuadamente nuestros instintos animales. Nuestro índice de divorcios, de crímenes, el porcentaje de nuestra población que está encarcelada, y la prosperidad de las profesiones jurídicas apuntan todas a nuestra incapacidad para llevarnos bien con los demás. Lo mismo sucede con las disputas laborales y solamente hace falta echar un vistazo a los periódicos.

La historia de la humanidad es una crónica de guerra. Cualquier diferencia origina un conflicto. ¿Por qué? Miremos las naciones balcánicas. Observemos la animosidad entre católicos y protestantes en Irlanda del Norte, y ambos profesan la religión cristiana.

El lenguaje corporal autoritario ha reemplazado a la violencia física en el entrenamiento de caballos. La instructora Linda Parelli demuestra la forma en que le pide al caballo que retroceda. (Fotos de Coco)

Miremos África. El enemigo común, el hombre blanco, ha sido expulsado o está en minoría. En su lugar unas tribus luchan contra otras tribus, cometiendo actos de barbarie inimaginables.

Observemos Oriente Medio. ¿Quién se beneficia de tanto horror interminable? ¿Por qué pasan estas cosas?

Las diferencias raciales, étnicas o religiosas precipitan los conflictos. Incluso diferencias de idioma nos enfrenta unos contra otros. ¿Qué ventajas puede haber si en Canadá se separan los territorios que hablan inglés de los que hablan francés?

La más mínima diferencia es una excusa para iniciar un conflicto. Recordemos los disturbios en el fútbol. ¿Cómo se puede explicar el ciego fanatismo que tantos de nosotros sentimos por los equipos deportivos? ¿Es quizás una expresión más de las luchas tribales primitivas?

Veamos los conflictos regionales, incluso donde no existen otras diferencias. Los que viven en el norte del estado de Nueva York se burlan de
los de la ciudad de Nueva York. Los del Norte de California menosprecian
a los del Sur de California. "Yankis" y "Rebeldes". Escoceses e ingleses.
Bávaros y alemanes del norte. Vascos y el resto de España.

¿Nos equivocamos quizás si trazamos un paralelismo entre estos conflictos humanos y nuestra relación tradicional con el caballo? ¿Es quizás
una falacia declarar que los principios de la equitación natural pueden
aplicarse para superar la mayoría de los conflictos humanos?

Cada uno de los instructores pioneros con los que he hablado me ha
dicho que las habilidades que había adquirido para mejorar su relación
con los caballos, también le había ayudado a mejorar sus relaciones con
sus compañeros humanos. Nuestras vidas están llenas de conflictos
potenciales con nuestros cónyuges, nuestros hijos, entre maestros y
alumnos, entre patrones y empleados, entre vendedor y comprador, entre
profesional y cliente, entre votante y político, entre el ciudadano y la
autoridad legal.

Planteémonos esta revolución y aquellos que la han promovido. Eran
un grupo de cowboys. La mayoría de ellos pasaron por muchos apuros y
dificultades. Bastantes estuvieron traumatizados por una mucho menos
que ideal relación parental. Quizás la mitad de ellos han confesado haber
sufrido abusos de sus padres, no de índole sexual, sino malos tratos verbales o psicológicos. Varios de ellos han descrito esto públicamente en
sus libros o en conferencias y conversaciones.

Hemos hablado de este fenómeno con una psicoterapeuta que trabajó con internos, encarcelados por actos criminales. Esta doctora explicó
que los muchachos que sufren malos tratos de sus padres, muchas veces
se convierten de adultos en maltratadores, o, por el contrario, en afec-
tuosos, amables y solícitos.

Todos los instructores pioneros eran inicialmente seguidores de la
doma tradicional en el oeste: eran de la teoría de: *cógelo con el lazo, tápa-
le los ojos, ponle unas maniotas en una pata, frótalo con un saco o manta
y déjale que se bote.* Estos métodos se originaron en la dura realidad de
la Frontera, cuando los hombres y los caballos eran salvajes y baratos.
Eran métodos expeditivos. Y funcionaron razonablemente bien para esos
tiempos y lugares.

Pero el mundo ha cambiado. Aquellos instructores remontaron por
encima de sus rudas enseñanzas y vieron al caballo como lo que es: una

tímida criatura que sólo quiere sobrevivir, preferiblemente huyendo a toda velocidad. Con el empleo de métodos más amables, tranquilos, menos agresivos y menos traumáticos que los que habían imaginado o aprendido de otros maestros, fueron perfeccionando su equitación. Entonces, impedidos a compartir sus conocimientos con los demás, decidieron hacerlos públicos, decididos a convencer a cuantas más personas mejor de que existe un sistema más adecuado, más civilizado y más moral.

Han demostrado la validez de la equitación natural. Durante milenios la mayoría de los humanos han tratado a los caballos como esclavos. Estos hombres nos han mostrado un camino mejor. Su contribución merece ser reconocida.

Numerosos hombres y mujeres se han unido a la campaña, como instructores o simplemente como gente de a caballo que ha descubierto este nuevo camino.

Este libro se ha escrito para celebrar el logro de los caballistas que fundaron una revolución, para reconocer sus contribuciones, para animar a las personas allí donde estén, trabajen o no con caballos, a que adopten la regla de oro: tratar a otros individuos como querríamos ser tratados por ellos.

PARTE II

CAPÍTULO 11

LOS PRIMEROS CABALLISTAS NATURALES

EL ANTIGUO TESTAMENTO NOS DICE: "No hay nada nuevo bajo el sol" (Eclesiastés 1:9), y cuando vamos a hablar del entrenamiento del caballo, hay un gran porcentaje de verdad en esta simple máxima. Mucha de la filosofía y la mayoría de los métodos de entrenamiento adoptados actualmente por la equitación natural pueden remontarse a los primeros caballistas de la historia.

SIMÓN DE ATENAS (HACIA EL 400 A.C.)

"Lo que hace un caballo bajo coacción lo hace ciegamente, y su actuación no es más hermosa que la de un bailarín enseñado a base de látigo y castigo". Este aserto se atribuye a Simón de Atenas, el primer escrito conocido sobre entrenamiento de caballos por humanos.

Ciertamente, se sabe muy poco sobre Simón. El general y escritor griego Jenofonte lo definió como "el experto más grande en equitación", y se refirió a él en repetidas ocasiones en sus escritos. Simón también escribió un libro sobre equitación, pero, aparte de unos pocos fragmentos, solamente ha sobrevivido un capítulo, que trata de la selección y conformación física. Este manuscrito se encuentra en el Emmanuel College, en Cambridge, Inglaterra.

Simón ya era famoso en la época en que Jenofonte escribió sobre él. Como medio de identificarlo para nuestros lectores, Jenofonte se refirió a una estatua de bronce de un caballo cerca del Santuario de Eleusis, un importante centro ceremonial en Atenas. Las hazañas de Simón estaban representadas en un relieve tallado en su pedestal.

La historia nos recuerda un extraño suceso sobre Simón. Parece que hizo cierta crítica de una pintura de Micon, un artista griego de mediados del 400 A.C., conocido por sus pinturas sobre batallas, incluida la Batalla de Maratón. "El famoso jinete Simón" dijo que había asegurado que nunca había visto antes un caballo con pestañas en sus párpados inferiores. Era el único defecto que se podía encontrar en esta pintura.

Esto es lo único seguro que sabemos sobre Simón. No obstante, hay algunas posibilidades más muy interesantes.

Simón tenía fama de ser un jinete excelente, que había desarrollado sus propios sistemas humanos de equitación cuando se le asignó la reorganización de una unidad de caballería en Atenas.

Los caballos de Simón podrían ser los modelos de los caballos pintados en el friso del Partenón, considerado generalmente representativo del ideal griego de la conformación física del caballo.

Cayo Plinio Secundo (Plinio el Viejo) escribió en su libro *Natural History*, hacia el 50 D.C., que el escultor Demetrio había hecho una estatua de Simón vestido de caballero. Los especialistas actuales creen, sin embargo, que Plinio el Viejo se había equivocado en este tema.

En el siglo diecinueve, el arqueólogo alemán y experto en cerámica Friedrich William Eduard Gerhard (1795-1867) creyó haber encontrado una representación de Simón como carretero, con su nombre inscrito en una vasija.

El arqueólogo Wolfgang Helbig (1839-1915) hizo conjeturas de que era Simón el mencionado en la comedia de Aristófanes *Los Caballeros*, y que fue Hiparco, o sea general de caballería, en 424 D.C.

Como figura histórica Simón es una figura un poco misteriosa. Lo que es indiscutible, sin embargo, es su influencia en el venerable Jenofonte, quien incluyó la cita "del bailarín" en sus escritos. Esta cita merece un examen más profundo.

Seguramente Simón intuyó que el uso de la fuerza y el dolor en el entrenamiento de los caballos era un error. Evocando la figura de un bailarín humano siendo tratado de aquella manera, él se aseguraba una cierta indignación moral por parte de algún lector. Pero con esta única frase, Simón revela también que era un pragmático. Tanto si se aplica a un bailarín como a un caballo, la coacción física no produce resultados satisfactorios. Desde un punto de vista práctico, tanto el bailarín como el caballo ofrecerán mejores resultados si ambos desean voluntariamente hacer las labores que se les pide que hagan.

El caballista natural moderno estaría completamente de acuerdo. Lo ideal hoy es un caballo relajado y atento, que está dispuesto a hacer inmediatamente el próximo trabajo, pero que sabe esperar tranquila y calmadamente hasta que el jinete le hace saber su deseo. Esto es imposible de lograr cuando el caballo está constantemente con miedo de resultar lesionado.

Un escritor sobre equitación que precedió a Simón se centraba casi por completo en la condición física del caballo para la guerra y las carreras de carros. Fue Kikkuli, un entrenador muy respetado en el país de Mitanni, cerca de la actual Siria. Hacia 1345 A.C., Kikkuli dejó de servir al rey hitita Subbiluliuma, y escribió un libro sobre el entrenamiento de caballos en escritura cuneiforme en cuatro tablillas de arcilla. Éstas fueron encontradas en los archivos reales de la capital hitita de Hattusa y hoy día se conocen con el nombre "Los Textos de Kikkuli".

El plan de entrenamiento de Kikkuli era de siete meses y empezaba con un proceso de selección que sometía a los candidatos a pruebas severas de resistencia y dietas alimenticias muy escasas. Él también encerraba a los caballos durante diez días en establos con una mínima ventilación para identificar a los que podían sufrir alguna enfermedad respiratoria crónica. Los caballos que superaban las pruebas se enfrentaban a varios meses de intensos ejercicios –a veces hasta tres veces al día, en lo que él denominaba Entrenamiento Intermedio–, con unos períodos de descanso muy específicos, alimentación controlada y baños y cuidados regulares.

El Método Kikkuli fue seguido en 1991 en la Universidad de Nueva Inglaterra, en Australia y los caballos de la prueba permanecieron sanos mientras iban adquiriendo una considerable forma física. Kikkuli destacó el aspecto físico del entrenamiento, pero sus textos no nos dan ningún dato de que trabajara sobre la mente del caballo. Pasaron mil años antes de que apareciera un texto enfocando esa faceta del entrenamiento.

JENOFONTE (430-355 A.C.)
Jenofonte fue un general ateniense, hombre de estado, filósofo, historiador y caballista. Un hombre del Renacimiento 1800 años antes del Renacimiento, y contemporáneo de Sócrates, Platón y Aristóteles, aún hoy día es reconocido por sus conocimientos avanzados sobre equitación.

Varios tratados completos de Jenofonte sobre una gran variedad de temas han sobrevivido intactos, incluyendo *Peri Hippikkes o The Art of*

Horsemanship (El Arte de la Equitación)(*), escritos en 380 A.C. Este pequeño y sencillo librito debería ser leído por todo caballista que se precie.

Ya en el libro *Sobre la Equitación* Jenofonte manifiesta que su intención es educar a sus amigos más jóvenes, a los oficiales y a los soldados en estos asuntos de la equitación. En otros textos Jenofonte expone los deberes de un comandante de caballería.

No sabemos con certeza si Jenofonte era un inconformista en sus puntos de vista sobre la equitación, o simplemente reflejaba el pensamiento imperante en esa época. Sabemos que, en general, estaba de acuerdo con Simón, y que el hecho de que ambos abogaran por el entrenamiento psicológico de los caballos sugiere que esto no era practicado tan ampliamente como ellos habrían deseado. La época en la que vivieron, que produjo algunos de los pensadores más grandes de la historia, también es conocida por sus comportamientos bárbaros, para los estándares actuales. Seguramente, mucho de este barbarismo estaba dirigido contra los caballos.

Jenofonte nació en el seno de una familia de patricios y tenía gran experiencia en el campo de batalla antes de escribir Sobre la Equitación. Era, más que cualquier otra cosa, un soldado y, como tal, no podía permitirse el lujo de ser un idealista, un soñador en su torre de marfil. Su filosofía y métodos de equitación son indudablemente bien fundamentados, como los de Simón, en los intereses prácticos de conseguir la máxima efectividad y obediencia de sus caballos cuando entraban en combate. "Un caballo desobediente no solamente no nos sirve para nada", escribió, "sino que frecuentemente juega el papel de un verdadero traidor".

El genio de Jenofonte hizo que obtuviera la obediencia del caballo sin recurrir a la violencia. Como los grandes caballistas naturales que le sucedieron, hizo lo mejor que pudo para ver el mundo a través de los ojos del caballo. También comprendió, más que la mayoría, las flaquezas humanas. Sus consejos, escritos hace más de 2.300 años, son inmortales y universalmente respetados.

Demos un vistazo a algunos de ellos:

1. "El precepto más importante y práctico que debes tener en cuenta cuando uses un caballo es éste: nunca trates con un caballo cuando estés enfadado". La ira, impaciencia, miedo y, virtualmente, cualquier emoción humana incapacita la habilidad del caballista

---

(*) Después de gestiones para localizar libros de este autor, sólo he podido encontrar Hipárquico, El General de Caballería y Sobre la Equitación, en internet. (N. del T.)

para manejar efectivamente al caballo. Es mejor que renuncies si estás a punto de perder tu auto-control.

2. "Los bocados suaves son mejores para los caballos muy fogosos que los duros, pero si le pones uno duro, puede ser tan adecuado como uno suave si tienes la mano ligera". Cualquier bocado puede ser suave si la técnica del jinete es la adecuada.

3. "La preparación también debe ir dirigida a poder conducirlo entre multitudes, y familiarizarlo con toda clase de lugares y de ruidos. Sea lo que sea que asuste al potro, debe ser acostumbrado a ello, no irritándolo, sino calmándolo y haciéndole ver que no hay nada que temer". Esto es una desensibilización progresiva, la columna vertebral de la moderna solución de los problemas con caballos.

4. "...es la mejor de las lecciones si el caballo puede tener una sesión de descanso, siempre que haya satisfecho a su jinete". Frecuentemente, el máximo premio que puedas darle a un caballo es dejarle descansar y pensar en la lección que ha recibido.

5. "Ni al caballo ni al hombre le gusta nada en el mundo que sea excesivo". Jenofonte parece favorecer la moderación como hacía Aristóteles, quien pensaba que esta era la clave y el camino hacia la virtud. No obstante, esta afirmación es importante por otra razón sutil. Según la Dra. Eve Browning (Universidad de Minnesota) está incluida en su ensayo *Jenofonte en la Mente de los Caballos*: "...el énfasis en los consejos para el entrenamiento se basa en lo que es agradable para el caballo. Por ello, el caballo es considerado como asociado, compañero, en lugar de como objeto.., un compañero cuya voluntad y participación de buen grado en el proyecto es esencial para el éxito". Jenofonte aconseja repetidamente un entrenamiento que sea agradable para el caballo.

6. "Nada que sea a la fuerza o mal entendido podrá nunca ser hermoso". Esta es la afirmación más frecuente dentro de las ideas de Jenofonte, y su veracidad se demuestra por sí misma.

En todos sus escritos, Jenofonte promociona la idea de la armonía psicológica entre caballo y jinete. Para él, un buen caballista se compenetra con su caballo. Le interesa realmente la cualidad de vida de su caballo, momento a momento. Cuida de él no solamente porque es moralmente correcto, sino porque a la larga esto fructificará en el más confiable compañero y en la mayor posibilidad de sobrevivir en el combate.

ALEJANDRO MAGNO (356-323 A.C.)

Aún hoy día es una cuestión de debate la grandeza de Alejandro Magno. Algunos le consideran el rey más heroico y carismático de todos los tiempos; otros le acusan de una ambición y vanidad desmesuradas. Probablemente tuvo algo de las dos cosas y aún más. Ciertamente, fue un genio militar, y durante su corta vida –murió a los treinta y tres años– cambió el mundo para siempre.

La leyenda del joven Alejandro domando al fiero semental *Bucéfalo* se ha contado miles de veces, embellecida y analizada. A continuación la traducción de un texto de Plutarco:

Philonio el Tesalio le trajo el caballo Bucéfalo a Filipo, rey de Macedonia y padre de Alejandro, ofreciéndolo por trece talentos; pero cuando fueron al campo para probarlo, vieron que tenía muchos vicios y era incontrolable, que retrocedía y se encabritaba cuando se intentaba montar y apenas soportaba las voces de cualquiera de los miembros del séquito de Filipo. Ante esta situación y cuando estaban a punto de llevárselo como completamente inútil e intratable, Alejandro se adelantó y dijo: "¿Cómo vamos a perder un animal tan excelente por falta de audacia y habilidad para manejarlo?" Filipo no hizo caso de lo que le decía su hijo; pero cuando éste lo repitió varias veces, y le vio descorazonado por dejar que se llevaran el caballo: "Bien, inténtalo", le dijo. "¿Cómo crees que vas a poder manejarlo mejor que aquellos que son mayores que tú? Como si tú supieras más que ellos". "Yo puedo manejar este caballo mejor que ellos", replicó Alejandro. "Y, si no puedes, ¿qué precio piensas pagar por tu irreflexión?", preguntó Filipo. "Pagaré el precio de lo que vale el caballo", replicó Alejandro. Ante esta afirmación todos los presentes se rieron estrepitosamente. Y tan pronto como la apuesta se formalizó entre los allí reunidos, Alejandro corrió hacia el caballo y, tomándolo de la brida lo puso directamente de cara al sol, ya que, parece, había observado que estaba nervioso y se asustaba de los movimientos de su propia sombra; luego, haciendo que avanzara un poco, todavía sujeto por las riendas, lo acarició suavemente cuando veía que empezaba a incomodarse y ponerse un poco nervioso, dejó caer suavemente su túnica y, con un ágil brinco, lo montó, y una vez sentado sobre él, con ligeros tironcitos de rienda lo fue reteniendo sin golpearlo ni estimularlo. En el momento que lo sintió libre de toda rebeldía y solamente impaciente por echar a correr, lo dejó salir a toda velocidad, incitándolo con la voz y alentándolo con la presión de sus talones. Filipo y sus seguidores contemplaban la escena, primero en silencio y expectación por el resultado, hasta que, viendo que Alejandro montado sobre Bucéfalo, regresaba hacia el final de la carrera, celebrando triunfalmente lo que había logrado, rompieron en aclamaciones y aplausos; su padre, enjuagándose las lágrimas, según dijo, de alegría, besó a su hijo y bajándolo del caballo, le dijo: "Hijo mío, busca en el mundo un imperio que te iguale o supere, pues Macedonia es demasiado poco para ti".

Esta historia es un ejemplo clásico de cómo funciona la equitación natural:

Primero, el joven Alejandro no vio que la fuerza fuera el modo de conseguir lo que quería de Bucéfalo. Él buscó otro camino.

Segundo, Alejandro tenía empatía: era capaz de imaginarse a sí mismo desde la posición del caballo. Cuando él vio el mundo a través de los ojos del caballo, comprendió que Bucéfalo estaba actuando de aquella manera por miedo.

Tercero, usó su poder de observación para encontrar la fuente de ese miedo. En este caso, era la sombra del propio caballo. (Algunos expertos piensan que Bucéfalo había sido maltratado anteriormente a este incidente y que su sombra sólo aumentaba su miedo).

Cuarto, Alejandro demostró confianza, liderazgo y sensibilidad cuando se acercó al caballo. No lo mimó, pero le ofreció confianza y le dio el tiempo suficiente para que procesara lo que estaba pasando. Cuando vio señales de que Bucéfalo comprendía y aceptaba al nuevo líder, Alejandro aprovechó el momento para actuar.

Esta exhibición sorprendente quedó registrada como el primer portento que la grandeza que Alejandro habría de alcanzar.

Alejandro y Bucéfalo tenían ambos en ese momento doce años, según la mayoría de informes. A lo largo de los siguientes dieciocho años, estuvieron siempre juntos. Se dice que Bucéfalo nunca permitió que lo montara nadie más, y, aunque no era especialmente un caballo grande, tenía que bajar el cuerpo para permitir que el joven Alejandro pudiera montarlo con facilidad. En esa época se montaba sólo con las bridas y alguna tela sobre la espalda del caballo; las sillas de cuero y los estribos aún no existían. No obstante, Alejandro y Bucéfalo cabalgaron juntos miles de kilómetros y lucharon valientemente en numerosas batallas. Bucéfalo murió en 326 A.C., a la avanzada edad de treinta años. Algunos textos

creen que murió de las heridas que recibió durante la campaña de
Alejandro en la invasión de la India. Otros atribuyen la muerte del caballo a la fatiga y la edad. Alejandro le ofreció a su amado caballo un gran
funeral, y edificó una nueva ciudad sobre su tumba, con el nombre de
Bucefalia. Los arqueólogos aún están buscando los rastros de la tumba
de Bucéfalo en la zona de Jhelum, en Pakistán.

En lo que se refiere a Alejandro Magno, murió en circunstancias mis-
teriosas justamente tres años más tarde. Se cree que fue envenenado.

El nombre del caballo, Bucéfalo, significa "cabeza de buey". Parece
que tenía una cabeza más bien grande, con grandes ojos, muy a ambos
lados de la cabeza, una amplia frente y prominentes quijadas, junto con
un finamente definido hocico con unos sensitivos ollares y labios. Todos
estos rasgos son típicos de los buenos bueyes, y muy distintos de los que
aparecen en los caballos árabes, y eran corrientes en los caballos locales
de esa época. Un frenólogo equino actual diría que la cabeza de Bucéfalo
sugería inteligencia y tratabilidad. Por ello, en lugar de ser un insulto,
"cabeza de buey" era una definición muy descriptiva y seguramente
podría ser aplicada correctamente a las características de la mayoría de
los más selectos American Quarter Horses actuales.

Bucéfalo era de pelo castaño y se dice que tenía en la frente (o en la
grupa según otros), una marca blanca con la forma de una cabeza de
buey, una sorprendente coincidencia. Algunos historiadores afirman que
Bucéfalo tenía tres dedos en cada pata, con el central soportando todo el
peso del animal; si esto es correcto, fue como una regresión a unas formas fisiológicas primigenias.

La historia de Alejandro y Bucéfalo es el primer relato de una equitación natural exitosa. Fue como un llamamiento romántico y eterno, y que
seguramene inspiró a Walter Farley para su famosa novela, *The Black
Stallion* (El Semental Negro), publicada en 1941, la historia de otro fiero
semental que sólo aceptaba ser montado por un adolescente, llamado,
curiosamente, Alex.

EL PERÍODO DESCONOCIDO (355 A.C. HASTA 1434 D.C.)

Después de Jenofonte llegó un vacío de cerca de 1.800 años, coincidiendo con el declive de los griegos, el florecimiento y caída del Imperio
Romano, la Edad Media y una buena parte del Renacimiento, antes de
que volvamos a encontrar literatura referida a las técnicas de entrenamiento de caballos.

Durante la Edad Media se estableció el Feudalismo. Caballeros con pesadas armaduras montaban en cargas masivas usando grandes bocados con palancas de hasta 50 centímetros de largo, muserolas con púas de hierro y espuelas con puntas afiladas como navajas de afeitar, para controlar los grandes caballos que montaban en batalla y en los torneos. Fue una edad oscura para la equitación y también lo fue para el comportamiento humano en general.

Los estribos y las herraduras se empezaron a usar en ese período, pero estas invenciones eran más para hacer a los jinetes más eficientes matando a sus enemigos que para la pura equitación.

El aspecto cambió durante el Renacimiento (1350 a 1550 D.C.), un período de fuerte resurgimiento intelectual y de actividad artística en Europa. Ya en 1381, se publicaron libros sobre equitación en Portugal, pero el largo silencio literario fue roto oficialmente en 1434, con el libro de Dom Duarte I, (Rey Eduardo I de Portugal), *Livro de Ensynança de Bem Cavalgar toda a Sela*. Duarte escribió acerca de las justas (torneos) sobre los ligeros caballos Íberos (los actuales Lusitanos).

Durante los lánguidos años del Renacimiento, cambiaron los instrumentos de la guerra. Las lanzas, las anchas espadas y las pesadas armaduras desaparecieron, así como los pesados caballos necesarios para soportarlo todo. Las ballestas y las armas de fuego se imponían y los caballos ligeros se hicieron populares de nuevo. Fueron redescubiertos los trabajos ya olvidados de Jenofonte y se publicaron textos sobre equitación en Italia, resaltando la monta en pista. Las palabras escritas pintaron una inquietante realidad. Algunos caballistas famosos, como Grisone y Pignatelli, citaron a Jenofonte, pero defendían una casi psicótica mezcla de bondad y extremada crueldad(*) para subyugar a la por ellos llamada criatura violenta. Harían falta varias generaciones antes de que un maestro clásico francés cambiara sus conciencias.

ANTOINE DE LA BAUME PLUVINEL (1556-1620)

El francés Antoine de Pluvinel rechazó los métodos violentos de entrenamiento que usaba su maestro Battista Giovanni Pignatelli, de la

---

(*) Según Gill Stuart, en su revista *Dressage*, de la serie "The Classical Masters", las recomendaciones de Grisone para un caballo difícil de montar era golpearlo entre los ojos y por todo el cuerpo con un bastón. "También recomendaba dejar que un gato atado a un palo se agarrara a la barriga del caballo y entre las patas traseras". Stuart también recomendaba: "Cuando un caballo no quiere avanzar, el tratamiento de Grisone era poner un manojo de paja ardiendo bajo su cola o bien un puercoespín vivo, o bien hacer que algunos ayudantes armados con palos afilados ayudaran a establecer el dominio. Todos estos actos debían estar acompañados de gritos amenazadores".

Antoine de la Baume Pluvinel

Escuela Napolitana de Equitación, y Federico Grisone, fundador de la Alta Escuela en Pista. Estaba totalmente en contra de los castigos corporales y las torturas que estos dos hombres recomendaban para conseguir la obediencia total del caballo. Fue el primer maestro jinete conocido, después de Jenofonte, que tenía en cuenta la mente del caballo al emprender su enseñanza y entrenamiento.

Pluvinel fue profesor de equitación en pista, que tenía en cuenta que el arte de la equitación era encomiable en sí misma, un punto de vista sostenido hacia 1700. "Sostenía y promocionaba el desarrollo conjunto de la mente y el cuerpo del jinete", escribió de él Paul Belasik, en su *Dressage para el Siglo XXI*. "Pluvinel enseñaba a sus alumnos danza, esgrima, arte, matemáticas y filosofía... e infundía en sus jóvenes alumnos de la nobleza ideales tales como el honor, coraje, orgullo y virtud, cualidades del Humanismo clásico". Pluvinel vio claramente que el hecho de montar es sólo una parte de un vasto programa para lograr mejores seres humanos. Nada podía estar más en consonancia con la revolución en la equitación del futuro siglo veinte.

Mientras que otros veían al caballo como un objeto a domar carente de alma, Pluvinel lo consideraba una criatura sensible, y la trataba de acuerdo con este criterio. Animaba al caballo a realizar los ejercicios por su propia voluntad, en lugar de hacerlos bajo represión forzada. En sus palabras: "Debemos tener cuidado en no desanimar al caballo y sofocar sus virtudes naturales, que son como la fragancia de una flor, ¡que nunca volverá si la destruimos!".

Se cree que Pluvinel fue el inventor de los pilares, una herramienta de entrenamiento usada para enseñar a los caballos los movimientos elevados conocidos como "aires sobre el suelo". El caballo, con o sin jinete, era atado a un solo pilar fijado al suelo, o entre dos pilares similares, y era

Pluvinel dirige una sesión de entrenamiento en los pilares, mientras el joven rey Luis XIII observa la escena. (Crispin de Pas)

animado a intentar estas difíciles y peligrosas maniobras de guerra. Los pilares aún se usan por algunos entrenadores de Alta Escuela (Escuela Española de Equitación de Viena, por ejemplo.)

Curiosamente, Pluvinel consideraba el látigo y la espuela como una "confesión de fracaso", aunque ambos aparecen en las escenas que ilustran su libro. El látigo de Pluvinel, o *chambriere*, era un bastón de 1,20 metros, con una tira de cuero trenzado de 1,80 metros fijada en la punta. Es el antepasado de los "stick and string" de los caballistas naturales de hoy.

Pluvinel también defendía el uso de la voz como ayuda para montar, y la llamaba "la espuela de la mente".

Como Simón y Jenofonte, miles de años antes, Pluvinel estaba convencido de que existía una conexión práctica entre la mente del caballo y el resultado de los deseos del jinete. "...El caballo debe disfrutar de su trabajo", decía, "de otro modo, ni caballo ni jinete serán capaces de desempeñar un trabajo elegante".

Parece que, habiendo sido un jinete experto a la edad de diecisiete años, Pluvinel fue admirado a lo largo de toda su vida por sus habilidades en la equitación y recordado como el jinete más grande de la Francia de su tiempo.

Pluvinel fue un hombre muy educado y llegó a ser maestro de equitación y consejero del rey Luis XIII, dedicando una parte de su tiempo como diplomático en el extranjero.

Su libro, *Le Manege Royal (El Picadero Real) par Antoine de Pluvinel*, fue su logro más importante. Estaba compuesto en forma de diálogo con el rey y estaba ilustrado con grabados muy elaborados. Desgraciadamente, Pluvinel murió antes de poder terminarlo. El libro fue completado por un amigo y presentado al rey en 1623.

WILLIAM CAVENDISH, DUQUE DE NEWCASTLE (1592-1676)

El inglés William Cavendish, primer duque de Newcastle, fue un hombre presumido y arrogante que estaba completamente convencido de que sus métodos de equitación y entrenamiento eran los mejores. Consideraba tontos a los demás que no apreciaban el arte de la doma clásica. Al final de su primer libro, *A General System of Horsemanship*, publicado en 1658, escribió: "Si este trabajo os gusta, me daré perfectamente por satisfecho; si no, estaré muy contento de mí mismo, porque sé de cierto que es muy bueno, y de seguro mejor que cualquier otro que sobre este tema hayáis podido leer".

Su trabajo *era* muy bueno en realidad, al menos una parte de él, y el alto aprecio que de él tuvo más tarde La Guérinière es razón suficiente para considerar la peculiar personalidad al estudiar su equitación.

Cavendish había nacido en el seno de la aristocracia inglesa. Aprendió a montar a los diez años y recibió lecciones de uno de los mejores maestros de equitación de Europa, antes de desarrollar sus propios métodos de entrenamiento. Estudió en el St. John's College, de Cambridge. Luchó como oficial de caballería al lado del rey Carlos I en la Guerra Civil Inglesa. Después de su derrota por Oliver Cromwell, se exilió a Francia, donde conoció las teorías francesas de la equitación en pista. Después apoyó la causa del hijo del fallecido rey, el

William Cavendish, primer duque de Newcastle

futuro Carlos II, en Amberes, Bélgica, donde Cavendish fundó su famosa escuela de equitación y escribió su primer libro. Con la restauración de la monarquía inglesa, en 1660, retornó a Inglaterra, recuperando la mayoría de sus propiedades y elevado al ducado en 1665.

En 1667 publicó su segundo libro, *A New Method and Extraordinary Invention do Dress Horses an Work Them According to Nature* (Un Nuevo Método y la Invención Extraordinaria para Entrenar Caballos y Trabajarlos de Acuerdo a la naturaleza). En una época en que la coacción era aún la regla de la *Alta Escuela*, Cavendish exhortaba a emplear la paciencia y comprensión de la naturaleza del caballo. Escribió: "Yo trabajo sobre la memoria del caballo, su imaginación y su juicio, y es por ello que mis caballos son tan buenos. Perdónales sus errores, que por la mañana seguramente sabrán muy bien que has tenido clemencia y también justicia".

Él usaba unas bridas y cabezada de cuero muy fino y suave "...porque no quiero que se hagan daño en su boca o nariz ni en ningún sitio que yo pueda evitar".

Pero, como los entrenadores de Alta Escuela que él desdeñaba, Cavendish pareció a muchos que era inconsistente e innecesariamente cruel. Gill Stuart, en la serie "The Classical Masters", en su revista *Dressage*, explica:

Cavendish, aparentemente, creía en la recompensa y el afecto. Dos ejemplos de su práctica, no obstante, puede llevarnos a pensar otra cosa. Primero, él dice que el caballo tiene que tener miedo de su jinete, un sentimiento secundado por bastantes maestros. En el caso de Cavendish, él dice que es necesario "que el caballo siga mis indicaciones y me obedezca. Si él te teme, te amará por su propia seguridad". En segundo lugar, recomienda el uso de espuelas, que deben ser de plata para que no se herrumben: "El gallo de la espuela debe ser largo, la rodela debe tener puntas afiladas. Cuando se usen, la sangre debe fluir libremente". También dice: "Casi nunca les pego, o les castigo con la fusta o las espuelas, a menos que me pongan gran resistencia, y esto es muy raro".

Cavendish desaprobaba el uso de los pilares, diciendo que esta práctica es "contraria al orden natural y mortifica a los caballos", aunque tenía tendencia a usar riendas alemanas y conducía al caballo con látigo y espuelas, de una manera antinatural y sobreflexionado. Como él mismo admitía, había arruinado muchos caballos en el proceso del entrenamiento.

A pesar de todos sus fallos, Cavendish representó un avance en la idea de entrenar caballos usando las técnicas psicológicas, y su contribución al estudio de la doma, especialmente en los aires, es innegable. El movimiento espalda dentro, inventado para la doma y realizado por Cavendish a lo largo de la valla de la pista por La Guérinière, fue el primer ejercicio de entrenamiento practicado en una pista por Cavendish.

Cavendish estaba convencido de que el objetivo de la escuela de doma es para "que el caballo se apoye sobre sus posteriores", o sea, conseguir que transfiera su peso hacia atrás y remeta más sus patas posteriores debajo de sí mismo. Esto es necesario no sólo para las maniobras avanzadas de Alta Escuela, conocidas como los distintos aires, sino que también es deseable en todas las demás modalidades de monta, ya que las patas posteriores son la fuente de poder del caballo y donde se genera el empuje hacia delante, y es más conveniente que estén bien remetidas en lugar de estar extendidas más hacia atrás.

FRANÇOIS ROBICHON DE LA GUÉRINIÈRE (1688-1751)

Llamado "El Padre de la Equitación Clásica" y "El Santo Patrón de la Doma", François Robichon de la Guérinière marcó el auténtico punto de giro en la historia de la equitación en Europa. La Escuela Española de Equitación de Viena, en Austria, todavía utiliza sus métodos rigurosamente.

Se cree que La Guérinière basaba sus enseñanzas en los trabajos de su compatriota Antoine de Pluvinel, pero en su libro *École de Cavalerie*, menciona a Pluvinel sólo una vez, dándole más relevancia a su colega Salomon de la Broue y al duque de Newcastle. La Guérinière estaba realmente molesto de que ese hombre hubiera debido su fama a haberse inspirado en su invención más importante: el movimiento espalda dentro.

¿Qué es tan especial en el movimiento espalda dentro? El maestro de doma Paul Belasik nos lo explica: "La espalda dentro, en un ejercicio, implica estas dos grandes líneas del estudio técnico: el balance lateral y el longitudinal. La Guérinière quería trenzarlo con una tercera línea de humanidad, o compasión, para lograr un hermoso peinado: el arte de la doma".

El maestro portugués Nuno Olivera dijo de la espalda dentro: "Es la aspirina de la equitación: lo cura todo".

Además de la espalda dentro, a La Guérinière se le reconoce haber inventado la media parada, el contra galope o galope trocado y el cambio de mano.

A La Guérinière se le recuerda como un hombre reflexivo e inteligente, con grandes ideales, un maestro hábil que prestaba más atención al arte de montar a caballo que al dinero. Captó estudiantes de monta de toda Europa, pero la Academia de Equitación que abrió en París en 1716 siempre perdía dinero.

La Guériniére estaba convencido de que el entrenamiento básico debía ser el mismo para todos los caballos, independientemente de su pretendido uso futuro, y hacía hincapié en la importancia de *comprender* al caballo: "El conocimiento de la naturaleza del caballo es una de las bases más importantes en el arte de la equitación, y todo caballista debe hacer de éste su principal estudio".

En cuanto al tema de preservar el bienestar físico y mental del caballo, La Guérinière lo trata con mucha profundidad en su libro. Escribe: "Nadie debería... estar a favor de que las lecciones sean demasiado largas; esto fatiga y aburre al caballo y deberías devolverlo a su cuadra con la misma vitalidad que tenía al salir de ella". Comprendió bien el valor de un pacífico y correcto entrenamiento.

La Guérinière rechazaba el tipo de silla que era popular en esa época e introdujo una silla ligera y plana que básicamente aún se usa. Tuvo un papel decisivo en el desarrollo del asiento moderno, que utiliza ambos huesos isquiones y la entrepierna, y en cambiar la posición de las piernas; en lugar de apretarlas contra los flancos del caballo, dejarlas flojas, colgando suavemente a ambos lados del caballo.

Aunque no se refirió al nombre moderno a que se refiere,

F. R. de la Guérinière nos demuestra el movimiento hombro adentro en este grabado de su libro École de Cavalerie.

La Guérinière apreció el valor de desarrollar un *asiento independiente*. Hablaba de "la elegancia de la postura", teniendo un asiento profundo y dejando que la parte superior del cuerpo actúe de equilibrador. No sólo afectaba esto al movimiento del caballo, sino que también determinaba hasta dónde el jinete tenía control de los cuartos traseros del caballo.

Para conseguir este control del equilibrio, La Guérinière hacía que sus alumnos trotaran sin estribos, por lo menos durante seis meses. Muchos instructores de equitación actuales todavía usan este ejercicio para desarrollar el asiento del jinete.

Como Jenofonte, La Guérinière previno contra dejarse llevar por las emociones al entrenar caballos. Dijo: "Por encima de todo, un caballo no debe nunca ser castigado con enojo o malas palabras, sino siempre con total objetividad". Con esto reconoce que los caballos no necesitan ser "castigados" o reprendidos por un comportamiento no deseado, sino que esto debe hacerse sin apasionamiento y con actitud seria y eficaz.

Claro es que los caballos interactúan entre ellos exactamente de esta manera. Una demostración de dominación, incluso si se expresa como acto de agresión, es tratada por ellos a continuación como si nunca hubiera sucedido. Después de eso, casi siempre, los caballos pacen lado a lado despreocupadamente. No existe ningún tipo de resentimiento residual, miedo o enfado. Fue sólo una decisión formal. Ambos caballos comprenden esto. El hecho de que La Guérinière reconociera y enseñara estos cimientos básicos favoreció y consolidó su posición como uno de los padres de la revolución en la equitación.

CAPÍTULO 12

SUSURRADORES, DOMADORES Y MAESTROS

La Equitación como Forma de Arte, practicada en pistas cubiertas, era perfecta para los dandys y las clases altas europeas, pero el hombre corriente también necesitaba ayuda con sus caballos, y esto para él era asunto de superviciencia. Así que había llegado el momento de los solucionadores de problemas.

Algunos de estos hombres trabajaban los caballos en solitario, cobraban su sueldo y cambiaban de lugar. A otros les gustaba demostrar su experiencia y habilidad en público, y algunos incluso intentaron enseñar lo que sabían. Entonces, como ahora, la calidad de la equitación era muy variada. Y entonces, como hoy, podemos aprender un poco de cada uno de ellos.

Jenofonte y otros de estos primeros caballistas que ya hemos conocido, son los antepasados de la revolución. Cuando comparamos sus métodos con los de nuestros actuales caballistas, empezamos a ver una fuerte semblanza familiar.

Conocer realmente a estos hombres es prácticamente imposible, pues todo lo que tenemos son algunos de sus escritos o lo que otros escribieron sobre ellos y, en muchos casos, en esos escritos había más lucimiento literario que auténtico deseo de compartir conocimientos. Como hombres que trabajaban con los caballos como medio de vida, estaban interesados en presentar su trabajo de la forma más favorable para ellos, aunque no siempre muy clara o comprensible. Cuando tienes en cuenta la poca rigurosidad de que hacen gala las publicaciones de prensa, y los amigos y enemigos que se sabe existen, empiezas a ver desde un nuevo punto de vista la dura tarea a que se enfrenta un historiador.

No obstante, este viaje al pasado merece la pena, ya que encontraremos no sólo algunos caracteres pintorescos, sino también ideas que ellos defendieron, muchas de las cuales aún son tan válidas hoy que se están volviendo a tener en cuenta.

DAN SULLIVAN (¿?-1810)

En el siglo diecinueve, en Irlanda, los caballos eran indispensables para vivir, como sucedía en muchos lugares. Cualquiera que podía domar un caballo difícil se convertía en una celebridad. Un hombre llamado Dan Sullivan, de Mallow, en el Condado de Cork, fue una de esas personas.

Se decía que Sullivan podía transformar cualquier caballo en un modelo de buen comportamiento, simplemente susurrándole unas palabras al oído. Por ello fue conocido simplemente como "El Susurrador".

Según se decía, Sullivan era un torpe e ignorante alcohólico de la clase más baja, pero parece que tenía un don para los caballos. Se supone que aprendió su método secreto, a cambio de una comida, de un zarrapastroso soldado en una casa de citas. Éste se hacía pasar por un mago hindú, y decía haberlo aprendido de un brujo cuando estaba sirviendo como soldado en la India, o de indios americanos mientras servía en América. En cualquier caso, le hizo jurar que guardaría el secreto y Sullivan cumplió su palabra. El secreto no fue revelado jamás, ni siquiera a sus hijos, que trataron sin éxito de seguir los pasos de su padre, o los del pretendido brujo.

Cuando trabajaba con un caballo, Sullivan insistía en hacerlo en una completa privacidad, en principio para mantener su juramento, pero seguramente para evitar cualquier filtración que amenazara su medio de vida.

Una sesión de entrenamiento típica empezaba con Sullivan controlando el caballo rebelde en un espacio completamente cerrado, probablemente una cuadra o un gran almacén, donde nadie pudiera ver lo que estaba haciendo. En un relativamente corto espacio de tiempo, quizás 30 minutos, pero a veces toda la noche, pedía que se abrieran las puertas. Según un observador...

...el caballo se hallaba tendido en el suelo, y el hombre a su lado, jugando familiarmente con él, como un niño con su perro cachorro. Desde ese momento el caballo estaba totalmente dispuesto a aceptar cualquier tipo de disciplina, aunque ésta hubiera sido rechazada anteriormente por él.

No se había oído conmoción alguna, ni gritos, ni relinchos, ni patadas, ningún chasquido de látigo, ni coces, ni pelea de ninguna clase. Algunos transeúntes decían no haber oído nada de nada. Otros decían que creían haber oído suaves susurros, una especie de conversación en voz baja, lo que aún confirmaba su título de "susurrador de caballos".

La naturaleza de la técnica secreta de Sullivan ha sido objeto de especulaciones durante casi dos siglos. En su libro *The Horsemasters: The Secret of Understanding Horses* (Los Maestros Caballistas: El Secreto de Comprender los Caballos), en 1983, Josephine Haworth describe una posibilidad inquietante:

> ¿Podría ser que Sullivan se hubiera tropezado con alguna clase primitiva de "lavado de cerebro"? Con el pretexto de guardar su secreto a salvo de miradas indiscretas, podía haber dejado a oscuras la cuadra en la que trabajaba con el caballo, o haberle vendado los ojos tan pronto se quedaron los dos solos. Nunca se veía a Sullivan llevar ningún tipo de equipamiento, pero una venda era fácil de improvisar. Una vez privado de la vista, el caballo estaba a punto para el paso siguiente: la producción de algún sonido que podía desorientar al animal. No era necesariamente un sonido alto, pero sí insistente y sin ningún significado, de manera que enmascarara a cualquier otro y reemplazara a cualquier otra cosa que fuera natural o familiar para el animal, sumiéndolo en un estado de total confusión. Cegado y sordo a cualquier otra cosa excepto a ese sonido antinatural, el caballo podría estar a merced del hombre que le había inducido ese terror y que sólo él podía liberarlo de ese tormento.

Haworth también apunta que los caballos poseen un oído muy agudo; sus cráneos son como cajas de resonancia, y por ello son tan sensibles a los sonidos. Un susurro, con una respiración sibilante, podría muy bien desorientar a un caballo privado de la vista. De todos modos, es difícil imaginar un caballo rebelde, de la clase con la que le tocaba tratar a Sullivan, quedarse quieto en esas condiciones.

Usando lo que hoy sabemos sobre la psicología del caballo y las técnicas suaves que se han probado una y otra vez, antes y después de la época de Sullivan, podemos imaginar un cuadro diferente de lo que probablemente Sullivan hacía (o no hacía), detrás de las puertas cerradas.

Es muy posible que usara un control del movimiento para crear una actitud de sumisión del caballo. Como estaban en un espacio cerrado y no se oía nada de fuera, no está claro que él hiciera moverse al caballo, al menos en el grado que se requiere para llegar a una sumisión. Esto nos lleva a una conclusión. Dan Sullivan, el susurrador de caballos, quizás inhibía el movimiento del caballo para crear una actitud de sumisión.

El arma secreta de Sullivan era probablemente una maniota simple, un aparato antiguo para inhibir el movimiento, que el americano John Rarey habría enseñado al mundo medio siglo más tarde.

Aunque se decía que Sullivan no llevaba ningún equipo especial cuando entraba con el caballo, algunos observadores notaron que llevaba una

MANIOTAS

Las maniotas son de varias formas. La más común es la de dos patas o doble, que une las dos patas anteriores del caballo y, en teoría, evita que éste pueda salir corriendo mientras está pastando en libertad. En realidad, a pesar de esto, muchos caballos aprenden un especial aire saltarín y pueden viajar una distancia sorprendente con la maniota doble. La de dos patas para entrenamiento, es en figura de "8" e impide el movimiento con bastante eficacia. La maniota para las cuatro patas proporciona el máximo efecto restrictivo.

La maniota simple, de una pata, sirve para otros propósitos distintos. Sostiene una pata delantera en una posición flexionada, de manera que el caballo no puede usarla en absoluto. Aun cuando puede moverse con tres patas, el caballo se cansa enseguida y, sin su medio principal de defensa –la huida-, se rinde. La maniota simple se debe usar siempre en presencia del cuidador, y sólo para controlar a un caballo difícil. Es una herramienta muy antigua, datando de al menos 600 años antes de Cristo. Una vasija de plata de esa época muestra, en un grabado en relieve, a un guerrero escita usando un aparato similar preparando a un caballo para la monta.

Se usan ciertas variantes, tanto de la simple como de la doble maniota, para conseguir ciertas metas específicas en el entrenamiento. Maniotas laterales, que unen las patas delantera y trasera del mismo lado del caballo, se usan para enseñarle la ambladura. La maniota escocesa une una pata trasera a un lazo que pasa alrededor del cuello del caballo y le enseña a relajarse cuando se le cogen las patas. Las maniotas diagonales, las que van sobre las rodillas, estilo australiano, y las maniotas de las patas posteriores, de Argentina, son algunas de las más usuales.

pieza larga de cuerda suave, por lo que podemos asumir que la usaba como maniota (Rarey usaba una cinta de cuero suave, pero sea cuero o cuerda, el principio es el mismo).

Antes de aplicar la maniota, Sullivan quizás desensibilizaba al caballo con toques de sus manos. Los susurros que parecían oír algunas personas, eran probablemente algunas palabras reconfortantes para hacer saber al caballo que él, Sullivan, estaba siempre a su lado, para reasegurar el proceso de desensibilización y para mantener las propias emociones de Sullivan bajo control.

La maniota de una sola pata es un medio para controlar el movimiento de un caballo y crear una actitud sumisa.

Una vez que había aplicado la maniota, podemos imaginar que Sullivan se sentaba un poco apartado del caballo, quizás sobre un taburete de ordeño, encendía su pipa, y quizás anotaba la hora de su reloj de bolsillo. En unos diez minutos, soltaba la maniota, demostrándole al caballo que no era una situación permanente y que él tenía el poder de darle y quitarle el movimiento. Luego volvía a colocarla. Unos cuantos minutos después, quizás el tiempo de fumarse una pipa, se repetía el proceso, con el caballo cada vez más calmado.

El paso final podría haber sido tender al caballo en el suelo, lo que es relativamente fácil cuando una de las patas ha sido inmovilizada. El tratamiento de Sullivan, una vez que el caballo estaba tumbado, era la prueba definitiva de que, incluso en esa posición sumamente vulnerable, el caballo no tenía nada que temer del humano.

La reputación de Sullivan se cimentó a base de conseguir convertir un caballo peligroso y violento en uno dócil y sumiso, pero alguien añadió que había un proceso más perturbador. Aunque no había ninguna señal de abuso físico, el informante describió que Sullivan le había aterrorizado cuando le miró o le habló después de su tete-a-tete. Además, los caballos solían retornar a sus anteriores comportamientos una vez que Sullivan había desaparecido. Esto último no es sorprendente. Un caballo puede leer a cada humano con el que entra en contacto y adapta sus actitudes conforme a ello. Sullivan fracasó en generalizar el aprendizaje del caballo lo suficiente para que su comportamiento pudiera ser controlado por otras personas. Pero ¿qué hay del terror aparente? ¿Fue quizás el instintivo poder intimidatorio de Sullivan, o el resultado de algo más siniestro que sucedía a puerta cerrada? Nunca lo sabremos por completo.

Cualquiera que fuese su método secreto, Sullivan trabajaba, sin lugar a dudas, sobre la mente del caballo más que sobre su cuerpo. Por ello representa un paso adelante con respecto a la brutalidad física tan a menudo infligida a los caballos hasta entonces y le hace merecedor de un puesto entre los otros padres de la revolución.

Aunque Sullivan no fue quemado en la hoguera (murió totalmente alcoholizado), los clérigos locales le acusaban repetidamente de ser un agente de Satán. Su renuencia a revelar sus métodos hizo de él una persona sospechosa y una espina clavada en los deseos de los párrocos del lugar, que deseaban tener a sus feligreses metidos en un puño. Se cuenta el caso de que cuando Sullivan ya estaba un poco harto de tanta tontería, y, habiendo sido interpelado por un clérigo con el que se cruzó en un camino de las afueras, lanzó un encantamiento contra el caballo del religioso. Si se divirtió haciendo esto a expensas del cura o realmente creyó que podía lanzar un hechizo no se sabe. Pero el religioso quedó tan impresionado que a partir de entonces le dejó más tranquilo.

DENTON OFFUTT (HACIA 1790-1861)

Denton Offutt nació alrededor de 1790 en el Condado de Montgomery, Maryland, EE.UU. Durante un tiempo, a mediados del siglo diecinueve, se decía que era el mejor entrenador de caballos de los Estados Unidos.

En 1843, su libro *Best & Cheapest Book on the Management of Horses, Mules, etc.* (El Libro Mejor y más Barato sobre Manejo de Caballos, Mulas, etc.), contenía tanto instrucciones para entrenar caballos como remedios para varias enfermedades equinas. Se presentó con elogiosos comentarios de nueve de sus clientes, todos ellos "hombres de alto nivel", incluyendo el siguiente:

Por su humanidad y justicia hacia el animal, esta práctica sobrepasa a todas las otras y es una lección saludable para todos aquellos que tratan a esta criatura con tanta crueldad. El caballo ha sido creado especialmente para el servicio del hombre, y cuando se le trata con humanidad y bajo principios correctos puede conseguirse de él la máxima sumisión con gran facilidad; este poder de control de sus principios naturales, los tiene ciertamente Denton Offutt, y puede enseñarlos a otros.

THOMAS CRAIGE
Escuela de Equitación de Filadelfia

Otros comentarios describían los resultados que Offutt podía conseguir, casi siempre en menos de una hora, con cualquier caballo difícil o salvaje. Por desgracia, en esos testimonios no se reveló nada concreto sobre sus métodos, y el libro en cuestión se ha perdido. Sus clientes aseguraban que Offutt empleaba técnicas suaves y sentido común para conseguir sus resultados.

Denton Offutt se encuentra con Abe Lincoln en la Buck Horn Tavern.
(Dibujo del difunto Lloyd Osterdorf, de la Colección de Phil Wagner. www.abelincoln.com.
Con autorización.)

Offutt también publicó *A Method of Gentling Horses, Their Selection, and Curing their Diseases, A New and Complete System of Teaching the Horse on Phrenological Principles* y *The Educated Horse* (Un Método para Refinar Caballos, Su Selección y Cómo Curar sus Enfermedades, Un Nuevo y Completo Sistema de Enseñar al Caballo los Principios Frenológicos y El Caballo Educado). La Frenología es una doctrina psicológica que estudia la distribución en ciertas zonas del cerebro del caballo de sus facultades psíquicas, a fin de conocer su carácter y aptitudes. Los caballistas conocen desde hace tiempo esta conexión, aunque la frenología aún es controvertida y se considera un campo de estudio no científico.

Offutt no tenía inconveniente en exponer sus conocimientos pública-mente, pero también quería ser remunerado económicamente por ello. Aquellos que trabajaron con él, tenían que prometer que no revelarían sus métodos a nadie más. Rarey, Pratt y otros intentaron estos métodos en años posteriores con éxito limitado.

Aparte de su habilidad como entrenador de caballos, Denton Offutt es más recordado por una época anterior de su vida, cuando, como medio-cre comerciante, proporcionó a un Abraham Lincoln de sólo veintidós años, su primer negocio.

Era en marzo de 1831, y Offutt, a la sazón comerciante y próspero dueño de un aserradero en New Salem, Illinois, necesitaba transportar algunas mercancías desde Springfield hasta Nueva Orleans, vía fluvial. Abe Lincoln, su hermanastro John D. Johnson, y su primo segundo John Hanks, habían oído hablar del trabajo y fueron a ver a Offutt a la "Taberna Andrew Elliot's Buck Horn", en Springfield, para hablar del asunto. Fueron contratados los tres, con generosos sueldos, para cons-truir el barco de fondo plano en Sangamontown, no muy lejos de Springfield.

Lincoln pilotaba el pesadamente cargado bote hasta Nueva Orleans, mientras Offutt hacía compras por el camino. El escaso caudal de agua del río y otros problemas logísticos obstaculizaron su viaje repetidamen-te, pero la inventiva e ingenio de Lincoln siempre se impuso. El fornido y carismático joven causó una fuerte impresión en su nuevo jefe y cuando volvieron a Illinois, lo contrató para regentar una tienda de productos diversos en New Salem.

Offutt, que llegó a ser mentor y amigo del joven Lincoln, fue segura-mente el primero en apreciar la magnitud del potencial de Lincoln.

Denton Offutt no fue en realidad muy importante en su tiempo. Algunos vecinos del lugar lo consideraban un hombre educado, pero un poco atolondrado y demasiado hablador. Otros fueron menos amables, llamándolo "bullicioso y no muy escrupuloso". El biógrafo de Lincoln, Carl Sandburg, lo etiquetó como "mentiroso y estafador". Cualquiera que sea la verdad, Offutt perdió sus negocios al año siguiente, despidiendo a Lincoln. Este hecho ha sido citado algunas veces incorrectamente como el primer fracaso de Lincoln.

Forzado a reinventarse a sí mismo, Offutt abandonó New Salem para ayudar a su hermano a criar caballos cerca de Lexington, Kentucky. Y fue allí donde encontró su verdadera vocación.

Por la época en que fue publicado el primer libro de Offutt, un joven de Ohio, de dieciséis años, John Salomon Rarey, también era un entrenador de caballos muy ocupado. Siete años después, en 1850, ambos se encontraron en la Primera Feria del Estado, en Cincinnati. Rarey quedó intrigado por la "aguda mente y poderosa personalidad" de Denton Offutt. Rarey había comprado el libro de Offutt en 1846 y, queriendo aprender más, cruzó el río Ohio para tomar lecciones en el rancho de Offutt, en Covington, Kentucky. Parece ser que Rarey aprendió de Offutt el sistema para tender a un caballo fiero, sistema que más tarde fue conocido como "Rareyfying". En 1856 Rarey publicó su primer trabajo. Offutt entabló y ganó una demanda en 1859 contra Rarey, acusándole de haberle robado su técnica, un jurado superior desestimó posteriormente la decisión. A pesar de obvias coincidencias, no se trataba de una duplicación palabra por palabra.

Algunos documentos sobre los últimos tiempos de la vida de Offutt se refieren a él como Dr. Denton Offutt, aunque se ignora cómo y dónde consiguió el título.

Entre los papeles del presidente Lincoln se halla una última carta de Offutt, datada en 1861 y enviada desde Baton Rouge, Louisiana. Aparentemente mal de salud, le pedía a su antiguo amigo un puesto de trabajo en el gobierno. Se cree que Denton Offutt murió a fines de ese año.

JOHN SOLOMON RAREY (1827-1866)

Como Alejandro Magno, John Rarey parece que domó un caballo a los doce años de edad. Como Alejandro, es recordado por su trabajo con un caballo especialmente difícil, un violento semental purasangre, llamado

Cruiser. Y, también como Alejandro, murió joven como resultado de un fuerte golpe, en su momento de más fama y muriendo pocos meses más tarde, a la edad de treinta y ocho años.

El irlandés Dan Sullivan puede haber sido el primer susurrador de caballos, pero fue el americano John Rarey el que introdujo el término para los lectores modernos en el libro con este título: *The Horse Whisperer*, de Nicholas Evans.

Era un hombre de Groveport, Ohio, llamado John Solomon Rarey, que domaba su primer caballo a la edad de doce años. La fama de su don se extendió, y en 1858 fue requerido por el Castillo de Windsor, en Inglaterra, para calmar un caballo de la reina Victoria. La reina y su entorno observaron atónitos cómo Rarey ponía sus manos sobre el animal y lo hacía tender en el suelo frente a él. Luego se tendió junto al caballo y descansó su cabeza sobre sus cascos. La reina se sonrió complacida y le dio a Rarey cien dólares. Siempre había sido un hombre modesto y tranquilo, pero desde ese momento se hizo famoso y la prensa le pedía más. La noticia hizo que se buscaran los caballos más fieros de toda Inglaterra.

John Solomon Rarey.
(Groveport Historical Museum)

Se encontraron algunos.

Uno de ellos era un semental llamado Cruiser, que había sido uno de los caballos de carreras más rápidos del país. Pero ahora se había convertido, según un ameno artículo de una publicación inglesa, en "la encarnación de una fiera", que llevaba puesto un bozal de hierro, de más de tres kilos de peso, para tratar de evitar que matara a mordiscos a algún mozo de cuadras. Sus propietarios sólo lo mantenían vivo porque querían cubrir algunas yeguas y, para intentar calmarlo lo suficiente para ello, querían dejarlo ciego.

Contra todo consejo, Rarey entró en el establo en el que nadie se aventuraba y cerró la puerta. Salió tres horas después llevando de la mano a Cruiser, sin su bozal de hierro y tan dócil como un corderito. Los propietarios quedaron tan impresionados que le ragalaron el caballo.

Rarey se lo llevó a Ohio, donde Cruiser murió el 6 de julio de 1875, sobreviviendo nueve años a su nuevo dueño.

Un dato interesante que Evans omitió es que Cruiser volvió a ser una intratable y peligrosa bestia después de la muerte de Rarey, contradiciendo los propios deseos de Rarey sobre la permanencia de la modificación de comportamiento que él había logrado. Actualmente, esto lo comprendemos mejor. Entrenar un caballo sirve de poco si no dedicas igual atención al entrenamiento de su dueño, cuidador o jinete, de manera que se pueda mantener el comportamiento aprendido.

En los años siguientes a su actuación para la reina, Rarey se hizo rico, demostrando sus métodos ante locales llenos de gente en Inglaterra, Francia, Suecia, Alemania, Rusia, Noruega, Turquía y los países Árabes. En varias ocasiones donó el producto de sus apariciones públicas a obras de caridad, muy frecuentemente a fondos para huérfanos o viudas o a locales de comida gratuita para los indigentes, pero así y todo acumuló una gran riqueza que le permitió construir una opulenta mansión en el mismo lugar que ocupaba la sencilla taberna de su padre, en Groveport.

Una actuación típica de Rarey podía incluir la lectura de una introducción, la entrada apoteósica de Cruiser con la excitante historia de su doma, y luego la presentación de los pequeños ponis Shetland de Rarey, Gyp y Prince, verdaderas novedades en esa época. Lo más destacado, no obstante, siempre era la prueba final de ofrecerse a intentar domar uno

Cruiser antes y después de ser domado por John Rarey, tal como se muestra en The London News, Abril de 1858.

La maniota de Rarey para la pata delantera, la tira de tela en la cuartilla, el cinchuelo y la cuerda en su sitio.

o más caballos difíciles de la localidad. En todas partes adonde iba, invitaba al público a traer sus peores animales. Podía ser que tuvieran el vicio de cocear, morder, encabritarse o relinchar. Rarey casi siempre completaba la transformación en cuestión de minutos, pero, en algunos casos, la doma se convertía en horas de fuerte competición entre hombre y bestia, con más de un moretón a causa del caballo.

John Rarey no era muy alto –170 centímetros de altura y unos 75 kilos–, pero era nervudo y fuerte, con un extraordinario auto control y determinación. Le entusiasmaba toda oportunidad de demostrar que su sistema funcionaba. Cuando empezaba su trabajo lucía un atuendo limpio y cuidado, y terminaba casi siempre empapado de sudor y cubierto del serrín de la cuadra de pies a cabeza. Aunque le costara varias horas terminar su trabajo, siempre lo completaba. Las alabanzas que recibía eran merecidas. Llevaba a cabo su tarea sin lastimar al caballo ni perder su compostura.

¿Cómo domaba los caballos? Empezaba con el caballo con filete y sujetaba una pata delantera del animal con una maniota simple. Luego, ataba una tira de tela alrededor de la cuartilla de la otra pata delantera del caballo y un cinchuelo alrededor de su barriga. A continuación ataba una cuerda a la tira de tela en la cuartilla y la pasaba por debajo del cinchuelo. Una vez que todo esto estaba hecho, el caballo "era suyo", y lo que seguía a continuación siempre funcionaba.

En pie junto al hombro izquierdo del caballo, Rarey cogía el filete con su mano izquierda y tiraba de la cabeza del caballo hacia él, mientras lo empujaba en el hombro. Desequilibrado, el caballo finalmente tenía que dar un paso para reposicionar su pata delantera en el suelo. En ese momento, Rarey tiraba de la cuerda con su mano derecha, haciendo que la pata del caballo se doblara y le obligaba a arrodillarse. En esta fase algunos caballos se rebelaban, intentando zafarse. Incluso algunos lograban remeter sus patas posteriores y trataban de encabritarse. Rarey no hacía nada para impedirlo y simplemente seguía al caballo hacia donde fuese, siempre pegado a su hombro, sosteniendo la rienda y la cuerda hasta que el caballo se rendía y se tendía de lado sobre el suelo. Inmediatamente, Rarey lo acariciaba y mimaba, le hablaba suavemente, tranquilizándolo y prestándole una total atención. No importaba cuánto se había resistido el caballo antes de ese momento; una vez que estaba tendido y calmado, se tranquilizaba. Este cambio no significaba que se hubiera quebrantado su temple; de hecho, algunos caballos, de momento, seguían siendo violentos como siempre, pero seguían estando allí tendidos, y permanecían así hasta que él les hacía incorporarse. En algunos casos, el proceso se repetía varias veces hasta conseguir el grado de tranquilidad deseado. Si la lección se repetía con frecuencia, el caballo se tendía por sí mismo a una señal, sin necesitar ningún tipo de ayuda adicional.

¿Por qué al estar tendido o echado de esta manera cambiaba la actitud del caballo de forma tan patente? Podemos ofrecer una explicación lógica: como hemos dicho antes, sabemos que un caballo cede su liderato cuando otra criatura controla sus movimientos, sea ésta otro caballo o un humano. Tenerlo completamente inmovilizado en una posición vulnerable sin posibilidad de escape, como es tendido en el suelo, atado con cuerdas, es el máximo ejemplo de control sobre los movimientos del caballo. El caballo responde simplemente con una forma extrema de sumisión. Las cebras, por ejemplo, dejan de resistirse cuando son derribadas por un león. Simplemente, se rinden, desconectan mentalmente con el peligro real en que se encuentran; un medio, quizás, de minimizar el horror de la muerte inmediata. El caballo, como animal de presa y sin saber si el humano se lo va a comer o no, puede que pase por un proceso mental similar.

Es difícil imaginar la popularidad internacional que John Rarey disfrutó a principios del 1860. En un momento en que los Estados Unidos estaban al borde de la guerra civil y la gente bullía con pasión y descontento sobre la esclavitud y los derechos de los estados, Rarey aún conseguía alguna primera plana en los periódicos allí donde iba, compartiendo los titulares con Abraham Lincoln. Los escritores que estaban en contra de la guerra, algunas veces apelaban a la filosofía de Rarey de usar más bondad, más firmeza y paciencia, en lugar de la fuerza bruta, en el trato con el adversario. El poeta Ralph Waldo Emerson dijo de Rarey que "él había dado la vuelta a una nueva página de la civilización". En son de burla, la revista inglesa *Punch* sugirió que el método de Rarey debería ser

practicado con algunos políticos detestables, y Harper's Weekly lo recomendaba como cura para los esposos díscolos. Durante un tiempo, el
verbo "to Rareyfy(*)" apareció en los diccionarios de lengua inglesa.

Es difícil imaginar hoy día el grado de brutalidad con el que todos los
caballos, pero especialmente los caballos de trabajo, eran tratados en la
época de John Rarey. No era raro hacer trabajar a los caballos hasta la
muerte, unidos a arneses de labor, o golpeados sin piedad por sus insen-
sibles dueños, ignorantes de otro sistema o cuidado más efectivo. Rarey
fue el paladín de un método muy diferente en el que la bondad, la firmeza y la paciencia estaban mezcladas por igual. Incluso aunque el caballo
sometiera a Rarey a un esfuerzo considerable durante la doma, y hubiera sido blanco de contusiones o arañazos, nunca dio muestra de violencia, enfado, cólera o injusticia.

Los métodos de John Rarey, efectivos, aunque sólo para él, son demasiado peligrosos o difíciles para la mayoría de los caballistas actuales.
Rarey era un atleta perfecto, intrépido, persistente y paciente. También
gozaba del beneficio de la experiencia, habiendo aplicado sus métodos a
cientos de caballos difíciles a lo largo de varios años.

Los métodos de Rarey tampoco son tan necesarios hoy día, cuando
pocos de nosotros poseemos un auténtico caballo salvaje, y casi nadie
confiaría en un caballo así para su transporte o trabajo. Los caballos tan
incorregibles como los que domaba Rarey están casi siempre a un paso
de ser vendidos para carne.

Si no tenemos en cuenta el contexto y sutileza del trabajo de Rarey,
uno podría llegar a la conclusión de que era excesivamente duro y contundente con los caballos. Tumbar un caballo estaba reservado a los

El Ejército de los Estados Unidos enseñó a sus soldados de caballería a practicar la "Rareyfy" a
sus caballos y así protegerse tras sus cuerpos. Durante la Primera Guerra Mundial, un soldado
muestra a sus instructores locales cómo hay que hacerlo. (Robert Miller Collection)

(*) Rareyfy. Se podría traducir como seguir el método de Rarey. (N. del T.)

clientes equinos más difíciles y puede considerarse como el sistema más drástico de todas las técnicas de inmovilización. Incluso, para la mayoría de los caballos, era un procedimiento adecuado. El caballo no sufría ningún daño y la trasformación psicológica podía ser muy importante.

Cuando se hizo la filmación de la película *The Horse Whisperer*, el procedimiento fue considerado demasiado soso visualmente, y fue necesario todo un arsenal de efectos especiales para adaptarlo al cine. Según Buck Brannaman, el caballista asesor del film, el caballo-actor fue rociado con agua para simular el sudor y montones de polvo se usaron para simular la polvareda. Varios ángulos de cámara, fotografía a cámara lenta, música adecuada y efectos sonoros creativos proporcionaron al proceso un sentido completamente diferente y lo hizo por fin útil como clímax de una de las líneas de la historia. El hecho de que la magia del cine no llegara a representar correctamente esta técnica clásica no agresiva, no se le escapó a Brannaman, pero fue sólo una pequeña batalla perdida y la película fue un éxito para la promoción de la equitación natural.

A pesar de su celebridad internacional –o quizás debido a ella–, John Rarey fue el blanco de numerosas críticas. A lo largo de toda su vida proclamó que la concepción y desarrollo de todo el sistema de entrenamiento era sólo obra suya. No sólo Denton Offutt le demandó por haberse apropiado de sus ideas; la originalidad de Rarey era desafiada públicamente por el domador de caballos James Telfer, de Northumberland, Inglaterra, autor del libro *Telfer's System of Horse Taming*. Charles Dickens, amigo de Rarey y conocido novelista y editor, tenía un grupo de investigadores dedicado a buscar literatura equina, veterinaria y militar publicada durante los últimos doscientos años para encontrar alguna evidencia de un sistema como el de Rarey. Declararon no haber encontrado nada al respecto.

Hoy sabemos que la técnica para tender un caballo usando una maniota simple delantera, principal componente del sistema de Rarey y de otros medios de amansamiento de caballos, ha sido practicada hace siglos.

Independientemente de quién inició primero las técnicas que usaba, la contribución de John Solomon Rarey a la revolución de la equitación no puede ser desestimada. Si él viviera actualmente, estaría indudablemente a la cabeza de todo lo que defendía. Tal como escribió: "La única ciencia que ha existido desde siempre en el mundo relativa a la doma de caballos y que tiene algún valor, un método por el cual, tomando el caballo desde su medio natural, incrementemos su inteligencia... para que todo lo que queremos de él lo haga voluntariamente, sin obligarlo, debe lograrse por medio de hacer coincidir nuestras ideas con las de su mente".

PROFESOR O. S. PRATT (1835-1875?)

En el 1800 y en ambos lados del Atlántico, el título de "profesor" no siempre implicaba una connotación universitaria o cualquier otro nivel de educación. Significaba sólo maestro. Numerosos entrenadores de caballos adoptaron este título.

Uno de ellos fue el profesor O. S. Pratt, oriundo de Nueva York, que enseñaba su sistema de equitación en enormes clases con cientos de asistentes. También escribió dos libros, *The Horse Educator* y *The Horse's Friend* (El Educador de Caballos y El Amigo del Caballo). El primero, publicado en 1870, introdujo "*A Practical System of Educating Horses and Dogs to Perform Different Tricks*" (Un Sistema Práctico de Educar Caballos y Perros para Hacer Diferentes Trucos), mientras que el segundo y último, publicado en Buffalo en 1876, proclamaba rotundamente que contenía "*The Only Practical Method of Educating the Horse and Eradicating Vicious Habits*" (El Único Método Práctico de Educar al Caballo y Erradicar Hábitos Perniciosos).

La egolatría de Pratt emergía estruendosa de las páginas de sus libros, que parecían más una campaña publicitaria que manuales de instrucciones para el entrenamiento de caballos. Las primeras trece páginas de *The Horse Educator* contenían cantidad de alabanzas que le eran otorgadas por sus alumnos, y un poema de ocho estrofas titulado "Pratt the Great Horse Trainer".

Este Pratt tomará toda nuestra sangre, fiereza y salvajismo,
Y en cuarenta minutos será como un niño;
Tu encarnizado corcel, pleno de trucos y trampas
Estará enseñado para hacer de todo menos hablar,
Saludará con la cabeza para "sí", y la sacudirá para "no",
Se tenderá en el suelo, correrá, retrocederá, parará o avanzará;
Recogerá del suelo un pañuelo, te besará y parecerá
Un amigo humano con un intelecto superior.

Reclamó una placa, que le fue concedida, por su clase magistral en Washington DC, proclamándole "The Horse Educator of the World"...y se dijo: "...estamos convencidos de que vuestro método de educación del caballo y modificar su comportamiento violento por medio de un tratamiento suave y no agresivo es el único SISTEMA VERDADERO".

O. S. Pratt había nacido en el Condado de Genesse, Nueva York, en 1835. De joven trabajó en la granja de la familia y en el aserradero familiar, en lugar de ir a la escuela. Fue una decisión de su padre.

Pratt mostró una temprana habilidad para controlar animales de toda índole. También demostró una cierta inclinación empresarial, empezando su primer negocio a los veinte años, en la ciudad de Batavia. Más tarde, fundó una escuela de entrenamiento de caballos a unos ciento cincuenta kilómetros al este de Geneva, pasando después a Penn Yan, Watkins Glen, Ithaca, Elmira y Scranton, Pennsylvania.

A los treinta y cuatro años, Pratt vivía cómodamente. Entre 1869 y 1871 dirigió tres Cursos de Educación de Caballos, en "carpas-escuela" en Philadelphia y Washington, DC. La clase de Philadelphia se dice que atrajo a 2.523 alumnos. La de Baltimore 3.504, y en Washington se congregaron 2.503. Durante los tres meses en cada localidad Pratt enseñó personalmente su sistema a un total de 8.503 alumnos, y con tan buenos resultados que prominentes ciudadanos se desvivían por declararle públicamente su agradecimiento y hacerle sustanciosos regalos.

Se dice que incluso el presidente Grant requirió lecciones privadas de Pratt, en reuniones del presidente y sus amigos íntimos.

La mayoría de lo que sabemos sobre Pratt viene de sus propios escritos. Sólo hay dos excepciones importantes. Una es la del capitán M. Horace Hayes, el eminente veterinario inglés y hombre de a caballo que se refiere a algunos de los utensilios y técnicas de Pratt en su libro *Illustrated Horse Training*. La opinión de Hayes es neutral, sin alabanzas ni críticas condenatorias.

La otra es de Dennis Magner, otro famoso caballista y autor del momento, que no estaba precisamente enamorado de Pratt. Magner declaraba públicamente que él había trabajado con un caballo al que Pratt había estropeado, y dijo que era "ignorante y falso". Además, dijo que Pratt recurría a los "métodos más descarados de charlatanismo, como era comprar artículos y presentarlos como regalos voluntarios recibidos por sus clases".

La aparente animosidad surgió inicialmente por una operación comercial en la que Magner vendió a Pratt un par de caballos violentos y un poni después de una semana de entrenamiento intensivo sobre cómo manejarlos. Poco después, Pratt empezó a anunciarse como "El mejor domador de caballos del mundo" y comenzó su libro sobre su nuevo sistema de entrenamiento. Magner pensó que Pratt había plagiado su trabajo.

Para sus miles de alumnos, no obstante, el profesor O. S. Pratt podía no estar equivocado. Como hacen actualmente la mayoría de instructores famosos, Pratt se esforzó en enseñar a sus alumnos a entrenar sus propios caballos, en lugar de entrenarlos él mismo. El sistema que Pratt enseñaba por un precio determinado era tan perfecto y fácil, que él decía: "Un chico de diez años, con mi asistencia, puede manejar el caballo más difícil y violento con facilidad y seguridad, en unos diez a veinte minutos, con las manos metidas en los bolsillos".

Un tema recurrente en el trabajo de Pratt era convencer (o recordar) al caballo que el humano es el que tiene el control. Sugirió varios modos de lograr esto, dependiendo del problema enfrentado: derribar el caballo al suelo, aplicar la maniota simple delantera, atar la cabezada y la cola y haciendo que dé vueltas, y varias combinaciones de bocados y arneses, que hacían los comportamientos inadecuados molestos o incluso dolorosos, y los correctos cómodos e indoloros.

Pratt no tenía ningún problema en hacer que el caballo se sintiera incómodo, pero no defendía la crueldad. De hecho, hacía hincapié en el autocontrol, enfatizando que cuando el que lo está manejando actúa con enfado e impaciencia, lo que aprende el caballo es siempre una lección equivocada.

Ególatra como era, en sus libros Pratt describe un cuadro de un caballista compasivo y amable, siempre presto a premiar una respuesta correcta con una palabra cariñosa, una suave caricia, un terrón de azúcar o un trozo de manzana.

No mucho del sistema de Pratt era original, si es que había algo, pero era listo en la aplicación de los utensilios y técnicas que usaba y tenía un gran respeto por la mente del caballo. "Creo que es una criatura racional", decía, "que posee un agudo sentido de lo que está bien y lo que está mal".

Es increíble que incluso Pratt considerara el cerebro del caballo similar al humano. Más increíble aún: decía que a los caballos se les podía enseñar a escoger opciones basadas en experiencias anteriores, que no es nada más ni nada menos que lo que está en el meollo de las condiciones operativas del entrenamiento animal. La mayoría de las soluciones sugeridas para problemas específicos consistían en hacer las cosas correctas fáciles, y las incorrectas molestas, un concepto que está fuertemente arraigado en la base de la equitación natural.

Pratt recomendaba esta clase de artilugio para curar al caballo que se botaba.

Pratt llamaba a esto "un nuevo método de domar a un coceador".

Pratt era especialmente progresista en un tema. Defendía el entrenamiento de potros a muy tierna edad, enseñándoles a aceptar el manejo, a tenderse tranquilamente y a moverse apartándose de la presión cuando eran aún unos bebés. También recomendaba acostumbrarlos a la silla antes del año, pero esperar dos años más de lo normal para empezar a montarlos. Por aquella época era usual domar los caballos para montarlos a los tres y medio o cuatro años de edad. Pratt recomendaba esperar hasta que tuvieran seis años de edad, una práctica no corriente hoy día. Pratt reivindicaba que "dos años perdidos en su juventud añadirán generalmente seis u ocho años a la vida útil del caballo". Aunque buena para el caballo, esta idea podía no ser muy popular entre el público. Que él persistiera en su idea es un tanto a favor de Pratt.

No sabemos cuándo murió O. S. Pratt, pero hay una posibilidad interesante. *The Fowlerville Review*, en el Condado de Livingston, Michigan, publicó el siguiente obituario el viernes, 12 de noviembre de 1875:

El martes de la pasada semana por la noche, O.S. Pratt y la pequeña hija de cinco años de John Botsford resultaron muertos en un incendio. Los padres viven en la granja de King & Rust, entre Saginaw City y San Louis. Botsford y su esposa acostaron a sus dos hijos y fueron a casa de Pratt a pasar la velada. Durante su ausencia, hubo un incendio en la casa de los Botsford, y, en un intento de salvar a los niños, Pratt falleció entre las llamas. El pequeño logró escapar.

Si fue el profesor O. S. Pratt, el supuesto entrenador de caballos, murió como un héroe, a la edad aproximada de cuarenta años.

DENNIS MAGNER (1833)

El "astuto y hábil domador de caballos" Dennis Magner nació en Irlanda. Llegó a los Estados Unidos a los catorce años y entró de aprendiz en un taller de reparación de carruajes en Nueva York. El joven Magner aprendió bien el oficio y pronto entró como socio en un negocio de construcción de carruajes en Myersville, Pennsylvania. En ocasiones, en el taller recibían un caballo problemático como parte del pago de un carruaje, lo que proporcionó a Magner la oportunidad de desarrollar sus habilidades en doma de caballos.

Al principio se dedicó a preparar caballos de tiro para los carruajes, y esto hizo que perfeccionara el *Magner Breaking Rig* (Aparejo para domar de Magner) a finales de 1860, pero no obtuvo la patente hasta 1880. Este aparejo era un artefacto parecido a un carruaje, que era fijado y giraba alrededor de un poste central. Unas barras y atalajes mantenían al caballo unido a este artilugio y se usaba de manera que pareciera que estaba tirando de un carro, sin poner en peligro caballo, personas o propiedades.

Este aparato era muy parecido a uno mostrado en Londres hacia 1860 por un inventor llamado Dr. Bunting, pero no está claro si uno de ellos copió al otro o si fue quizás una notable coincidencia.

Magner llamaba a su sistema de entrenar caballos "el arte de dirigir la supeditación", y ofrecía tres métodos diferentes. El primero era hacer tender el caballo en el suelo. El segundo era hacer dar vueltas al caballo hasta que éste se mareaba, y el tercero ejercer presión detrás de la oreja, donde el cuello se une a la cabeza, usando una "brida de guerra" (cabezada de cuerda anudada, que puede ejercer presión sobre la cabeza del caballo, nuca y nariz).

En una de sus primeras demostraciones, en una pequeña localidad de Nueva York, le trajeron a Magner una yegua que mordía para que la domara. Ésta le atacó inmediatamente, y se vio

Dennis Magner.

forzado a salir de la pista. Haciendo acopio de ingenio, Magner entró de nuevo y sometió a la yegua usando los tres métodos de supeditación. Con el conocido método de *Head and Tail* (cabeza y cola), cogió la cabezada de la yegua con una mano y su cola con la otra, y la hizo girar a su alrededor cinco o

El Magner Breaking Rig, patentado en 1880.

seis veces en cada dirección. Después de esto, la derribó al suelo y, por fin, aplicó la brida de guerra. Usados solos o en combinación, estos tres métodos de supeditación producían óptimos resultados con cualquier tipo de caballo problemático.

La prensa adoraba a Magner. *Turf, Field and Farm* (Hipódromo, Campo y Granja), decían de él: "Por fin tenemos un hombre que profesa la doma de caballos, y que, al mismo tiempo, va más allá de los vulgares trucos de los charlatanes". The New York Sunday Democrat comparaba favorablemente a Magner con el más célebre entrenador del momento, John Rarey: "Rarey nos ha enseñado el abecedario, pero Magner nos ha enseñado cómo ordenar las letras". Robert Bonner, un editor y dueño de varios caballos trotones, dijo que Magner era "el educador o domador de caballos difíciles más científico y de más éxito que he conocido".

Magner anunciaba con audacia que podía "coger cualquier potro que no hubiera sido entrenado antes y, en veinte minutos poderlo embridar, montar y manejar". Es inevitable la comparación con el actual *natural horseman* Monty Roberts, que ha publicado haber iniciado a muchos cientos de potros en 30 minutos o menos, y con el veterinario y legendario jugador de polo Dr. Billy Linfoot, quien hizo una suerte similar de demostración con mustangs hace varias décadas.

Los caballos problemáticos eran otra cosa, y los más violentos y difíciles eran casi siempre arreglados en unas pocas horas. Uno de ellos fue llamado "el devorador de hombres, el Cruiser de América", en referencia al famoso caballo inglés de Rarey. The Michigan Gazette dijo de este caballo que...

...había matado ya a un hombre, y lisió a varios de por vida. Cuando entraba en la pista sus ojos se inyectaban en sangre y relucían como bolas de fuego, se lanzaba contra su entrenador como si se tratase de una bestia salvaje, mordiendo, golpeando y coceando de forma violenta, rompiendo las cuerdas y las vallas, saltando sobre los asientos y rompiéndolo todo, astillando el palo central con sus dientes, embistiendo a cualquier persona que vieran sus ojos, y finalmente relinchando con furia cuando fallaba en su intento de atrapar a su víctima. Casi todo el mundo escapaba de la carpa donde se realizaban las demostraciones, algunos rompiendo las lonas o escapando por el techo.

EL MÉTODO DE CABEZA Y COLA

El Método de cabeza y cola es una forma de calmar un caballo salvaje o difícil. Con una cuerda, el entrenador ata la cabezada con la cola del caballo, de manera que su cabeza queda flexionada a un lado. Entonces el entrenador manda alejarse al caballo. De la manera que el caballo está atado, sólo puede dar vueltas en círculo, o sea "spinning". Si lo desea, el entrenador puede aprovecharse de esta oportunidad exponiendo al caballo a varios estímulos sensoriales diferentes (sonidos, vistas, toques) a los que quiere que el caballo se desensibilice. Cuando está claro que el caballo está empezando a marearse, el entrenador lo detiene y lo desata. El caballo permanece quieto y sumiso, con una actitud completamente transformada. Como premio, está desensibilizado a los estímulos que le hayan sido correctamente realizados durante los giros. Una variante más peligrosa de este método prescinde de la cuerda y es el entrenador quien toma en sus manos la cabeza y cola del caballo, girando con él. Por desgracia, esto también marea al entrenador.

El Método Cabeza-Cola para amansar un caballo.

Magner tardó tres horas en dominar aquella bestia asesina y al día siguiente podía ser manejada por otras personas por las calles.

Un problema que muchos domadores encaraban era la reincidencia; muchos caballos no mantenían su comportamiento cuando volvían a las situaciones anteriores, y esto podía ser una mala publicidad. El entrenamiento de Magner aparentemente podía mantener más

tiempo su poder de permanencia que la mayoría de los otros.
Un caballo comprado por la
Buffalo Omnibus Company
había destrozado el brazo de
un hombre tan gravemente
que había estado a punto de
morir. Después de la doma de
Magner, el caballo se convirtió
"en uno de los mejores caba-

El método de Magner para "tumbar" o hacer caer al suelo a un caballo.

llos, dócil como una oveja, y que encanta a todos los conductores", según
el agente de la Compañía, M. Ford.

Según Clive Richardson en *The Horse Breakers*, "Otro caballo ha sido
sometido a una calmada obediencia tan efectivamente que cuando un día,
en la calle, un tranvía colisionó con el calesín al que estaba enganchado y
las ruedas traseras resultaron destrozadas, el caballo no se alteró lo más
mínimo y esperó pacientemente hasta que el calesín fue retirado".

Magner quizás no era un charlatán, pero sus presentaciones eran un
espectáculo. Después de domar el caballo, a Magner le gustaba demostrar
hasta dónde estaba sumiso el caballo. Algunas veces le cogía las patas traseras, como si fuera un conductor de rickshaw (calesa oriental de dos ruedas tirada por un hombre). Otras veces, cogía su cola y ponía un pie junto
a cada uno de los dos cascos traseros del caballo, como si estuviera
esquiando remolcado. Más emocionante que cualquiera, algunas veces unía
el caballo a un arnés sujeto a una pieza de carruaje, que consistía solamente en un par de ruedas y un eje central. En pie sobre el eje y cogido de
la cola del caballo recién domado, lo conducía alrededor de la pista para las
delicias de la audiencia.

Muchos de los caballos que
le traían a Magner eran para
entrenarlos como caballos de
tiro, en parte porque era reconocido como experto en ello,
pero también debido a la época
en la que vivía. La gente dependía de los caballos de tiro para
todo, desde labrar la tierra al
transporte de mercancías, o

Después de domar al caballo, a Magner le gustaba demostrar lo sumiso que era.

para llevar a la familia a la iglesia los domingos. El peligro que representaba un caballo difícil aumentaba cuando se le sometía a un arnés y era enganchado a un carruaje, carromato o carreta. Esto también vale para hoy día. Aparte de un incidente montándolo, cuando un caballo se espanta con más facilidad es sin un jinete sobre él, y un simple incidente puede llegar a convertirse en un desastre total. No importa cuán rápido vaya, el caballo no puede escapar de las cosas que le asustan y están persiguiéndolo (el carruaje), frecuentemente rompiéndose y golpeándolo.

Dennis Magner escribió varios libros, incluyendo *The Art of Taming and Educating the Horse* (El Arte de Domar y Educar el Caballo). Publicado en 1884, es considerado uno de los mejores entre la gran cantidad de libros publicados en el siglo diecinueve.

PROFESOR SILAS SAMPLE (HACIA PRINCIPIOS DEL 1800-FINES DE 1800)

El "profesor" americano Silas Sample es recordado por abordar un método poco usual de tranquilizar un caballo: hacerle dar vueltas hasta que se maree. Este método no carece de mérito –ya había sido usado por Dennis Magner con buenos resultados– y Sample fue tomado en serio en esa época, por lo menos al principio.

Por ejemplo, en 1889, en su libro *Illustrated Horse Training*, el Capitán M. Horace Hayes, eminente veterinario del Ejército Británico y horseman, llamó a Sample "un inteligente domador de caballos" y citó su quizás arrogante máxima: "Hacer al animal montable y conducible antes de montarlo y conducirlo".

Según Hayes, Sample se merecía el mérito de haber introducido un método original americano de domar caballos: el Método Cabeza y Cola, usado por Magner y otros, en América y Australia.

Extravagante y seguro de sí mismo, Sample estaba convencido de que no había nadie en el mundo que le pudiera enseñar nada sobre caballos. Si alguien le sugería algo parecido, montaba en cólera. Sin embargo, Hayes siguió siendo su amigo, hallando en él un indudablemente único e interesante carácter.

Sample era un buen caballista y también se merece el reconocimiento de la originalidad, cuando la mayoría de los domadores del momento parecía que hacían más o menos lo mismo. Él quiso que la idea de hacer girar al caballo hasta que se mareara, fuera un paso más adelante, patentando en 1891 la "Home-Taming Machine", con la cual proponía amansar hasta cuatro caballos por hora.

El Capitán Hayes escribió: "Consistía en una caja, en la que se suponía habría un caballo, y mientras él (Sample) la haría girar, a mano o por medio de una máquina de vapor, a la velocidad requerida para que el caballo se rindiera tan aturdido que, una vez afuera, estaría perfectamente tranquilo para poder manejarlo por tiempo indefinido, sin importar lo salvaje que era antes".

Tanto el Método Cabeza y Cola como la "Sample's Horse-Taming Machine" pretendían producir un caballo calmado, sumiso y totalmente ajeno a las distracciones normales. El principio detrás de estos métodos inusuales es inocuo y se aplica ocasionalmente hoy día, haciendo girar el caballo hasta que se cae, teniendo cuidado, claro, de que no resulte lesionado en el proceso.

Actualmente, comprendemos que no es la sensación física de estar mareado lo que produce la sumisión: el caballo se recupera en cuestión de segundos. Es el efecto psicológico de moverse bajo control externo lo que hace que el caballo reconsidere su situación. De nuevo vemos uno de los principios de la equitación natural: el control del movimiento es la clave para conseguir un caballo sumiso y complaciente.

Desgraciadamente para Sample, las exhibiciones de su máquina de domar caballos fueron recibidas con muy poco entusiasmo, debido principalmente al profesor en sí. El viejo empresario, en su excitación por mostrar su nueva tecnología, había olvidado la forma de entretener a la audiencia. "Si Sample no hubiera estado tan encaprichado de su máquina infernal –se lamentó Hayes–, podría haber extraído de ella algunos chistes, pero se empeñó en tratar el asunto con seriedad, mientras el público tenía ganas de reír". La audiencia inglesa, la mayoría cazadores de zorros y jinetes de parque, que tenían poca experiencia en lo que es un caballo salvaje, no apreciaron el gran avance de Sample. Estaban acostumbrados a otros ambientes.

De todas maneras, el leal capitán Hayes creyó en el valor del invento de Sample: "Estoy seguro que podría ser un medio muy valioso para ahorrar trabajo al conseguir caballos tranquilos y frescos que han llegado bajo condiciones incivilizadas".

El profesor Sample nunca consiguió el status que había estado buscando, y para hacer las cosas aún peores, estuvo repetidamente pendiente de ex alumnos que presentaban sus métodos como propios. Un domador de caballos australiano, llamado Frank es un ejemplo. Otro fue el "profesor León, el domador de caballos más famoso de Méjico", que apareció vestido ostentosamente con botas y sombrero de cowboy. León, también conocido con los nombres de Franklin o Sexton, era un ex oficinista de imprenta y cuñado del alumno más famoso de Sample, el futuro profesor Galvayne.

En lo que parece ser una medida desesperada, Sample convenció al pintoresco León a participar en un concurso entre los dos para la doma de caballos, anunciado en el periódico *Sporting Life* cada tarde durante dos semanas, a realizarse en el *Imperial Theatre*, de Londres. Con su adorada máquina empeñada y ni una moneda en sus bolsillos, Sample convenció al capitán y a Mr. Hayes para que pagaran su parte en el asunto y le ayudaran a desempeñar la máquina.

La primera tarde del concurso, la rampa de entrada al escenario hizo que la máquina de vapor de Sample cayera al suelo y se estropeara. El mal preparado profesor tenía un solo asistente, un ex marinero llamado Joe, capaz de mover la máquina a mano. Cuando el pobre Joe se esforzaba para mover el pesado y poco práctico armatoste, los espectadores rompieron a reír. El "profesor" León, en su actuación como domador de caballos mejicano, fue el claro favorito de la audiencia en esta primera ronda.

La tarde siguiente, Sample se vio forzado a prescindir por completo de su máquina. Afortunadamente, el caballo con el que tenía que trabajar era un verdadero salvaje "comedor de hombres" y justamente el tipo de caballo que Sample sabía manejar extraordinariamente bien, incluso sin su máquina. Según John Richard Youg escribió en *The Schooling of the Western Horse*:

> Sample, abrumado por las preocupaciones, deudas, poca salud y el ridículo público, parecía frágil y avejentado, con su muy usada vestimenta, mientras anunciaba calmadamente que se las vería con un semental salvaje, suelto, en el escenario. "Solamente con un látigo de carruaje, señoras y señores", dijo a la audiencia, "haré que este caballo, sin lastimarlo, se convierta en un animal tan tranquilo que caminará hacia mí para que le acaricie".
>
> Un asistente abrió la puerta de la jaula del caballo en un lado del escenario. De inmediato irrumpió un gran semental bayo, con las fauces abiertas, las orejas hacia atrás, se precipitó hacia el pobre hombre. Sample, agitando la tralla, desvió la embestida.
>
> Como si la tralla fuera una varita mágica, el viejo domador controló al caballo, evitando al mismo tiempo sus ataques, impidiendo que

se precipitara hacia los lados y sobre las candilejas y el público. Cada vez que el caballo trataba de cocearle, Sample lo incitaba a seguir dando vueltas, con golpes inexorables de su tralla en los cuartos traseros del animal.

Finalmente, ante la imposibilidad de hacer lo que quería, forzó al semental a quedarse parado. Entonces, paso a paso, bajo el influjo de la guía inflexible de la tralla, el maestro caballista forzó al animal a acercarse a su mano tendida.

En menos de quince minutos Sample satisfizo su promesa a la audiencia. El caballo permaneció quieto bajo su mano, sin moverse incluso cuando el público rompió en estruendosos aplausos.

Los expertos que juzgaban el evento declararon que, a pesar de los primeros problemas con la máquina, Sample era el vencedor del concurso.

Más tarde, esa noche, mientras celebraban el triunfo después de la cena con el capitán y el Sr. Hayes, Sample admitió con indiferencia que todo el concurso había sido un montaje. Él y León habían acordado con anterioridad repartirse el dinero del premio.

"¿Creéis que un tramposo podría realmente desafiarme a una lucha limpia?", rió. Sample había organizado todo el espectáculo para hacerse publicidad para su máquina. Le había fallado dos veces seguidas, pero aún tenía confianza en que pudiera ser útil.

Hayes estalló en una muestra de su temperamento irlandés: "¡Así que habéis estafado al público! ¡Ya no podré hacer nada después de esta confabulación!".

Profundamente ofendido por esta decepción, Hayes le retiró su apoyo. El concurso fue declarado nulo, y los siguientes se cancelaron. No mucho tiempo después, abrumado por las deudas y avergonzado, pero aún convencido de que había dado al mundo algo importante, el "profesor" Silas Sample murió.

Irónicamente, la última aparición pública de Sample había probado a todo el mundo que él era un auténtico caballista. No podemos ni imaginar lo que podría haber conseguido si no hubiera estado tan obsesionado en demostrar que los caballos podían ser domados con una máquina.

PROFESOR SYDNEY GALVAYNE (1846-1913)

La fama sonrió en gran medida a otro de los alumnos del profesor Sample: Frederick Henry Attride, mejor conocido como profesor Sydney

El profesor Sydney Galvayne. (Ronda Foster)

Frederick Galvayne, Domador Científico de Caballos y Entrenador, de Kilmarnock, Ayrshire, Escocia. Aunque no fue él quien lo descubrió, como afirmaba, Galvayne popularizó el método para determinar la edad de un caballo observando sus dientes, un método aún en uso actualmente.

Galvayne viajó por Europa en 1880, datando la edad de caballos en venta y vendiendo su secreto a otros. En su libro, *Horse Dentition: Showing How to Tell Exactly the Age of a Horse up to Thirty Years* (La Dentadura del Caballo: Demostrar cómo Saber Exactamente la Edad de un Caballo hasta más allá de los Treinta Años), describía en 1885 la "Línea de Galvayne", una marca dental del caballo que ha hecho famoso el nombre de Galvayne a todas las futuras generaciones de caballistas.

El nombre de Galvayne también se asoció a un método de doma de potros o caballos difíciles. En la Edición del año 1911 de la Enciclopedia Británica, la palabra "Galvayning" se describía en detalle y era básicamente parecida a "Cabeza y Cola" usada por el maestro de Galvayne, el profesor Sample. Se decía que era un método más suave que los demás usados a la sazón.

Galvayne era un buen caballista, pero no excelente. Incluso sus descendientes consideraron que era un charlatán, un maestro de la autopromoción, que regularmente distorsionaba la verdad. Según su eminente nieto Jonathan Jones, Galvayne estuvo viviendo entre gitanos y otras gentes itinerantes mientras viajaba por toda Europa, y aprendió la manera de datar la edad de los caballos de esas gentes.

(*) Nota para los historiadores: Diversas fuentes aseguran que en realidad se llamaba Sydney Osborne (u Osburn) y era australiano. Según su nieto, Jonathan Jones, esto no es cierto. Galvayne nació en 1840 en el Reino Unido como Frederick Henry Attride. Deseando usar "un nombre único que nunca antes se hubiera conocido", se llamó a sí mismo Sydney Frederick Glavayne en el Reino Unido, desde 1884, pero no cambió legalmente su nombre hasta que fue a Australia por segunda vez, en 1901. El cambio de nombre fue hecho oficial en Liverpool, Australia, el 30 de septiembre de 1902. Murió en el Reino Unido el 6 de octubre de 1913.

Galvayne escribió por lo menos tres libros más sobre caballos y su entrenamiento: *The Horse: Its Taming, Training and General Management: with Anecdotes &c, Relating to Horses and Horsemen, War Horses Present and Future, or, Remound Life in South Africa,* y *The Twentieth Century Book of the Horse* (El Caballo: Su Educación, Entrenamiento y Manejo General, con Anécdotas, etc., Sobre Caballos y Caballistas. El Presente y Futuro de los Caballos de Batalla, La Vida Remound en Sudáfrica, y El Libro del Caballo del Siglo Veinte). La segunda edición del último libro de Galvayne contenía un suplemento sobre el juego de polo, con diecinueve fotografías atribuidas a Fred Galvayne, uno de los dos hijos de Galvayne con su primera esposa, Emily Westley, fallecida antes de 1891.

El Surco de Galvayne aún es útil para estimar la edad de un caballo. Este caballo debe tener alrededor de quince años. (Ronda Foster)

EL SURCO DE GALVAYNE

El Surco de Galvayne es una marca oscura longitudinal que empieza a aparecer en la línea de las encías de los incisivos superiores laterales a los nueve o diez años. A medida que el diente crece, el surco queda a la vista de una manera mensurable y predecible, extendiéndose hasta toda la longitud del diente hacia los veinte años de edad, y desapareciendo completamente a los treinta años. Esto, junto con otras indicaciones del desgaste de los otros dientes, da una medida muy aproximada de la edad del caballo. No obstante, se ha reconocido que este método no es del todo infalible.

EL CAPITÁN MATTHEW HORACE HAYES, F.R.C.V.S. (1842-1904)

"Aunque escribo para hombres prácticos, he mantenido el punto de vista de que el hecho de trabajar sobre los principios de la psicología y la locomoción equinas, podemos hacer de la doma una ciencia y también un arte". Con estas palabras, el capitán M. H. Hayes prologó la segunda edición de su libro más importante sobre equitación, y probó, sin lugar a dudas, que era un caballista adelantado para su tiempo.

Nacido en Irlanda, el Capitán del Ejército Matthew Horace Hayes, soldado británico, veterinario, caballista y escritor, es el más recordado y perdurable de todos los hombres de a caballo del siglo diecinueve. Su libro *Veterinary Notes for Horse Owners* (Notas Veterinarias para Propietarios de Caballos), ha sido un trabajo básico sobre el cuidado de la salud equina durante más de 125 años. El libro es corregido y actualizado periódicamente por veterinarios puestos al día y, cuando escribo este libro, está en la décimo octava edición.

Otros libro de Hayes incluyen *Points of the Horse* (Los Puntos del Caballo), *Training and Horse Management and Exercise* (Entrenamiento, Manejo y Ejercicios con el Caballo) y *Riding and Hunting* (Cabalgando y Cazando). También editó un libro escrito por su esposa, Alice Hayes: The *Horsewoman; A Practical Guide to Side-Saddle Riding* (La Amazona/La Mujer a Caballo. Una Guía Práctica de la Monta con Silla de Amazona). Es posible que Hayes tuviera la sensación del papel que jugaría la mujer en el futuro de la revolución en la equitación.

La contribución más importante de Hayes, no obstante, fue *Illustrated Horse Training* (El Entrenamiento Ilustrado del Caballo), durante muchos años el libro capital en este tema. En él, citó los atributos requeridos del caballista ideal: conocimiento, paciencia, agudeza en los recursos, simpatía, habilidad, serenidad y coraje. Es de destacar que éstas son las verdaderas cualidades que mejor describirían a los caballistas que iniciaron el siglo pasado la revolución en la equitación.

El capitán Hayes estaba más dispuesto que la mayoría a saber del trabajo de los otros caballistas. Sus escritos están plagados de estas referencias, un tema de comparación hoy día y superficial en apariencia entonces. Algunos nombres que menciona son familiares a los estudiosos modernos de la equitación y otros no. En algunos casos se toma la molestia de ilustrar un instrumento o una técnica en particular, sobre todo si se trata de cuerdas y nudos. Hayes estaba muy interesado en hacer constar información útil, sin importar la fuente.

En los escritos del capitán Hayes, como en los de algunos grandes caballistas, vemos un fuerte recordatorio de la importancia de mantener el control de nuestras emociones cuando tratamos con caballos.

Todo este conocimiento indispensable será, sin embargo, en vano, a menos que el domador tenga la paciencia de aplicarlo de una manera exacta y sin dejarse influenciar por sentimientos propios de impaciencia, cólera o resentimiento... la exhibición de su enojo asustará sin duda a estos seres tímidos, cualquiera que sea lo que haya pasado por su cabeza, y provocará el resentimiento para resistirse, si no

para la represalia. Para tener éxito debe adoptar el máximo de paciencia, paciencia y aún más paciencia.

Está en la naturaleza del caballo el hecho de responder mejor a la
paciencia infinita, la persistencia calmada y la tierna generosidad, aunque, cuando sea necesario, hay que asumir una acción de mando. Hayes
comprendió esto. Demasiado a menudo, los que han trabajado con caballos han carecido de estas cualidades, y han sido impacientes, intolerantes, agresivos, emotivos y les ha faltado comprender a la criatura con la
que estaban trabajando.

Hayes vivió en una época en la que "tender al caballo" en el suelo
era un método habitual para amansarlo en ambos lados del Atlántico,
popularizado a principio del siglo por el americano John Rarey
como "rareyfying". Aunque Hayes usaba esta técnica ocasionalmente,
acostumbraba a condenarla por ser demasiado peligrosa para el caballo.
"Es muy fácil que se lesione por caer demasiado violentamente sobre el
suelo", escribió. Esta actitud se debió probablemente a un incidente en
sudáfrica, donde, durante una demostración, parece ser que se fracturó
la columna de un caballo que estaba domando.

El capitán Hayes viajó por todo el mundo y en un par de ocasiones
tuvo la oportunidad de probar sus habilidades con un animal exótico, la
cebra. Rarey ya lo había hecho, entre grandes elogios, a principios de
siglo y se consideraba la máxima prueba de habilidad. En ambas ocasiones, en menos de una hora,
la cebra podía llevar encima un
jinete, en una de ellas a la
señora Hayes. Hayes comentó:
"Para hacer esto, no he echado
al suelo al animal, ni he recu-
rrido a ninguno de los métodos
heroicos para domar caballos".
De hecho, fue todo tan bien
que Hayes recomendó usar la
cebra de Burchell como montura y tiro en sudáfrica, por su
facilidad de doma y su inmunidad a la picadura de la mosca
Tsé-tsé.

El capitán Matthew Horace Hayes, uno de los horsemen
más importantes del siglo diecinueve.

Fotografías ya descoloridas nos muestran a Hayes con un largo bigote blanco, usando chistera y traje, demostrando muchas de las técnicas sobre las que había escrito. Fue un auténtico gentleman inglés así como un caballista muy competente.

El capitán Matthew Horace Hayes permanece aún vivo en las mentes y los corazones de los caballistas de todo el mundo, lo conozcan o no por su nombre. El método inteligente, humanitario y razonable de practicar la equitación que este hombre defendía está en el corazón de la revolución.

PROFESOR JESSE BEERY (1861-MEDIADOS DE 1900)

Otro de los profesores norteamericanos de entrenamiento de caballos en el siglo diecinueve fue Jesse Beery. Es más conocido por haber elaborado el *Prof. Beery's Illustrated Course in Horse Training*, un curso por correspondencia difundido en todo el mundo. Se vendieron más de 300.000 de estos cursos, que se iniciaron en 1908.

El curso se presentaba en ocho pequeños libritos de color azul, cada uno de ellos dedicado a un tema específico: Entrenamiento de Potros, Disposición y Sumisión, Cocear y Obstaculizar el Paso, Sustos y Salir Huyendo, Difícil de Herrar y Tirar de la Cabezada, Hábitos Variados, Entrenamiento de Ponis y Miedos Específicos, y Enseñando Trucos a Caballos y Perros.

Además de sus cursos por correspondencia, Beery escribió varios libros de entrenamiento de caballos y se dice que se filmó una película sobre su trabajo hacia 1911, en Dayton, Ohio. *La Beery School of Horsemanship* siguió publicando cursos por correo de entrenamiento de caballos y cría animal hasta mediados del siglo veinte.

Jesse Beery nació en Pleasant Hill, Ohio, en 1861, en medio de los primeros estruendos de la Guerra Civil Americana. Al mismo tiempo, otro caballistas de Ohio, John Rarey, estaba cosechando fama en su estado, con giras dentro y fuera del estado, dando conferencias sobre doma de caballos y mostrando en espectáculos a su ya reformado asesino Cruiser. Beery ayudaba a su padre en el cuidado de los animales en la granja familiar, y fue ahí donde se hizo patente el don especial de Jesse en el entrenamiento de animales. A los veintiocho años se casó y comenzó sus viajes para hacer demostraciones en las ferias y exposiciones por todo el país.

A todas partes donde iba Beery, la gente no sólo admiraba sus habilidades, sino que muchos querían aprender sus métodos. Tenía más trabajo del que podía manejar y, en 1905, después de la muerte de su padre, volvió a la granja familiar en Pleasant Hill y abrió su escuela de equitación por correspondencia, que después se llamó *Beery School of Horsemanship*.

Como maestro, Beery quería que sus estudiantes comprendieran desde el principio que los caballos son muy diferentes de los humanos. "El caballo no puede razonar como un humano", decía. "El caballo reconoce solamente objetos y acciones que él capta inmediatamente a través de sus finos sentidos, mientras que el humano puede avanzar y retroceder en el tiempo sobre las causas y los efectos". Según Beery, este hecho no sólo puede comprobarse por la observación del comportamiento del caballo, sino con el examen de su cerebro. Comparado con el del

El Profesor Jesse Beery tal como aparecía en el sello de su Escuela de Horsemanship por correspondencia.

humano, el cerebro del caballo es bastante pequeño en relación al tamaño de su cuerpo, y presenta menos pliegues y circunvoluciones en su corteza.

Beery también defendía la individualidad de cada caballo y que el entrenamiento debía adaptarse a cada disposición particular. Identificó cuatro tipos de caballo:

1. El caballo educable y dócil.
2. El caballo testarudo y mal intencionado.
3. El caballo nervioso, vital y decidido.
4. El caballo traicionero, descortés y resentido.

Estaba convencido de que puedes identificar a qué tipo o combinación de tipos pertenece un caballo simplemente observándolo y, algunas veces, tocándole la cabeza. Esto se conoce como frenología y se ha practicado desde hace siglos. El entrenamiento debe adaptarse al tipo de caballo que tengas.

Caballos de tipo 2, 3 y 4 poseen algunas malas tendencias. ¿Por qué nos molestan esta clase de caballos? Beery dice: "Si está entrenado adecuadamente, estas malas tendencias se almacenan en el fondo de la conciencia del caballo, y pueden llegar a desaparecer si se inhibe su aparición el tiempo suficiente, mientras que las tendencias positivas se atraen hacia el presente y pueden reforzarse con el uso adecuado".

El caballo de Beery, Charley, era el ejemplo principal. Era un tipo con la combinación 2 y 3. Se catalogó a Charley por la forma de su cabeza como "un caballo poco sensible", según Beery. "Estas cualidades innatas fueron tan ampliamente superadas con un entrenamiento paciente, que este caballo ha sido considerado uno de los más grandes farsantes del mundo, y mucha gente que le había visto actuar expresaron la opinión de que tenía más "sensibilidad" que cualquier otro caballo.

"Sometimiento" fue la palabra que Beery escogió para designar el proceso de convencer al caballo de que el humano tiene el control total sobre él, no importa cuánto quiera resistirse. Esto podía hacerse, como es de suponer, con el control del movimiento del caballo.

Para lograr esto, Beery hacía uso intensivo del cinchuelo, una pieza del harnés que rodea la parte central del cuerpo del caballo, por donde pasaría la cincha delantera de la silla de montar. El cinchuelo tiene varias anillas para pasar por ellas las riendas o cuerdas de guía.

Para completar el tratamiento de sumisión, Beery, como muchos otros antes que él, hacía que el caballo se tendiera en el suelo. Primero ataba una pata delantera al cinchuelo, formando una efectiva maniota simple. Luego usaba una cuerda suave de algodón, fijada al cinchuelo, pasando por el anillo del lado de la cabezada opuesto a la pata atada, de vuelta

Un cinchuelo tiene muchos usos, desde preparar al caballo a sentir la silla sobre él hasta tumbar el caballo en el suelo. (Charles Hilton)

por el cinchuelo y hasta su mano. Con una tensión suave de la cuerda a una distancia segura, Beery podía flexionar la cabeza del caballo lo suficiente para desequilibrarlo y obligarlo a arrodillarse, luego a tenderse sobre un costado, donde aprendería que el humano está ciertamente al mando y que no va a hacerle ningún daño. Esta técnica es la misma que el capitán Hayes describe en su libro *Illustrated Horse Training*, en 1889.

Para otros casos, especialmente para enseñarle el comando "Whoa!" a un caballo difícil, Beery recomendaba su Double Safety Rope (Doble Cuerda de Seguridad). Usando de nuevo las anillas del cinchuelo, conectaba una cuerda de unos seis metros a unas bandas de tela enrolladas a las cuartillas de ambas patas delanteras. La línea que seguía la cuerda desde la mano del entrenador al cinchuelo, a una pata, de vuelta al cinchuelo y atada a la otra pata, tenía la forma de una "W", por lo que recibió el nombre de "running W" ("W corrediza"). Beery también sostenía un par de riendas largas que corrían a través del cinchuelo hasta el bocado. Para proteger al caballo contra lesiones, se usaban protectores de rodilla.

Estando detrás del caballo, a una distancia segura, Beery podía manejarlo en círculo, luego decía "¡whoa! y tiraba de su doble cuerda de seguridad, forzando al caballo a arrodillarse suavemente. Éste aprendía el comando con mucha rapidez.

Con este aparejo, un caballo podía también ser desensibilizado a los diferentes estímulos usuales en la época: sacos de pienso, periódicos, ruidos con cacharros, paraguas, tiros de pistola, etc. Más tarde, usando la doble cuerda de seguridad en una sola pata, era suficiente para recordarle las lecciones al caballo.

El profesor Beery usando la "W corrediza" para controlar el caballo mientras lo desensibiliza a varios estímulos.

LA RUNNING W

La "Running W" fue adoptada por Yakima Canutt, famoso especialista cinematográfico, para poder derribar al suelo un caballo por medio de un falso giro. Él la empleaba extensamente en las películas western de los años 30 y declaró que nunca había resultado herido un caballo ni su jinete. Aunque anteriormente fue campeón de rodeo, Canutt fue famoso por su dedicación a la seguridad equina y humana, y más tarde ganó el Premio de la Academia por su contribución a la industria; algunos activistas defensores de la protección animal aún objetan el uso de la "running W", y Canutt finalmente abandonó esta técnica.

El Curso del profesor Beery es fascinante desde varios puntos de vista. Fue pura información con casi nada del bombo que algunas veces se ve en ese tipo de textos. Aunque describió su cinchuelo y otros equipos, apenas se hacía referencia al hecho de intentar venderlos. Además, parece que invitaba a los lectores a hacer copias caseras de ellos. Ofrecía buenos y prácticos consejos, orientados a los problemas reales de la gente con sus caballos de silla y tiro. Su sistema estaba cuidadosamente estructurado y progresaba de manera lógica desde el principio al final. Y era humanitario sin llegar a mimar al caballo.

Beery promocionó su propia versión del Método Cabeza y Cola usado por Magner, Pratt, Sample, Galvayne y otros.

Los amantes actuales de los caballos pueden rechazar algunas de las técnicas de Beery, pero aunque él ciertamente creía que castigar al caballo era una forma de evitar comportamientos no deseados, su *Pulley Breaking Bridle, Guy Line, First Form War Bridle y Second Form War Bridle* eran todos ellos diseñados para interrumpir rápidamente la presión, después de haber ejercido cierto castigo, sobre alguna parte sensible de la cabeza del caballo.

Está claro que Beery no intentaba ser cruel o innecesariamente duro con los caballos, pero era práctico. Estaba decidido a conseguir los resultados definitivos que había estado buscando y estaba dispuesto a hacer lo que fuera para lograrlo. Había tomado sus máximas muy a pecho: debes ser tan suave como sea posible y tan firme como sea necesario. Sus pequeños folletos tuvieron una temprana influencia sobre un adolescente Bill Dorrance, que se convertiría con el tiempo en uno de los más grandes caballistas del siglo veinte.

La familia Beery produjo algo más que lo que compartió con sus seguidores. El actor Wallace Beery (1885-1949), galardonado con el Premio de la Academia, parece que era primo del profesor Jesse Beery.

KELL B. JEFFERY (HACIA 1878-1958)

No hay muchos candidatos más improbables para el *Horseman's Hall of Fame* que el australiano Kell B. Jeffery.

Jeffery no planeaba ser un caballista. Era un estudiante de leyes en la Universidad de Melbourne cuando cayó enfermo y sus médicos le recomendaron ir al campo a recuperarse. Hasta entonces nunca había montado ni tenía ninguna experiencia en caballos. A medida que pasó el tiempo, Kell Jeffery fue a parar a la casa de unos familiares, un gran rancho de ganado en Chandler's Peak, al norte de Nueva Gales del Sur. Cada día el delicado joven observaba a los vaqueros montando y saliendo al campo a trabajar con el ganado. Algunas veces estaban fuera varios días.

A medida que ganaba en fuerza y salud, Jeffery empezó a pensar en hacer alguna cosa para combatir su aburrimiento. Había muchos caballos en la propiedad, y descubrió que sentía un interés creciente hacia estos animales. Una yegua le intrigaba especialmente y se fijó en que no salía a trabajar con los otros caballos. Cuando preguntó la razón, le dijeron que era muy difícil de domar.

Un día, temprano, después de que los hombres ya habían salido, Jeffery decidió ver si podía hacer algo con la yegua. Se las ingenió para llevarla hasta un pequeño campo. Se acercó a ella, llevando la única cosa que había podido encontrar: una cuerda trenzada con una anilla en un extremo. No tenía ni idea de lo que había que hacer, pero intuyó que ganarse la confianza de la yegua era lo primero.

Formó un lazo con la cuerda y de alguna manera la colocó sobre la cabeza de la yegua. Lo que sucedió entonces nadie lo sabe, pero cuando el grupo de vaqueros volvió al caer el día, se encontraron el joven delicaducho montando a pelo la "salvaje" yegua alrededor del campo, sin nada

Maurice Wright establece una relación con un caballo después de hacerlo trabajar con la "cuerda mágica" de Kell Jeffery. Notar la rústica cuerda trenzada aún alrededor del cuello del caballo.

más que la cuerda alrededor de su cuello.

Durante aquellas pocas horas, se había sembrado la semilla de un método de entrenamiento. Era un método subjetivo que comprendía por partes iguales intuición, creatividad y compasión.

La carrera como entrenador de caballos de Kell Jeffery abarca más de cuarenta años. Se sabe del método de Jeffery que era muy efectivo, pero poco convencional para su tiempo y lugar. Jeffery no fue muy bueno ni paciente para enseñar a las personas y, por ello, para su gran desilusión, el método nunca cuajó entre el público a lo largo de su vida.

Jeffery escribió un libro, *A New Deal for Horses* (Un Nuevo Trato para los Caballos), que se ha perdido. De hecho, lo único que sabemos del método de Jeffery es a través de otro caballista australiano, Maurice Wright.

Wright, un ranchero, había leído algunos artículos que Jeffery había escrito sobre su método y acudió a varias demostraciones que Jeffery hizo siendo ya bastante anciano, a finales de 1953. Insistió en aprender el método y escribió el libro *The Jeffery Method of Horse Handling*. Este libro presentaba tanto el Método Jeffery como algunas pequeñas rectificaciones del mismo, incluidas por el mismo Wrigh.

Más tarde se editó un vídeo con el mismo nombre, seguido de un segundo de Wright, titulado The Thinking Horseman (El caballista Inteligente).

La antorcha pasó después al también australiano Des Kirk (1916-1999), cuyos folletos

Clinton Anderson demuestra la manera que su colega australiano Kell Jeffery desensibiliza en menos de una hora un caballo no sometido previamente al contacto humano. (Charles Hilton)

Horse Breaking Mode Easy with Des Kirk (publicado por él mismo en 1977 y revisado en 1978), and *The Gentle Art of Horsebreaking* (publicado por su esposa, Phyllis Kirk, después de su muerte) mantuvo vivo el método de Jeffery e intentó "modernizarlo".

Actualmente, unos pocos entrenadores practican el Método Jeffery en su forma original, pero algunos elementos del mismo se han consolidado firmemente en la equitación natural. El australiano Clinton Anderson es su mayor defensor y se refiere a Kell Jeffery cuando demuestra sus técnicas.

Para ganarse la confianza del caballo, Kell Jeffery usaba lo que hoy llamamos "Acercamiento y Retirada", el método de desensibilización progresiva empleado por John Rarey y otros. Una vez que el caballo había aceptado el contacto con el humano, a Jeffery le gustaba darle una buena dosis. Una película excepcional muestra a Kell Jeffery cuando tenía unos setenta años, tendido boca abajo sobre la espalda desnuda del caballo, acariciándolo y tranquilizándolo por todas partes. Jeffery creía, como John Rarey, que aumentando el contacto corporal con el caballo incrementaba el proceso de la unión y amansamiento. Hoy día, varios instructores de equitación natural utilizan esta técnica, llamada algunas veces "human curry comb" (almohazar con peine humano), en las demostraciones de iniciación de potros.

Más original que el Método Jeffery es su "magic longe" (cuerda mágica). También se ha llamado "The Jeffery hold". A primera vista, la cuerda mágica puede parecer cruel, ya que implica tirar de una cuerda alrededor del cuello del caballo cuando éste quiere retroceder para alejarse del entrenador o se prepara para cocear o manotear. En realidad, este estrangulamiento momentáneo sólo es ligeramente molesto para el caballo. No sirve como castigo, sino que es un medio de redirigir la atención del caballo cuando se distrae o prefiere ignorar al instructor. Jeffery comprendió que el caballo sólo puede pensar en una cosa a la vez. Cuando una cuerda le aprieta el cuello, impidiéndole la respiración, presta toda su atención, con ambos ojos, a la persona que está sujetando la cuerda. En este momento es premiado aflojando la tensión. Y devolviéndole el descanso y la comodidad.

El tirón de control del Método Jeffery suele hacerse a un ángulo con relación a la dirección del movimiento del caballo, pero aún así se necesita una cierta fuerza para hacerlo. En sus últimos años, Jeffery debía enrollar el extremo de la cuerda alrededor de un poste en medio de la pista, cuando usaba este procedimiento.

La cuerda que usaba Jeffery era de unos seis a ocho metros de largo, con una anilla metálica de cinco centímetros de diámetro en un extremo. Pasando el extremo de la cuerda por la anilla, hacía un lazo, que llamaba "control loop" (lazo de control). La combinación de la cuerda y el diámetro de la anilla hacía posible para el instructor apretar y aflojar el lazo instantáneamente.

El Método Jeffery recomendaba colocar el lazo cuidadosamente sobre la cabeza del caballo, con la ayuda de un palo largo de madera. Ocasionalmente, el mismo Jeffery podía desplazarse cuidadosamente hasta el sujeto, montado sobre un caballo de silla y simplemente dejar caer el lazo sobre la cabeza. En cualquier caso, su preocupación era no asustar al caballo. Los buenos ropers actuales son capaces de conseguir el mismo efecto con un sencillo lanzamiento desde una distancia segura.

En una gira por Australia en 1988 Pat Parelli y Miller, co-autor de este libro, aprendieron el Método Jeffery de Maurice Wright. Actualmente, la cuerda de 22 pies (7,3 metros) usada en Parelli Natural Horse-Man-Ship es, para todos los propósitos prácticos, la cuerda de Jeffery, y su uso en el Programa de PNH proporcionaría una gran satisfacción al viejo Jeffery.

Hay algo en lo que Kell Jeffery discrepa del método moderno del caballista natural, y es entrenar en el round pen (pista redonda). Aunque él, personalmente, prefiere un corral pequeño, ovalado, con una ligera inclinación hacia el margen, con tablas en la valla, la forma del área de trabajo no le importa mucho, ya que él nunca se aleja del caballo. De hecho, él no cree en las largas cuerdas para trabajar con caballos antes de montarlos, porque esto hace que el caballo se aleje de su entrenador. Esto no importa mucho, porque ambos métodos controlan el movimiento del caballo y, por tanto, logran su respeto hacia el humano.

MONTE FOREMAN (1915-1987)

Caballista, inventor y artista, Monte Foreman se ha especializado en mejorar sustancialmente la actuación del caballo, en lugar de amansar caballos salvajes o solucionar problemas. Podría incluso objetar, con su irreverencia usual, el ser definido como un caballista "natural". Si esta definición encaja o no con su forma de ser aún es cosa de debate, pero Foreman era un pensador original que se preocupaba más de las prestaciones del caballo, y su influencia en la monta y las sillas todavía se deja sentir actualmente.

Monte Burdette Foreman nació en 1915 en Alabama, donde su padre fue alcalde de Garden City durante varios años. Se graduó en secundaria en Nueva Orleans y a lo largo de diez años montó un caballo de carreras propiedad de Al Capone, el famoso gángster de Chicago. En una ocasión tuvo una propina de cien dólares de mano del mismísimo Capone "Scarface". La escuela de Polo de la Universidad de Aubur, de Atlanta, le contrató, pero sólo estuvo allí durante un año, antes de encaminarse hacia el oeste para ser un cowboy.

Monte Foreman. (Gary Foreman Collection)

Monte Foreman decía que a la edad de veintinueve años había montado como profesional más de 25.000 caballos en toda clase de situaciones: en ranchos de ganado, carreras de salto, campos de polo o pistas de carreras.

Foreman también montó con la Caballería de los Estados Unidos, por lo menos en una película. Fue mientras trabajaba en el departamento de ayudas visuales de la Horse Cavalry School en Fort Riley, Kansas, donde descubrió y desarrolló su interés en el valor de la filmación para mejorar la equitación. Fue el primero en usar una película para el estudio y la enseñanza de la equitación de alto nivel.

Usando la cámara lenta, Foreman fue capaz de analizar cómo usa el caballo su cuerpo y de qué forma las acciones del jinete afectan positiva o negativamente el tiempo de reacción del caballo. Fue un artista excelente e ilustraba los artículos que escribía en la revista The Cattleman (El Ganadero), desde 1948 a 1956, y en Western Horseman de 1953 a 1956. Durante más de treinta años siguió con su investigación cinematográfica, desarrollando con ella un método de entrenamiento completo que enseñaba en clínics a los que asistieron más de 75.000 personas.

El Método de entrenamiento de Monte Foreman se basa en el análisis de películas a cámara lenta de caballos y jinetes. (Gary Foreman Collection)

Ray Smith, primer presidente de la *National Cutting Horse Association* (1946-1947) afirmó de Foreman:

A medida que montaba más caballos y hablaba con otros profesionales, me fui convenciendo que la mayoría de las técnicas estaban basadas en la tradición y la ignorancia, con muy poco interés en cómo ambas motivaban humana y eficazmente a un caballo para que realizara su trabajo. Esto me condujo a probar métodos que parecían menos restrictivos de la habilidad del animal. En aquellos días, por ejemplo, el método aceptado para detener un caballo era inclinarse hacia atrás, adelantar las piernas y tirar de la boca del pobre caballo. Entonces descubrí que aligerando sus espaldas y controlando el ritmo del movimiento de sus patas delanteras producía una parada equilibrada por la que todos mis caballos se hicieron famosos. Pero nunca habría hecho este descubrimiento si me hubiera ceñido sólo a la tradición.

Monte Foreman se ve a sí mismo como "un investigador científico para los caballistas" y enseña los elementos del "manejo básico" que garantiza mejores actuaciones de prácticamente cualquier caballo. Se cuentan

Monte Foreman demostrando su "parada equilibrada". (Gary Foreman Collection)

historias de Monte saltando sobre caballos con una mediana preparación y conduciendo improvisados espectáculos que dejaban a los espectadores con la boca abierta. Actualmente, el mejor estudiante de Foreman, Patrick Wyse, se encarga de este trabajo.

Monte Foreman es recordado tanto por sus innovaciones en el diseño de las sillas de montar como por su experiencia en equitación y entrenamiento de caballos. La Monte Foreman Balanced Saddle todavía se sigue fabricando actualmente, más de medio siglo después de su presentación (más tarde ampliaremos datos a este respecto). En el momento de escribir este libro se pueden conseguir tres vídeos (en EE.UU) sobre los trabajos de Foreman, así como *Monte Foreman's Horse-Training Science*, un libro que incluye la mayoría de sus artículos de revista. También contiene más de 300 fotografías y dibujos.

Monte Foreman siguió varios caminos distintos a lo largo de su vida. A principios de los años cincuenta diseñó la primera autocaravana de aluminio con aislamiento para pickups. En 1958 empezó a dirigir los primeros clínics para jinetes que deseaban entrenar y competir con sus caballos. A mediados de los sesenta fue el primero en construir una gran pista cubierta en su patio trasero.

Monte Foreman fue un adelantado para su tiempo en varios campos y sufrió lo que sufren muchos revolucionarios: ser mal comprendido y mal valorado durante su vida. Unamos a esto una convicción absoluta de que estaba en el buen camino y su despreocupación sobre a quién podía ofender y no hay duda de que se había ganado tantos críticos como partidarios, a partes iguales. El sentimiento era mutuo. Antes de su muerte, ciego por la diabetes, en el Hospital de Veteranos de Denver, Foreman dejó claro que quería que lo sepultaran boca abajo, para que todo el mundo "me besara el trasero".

CAPÍTULO 13

REVOLUCIONES EN EMBRIDAR Y ENSILLAR

LA REVOLUCIÓN EN LA EQUITACIÓN se ha caracterizado por un deseo de considerar los métodos no tradicionales en el entrenamiento de caballos y el uso de la propia creatividad, junto con una comprensión de la verdadera naturaleza del caballo, para concebir nuevas técnicas personales. Una crítica similar de la tradición y un pensamiento innovador se ha visto en lo concerniente a las guarniciones, especialmente en bocados y sillas, que ha ido un poco más allá que la propia revolución.

Pero antes de examinar las innovaciones actuales, veamos cómo llegaron hasta aquí.

LOS PRIMEROS JINETES

El caballo y la equitación están tan unidos en nuestras mentes de hoy que difícilmente podríamos desligar uno de la otra, pero hubo un tiempo en el que el caballo era, para el hombre, comida con cuatro cascos. La domesticación fue un proceso gradual y motivado principalmente por el deseo del hombre de asegurarse el suministro de comida. Más tarde, alguien pensó en poner a trabajar al caballo, probablemente como animal de carga, luego para montarlo y más tarde para tirar de un carro.

Claro que el problema práctico persistía: ¿cómo lograr montar sobre esta hermosa y salvaje bestia y vivir para contarlo? La historia no nos dice cómo fueron atrapados los primeros caballos, sometidos y montados o cuántos aspirantes a jinetes resultaron heridos o muertos en el proceso, pero podemos presumir que fue un espectáculo que rivalizaría con los rodeos más excitantes de hoy.

Pero valía la pena todas las heridas, rasguños o huesos rotos. Sobre un caballo el hombre tenía velocidad, visibilidad y una potencia que nunca había imaginado. Tenía la posibilidad de moverse a sí mismo y sus pertenencias a grandes distancias como nunca antes. Desde entonces, montar a caballo ha revolucionado su mundo.

BRIDAS Y BOCADOS

No le hizo falta mucho tiempo al hombre para darse cuenta de que necesitaba un medio para controlar al caballo y esto podía hacerse muy fácilmente controlando su cabeza. Se probaron muchos sistemas.

El arte antiguo como la Estela de Ur, un objeto sumerio de aproximadamente 2.400 años antes de Cristo, nos muestra a caballos controlados con anillas en el hocico, de la misma manera que se hace hoy día con los bueyes. Parece que se probaron también anillas en los labios, pero se abandonaron muy pronto.

La Estela de Ur, de más de 4.400 años de antigüedad, nos muestra a caballos siendo controlados con anillas en el hocico.

Los primeros bocados fueron probablemente de materiales orgánicos, como cuerdas, tendones o cuero crudo. Se han encontrado evidencias de su uso en dientes de caballo del 4000 A.C. Los bocados metálicos y las bridas complicadas se usaron ya en Egipto, hacia 1800 A.C.

Grabados de jinetes sirios del 1400 A.C. muestran el uso de bridas sin bocado, predecesoras de las actuales jáquimas.

TIPOS DE BOCADOS

Existen dos tipos básicos de bocados: el filete y el bocado con freno. El filete transmite las señales del jinete sin magnificarlas. Está diseñado para ser manejado con las dos manos, y, como la embocadura está casi siempre articulada en el centro, permite al jinete influir en cada lado de la boca del caballo, independientemente del otro. El filete tiene un aro fijado a cada extremo de la embocadura y las riendas se atan directamente a esos aros.

El bocado con freno magnifica las señales del jinete por medio del uso de palancas. La embocadura es de una pieza, sin articulación central, de manera que es posible manejarlo con una mano. Este bocado tiene una pieza larga, unida a cada lado de la embocadura. Las riendas se unen al extremo inferior de esta pieza, la longitud de la cual determina la cantidad de palanca disponible. Se usa también una cadenilla de barbada que aplica presión en la zona hendida bajo la barbilla, en la mandíbula inferior.

La doble brida es un sistema separado para controlar un filete y un bocado, que se usan al mismo tiempo en el caballo. El pelham se aproxima a este mismo efecto en un bocado único, pudiendo fijar las riendas en dos diferentes lugares, para lograr la acción de filete o de bocado. Tanto la doble rienda como el pelham requieren que el jinete maneje los dos pares de riendas.

A medida que los hombres fueron más y más dependientes de sus caballos, empezaron a alimentarlos mejor y a controlar su reproducción. El resultado fue animales más grandes y fuertes. Las bridas también evolucionaron, siempre con el propósito de permitir ejercer más presión sobre las zonas sensibles de la cabeza del caballo para poder controlarlo.

Esculturas de la sexta centuria antes de Cristo nos enseñan caballos de los persas, entonces considerados los mejores jinetes del mundo, montados con una cabeza super flexionada y una extremada reunión, una postura conseguida a base de bocados con largas palas, muserolas con nudos o púas y martingalas conectando la cabeza al petral.

A pesar de esto, no todo el mundo estaba obsesionado con el control contundente del caballo. La caballería ligera de los nómadas del norte de África, que lucharon al lado de Aníbal contra Roma en la tercera centuria A.C., montaban sus pequeños caballos sin bridas de ninguna clase, dejando sus manos libres para lanzar las jabalinas. Controlaban la velocidad y dirección de sus caballos con su asiento y piernas y, cuando necesitaban un control adicional, guiaban la cabeza del caballo con un palo o fusta. Los estudiosos actuales de la equitación natural usan una técnica similar para desarrollar sus habilidades en la equitación.

El freno o bocado con palanca fue introducido por los celtas de la Galia alrededor del 300 A.C. Los caballeros acorazados de la Edad Media usaban bocados con palas de proporciones monstruosas, debido al considerable tamaño y robustez de los caballos que montaban, capaces de soportar los pesos considerables del jinete, la armadura, los arreos y las armas. Se creía que éste era el único modo de controlar tales pesados caballos, y también muy importante: la única forma de equilibrarlos en medio de las maniobras militares.

En el Renacimiento, el progreso en el entrenamiento de los caballos fue lento. A medida que las armas de la guerra cambiaban, haciéndose más ligeras, resultaron deseables unos caballos más ágiles, y hacia 1532, el maestro de doma Federico Grisone fundó en Italia la escuela de equitación conocida como *Alta Escuela*. El enigmático Grisone consiguió caballos completamente obedientes, pero sin brío. Muchos de los bocados o bridas que usaba eran mecanismos de tortura de su propio diseño, con púas tanto en las embocaduras como en las muserolas. Grisone creía que los caballos eran criaturas violentas y plasmó sus recomendaciones para someterlos completamente en su libro *Textbook on Riding*, (Manual de Equitación) en 1555.

Uno de los seguidores de Grisone fue el conde César Fiaschi, de Ferrara, cuyo pupilo, Battista Giovanni Pignatelli, fue más tarde director de la famosa Escuela de Equitación de Nápoles. Pignatelli fue un pensador progresista que recomendaba el uso del filete en el entrenamiento inicial, y razonaba que el filete debía ser empleado para comunicar las intenciones del jinete y no para reprimir al caballo. No obstante, no llegó a abandonar completamente algunos de los métodos crueles aprendidos de sus maestros. El nombre de Pignatelli se ha asociado durante más de un siglo a un tipo de bocado especialmente duro, cuya sola presencia en la boca del caballo ya nos indica lo doloroso que debía ser, aún antes de ser activado con las riendas.

Fue durante este período cuando apareció la doble rienda. Se añadió al bocado una brida fina, con un tipo de filete ligero. El conjunto se manejaba con dos pares de riendas separados. La brida fina se utilizaba para dirigir al caballo y el bocado para animar al caballo a relajar su quijada, cuello y nuca.

Aún así, el bocado en sí mismo poseía unas palas de casi medio metro que se siguieron usando como medio de represión en la equitación hasta el 1600, cuando los últimos maestros clásicos, como el rebelde alumno de Pignatelli, Antoine de Pluvinel, defendían unos métodos de entrenamiento más suaves y pacientes. En el siglo siguiente, principalmente debido a la influencia de François Robichon de la Guérinière y su colega Gaspard de Saunier, dejó de usarse el bocado, tal como se había venido haciendo, como instrumento de represión.

En 1800 y principios de 1900 se produjeron bocados de todos los diseños concebibles, cada uno de ellos asegurando que solucionaban tal o cual problema del caballo. Pero la creciente mecanización redujo la demanda de animales para el trabajo, transporte, etc., y por tanto la de bocados, y hoy en día hay relativamente pocos estilos en uso.

Una consecuencia de la revolución en la equitación es la nueva consideración del principio de que un bocado, cualquier bocado, solamente es tan bueno o tan malo como las manos que sujetan las riendas. Manos pesadas pueden hacer de cualquier bocado un bocado duro, y unas manos suaves, pueden hacerlo suave.

Nueva Consideración por el Filete

Durante siglos fue considerado adecuado sólo para el entrenamiento, e inapropiado para conseguir grandes resultados, como en la caza o la guerra, pero desde hace unos cuantos años ha gozado de un resurgir en su popularidad para un amplio sector de aplicaciones. Ciertamente, sigue gozando de la mejor opción para entrenar caballos jóvenes y enseñar a jinetes noveles, debido a que, al contrario de un bocado con freno, el filete no intensifica el efecto de una señal mal ejecutada. Pero incluso en competiciones prestigiosas, como *The National Finals Rodeo*, en Las Vegas, Nevada, los caballistas expertos están usando cada vez más filetes en lugar de bocados en sus mejores caballos vaqueros. La revolución en la equitación, que enfatiza la importancia de la comunicación del jinete con el caballo en lugar de reforzar la demanda, ha elevado la categoría del filete a ser apropiado para la mayoría de los tipos de equitación. Las palancas y el dolor ya no son necesarios.

La revolución también ha tenido un impacto en la forma en que los caballos se espera que lleven sus bocados. Tradicionalmente, la carrillera de la cabezada se ajustaba para que el filete creara una o dos pequeñas arrugas en las comisuras de los labios del caballo. Muchos caballistas naturales hoy día prefieren no ajustarla nada, haciendo que el bocado quede lo bastante suelto para que el caballo pueda encontrar su propia posición más cómoda.

El filete ha llegado a ser emblemático del natural horseman. (Peter Campbell Collection)

La Jáquima

La revolución también ha revivido el interés por las bridas sin bocado. El sistema más conocido de brida sin bocado es la jáquima (en inglés hackamore). La jáquima tradicional consiste en una muserola de cuero crudo, lastrada con el peso de un nudo bajo la quijada y llamada comúnmente *bosal*; las riendas son dos cuerdas pesadas, de pelo de caballo, llamadas riendas de *mecate*; un ahogadero, usualmente de algodón, llamado el *fiador*, y una testera ligera de cuero. El bosal está unido al nudo del fiador y a la rienda de mecate. Una de las riendas de mecate suele usarse como cuerda de cabezada.

EL VAQUERO Y LA TRADICIÓN DE CALIFORNIA

Los caballistas californianos que manejaban reses o vacas, eran conocidos como vaqueros. (Ernest Morris)

La tradición en California empezó con los exploradores portugueses y españoles, que trajeron la equitación de sus respectivos países, a Méjico y al sur de California cuando llegaron al Nuevo Mundo en el 1500. Los caballistas de la Península Ibérica tenían mucha experiencia manejando ganado y toros bravos, montados a caballo. La equitación destinada al ganado que se desarrolló en el Nuevo Mundo tomó sus propios derroteros, especialmente vistos desde la perspectiva del tiempo. El tiempo fue un aliado, no un enemigo. *El vaquero* (cowboy) no tenía mucha prisa en entrenar a su caballo. Siempre era cosa de *mañana*. Sin la presión de los plazos de entrega, había mucha menos tensión en el entrenamiento, menos urgencia, menos comportamiento predador por parte del entrenador.

El vaquero se hizo sus propios útiles de trabajo, y tampoco en esto tenía mucha prisa. Con incontables *mañanas* a su disposición, las cuerdas, jáquimas, *bosales*, fustas, riendas y otras piezas de cuero crudo o curtido se convirtieron en obras de arte.

Así pues, los bocados (con palancas o cadenillas con embocaduras sólidas) usados por los *vaqueros* eran muchas veces verdaderas obras de artesanía, hechas a mano y cada una diferente de las otras, siendo un medio para identificar al dueño del caballo. Para el jinete novato actual, los bocados de los *vaqueros* pueden parecer exagerados, duros, casi macabros. Pero en las manos de aquellos jinetes maestros, eran tan suaves y humanitarios como cualquier filete.

Es interesante señalar que el filete no entraba a formar parte del sistema de entrenamiento de los caballos *vaqueros* de California. De hecho, los californios no vieron ni habían oído nada sobre el filete hasta que llegaron los primeros jinetes blancos desde Canadá y el noreste de los Estados Unidos. El *vaquero* iniciaba su caballo con la jáquima, con un bozal pesado, para luego ir pasando a bosales más livianos y, finalmente, a una brida completa, con un *half-breed* o bocado de palanca.

El sistema estaba tan extendido que la crin del caballo en la cruz era esquilada para indicar su nivel de entrenamiento. Esto se llamaba Training Mark of Distinction y aún lo practican hoy día algunos caballistas. Cuando el caballo estaba en la etapa de la jáquima, su crin se dejaba corta unos veinte centímetros, empezando en la cruz y subiendo por el cuello. La etapa siguiente, para un caballo a doble rienda (jáquima y bocado juntos), estaba representada por dos mechones de pelo de unos tres centímetros de largo y uno o dos de ancho, espaciados tres centímetros, más o menos a la mitad de la zona esquilada. La marca que distinguía al caballo "perfectamente entrenado a la brida" era un solo mechón. Con este sistema el nivel de entrenamiento de un caballo dentro de la manada podía determinarse sólo con mirarlo.

El *vaquero* es un eslabón importante en la historia de la equitación. Ocurrió como resultado de la adaptación de la equitación pura como un arte en la pista de entrenamiento a una tarea específica, conduciendo rebaños de ganado. En las manos del cowboy gringo de América, fue evolucionando hasta lo que hoy llamamos Equitación Western. Actualmente, varios maestros en equitación natural se especializan en mantener viva la tradición *vaquera*. Algunos enseñan una versión modificada que empieza con el filete, antes "de pasar a California".

Mientras que el bocado opera en la boca del caballo, la jáquima afecta a la nariz del caballo. La belleza de la jáquima, cuando está correctamente ajustada, y cuando el caballo la lleva correctamente, es que cuelga libre, con el bozal apenas tocando la nariz.

Es con una jáquima que los caballos aprenden a moverse correctamente con riendas flojas. El impacto de la revolución en la equitación puede verse en una nueva visión de la jáquima. Como con el filete, no se ve solamente como una herramienta para el entrenamiento inicial de caballos. Es una opción viable para los niveles más altos de actuación, mientras sigue como parte integrante en el proceso de crear "caballos a la brida" en la tradición californiana.

La jáquima *mecánica* no es en realidad una jáquima, sino simplemente otra forma de brida sin bocado. Una muserola, con o sin forro, conecta ambas carrilleras. Estas carrilleras tienen unas palas, parecidas a las de los bocados, para fijar las riendas. La longitud de la pala determina la fuerza de palanca que puede aplicar el jinete. Una tira de cuero similar a una barbada de cadenilla, pero un poco más alta, completa el aparato.

La presión es ejercida primero sobre la nariz y posteriormente en la quijada y la nuca. La jáquima mecánica puede parecer más suave y humanitaria que una brida con bocado, pero no es así. Las jáquimas mecánicas permiten el mismo potencial de abuso que las bridas con bocado. Se diferencian solamente en que no tienen embocadura. De nuevo, las manos del jinete son las que determinan la dureza o no de estos instrumentos.

El Side Pull

Si tomamos una jáquima mecánica y eliminamos las palas y las sustituimos por dos anillas, tenemos la esencia de un side pull. También es muy parecido a una cabezada corriente con anillas a ambos lados para fijar las riendas. El side pull se usa solamente para la enseñanza inicial de un caballo. El *Monty Robert's Dually Halter* es un buen ejemplo de side pull. Algunas veces el side pull se usa con un filete de cuerda, o sea una embocadura de cuerda en lugar de metálica.

La Brida sin Bocado

Otra forma de brida sin bocado es la concebida por Robert Cook, Veterinario y Profesor Emérito de Cirugía en la Universidad de Tufts,

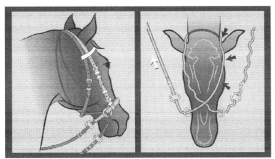

Empuja la cabeza en lugar de tirar de ella. (Dr. Robert Cook)

La Bitless Bridle o Brida sin Bocado trabaja de forma diferente a la brida tradicional. (Dr. Robert Cook)

Massachusetts. Este mecanismo controla la cabeza del caballo de una forma muy distinta.

A primera vista, *The Bitless Bridle* parece ser una cabezada y riendas corrientes, con un anillo a cada lado, donde el bocado estaría sujeto normalmente. No obstante, hay una gran diferencia en la forma que trabajan las riendas.

En lugar de fijarlas al anillo de la cabezada en su lado correspondiente, la rienda pasa a través del anillo, luego bajo la quijada del caballo, sube por la mejilla, pasa por encima de la nuca, y desde ahí sigue el mismo camino que la otra rienda. La tensión de la rienda derecha causa una acción de presión sobre el lado *izquierdo* de la cabeza del caballo. La tensión en la rienda izquierda causa una presión en el lado *derecho* de la cabeza del caballo. El Dr. Cook sostiene que el caballo se maneja mejor y su cabeza permanece más recta cuando ésta es empujada en lugar de tirar de ella.

Para detener el caballo, la tensión se usa en ambas riendas a la vez, o con tironcitos rápidos alternativos. La acción de presionar sobre toda la cabeza del caballo se dice que consigue una mejor cesión y deseo de detenerse.

El Dr. Cook ideó el Bitless Bridle después de haber dirigido un estudio profundo de la circulación del aire en los caballos de carreras. Este estudio le llevó a la conclusión de que el bocado interfiere la respiración del caballo porque provoca movimientos de los labios y la lengua, salivación y tragar saliva (típicas respuestas asociadas a comer), que son física y psíquicamente contrarios a la carrera y, por tanto, perjudican el rendimiento.

Un caballo respira solamente a través de la nariz; no puede hacerlo por la boca. Para máximo rendimiento, el caballo debe contar con una máxima entrada de aire y esto sólo sucede cuando tiene la boca cerrada

Muchos entrenadores actuales usan riendas de cuerdas marinas de poliester trenzado. (Emily Kitching)

y relajada, y las narices dilatadas. Los caballos con bocados siempre hacen movimientos de boca, unos más que otros, y esto dificulta su respiración. El Dr. Cook pronostica que algún día los bocados serán abandonados por completo, no sólo por razones humanitarias, sino por razones de rendimiento.

Cabezada y Riendas de Cuerda

Para terminar llega la cabezada y las riendas hechas de cuerda. Como su nombre indica, es la unión de las dos piezas, ambas hechas con la misma pieza de cuerda.

La cabezada de cuerda suele hacerse de cuerda de escalada de nylon trenzado, de unos seis milímetros de grueso, suficiente para comunicar

En los años veinte, Robert Miller, co-autor de este libro, desarrolló por su cuenta un sistema humanitario de iniciar potros. En esta foto de 1955, posa sobre una yegua de cuatro años que estaba iniciando recientemente. Es de notar que la yegua lleva sólo una cabezada de cuerda Johnson. (Robert Miller Collection)

clara y convincentemente con el caballo y hábilmente anudada para formar una brida. Es una reminiscencia de la vieja cabezada de cuerda de
Johnson. Pero en esta cabezada no hay nada metálico; la cuerda se ata
con un nudo (conocido en inglés como *sheet-bend*) a la carrillera izquierda de la cabeza. Por detrás y debajo de la barbilla cuelga un pequeño lazo
de cuerda en la parte más baja de la cabezada. Se puede fijar a esta laza-
da una cuerda cuando se trabaja pie a tierra.

No obstante, cuando se usa para montar, la cabezada de cuerda se ata
a una cuerda marina de poliester de 15 milímetros de grueso, de la longitud adecuada para que pueda servir tanto de rienda como de cuerda de
cabezada. Esta cuerda se ata al lazo de la cabezada. El resultado es un
nudo que añade peso y es parecido al nudo del bosal.

Las riendas son cerradas, al estilo californiano, y tiene la ventaja de
todas las riendas cerradas: si sueltas las riendas, puedes recuperarlas
enseguida del cuello del caballo. Si dejas caer unas riendas abiertas, no
sólo tendrás problemas para recuperarlas sin desmontar, sino que el
caballo podría pisarlas, o romperlas, asustarse, o echar a correr o todo
esto a la vez. (Nota: Los cowboys de rancho prefieren las riendas abiertas
cuando reúnen el ganado, porque no se corre el riesgo de que se engan-
chen en la abundante maleza y den un fuerte tirón a la boca del caballo).

En lugar de terminar el nudo en la cabezada, uno de los extremos de
la cuerda da una o dos vueltas y toma la forma de una cuerda de guía,
de nuevo similar a la forma en que las riendas de mecate trabajan con el
bosal.

A la combinación de cabezada y riendas de cuerda se llama algunas
veces jáquima de cuerda, y a pesar de que hay obvias similitudes, no está
diseñada para colgar libremente sobre la cabeza del caballo cuando éste
adopta la posición correcta, como es el caso de la auténtica jáquima. A
pesar de esto, la cabezada y riendas de cuerda han probado su verdadero valor en el entrenamiento del jinete novato, o también para que el jinete experto que desee reaprender desde una perspectiva más natural que
puede controlar efectivamente su caballo sin tirar de su boca.

A lo largo de la mitad del siglo veinte había un refrán que corría entre
los cazadores a caballo(*): "hay tres clases de tontos: el tonto, el maldito
tonto y el tonto que caza con un filete". Se consideraba el colmo de la teme-

---

(*) Posiblemente, el autor se refiere a la caza del zorro a caballo, ya prohibida en Inglaterra, que
es donde se practicaba profusamente. (N. del T.)

ridad tomar parte en una cacería a caballo por el campo, si uno no podía contar con un sistema de retener al caballo por la fuerza con un bocado.

Hoy día, gracias a la revolución en la equitación, vemos de otra forma la función de los instrumentos en la cabeza del caballo. Ya no se trata de imponer tus deseos a un servidor poco dispuesto. Se trata de comunicar los deseos de un amo benevolente a un seguidor bien dispuesto. Y hay varias maneras de lograr esto.

SILLAS

Aunque rudos y atléticos como eran, sin duda, los primeros jinetes se dieron cuenta enseguida que sentarse directamente sobre la espalda del caballo, sudada y huesuda, durante largos períodos de tiempo no era muy divertido. Se cree que hacia el 2000 A.C. empezaron a usarse sencillas almohadillas, seguramente hechas con pieles de animales; no mucho más tarde se usó una tira de cuero o tela para mantener las pieles fijas en su sitio. ¡Eureka! El antepasado de la silla de montar.

Hacia la octava centuria A.C., en el Oriente Medio, los caballistas asirios ya usaban telas decoradas para las sillas, y tres siglos más tarde, en la región conocida como Siberia, los Escitas habían conseguido elevar el nivel artístico de las sillas. En una tumba escita congelada se encontró una silla decorada con intrincados motivos de animales hechos de cuero, fieltro, pelo y oro. La silla tenía también un almohadillado para mayor comodidad.

EL ESTRIBO Y EL FEUDALISMO

Antes de los estribos, la mayoría de los jinetes usaban escabeles o simplemente saltaban sobre la espalda del caballo. En *El Arte de la Equitación*, Jenofonte describe cómo usar la lanza para saltar ágilmente y montar.

Ocasionalmente, estos saltos fallaban. Un día del año 552 A.C., el rey persa Cambises II, completamente armado, trató de montar en esas condiciones. La espada se salió de su vaina y se hirió en el muslo. Murió de la herida.

Se cree que fue tan pronto como el siglo II A.C., en la India, cuando empezó a usarse un lazo de cuero como ayuda para montar a los jinetes descalzos. Poco después se añadió un segundo lazo al otro lado del caballo para estabilizar al jinete mientras cabalgaba. Hacia el siglo IV, los chinos habían desarrollado unos estribos de hierro que podía acomodar las botas en unos climas más fríos y accidentados, y en el siglo VIII el estribo había llegado a la Europa Occidental. Fue más o menos en la época en que el feudalismo empezaba a establecerse en el norte de Francia por el rey franco Carlos Martel (676-741) ¿Coincidencia?(*). La historiadora del siglo veinte Lynn White, jr., no lo piensa así. En su libro *Medieval Technology and Social Change*, (Tecnología Medieval y Cambio Social) publicado en 1962, propone una relación causal entre la introducción del estribo y el surgir del feudalismo. Es una hipótesis fascinante y controvertible, y podría haber funcionado como sigue:

Antes del estribo, los caballeros no podían hacer frente con efectividad a sus enemigos por el miedo a ser desmontados de sus caballos. Se veían limitados a lanzar jabalinas y disparar flechas mientras galopaban. Cuando se introdujeron los estribos y las sillas con altos borrenes delante y detrás, se hacía factible una "carga de caballería". Con sus pies bien apoyados en los estribos y su lanza de guerra sujeta bajo su brazo, el caballero podía cargar contra el enemigo y asestar toda la potencia de su caballo, sin ser desmontado en el proceso. Esto les dio a los que usaban estribos una ventaja táctica enorme sobre los soldados de infantería o la caballería ligera enemiga. Carlos Martel fue uno de los primeros que usó esta nueva tecnología, y las cargas de caballería dominaron la Edad Media desde entonces.

Pero el rey tenía un problema. Los caballeros acorazados montados, con sus caballos y sillas, lanzas, armaduras y entrenamiento necesario, eran muy caros de mantener como fuerza estable. La solución de Martel fue usar una parte de las tierras que se había apropiado de la Iglesia para comprar una caballería militar *a la orden*. A cambio de recibir esas tierras del rey, los nobles accedieron a mantener un cierto número de caballeros que estarían disponibles siempre que el rey lo solicitara para la guerra. La idea se extendió muy pronto por toda Europa. De esta forma se había creado una nueva clase de terratenientes y este sistema, llamado feudalismo, nació con toda su corte de feudos, nobles, caballeros, siervos y, como no, damiselas en peligro.

La teoría de White ha abierto un furioso debate en los círculos académicos, y en 1970 su argumento básico fue refutado. El feudalismo, parece ser, fue tan complejo y varió tanto en unos y otros lugares de Europa que no puede haber sido causado por un solo motivo, como la llegada del estribo, a despecho de que éste cambió la equitación por completo.

(*) Martel no era el apellido del rey Carlos. Era un título, un apodo que le dieron por haber atacado repetidamente a los musulmanes. Viene de la palabra francesa que significa martillo.

Montar a caballo hizo la vida nómada de los primeros jinetes mucho más fácil y les dio una ventaja importante en la guerra, aunque esto fue principalmente en la logística de ir al campo de batalla y regresar. El combate mano a mano, pie a tierra, aún se consideraba el medio principal para derrotar al enemigo. Tratar de hacer esto desde lo alto de un caballo hacía muy posible que se perdiera el equilibrio, lo cual podía ser mortal.

Varios siglos después, los indios norteamericanos probaron que esto era posible. Según la historiadora y caballista lakota sioux Linda Little Wolf, los cazadores y guerreros indios de las praderas usaban sus armas mientras montaban, casi siempre a toda velocidad, con sus pies metidos dentro de la tira de tela o cuero que hacía de cincha, a fin de ganar estabilidad, seguramente pensando que no serían desmontados y arrastrados por su caballo, un modo más bien deshonroso para un bravo guerrero indio.

El estribo lo cambió todo. Le proporcionó al jinete una gran estabilidad sobre el caballo y transformó a un jinete medianamente apto en un extraordinario cazador y guerrero. Pocas invenciones han sido tan significativas en la historia de la humanidad como el estribo. Se ha dicho que el estribo realmente *provocó* el feudalismo y el sistema político y económico basado en el vasallaje que caracterizó a la Edad Media en Europa. Pero esto es algo que no nos concierne mucho.

EL AJUSTE DE LA SILLA

Hacia el siglo IV A.C., la silla había evolucionado desde una almohadilla flexible sobre la espalda del caballo hasta una estructura rígida que evitaba apoyarse sobre su espina dorsal. Evitar que el jinete se apoyara directamente sobre su columna vertebral mejoró mucho la comodidad y la resistencia del caballo y del jinete. Lo que hizo esto posible fue el fuste de la silla.

El concepto básico del fuste era simple, pero genial. Imaginemos tomar dos tablas finas de madera y colocar una a cada lado de la columna vertebral del caballo, paralelas a la misma. Estas dos tablas descansan sobre grandes y poderosos músculos en la espalda del caballo. A continuación usemos otra pieza de madera para unir las dos tablas mencionadas por la parte trasera y por encima de la columna del caballo (llamamos a esto borrén trasero) y también por el frente (borrén delantero o puente). La silla McClelan de 1859, que se muestra en la página 281, muestra todos los componentes con claridad. Funcionalmente, así es como se construye una silla, incluso hoy día. Se han diseñado diferentes tipos de fustes, que varían en apariencia, algunas veces radicalmente, pero todas están formadas por los mismos elementos originales.

Desde el principio el fuste de la silla se refinó en la forma para adaptarse mejor a la espalda del caballo y proporcionar una comodidad razonable al jinete. Se colocó una almohadilla acolchada entre las barras de la silla y la piel del caballo. A medida que pasó el tiempo, el cuero se convirtió en una parte integral de la silla, protegiendo las partes de madera y metal, aumentando su belleza y agregando más comodidad al jinete. Pero había un problema con el fuste cubierto de piezas de cuero y algunas veces de tela: era cada vez más difícil poder observar cómo se adaptaba el fuste al contorno de un caballo en particular. Este problema persiste aún hoy en día, especialmente con la proliferación de sillas fabricadas en serie y diseñadas para "adaptarse a cualquier caballo".

¿Por qué debemos cuidar que la silla se adapte a un caballo? Porque afecta su comodidad, su salud, su rendimiento y su comportamiento.

Cuando una silla no se adapta bien, produce *puntos de presión*. En lugar de que el peso del jinete se distribuya por igual sobre la superficie de las barras, como se intentaba originalmente, se concentra en ciertas áreas. En efecto, las barras se hunden en la espalda del caballo en lugar de asentarse sobre ella.

La evidencia de los puntos de presión puede verse en las manchas de sudor sobre la piel después de un ejercicio. El sudor debería cubrir uniformemente toda el área bajo la silla. Las zonas secas indican los puntos de presión, lugares en los que el flujo de sangre a las glándulas sudoríparas ha estado inhibido y dichas glándulas no han funcionado correctamente. Más adelante, los pelos en las zonas afectadas se vuelven blancos, dejando una evidencia permanente de que el caballo ha sido sometido a una silla mal adaptada.

El caballo puede soportarlo de una forma antinatural para escapar de las molestias que le produce la silla inadecuada. Con el tiempo, esto le conduce a desarrollos musculares indeseados y, a la larga, puede afectar a las estructuras esqueléticas de esa zona. Las sillas mal ajustadas pueden conducir a problemas médicos, incluyendo "sitfasts" (marcas permanentes/mataduras), fístulas en la cruz, escoriaciones de la piel en la zona de la cin-

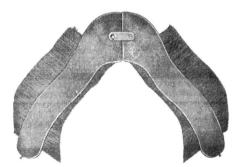

Galga Champion y Wilton para la cruz del caballo.

Galga Champion y Wilton para la espalda del caballo.

cha o bajo la silla e, incluso, dolor crónico en la espalda.

Obviamente, tales caballos no pueden realizar su trabajo con su máximo potencial. Y lo que es peor (y ésta es la más molesta de todas las consecuencias de una silla mal adaptada): el caballo puede manifestar su incomodidad botándose, encabritándose, desbocándose, mordiendo o con otros comportamientos, todos ellos peligrosos para el jinete. ¿Quién se lo va a recriminar? El caballo está sufriendo.

Si nuestra meta es construir una silla que se adapte realmente bien a un caballo, o a una mula, que tiene una espalda distinta de la del caballo, debemos, antes que nada, reproducir de manera fiable la forma de la espalda del caballo. A partir de ahí podemos hacer el fuste bien adaptado.

Esto es más fácil de decir que de hacer, porque estamos tratando con un objeto tridimensional. Alguien intentó hacerlo, con una técnica primitiva, doblando un colgador de alambre de ropa, hasta ajustarlo al caballo, para luego dibujarlo en una hoja de papel. Los que usan este sistema toman las medidas longitudinales (la columna vertebral, desde la cruz hacia la cola), y luego varias líneas laterales perpendiculares a la primera. Las líneas laterales empiezan en la cruz y se van repitiendo, cada diez centímetros, en toda el área de la silla.

En 1901, en su libro *Riding and Hunting* (Equitación y Caza), el capitán M. H. Haynes ilustraba un uso más sofisticado de los alambres para reproducir la curvatura de la espalda y cruz del caballo: el calibrador de alambre o galga de Champion y Wilton. Parecido en principio al usado para medir la cabeza por los fabricantes de sombreros, este calibrador tiene cientos de palillos de alambre, como los dientes de un peine, sujetos en un soporte de madera. Los palillos pueden deslizarse libremente dentro del soporte y, cuando se presionan sobre la espalda del caballo, conforman su curva con exactitud. Entonces, los palillos pueden bloquearse y trasladar la forma a un papel.

Recientemente, se han usado moldes para transferir al fabricante de sillas la forma tridimensional de la espalda del caballo. Un sistema, la "Silueta", utiliza tiras de gasa empapada en yeso de secado rápido que se extienden por la espalda del caballo con la esperanza de que éste se quedará quieto el tiempo suficiente para que el yeso se endurezca y quede moldeada la forma de su espalda. Este sistema no prosperó.

Otro que parece destinado a sobrevivir es el "EQUI Measure", una hoja de plástico rígido que puede calentarse en un horno corriente hasta hacerse maleable; luego se coloca sobre el dorso del caballo hasta que se enfría y endurece lo suficiente para mantener la forma adquirida. Su embalaje también sirve como caja aislante de transporte, permitiendo más de 40 minutos de viaje, desde que se saca del horno hasta llegar al caballo. Una vez el molde se ha secado por completo debe ser embalado cuidadosamente en una caja grande y enviado al guarnicionero. Una vez usado puede calentarse de nuevo y usarse hasta cinco o seis veces.

Un sistema más complicado es el "*Saddletech Gauge*", ideado por el inventor y aficionado al caballo Robert Ferrand. Según su inventor, registra la forma de la espalda del caballo "reduciéndola a una serie de ángulos y arcos". En efecto, la forma de la espalda puede representarse con una serie de números, cada uno correspondiente a una medida hecha por una parte de este aparato. El valor de estos datos se muestra claramente útil, ya que es la forma más fácil y fiable para poder archivarlos y recrearlos posteriormente en otra ocasión.

No obstante, Ferrand dio un paso más adelante, para desarrollar lo que él llamaba "*Evidence-Based Saddle Fitting*". Primero, había calculado una fórmula matemática para compensar el efecto del peso del jinete, en relación al peso del caballo. Y en segundo lugar, tenía la manera de medir la "presión de contacto" que es ejercida sobre la espalda del caballo por la silla y el jinete. Esto proporciona datos valiosos para ajustar la silla. "Saddletech" también ofrece un sistema ortopédico de adaptación que va más allá, para hacer posible usar una silla mal adaptada.

Ahora es posible hacer una silla que refleje la topografía exacta de la espalda de un caballo concreto. Podemos ajustarla para compensar el peso de un jinete concreto sobre ese caballo concreto. Pero lo que aún no hemos conseguido es, quizás, la parte más sorprendente de este rompecabezas: el hecho de que la espalda de un caballo cambia constantemente de forma.

La "Saddletech Gauge" permite representar la forma de la espalda del caballo por una serie de ángulos y arcos. (Robert Ferrand)

Hacer que una silla se adapte a un caballo es como acertar un blanco en movimiento.

En estos últimos años los investigadores han aprendido mucho sobre la fisiología de la espalda del caballo y lo que sucede durante el movimiento. De todo ello se ha sacado una conclusión irrefutable: la *silla perfecta* es un sueño, un ideal, una meta que nunca se llegará a alcanzar.

Es importante comprender las dos formas en que cambia la espalda de un caballo, ambas tienen que ver con la adaptación de la silla.

Cambio gradual. En sólo unas pocas semanas, las modificaciones en la dieta o en el ejercicio de un caballo pueden alterar su desarrollo muscular y la forma de su cuerpo, incluyendo la espalda. A medida que envejece, es probable que también cambie de formas. Se va convirtiendo en un caballo diferente.

Cambios instantáneos. Este es el problema más importante, porque sucede *momento a momento*. El contorno de su espalda cuando está en movimiento es diferente de cuando está parado, especialmente si ha sido entrenado para moverse muy reunido, con su espalda elevada, sus cuartos traseros muy remetidos y su cuello flexionado. El peso y equilibrio del jinete también afecta a la forma de la espalda. Incluso con el cambio de aires y de un tranco al siguiente, la forma de la espalda cambia a medida que los sistemas muscular y esquelético trabajan conjuntamente. Una silla que puede estar adecuadamente ajustada en un momento dado, puede no estarlo un instante después, debido a la forma en que la espalda del caballo se mueve debajo de la silla.

La lógica nos demuestra esto cuando tratamos de ajustar juntas dos superficies no idénticas: habrá unos puntos en que la presión será mayor que en otros. En el caso de los caballos y las sillas, no se trata exactamente de ajustar un palo redondo dentro de un agujero cuadrado. Se trata más bien de ajustar un palo redondo dentro de un agujero que unas veces es redondo y al cabo de un momento es elíptico. Hay momentos en que el ajuste es perfecto, pero la mayoría de las veces no lo es.

Un fuste rígido parece ser el culpable. Pero las sillas se construyen sobre fustes rígidos por varias razones: procura al jinete la máxima comodidad y estabilidad, y protege la columna vertebral del caballo. Sin esta rigidez, la silla no ofrece muchas más ventajas que montar a pelo.

Por todo ello, la silla rígida ha sido la clave del reto al que se han enfrentado los guarnicioneros en el siglo veinte. Veamos algunas de las formas más revolucionarias con las que se han enfrentado.

Fustes Ajustables. Se han usado principalmente en las sillas de estilo inglés y australiano, y permiten el ensanchamiento de las barras y hacerla más o menos ancha para acomodarse a caballos con anchuras diferentes entre la cruz y el lomo. Se proporciona una herramienta especial para que el comprador pueda ajustarla sin tener que acudir al guarnicionero. *Wintec, Rembrandt* y *Laser Equestrian Products* son ejemplos de fabricantes que han tomado este camino.

Paneles Flexibles. La solución con paneles flexibles se ha usado durante generaciones de evolución, pero el concepto básico, originalmente introducido en el mercado con la silla *Ortho-Flex*, permanece inalterable. Las barras de madera rígidas se reemplazan por paneles plásticos flexibles que se mueven con el movimiento del caballo. Los paneles se conectan entre sí a la silla por medio de unos soportes que permiten que aquéllos se muevan en todas direcciones y también pueden elevar el asiento en ambos lados hasta casi unos tres centímetros para compensar una mala conformación del caballo.

Sillas sin Fuste. Algunos fabricantes de sillas han optado por solucionar los problemas de los fustes eliminándolos por completo. La silla *Ansür*, por ejemplo, se construye a base de varias capas de materiales que poseen diferentes grados de flexibilidad para crear una silla con bastante más rigidez y estabilidad que un sudadero, pero menos que una silla convencional. La silla *Bob Marshall Treeless Sport*, toma un camino diferente, construyendo un fuste frontal de madera y un trasero de madera con un sudadero, sobre el que se sienta el jinete, conectando ambos. Las sillas sin fuste son generalmente muy ligeras. La silla Marshall se anuncia con un peso de 11 a 12 libras (4,5 a 5 kg), casi un tercio de una típica silla western.

Elevaciones mayores y canales más o menos anchos. Los fustes se hacen con las barras un poco elevadas por delante y por detrás, para permitir una mayor libertad en el movimiento de los hombros y los traseros del caballo. El guarnicionero Dave Genadek ha promocionado este estilo de diseño. Otras sillas, como las inglesas de *Balance International*, tienen unos canales extra-anchos, de nuevo para permitir libertad de movimientos en el frente.

La "Imus 4 Beat Saddle", con sus barras de fuste flexibles, está hecha especialmente para caballos de paseo. (Brenda Imus Collection)

LA SILLA MCCLELLAN

Originalmente muy poco más que un fuste de silla con estribos, la silla McClellan ha sido usada por el Ejército de los Estados Unidos durante más de 80 años, convirtiéndose en una de las piezas de equipamiento más largamente usada en la historia militar americana. Hoy día, casi un siglo y medio después de su concepción, aún es la preferida por muchos cuerpos de policía montada en todo el país.

El diseño McClellan data de finales del 1850, como resultado de un esfuerzo ambicioso del Ejército de los Estados Unidos para encontrar un equipo más práctico, eficaz y al menor costo posible para sus soldados de caballería. El capitán George Brinton McClellan propuso un diseño basado en un modelo húngaro usado por los militares prusianos, con algunas características de las sillas mexicanas y tejanas, y también de las Hope, Campbell y Grimsey, tres sillas que competían ya para ser adoptadas como la silla oficial del Ejército.

Después de exhaustivas pruebas de campo, fue elegido el diseño de McClellan. Era muy ligera pero robusta y duradera. Era muy sencilla y, quizás lo más importante, menos cara de fabricar. Se fabricaron casi medio millón de sillas del modelo McClellan 1859 (la "M1859"), de forma manual, antes del final de la Guerra Civil.

La silla llevaba los faldones de cuero y estribos de nogal americano o roble, con tapaderos de cuero. La característica más notoria, no obstante, era el fuste de madera totalmente visible. Este fuste tenía una abertura sobre la columna vertebral del caballo y un canal profundo sobre la cruz. Se hacía en tres tamaños, permitiendo un ajuste cómodo para casi cualquier caballo, incluso si el animal había perdido mucho peso. El fuste estaba reforzado con metal y cubierto con cruero crudo para darle más solidez.

Aunque cómoda para el caballo, se decía que las primeras McClellan eran más bien incómodas para todo el mundo menos para los jinetes muy experimentados, un problema que empeoraba cuando el cuero que cubría el asiento se quebraba por la exposición a los elementos. Comenzando en el modelo M1872, una capa de cuero negro rodeaba el cuero crudo, lo que efectivamente solucionó el problema.

En el modelo M1904, el cuero negro cambió a marrón rojizo, con látigos de estribo pre torcidos, a fin de reducir el esfuerzo en las piernas del jinete, y una pieza de piel de oveja se añadió bajo el fuste para añadir más comodidad al caballo.

Pero en esa época, el diseño básico de McClellan, con 50 años a cuestas, estaba en entredicho. Los oficiales de Caballería la consideraban de una vieja tecnología que estaba siendo sobrepasada por mejores diseños y por los cambios en el

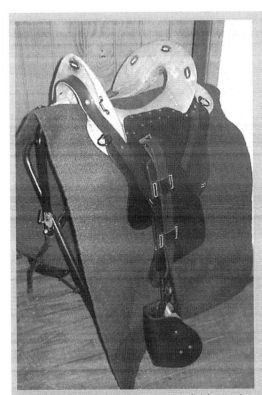

La silla McClellan de 1859 fue equipo oficial para el Ejército de la Unión durante la Guerra Civil. Guarnicioneros de la Confederación la copiaron ya hacia 1862. (Carrico's Leatherworks)

estilo de la equitación importado de Europa. La McClellan, con sus altos borrenes delantero y trasero, forzaban al jinete a sentarse casi verticalmente, en un asiento profundo y casi sin movimiento. Se intentaron varias modificaciones y adaptaciones, pero no fueron un cambio muy significativo en la McClellan hasta que los montones de sillas almacenadas durante la I Guerra Mundial empezaron a reducirse. Por todo esto el cambio más importante no se llevó a efecto hasta el modelo M1928.

El M1928 permitía un contacto más efectivo entre el caballo y el jinete y favorecía que éste se amoldara mejor a los movimientos del caballo. Era más ligera en peso, tenía menos hebillas y estribos más estrechos, sin tapaderos. Copió algunas de las características de las sillas inglesas del momento. La silla McClellan siguió en servicio hasta que la Caballería de los Estados Unidos fue abolida en 1943.

En la historia de la equitación, la silla McClellan es, quizás, el ejemplo más claro del éxito de la función sobre la forma. Cada una de las características de esta silla y su equipamiento tenía un propósito, una razón práctica de ser. Cada gramo de peso y centavo de costo tenía su justificación como ayuda para la supervivencia del jinete. Antes de que se adoptara cualquier cambio de cualquier clase se estudiaba ampliamente y después de exhaustivas pruebas de campo.

Irónicamente, el hombre que había empezado todo aquello, el capitán George B. McClellan, nunca estuvo ni un día en la caballería, y renunció a su cargo en el Ejército para ejercer en el sector privado antes incluso de que la silla que él había diseñado entrara en producción. Durante la Guerra Civil, McClellan volvió al ejército y sirvió en el Ejército de la Unión como General, siendo derrotado por Abraham Lincoln en las elecciones presidenciales de 1864.

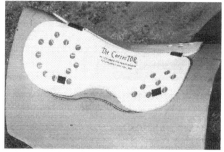

El "CorrecTOR" es un "aparato de distribución dinámica de la presión". (Len Brown)

Los fabricantes de sudaderos de silla también han contribuido grandemente a mitigar el ajuste poco menos que perfecto de la silla. Hoy día pueden comprarse de cualquier clase, desde un simple sudadero de fieltro hasta un almohadón construido con materiales de caucho en panal de abeja, propios de la era espacial.

También tenemos disponibles los sudaderos rellenos de gel o con cámaras de aire regulables, rellenas de espuma de caucho. Éstas se ajustan a los contornos de la espalda del caballo y bajo la silla, proporcionando un acolchado adaptable intermedio, ortopédico, y enfocando otro aspecto meticulosamente práctico del ajuste de la silla: Incluso si consiguiéramos un ajuste perfecto de la silla al cuerpo de un caballo, ¿qué sucede si cambiamos de caballo? ¿Podemos aspirar a tener una silla diferente para cada caballo que montemos? Y ¿qué sucede cuando el caballo muere? ¿Hay que tirar la silla?

Hay otro producto que ha intentado ayudar a las espaldas de los caballos sin afectar a la cuenta bancaria de sus jinetes, es el CorrecTOR. Su inventor, Len Brown, insiste que no es un sudadero. Además, no nos parece algo familiar. Quizás mejor descrito como un *aparato de distribución dinámica de la presión*, el CorrecTOR, según Brown, sirve para cualquier caballo o mula y cualquier silla, inglesa o western, para "distribuir uniformemente el exceso de presión de la silla cuando tu caballo se mueve". De sólo un centímetro de grosor y menos de la mitad del tamaño de un sudadero normal, queda casi oculto por la mayoría de las sillas.

LAS SILLAS WADE

Cualquier discusión sobre sillas y equitación natural estaría incompleta si no conocemos el tipo de silla usado por la mayoría de los instructores.

Algunos la denominan "silla estilo Ray Hunt", porque Hunt ha estado montando una durante mucho tiempo. Incluso el guarnicionero de Hunt, el legendario Dale Harwood, la llama con este nombre. Pero el fuste Waden merece un poco más de atención:

La silla Wade original perteneció al padre de Clifford Wade, antiguo amigo y vecino de Tom Dorrance. En 1937 Wade compró una vieja silla de su padre en la tienda de sillas de Hamley, en Pendleton, Oregón, y llegó a un acuerdo con él para usar su nombre para el fuste. Dorrance adoptó el tipo de fuste para su propio uso, y Hunt lo obtuvo de él.

Las sillas Wade se distinguen por estas características:

1. El asiento duro y profundo, con un borrén o pomo alto, mostrado aquí con un pequeño "Cheyenne Roll(*)", pero que casi nunca se ve en la mayoría de estas sillas.

2. El grande y macizo pomo de madera forrado de cuero y envuelto aquí con tiras de cuero. Este tipo de pomo, que se llama también estilo Méjico o Guadalajara, es parte del fuste de la silla en lugar de estar atornillado a él.

3. Látigos de los estribos pre-retorcidos, casi siempre de forma acampanada, de metal forrado de cuero.

4. El conjunto para la cincha, con las anillas planas.

5. El diseño brillante del puente, completamente exento de los adornos que se observan en las sillas western con influencias del rodeo.

6. La fuerte inclinación del borrén delantero, de un grosor mínimo, con un amplio canal y extremadamente profundo desde el frente hasta el borrén trasero.

Muchos caballistas naturales actuales encuentran irresistible el aspecto de nostálgico "buckaroo" de esta silla. Y más importante aún: cada característica de esta silla responde a un propósito.

El asiento profundo y los altos borrenes le dan al jinete mayor seguridad en la silla, un mejor apoyo de la parte inferior de su espalda y más comodidad en las largas marchas. El asiento duro también contribuye a la comodidad del jinete proporcionándole más ventilación y evitando el calor excesivo que producen los asientos acolchados. El cuero del asiento puede ser del lado fino o del áspero, como puede verse en la fotografía. Montar sobre un asiento áspero, sobre todo si el jinete usa zahones, le da más agarre en las maniobras rápidas.

Las sillas western sobre fuste Wade son muy populares hoy en día entre los expertos. Ésta es un producto de Jeremiah Johnson, de Albany. (Jeremiah Johnson)

(*) Cheyenne Roll. Pequeños cojines que van fijados a ambos lados del borrén delantero de la silla, que facilitan la sujeción de las piernas, proporcionando un apoyo a las rodillas. Hacen una función similar al suplemento en el acolchado de algunas sillas inglesas, como las de Salto. (N. del T.)

El cuerno integral es más masivo y ligero que los que van atornilla-dos. Su mayor diámetro significa menos vueltas de la cuerda del lazo cuando se tiene que enrollar después de enlazar un ternero. También permite mayor control del deslizamiento del rollo de cuerda cuando es necesario. Todo esto no importa mucho para el jinete de fin de semana, pero también le permite agarrarse mejor.

El estribo en forma de campana, cubierto o no, de metal, sirve para varios propósitos. Proporciona mayor superficie de apoyo para un mayor descanso de los pies, minimizando la fatiga en las largas marchas. Es menos probable que el pie del jinete se deslice hacia delante y evita que pueda quedarse estribado si se cae del caballo. Y también desanima al caballo a tenderse, porque sea como sea que cuelgue, el estribo es muy poco adecuado para tenderse encima.

El látigo del estribo pre-retorcido hace más fácil que el pie encuentre el estribo derecho después de montar, y no ejerce ninguna torsión en las rodillas del jinete.

Las hebillas bajas y planas apenas abultan bajo las piernas del jinete.

La ausencia de bultos permite que las piernas del jinete estén en la caida correcta, ese lugar en el que las piernas cuelgan naturalmente cuan-do se monta a pelo. Como vemos en esta silla, a menudo se añaden los "bucking rolls" para proporcionar al jinete más seguridad, pero con la ventaja de que son ajustables y desmontables.

Finalmente, la característica más importante del fuste de la silla Wade es el diseño del pomo o cuerno. Como el canal es extra ancho, el frontal de la silla desciende un poco más sobre la cruz del caba-llo. A este respecto, el fuste es más parecido al de las sillas inglesas que a las típicas western. Esto, claro, coloca el cuerno más bajo, y como resultado, provo-ca menos torsión en la espalda del caballo cuando se laza y dally (enrolla) o cuando el jinete se coge del pomo para montar. También molesta menos en el reining.

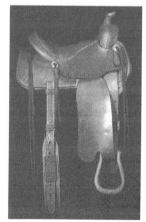

La "Monte Foreman Balanced Ride Saddle".
(Gary Foreman Collection)

LA "BALANCED RIDE SADDLE"

Aunque históricamente precedió a la revolución en casi treinta años, la silla que promovió el caba-llista Monte Foreman merece una mención. En 1948, después de doce años y 17.000 dólares gastados en investigación, Foreman introdujo su "Monte Foreman Balanced Ride Saddle".

"En estas viejas sillas", dice Foreman, "los estribos colgaban por detrás de la cincha. Había mucho relleno bajo las piernas. Lo he medido y he encontrado que es como montar con un 4 x 4 bajo cada pierna. El jinete quedaba siempre fuera de la incurvación del caballo, que será donde debería estar. Las piernas del jinete estaban tan separadas del caballo que parecía que no estaban sobre él. No tienes contacto con el caballo ni tienes ninguna seguridad. Es por esto que ves a muchos jinetes del oeste que se agarran al cuerno para sostenerse".

Foreman pone al jinete en su sitio creando un sistema de fijación poco voluminoso, que permite que los estribos cuelguen adelantados. En lugar de un sistema de anillas metálicas sus sillas están reforzadas con cuero crudo en el faldón para reducir el volumen. Foreman también desarrolló sistemas de fijar y enrollar el látigo para evitar un excesivo grosor y reducir el bulto bajo las rodillas del jinete.

Aunque el diseño de Foreman era innovador, no llegó a reemplazar al diseño tradicional de las sillas western. La posición tan adelantada de los estribos no complació a todo el mundo. Pero la *Monte Foreman Balanced Ride Saddle* aún se fabrica y puede adquirirse en el *Rancho Foreman*, en Elbert, Colorado, regentado hoy día por su hijo Gary.

La *Fallis Balanced Ride Saddle*, introducida en 1954 por Myrlin "Slim" Fallis y fabricada hoy día por su hijo, John M. Fallis, en Wyarno, Wyoming, es similar a la silla de Foreman, debido a una anterior asociación para la fabricación de sillas entre Foreman y la familia Fallis.

Hay una tendencia, cuando uno es bombardeado con mucha información, a tener miedo de hacer cualquier cosa por temor a equivocarse. Pat Parelli llama a esto "parálisis del análisis". Esto puede sucederle con facilidad al caballista consciente cuando trata de hacer lo correcto en materia del ajuste de la silla. Es importante, por lo tanto, hacer hincapié en que un ajuste perfecto no es necesario. Como sucede frecuentemente, *esforzarse* en lograr la perfección en un mundo imperfecto te acercará suficientemente a ella. Una silla razonablemente bien ajustada con un buen sudadero es suficiente en la mayoría de los casos, y es un avance importante con referencia a los días en que el cowboy de rancho usaba una única silla para todos los caballos que montaba, sin importar las diferentes conformaciones de sus espaldas.

CAPÍTULO 14

OTROS CONCEPTOS DEL ENTRENAMIENTO

A LO LARGO DE LA HISTORIA, LA MAYORÍA DE LOS HUMANOS han sido torpes, rudimentarios y, demasiado frecuentemente, crueles en su interrelación con el caballo. A pesar de ello, esta criatura maravillosamente adaptable nos ha servido bien. Ha arado nuestros campos, vigilado nuestros rebaños, transportado nuestras posesiones a través de inhóspitos territorios y llevándonos a batallas que muchas veces le ha costado la vida. Ha actuado para nuestro entretenimiento y para nuestra supervivencia. Y ha hecho lo que le hemos pedido, aunque se lo hayamos pedido mal.

¿Es que, sin ninguna duda, si le pedimos las cosas correctamente, las haría todavía mejor?

Entra en escena el buen caballista, el caballista que comprende la naturaleza del caballo, que estará trabajando a gusto con esa naturaleza en lugar de luchar contra ella, lo que le proporcionará el liderazgo que el caballo necesita ansiosamente, así como una comunicación consecuente. Las herramientas y los métodos especiales que usa el caballista pasan a un segundo plano en relación a esos tratamientos personales y de resultados espectaculares que se obtienen de muchas maneras diferentes.

En este libro hemos enfocado un método general de entrenamiento del caballo que se conoce generalmente como *equitación natural*, no sólo a causa de que es un efectivo o moralmente sano sistema de entrenar un caballo, sino porque es el meollo de este fenómeno histórico, la revolución en la equitación, que hemos escogido para documentar. Ha llegado el momento de conocer algunos otros sistemas que comparten como mínimo el espíritu, si no las técnicas específicas, de la *equitación natural*.

LA EQUITACIÓN TRADICIONAL

Si bien es cierto que existe una tendencia perturbadora causada por la fenomenal popularidad de la equitación natural hay un cierto desdén que los nuevos conversos sienten hacia cualquier cosa que huela a "tradición". En su fervor reformista, a veces rechazan a otros caballistas que aún no se han "convertido".

Es una etapa normal en el proceso de resituar la mente para ver el mundo desde el punto de vista del caballo. Pero es una etapa de transición. Cuando Pat Parelli aconseja: "Hazlo diametralmente opuesto a lo que te aconseje cualquiera", él marca un punto de una forma algo teatral. Él quiere borrar la pizarra para dejar la mente libre de prejuicios. Es una técnica de enseñanza.

¿Quiere decir esto que todo lo hecho a lo largo de la historia de la equitación antes de 1970 ha sido equivocado? Claro que no. Significa quizás que debes cuestionarlo todo y no aceptar nada simplemente porque "siempre se ha hecho así". Desde luego que no. Todas las tradiciones –incluso las más nuevas de la equitación natural– deben siempre ser consideradas por sus propios méritos comprobados.

La habilidad para analizar críticamente, para separar las buenas tradiciones de las malas, llega con la experiencia. Es pedirle demasiado a un estudiante novel que aún está batallando con las nuevas ideas. Por ello, vamos a simplificar el mensaje: "Abre tus ojos y descarta cualquier cosa que creías saber sobre caballos". Tu ceguera desaparecerá después de que hayas aprendido la base de los conceptos. En ese momento el estudiante descubrirá que algunos aspectos de la equitación tradicional son, de hecho, muy útiles y totalmente compatibles con la nueva mentalidad.

Montar con contacto no significa aguantar la cabeza del caballo inamovible; significa sólo constatar la presencia: "estoy aquí". (Dennis Reis Collection)

Por ejemplo, la equitación natural hace hincapié en montar

con las riendas flojas. Al principio, esto parece estar contra todas las reglas de los estilos (no western) de equitación tradicional –Doma, caza, Salto, resistencia, exhibiciones, *steeplechase* (carreras de saltos), carreras en pista o de trotones–, porque todas ellas se basan en el contacto, o sea con las riendas tensas.

Sin embargo, una vez que se han aprendido los principios básicos, el alumno descubre que ellos (los caballos) hacen su trabajo sin importar el estilo de equitación, la flojedad de las riendas, o haya o no un buen contacto continuo con la boca del caballo por medio del bocado. Los jinetes expertos en los programas de entrenamiento de equitación natural enseñan a montar incluso con un contacto moderado para conseguir el refinamiento. Competidores a nivel mundial en varias disciplinas de equitación no western son abiertamente embajadores de la equitación natural y no han abandonado ninguno de los aspectos de sus disciplinas para serlo. David y Karen O'Connor, medallistas olímpicos, son buenos ejemplos.

El profesor de Doma Clásica Charles de Kunffy, en su libro *The Ethics and Passions of Dressage* (La Ética y la Pasión de la Doma Clásica), publicado en 1993, hace una fuerte petición a favor de una equitación de no confrontación, abogando por muchos de los principios básicos de la equitación natural. Además, caballistas de los más altos niveles en la mayoría de los deportes ecuestres, den o no un abierto apoyo a la equitación natural, usan la psicología y la empatía en sus sesiones de entrenamiento. ¿Por qué? Porque este método es superior en los campos moral y práctico.

La equitación western soporta su parte de críticas por el uso de bocados con palancas. La equitación natural no *descarta* el uso de estos bocados. Acuérdate de las lecciones de Jenofonte de hace tantos siglos: incluso el bocado más fuerte puede convertirse en suave por las manos del jinete. Y todo bocado puede ser usado cruel o humanamente. Todo el sistema de embridar típico californiano está calculado para hacer que el caballo pueda controlarse con un toque muy suave sobre el bocado. Esto no es contrario a la equitación natural.

Los deportes tradicionales western de reining y cutting tienen campeones mundiales como Craig Johnson y Leon Harrel, respectivamente, que ensalzan las virtudes de la equitación natural

La equitación tradicional de rancho, lo máximo en practicidad, está muchas veces etiquetada como dura e insensible. Pero los cowboys de rancho, como el instructor Curt Pate, han combinado con éxito los métodos tradicionales con los progresistas: "Quiero tomar lo mejor que ambos mundos", dice. Curt, por ejemplo, limita su trabajo pie a tierra con un caballo ya entrenado, prefiriendo montarlo inmediatamente y trabajar los problemas desde la silla, mientras monta o trabaja con ganado.

El hecho de que Curt no emplee cierto tiempo trabajando al caballo pie a tierra antes de montarlo no quiere decir que esté equivocado, ni que lo recomiende a un jinete novel falto de experiencia y criterio, o a jinetes que no tengan un día completo de trabajo por delante.

Las espuelas han sido usadas frecuentemente para causar dolor al caballo. William Cavendish, duque de Newcastle, recomendaba que hicieran sangrar. Pero las espuelas pueden usarse de otra manera, más humana. Muchos instructores de equitación natural usan espuelas, no para castigar al caballo, ni para pedirle más empuje hacia delante, sino para pedirle claramente un movimiento *lateral*. Las espuelas se usan para precisar la comunicación, para mayor claridad, para proporcionar la presión sobre un punto exacto, a fin de hacer las cosas blanco o negro para el caballo. Si los caballos pudieran opinar, seguramente votarían a favor del uso de las espuelas, siempre y cuando se hiciera de esta forma. Odian no saber claramente qué es lo que queremos de ellos.

En cualquier método de equitación, debemos tener en cuenta tanto su filosofía como la forma práctica de aplicarla. Lo que se ha echado en falta casi siempre en la equitación tradicional, como se practica por la mayoría de los jinetes, es el compromiso de ver el mundo a través de los ojos del caballo, para comprender qué le motiva y qué le hace ser un compañero en lugar de un sirviente. Ésta es la parte filosófica, la conciencia del caballista. Cuando está presente una mente natural, los métodos tradicionales tienen un sabor diferente. Se aplican con una mayor sensibilidad. Las manos del jinete no tiran de ese bocado de palanca, sino que cambia ligeramente el ángulo o tira suavemente, y nadie lo sabe excepto el caballo y el jinete. El montar con "contacto" no significa aguantar la cabeza del caballo inmóvil y rígida: significa sólo constatar la presencia: "Estoy aquí". Espolear a un caballo no significa clavarlas hasta que sangre; significa tocarlo ligeramente, empujarlo, acariciarlo con ellas, dándole una oportunidad de responder al más ligero nivel de comunicación.

Cuando el punto de vista del caballo es importante para el caballista, la equitación tradicional y la natural no están tan alejadas como parece a primera vista.

ENTRENAMIENTO CON CLICKER

"El entrenamiento con *clickers* (chascas, chicharras) empieza con un cambio de mentalidad", dice Alexandra Kurland, gurú del *clicker training* para caballos. "El entrenamiento con clicker es una herramienta muy práctica..., con la que no tratamos de corregir un comportamiento no deseado, sino que lo enfocamos a qué queremos que haga el caballo".

Muy usado en principio para el entrenamiento de los delfines, se ha desarrollado para animales domésticos por Karen Pryor y más tarde adaptado para los caballos por Kurland. El entrenador hace sonar una chasca de plástico o metálica que produce un sonido característico, como de chirrido corto. Este sonido marca el momento preciso que el caballo hace algo "bien". Cada click (chasquido) es seguido de un premio con alguna golosina, como un pedazo de zanahoria, manzana o un poco de grano.

Al principio, se premia el comportamiento más sencillo, pero a medida que el entrenamiento progresa, pueden desarrollarse *unidades o grupos de comportamiento* de mayor duración y complejidad. Un click y un premio marcan el final de una unidad de comportamiento.

Es interesante resaltar que las señales se perfeccionan *después* de haber aprendido los comportamientos individuales. Éstos evolucionan de manera natural aparte del proceso de conformación del comportamiento. El encadenamiento de varias señales permite aprender unidades de comportamiento más largas y complejas.

¿Por qué usar un "click" en lugar de un "sí", o un "bien"? El sonido del clicker estimula el cerebro de una forma especial. Primero, los trabajos de la veterinaria neurofisióloga alemana y entrenadora Barbara Schoening, han teorizado que el sonido del clicker es procesado en una parte más rápida y primitiva del sistema nervioso. En la página de Internet, www.clickertraining.com, escribe:

La investigación en neurofisiología ha identificado las clases de estímulos –luces brillantes, sonidos agudos súbitos – que llegan primero a la amígdala (una estructura en el sistema límbico, o más antiguo, del cerebro), antes de alcanzar el córtex o parte pensante del cerebro. El click es de esta clase de estímulos. Otras investigaciones sobre los reflejos condicionados del miedo en humanos, muestran que éstos pueden también canalizarse vía la amígdala, y se caracterizan por un patrón de aprendizaje sumamente rápido, frecuentemente en una sola vez, una retención duradera y un tropel de emociones concomitantes.

Nosotros, como entrenadores del clicker, vemos estos patrones similares de aprendizaje muy rápido, larga retención y repentino aumento emocional, si bien es cierto que positivas, en lugar que de temor. Barbara y yo hemos formulado la hipótesis de que el clicker es un estímulo condicionado de "placer", que es asumido y reconocido a través de aquellas rutas de entrada primitivas, lo que podría explicar porqué su efecto es tan diferente de, digamos, la voz humana.

Unas palabras pronunciadas por un ser humano no serán exactamente igual cada vez. El volumen, tono, duración y emotividad, si varían, aunque sea sutilmente, resultarán tener un sonido diferente, requiriendo conocer el significado de la palabra para que pueda ser interpretada y relacionada con una acción. Éste es un proceso muy diferente, y mucho más lento, que la apenas reflexiva acción que puede causar un click. Un buen sustituto, cuando el entrenador quiere tener las manos libres, es el chasquido de la lengua en lugar de una orden de palabra.

Panda un caballo miniatura, entrenado con clicker para servir de animal-guía, espera pacientemente mientras su dueña, Ann Edie, a la derecha, y su entrenadora Alexandra Kurland desayunan. (Alexandra Kurland Collection)

El hecho de premiar o recompensar a los caballos con comida o golosinas es algo muy controvertido. La principal objeción es que el caballo se obsesiona rápidamente con la comida y deja de respetar al entrenador. El entrenamiento con clicker evita este problema, redirigiendo inmediatamente la atención del caballo. "Piensa en ello como llenar por completo su tarjeta de baile", aconseja Kurland. "Mantenlo ocupado consolidándole para lo que quieres, y lo que conseguirás será un caballo bien educado..., el primer paso del entrenamiento clicker le enseña el control emocional que es esencial en toda educación de un caballo". Se recomienda que estas primeras lecciones sean realizadas dentro de una cuadra y con el entrenador fuera, una precaución de seguridad que también predispone al caballo a hacerlo bien en lugar de mal.

El entrenamiento clicker ha sido usado para solucionar miles de problemas de comportamiento, y también para mejorar la forma de moverse del caballo, con o sin jinete. Aunque es muy diferente, el entrenamiento clicker es altamente compatible con otros métodos. "El clicker está a caballo con otros métodos de entrenamiento", dice Kurland. "Tiene lo bueno de todos los sistemas y los mejora, añadiendo una clara "respuesta afirmativa" y una recompensa positiva... le estamos dando al caballo algo que él *desea* activamente para trabajar".

Un estudio fascinante de la efectividad del método clicker es el trabajo de Kurland con *Panda*, su yegua miniatura blanca y negra. *Panda* fue entrenada para servir de guía para una amiga ciega, maestra de escuela y caballista, Ann Edie, para hacer todas las cosas e ir a todas partes, como debe hacer un animal guía.

El principal desafío en el entrenamiento de los animales guía es enseñarles "una desobediencia inteligente", en lo que *Panda* es excelente. Aprendió a reconocer situaciones –obstáculos altos, al nivel de la cabeza de Ann, por ejemplo–, que, si obedecía las indicaciones de su ama de seguir avanzando, podría ponerla en situación de peligro. En estos casos, ella aprendió a desobedecer la orden. *Panda* también mostró habilidad para comprender rápidamente patrones complejos de comportamiento, incluyendo rutas de un sitio a otro, en entornos nuevos. Kurland cree que la conformación del comportamiento que *Panda* ha adquirido no se limita a individuos equinos excepcionales, sino que es simplemente un atisbo de la solución de problemas y un potencial de aprendizaje que poseen todos los caballos y que pueden entrenarse con el clicker.

ENTRENAMIENTO CON UN OBJETO

El entrenamiento con clicker incorpora frecuentemente otro elemento adicional, el entrenamiento con un objeto. Ha sido desarrollado ampliamente por Shawna Karrasch, anteriormente entrenadora de orcas, de delfines y otros mamíferos marinos en el *Sea World of California*, bajo el nombre de "On Target Training".

Este sistema empieza exactamente de la misma forma que el clicker. Una vez que el caballo responde al clicker, se le enseña a tocar con su nariz el objeto. Esta diana puede ser cualquier cosa –Karrasch usa un flotador plástico fijado a un bastón–, y pronto se hace familiar y reconfortante para el caballo, ya que primero ha sido premiado con algo de comida cada vez que lo toca.

Según Shawna, "puede servir para enseñarle al caballo un montón de cosas: bajar la cabeza para esquilarlo, subir a un trailer, saltar en libertad sobre un obstáculo, quedarse quieto ante el veterinario, el herrador, o para ser montado; y también puede aplicarse con éxito para el trabajo sobre la silla. Posteriormente, el objeto es retirado, y la "bridge signal" (señal de conexión) indica el reconocimiento del comportamiento deseado".

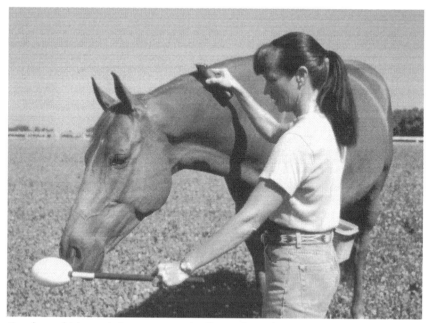

Usando un objeto y golosinas como premio, Shawna Karrasch enseña a un caballo a aceptar la maquinilla de esquilar eléctrica. (Shawna Karrasch Collection)

La "señal de conexión" es otro modo de premiar al caballo. Puede ser cualquier cosa, que haya sido una asociación positiva para el caballo, desde una caricia en el cuello hasta una palabra, como "buen chico".

Los entrenamientos con clicker y objetos están enraizados en la psicología, especialmente en las teorías sobre la modificación del comportamiento de Burrhus Frederic Skinner (1904-1990), uno de los padres de esta rama de la ciencia. Un concepto clave es que, cuando el comportamiento se *refuerza*, es más fácil repetirlo. Por el contrario, cuando un comportamiento es *castigado*, es más difícil de hacerlo de nuevo.

Revisemos los medios con que el comportamiento puede ser alentado con el reforzamiento, y reprimido con el castigo. Esto se llama generalmente *Four Quadrants of Operant Conditioning*.

Refuerzo Positivo significa que *se añade algo placentero* para alentar el comportamiento deseado. Ejemplo: Cuando responde correctamente, suena el click y se le dan al caballo unas golosinas.

Castigo Negativo significa que *se elimina algo placentero* ante un comportamiento indeseado. Ejemplo: El entrenador retira las golosinas y el clicker.

Castigo Positivo significa que *se añade algo desagradable* para disuadir un comportamiento no deseado. Ejemplo: Se ejerce presión para hacer que el caballo cambie el estado de su movimiento.

Refuerzo Negativo significa que *se elimina algo desagradable* para animarlo a hacer el comportamiento deseado. Ejemplo: Se libera la presión cuando el caballo hace lo correcto.

La operación condicionada también incluye el concepto de *Extinción*, que significa que el comportamiento se va debilitando y puede desaparecer en el futuro por la falta de cualquier reforzamiento.

Tanto el entrenamiento *clicker* como el *objeto*, se basan profundamente en *refuerzos positivos y castigos negativos*, pero pueden utilizarse los cinco sistemas, en combinación con otros métodos de entrenamiento.

IMPORTANTE: El término "castigo" no debe interpretarse como "dolor". Es solamente una palabra técnica que Skinner usa para designar un estímulo desagradable.

TTEAM[TM]

The *Tellington TTouch Equine Awareness Method* (TTEAM[TM]) es un sistema de entrenamiento, de curación, que mejora el comportamiento atlético y aumentar la resistencia normal de un caballo. Es el preferido de Linda Tellington-Jones, una amazona ganadora de varios premios en los años 60, que ha llegado a convertirse en un icono en la industria americana del caballo.

El TTEAM™ tiene tres partes:
1. Tellington TTouch™ (El Toque Tellington)
2. Confidence Course™ (Curso de Confianza - Ejercicios pie a tierra)
3. The *Joy of Riding* (El Placer de la Equitación)

TTouch es una forma muy específica de tocar un caballo, y se dice que ayuda a mejorar su salud y bienestar, mientras que también influye en el comportamiento y rendimiento. Tellington-Jones nos explica: "Lo que trata de hacer TTouch es liberar el temor a nivel celular y activar el poder sanador innato del cuerpo".

La técnica del TTouch consiste en una cierta variedad de contactos específicos con la piel, músculos y tejidos blandos del caballo. Existen veinte TTouches diferentes, cada uno con una posición precisa de las manos o los dedos. A la mayoría se les ha puesto nombres de animales para facilitar la enseñanza. El principal TTouch, el Leopardo Confuso, está basado en movimientos circulares presionando la piel (en lugar de moviéndose sobre ella), en aproximadamente una vuelta y cuarto. Otros TTouches incluyen el Leopardo Recostado, el Mapache, el Oso, el Zarpazo del Oso, la Marcha de Noé, o la Elevación de Espalda.

Como en las artes orientales de la acupuntura y la digitopuntura, TTouch se dice que da resultados positivos de formas inesperadas. Por

Linda Tellington-Jones ha creado veinte diferentes TTouches para los caballos. Todos ellos tienen un notable efecto calmante. (Ellen Van Leeuwen)

ejemplo, una versión especial del TTouch se usa en las orejas del caballo, que son masajeadas suavemente desde la base a la punta, en un movimiento acariciador. Este procedimiento está recomendado por Tellington-Jones en los cólicos del caballo (dolor de vientre), o en caso de shock, y también para reducir el cansancio y el estrés. Hay un TTouch especial para las encías del caballo para cuando esté alterado. Todos ellos tienen un efecto calmante que ayuda a la recuperación.

El propósito del TTouch es múltiple: Para mejorar el rendimiento, para conectar las funciones del cerebro y el cuerpo, mejorar la salud y superar patrones de comportamiento negativos. Se ha empleado con éxito en diferentes especies animales, desde caballos hasta tigres o boas constrictor, y ha sido presentado en incontables programas de televisión por todo el mundo, incluido el popular show norteamericano "Unsolved Mysteries".

El trabajo pie a tierra del Curso de Tellington-Jones (Confidence Course), utiliza obstáculos tales como un laberinto, postes en tierra, o pedazos de plástico, para ir construyendo el autocontrol, el enfoque, la auto-confianza, cooperación, equilibrio y coordinación. Se usa una "varita", su variante del antiguo látigo de doma, para guiar al caballo a través de los diferentes patrones de trabajo en tierra.

Como sucede con *Joy of Riding* (El Placer de la Equitación), Tellington-Jones aprovecha su experiencia como profesora de monta clásica, como competidora e instructora del método Feldenkrais de conocimiento del cuerpo humano y auto-superación, para crear un método único y comprensible de la equitación, que ha sido respetado internacionalmente desde hace décadas.

Linda Tellington-Jones es una defensora de la frenología, práctica que analiza la forma de la cabeza del caballo, incluyendo la situación y forma de los ojos y orejas, y la definición del perfil. Usa estos elementos para determinar la "personalidad" (carácter), entrenabilidad y predisposiciones de comportamiento del caballo. Algunas de estas evaluaciones fueron ya usadas por Denton Offutt en el siglo diecinueve y por el profesor Jesse Bery en el veinte. Fue Beery quien sugirió a Tellington-Jones, cuando tenía doce años, observar de cerca la forma de la cabeza de los caballos y a embarcarse en el estudio de las "personalidades" equinas durante toda su vida. En 1965, Tellington-Jones dirigió un estudio de 1.500 caballos para evaluar la relación entre los remolinos del pelo de la cabeza del caballo con su temperamento.

Como podíamos esperar, la relación entre las características físicas del caballo con su comportamiento no es universalmente aceptada. No obstante, al final ha surgido cierta curiosidad y el deseo de comprender mejor el carácter del caballo. El popular libro de Tellington-Jones *Getting in TTouch: Understand and Influence Your Horse's Personality*, sobre la evaluación del carácter equino ha sido ya traducido a siete idiomas(*).

Asimismo, Tellington-Jones ha escrito once libros que han sido publicados en doce idiomas y producido dieciocho vídeos sobre su trabajo. Hay más de 600 practicantes autorizados entrenados en el Método Tellington en diecisiete países.

ENDO-TAPPING

La equitación correcta, aunque no es natural para los humanos, sí es lógica. Podemos entender casi siempre cómo funciona, y por qué el caballo responde de la forma que lo hace. Pero, algunas veces, aunque la experiencia nos demuestra que algo en concreto funciona bien, no podemos comprender cómo lo hace. El TTouch es un ejemplo. Endo-tapping es otro.

Endo-tapping ha sido desarrollado por el francés Jean Phillipe "J.P". Giacomini, jinete experto en monta clásica, instructor de equitación y criador de caballos andaluces y lusitanos, que vive en Lexington, Kentucky. Endo-tapping es un modo de relajar al caballo y acondicionar su mente para ser altamente receptivo al aprendizaje. Se hace con el "Endo-stick", una vara semi-rígida de fibra, de 60 a 160 ctms. de largo, con una bola de espuma de caucho o un globito relleno de gel en la punta. Esta bola es con lo que se toca al caballo.

La técnica es dar golpecitos rítmicamente con la bola al caballo. La localización, duración e intensidad de los golpecitos varían según lo que se desee obtener. Al principio, el caballo parece molesto con los golpecitos –golpeteos, palmadas o empujones no son generalmente del agrado de los caballos, pero se habitúa rápidamente (se desensibiliza) y parece hacer caso omiso de ellos.

Según Giacomini, cuando el golpeteo se continúa más allá del punto de la desensibilización, sucede algo más. El golpeteo relaja al caballo y su sistema nervioso simpático (el mecanismo del estrés) cede el control al

---

(*) Tanto el "clicker" como el "Método TTouch" ya se están usando en España para el entrenamiento de perros. Para más información, ver en Internet www.i-perros.com

sistema nervioso parasimpático (relajante), permitiendo que el caballo pueda ser entrenado más rápida y fácilmente, y con una mayor permanencia.

¿Por qué? ¿Puede que el golpeteo adormezca al caballo y lo lleve hacia un estado alterado de inconsciencia? ¿Puede que suceda algo parecido a la experiencia humana con la hipnosis o la meditación, que se hace expresamente con propósitos de autosuperación? ¿Puede que cree, como dice Giacomini, un cambio en la "memoria medular" del caballo? Ni siquiera Giacomini lo sabe con certeza, pero los resultados obtenidos

J. P. Giacomini usa el Endo-stick para enseñar a "Istoso", un semental lusitano de trece años, la "Jambette" o levantar una pata, un ejercicio para ayudar al caballo a controlar su equilibrio. (J. P. Giacomini Collection)

sugieren que algo real sucede durante el proceso.

El entrenador de caballos de circo Allen Pogue, de Austin, Texas, influenciado por Giacomini, incorporó los métodos del francés en su nuevo programa de entrenamiento. Usando el endo-tapping, Pogue induce a los caballos la paciencia y el enfoque enseñándoles a estarse quietos sobre pedestales y a sentarse en sillones rellenos de bolas de polietileno, solos o con otros caballos. Este entrenamiento empieza muy pronto después del nacimiento.

ENTRENANDO MULAS

¿Por qué incluimos el entrenamiento de mulas en un libro sobre equitación? Porque la mula, en cierto sentido, es el *caballo supremo*.

Primero, refresquemos la memoria de esta genética. La mula es el hijo híbrido de un burro macho y una yegua. (El menos común *burdégano o mulo* es el producto de un caballo y una burra.) La mula tiene un número impar de cromosomas:

El entrenador de caballos de circo Allen Pogue crea una asociación positiva con objetos como un sillón o un pedestal, que él llama "la auténtica casa". (Allen Pogue Collection)

treinta y uno de la madre y treinta y dos del padre, resultando la mayoría de las veces estéril.

La mula hereda los rasgos físicos y el comportamiento de ambos progenitores, pero no en dosis exactamente iguales. Algunas mulas tienen la apariencia de un caballo; otras se asemejan a sus padres asnos. Más importante aún: su comportamiento característico también varía. En el pasado, las mulas que actuaban más como caballos disfrutaban de una vida mejor y recibían mejor trato, mientras aquellas que exhibían comportamientos más parecidos a los de los burros, eran generalmente mal comprendidas y tratadas rudamente (por suerte, esto está cambiando, a medida que la gente empieza a comprender mejor a las mulas).

Para comprender a la mula debes comprender primero al caballo y al burro.

Recordaos que el caballo evolucionó sobre praderas herbosas, con la huida como sistema primario de supervivencia. Cuando está asustado, el caballo, instintivamente, primero sale disparado y luego piensa, ya desde una distancia segura. Lo que significa para un caballo una distancia segura depende de lo que él crea que está cazándole. Si el caballo no puede ya correr más, luchará, pero éste es el último recurso cuando tiene miedo.

La mayoría de las razas de burros evolucionaron en terrenos rocosos y escarpados, donde una huida ciega podría ser fatal. El burro, por ello, aprendió a quedarse quieto cuando está asustado por algo y a esperar acontecimientos. Puede que a la postre eche a correr, pero también puede decidir quedarse en su terreno e incluso luchar si es atacado. Esta característica de los burros ha hecho que sean muy apreciados en la vigilancia y guarda de rebaños de animales como las ovejas.

Ahora consideremos la mula. La mula tiene también la respuesta de la huida ante el peligro, pero de una forma diferente del caballo. Una mula podrá huir cuando está asustada, pero no lo hará corriendo ciegamente. De hecho, uno de los retos al entrenar mulas para la competición, es *alentando* la huida como respuesta. Solamente algunas mulas tienen suficiente de esto para actuar en carreras, roping, cutting o carreras de barriles.

Para otros usos en los que la seguridad es lo más importante, entrenadores como Meredith Hodges enseñan enseguida a las mulas a quedarse totalmente quietas, como hacen los asnos, cuando algo no va bien. Esto es especialmente conveniente en las mulas de tiro. Un animal de tiro ideal, sea caballo o mula, es aquel que se para y se queda totalmente quieto cuando sucede algo extraño.

Pero ¿por qué decimos que la mula es el caballo *supremo*? Pat Parelli lo explicaba tan bien como es posible en 1983, en el artículo del Dr. Robert Miller (co-autor de este libro), publicado en la revista *Western Horseman*: "La mula selecciona los buenos entrenadores de los malos. No tolera la injusticia, cosa que muchos caballos hacen".

Como dijimos antes, las mulas *deben* ser entrenadas de la manera en que los caballos *deberían* serlo. Los caballos son criaturas indulgentes y comprensivas y se amoldan a la bastante frecuente incompetencia del humano. *Las mulas no soportan a los estúpidos.* Empuja a una mula demasiado fuerte o rápido, y sabrás de manera indudable que has hecho algo equivocado. Las mulas recuerdan tus errores. Incluso te guardan rencor.

Debido a la influencia del asno, la mula posee un cerebro más analítico que el caballo. No hará lo que le pedimos, a menos que crea que es algo correcto y sin peligro. Debes dejarle tiempo para que tome su decisión. Es mucho más difícil lograr que una mula se someta, se rinda a tu liderazgo. Una mula no es tan propensa a renunciar a su propio instinto de supervivencia sólo porque el humano se lo pida.

Por todo esto, las mulas representan un mayor reto que los caballos al entrenarlas. Un buen entrenador de caballos no es automáticamente un buen entrenador de mulas. Pero, por el contrario, casi siempre un buen entrenador de mulas será bueno también con los caballos.

Parelli representa este caso. Su habilidad con los caballos se debe en buena parte a sus primeros trabajos con mulas. En 1976 ayudó a fundar y fue el primer presidente de la *American Mule Association*, que todavía existe. En 1981 sorprendió a todo el mundo en la *NRCHA Snaffle Bit Futurity* compitiendo y casi ganando sobre una mula llamada *Thumper*. No sólo sirvió para impulsar su carrera, sino para promover que la NRCHA cambiara las reglas para permitir a las mulas competir en el futuro. Cuando Parelli fue invitado a participar al año siguiente a hacer demostraciones con una mula, él repitió el mismo patrón de monta sin bridas.

Parelli defiende su trabajo con mulas porque le permite entrar en la mente de los equinos, la importancia de la psicología inversa en el entrenamiento y el valor de la paciencia.

Mulemanship ha jugado un papel importante en la revolución en *la equitación.*

Las mulas también han jugado un papel importante en la historia de los Estados Unidos, empezando con el criador de mulas y primer presidente de los Estados Unidos George Washington. Las mulas podían soportar el

"Thumper" y Pat Parelli demostró que las mulas
pueden competir efectivamente contra caballos.
(Pat Parelli Collection)

Debby Miller y su mula "Hall of Fame"
"Jordass Jean", se llevan a casa otra Cinta Azul.
(Robert Miller Collection)

calor y el duro trabajo de las plantaciones del Sur. Fueron bueyes y mulas, no caballos, los que tiraron de los primeros carromatos en la ruta al oeste.

A principios del siglo veinte, los Estados Unidos tenía 22,5 millones de équidos, de los que 7 millones eran mulas. De cada dos caballos había una mula. Con el automóvil se redujo drásticamente el número de caballos y casi barrió a las mulas. No obstante, con mejores criadores y entrenamiento que empezaba en el momento del nacimiento, la mula está disfrutando de una explosión de popularidad, y esto por una buena razón: las mulas viven más que los caballos. Son más fuertes, más duras, toleran mejor el calor y la sed, poseen unas patas muy seguras, son buenos guardas, son más resistentes a la mayoría de las enfermedades típicas de los caballos, son menos excitables y huidizas, y más versátiles.

Por el contrario, maduran más lentamente que los caballos, son más difíciles de entrenar, son menos predecibles y, claro, no tienen potencial reproductor.

Actualmente, las mulas compiten contra los caballos en prácticamente cualquier evento deportivo, y entre ellas en los, cada vez más numerosos, shows de sólo mulas.

Hay un cierto número de entrenadores de mulas que trabajan exclusivamente con estos equinos. Entre ellos Meredith Hodges, en Loveland, Colorado; Brad Cameron, en Corvallis, Montana, y Steve Edwards, de Queen Valley, en Arizona, que en el momento de escribir este libro, dirige el *Mule Handling and Management Program*, en el Pierce College, en la zona de Los Ángeles.

PARTE III

El Dr. Robert Miller desensibilizando un potro justo acabado de nacer, tal como aparece en la portada de su libro Imprint Training of the Newborn Foal. (Dwayne Brech)

CAPÍTULO 15

ENTRENAMIENTO DE POTROS

"¿No Sabes que el Comienzo, en cualquier tarea, es el momento más importante, especialmente para toda criatura que es joven y tierna? Es por esto que puede ser mejor moldeado y quede impreso lo que uno quiere que quede fijado en él".

Estas palabras son de "La República", del filósofo griego Platón, escritas hacia el 370 A.C., hace más de 2.300 años. La observación de Platón ha estado disponible para nosotros desde hace mucho tiempo, pero no ha sido hasta el siglo veinte que, por fin, hemos empezado a comprender los mecanismos por los que aprenden las criaturas más jóvenes.

En cada especie, existen ciertos períodos críticos para el aprendizaje a principios de su vida. Cuando estos períodos pasan, se ha perdido la oportunidad especial para aprender ciertas cosas importantes. Durante estos períodos, la joven criatura aprende a socializarse con otros individuos y a reconocer su propia especie. La madre y la prole forman un fuerte lazo de unión durante el proceso de imprinting(*). El zoólogo austríaco Konrad Lorenz (1903-1989) describió por primera vez el fenómeno natural del imprinting en 1935, después de observar que los gansos criados en incubadora y sin la presencia de la madre podían vincularse afectivamente y seguir a cualquier sustituto de la madre que vieran moviéndose cerca de ellos después del nacimiento. En 1973 Lorenz compartió el Premio Nóbel de la Paz por estos trabajos.

(*) Imprinting. Vocablo inglés bastante extendido ya en el ámbito de los entrenadores de caballos. Viene de "imprimir", que en castellano significa, según el Diccionario de la RAE, entre otras cosas: "Fijar en el ánimo algún afecto, idea, sentimiento, etc. / Dar una determinada característica o estilo a algo". Podría traducirse por "imprimir o grabar", que tienen, en general, parecidas acepciones, aunque en el ambiente hípico permanece su forma inglesa. (N. del T.)

Entre las aves y los mamíferos, como hemos dicho antes, hay dos clases de individuos recién nacidos. Aquéllos que nacen o son incubados en un estado de incapacidad total, con sus sentidos escasamente desarrollados, pertenecen a las llamadas especies altriciales. Se incluyen en esta clase los cachorros de perro y gato, las aves predadoras (rapaces), como las águilas, halcones, búhos, y los humanos. Sus madres deben protegerlos nada más nacer, y por ello su período de aprendizaje crítico debe esperar. El lobezno, por ejemplo, nace con los ojos y oídos cerrados, apto solamente para mamar durante varias semanas. Llegado ese momento el lobezno sale de su guarida y empieza su proceso crítico del aprendizaje.

La otra clase de recién nacidos, las especies precoces, son principalmente animales presa. Los polluelos de gallina, pato, ganso, pavo o codorniz, y los corderos, becerros, ciervos, antílopes y caballos son precoces. Para poder seguir vivos tienen que ser capaces nada más nacer de seguir a su madre, incluso a altas velocidades. Sus sentidos deben ser totalmente funcionales y capaces de aprender inmediatamente.

El potro recién nacido recibe el imprinting de su madre y de los otros miembros de la manada. Cuando un predador amenaza a los caballos salvajes, echan a correr todos juntos, y los potros deben ser capaces de mantenerse con el grupo si quieren sobrevivir.

Los períodos críticos de aprendizaje en los potros, por lo tanto, comienzan con el nacimiento. Es el momento en que el poder de aprendizaje es más fuerte, en comparación con cualquier otro momento de su vida, y en él se conforman e influyen permanentemente sus actitudes y respuestas.

Históricamente, ha habido épocas en las que algunas culturas se han aprovechado de este hecho. En la cultura beduina se dice que la yegua paría dentro de la tienda de su dueño. El potro empezaba su vida siendo presentado al pueblo, así como a los otros caballos y el resto de animales del grupo.

Hay evidencias documentadas de que ciertas tribus de nativos americanos, tanto en el sur como en el norte, trabajaban y entrenaban a sus potros recién nacidos. El método se describe en el libro de Harold Wadley *Spirit Blending Foals Before and After Birth: An Old Way Continued* (Armonizando el Espíritu de los Potros Antes y Después del Nacimiento: Continuando Un Antiguo Camino). Wadley nació en la reserva cherokee de Oklahoma, a principios del siglo veinte, y recibió estas enseñanzas de su abuelo.

El hombre considerado como el padre de la actual revolución en horsemanship, Tom Dorrance, escribe en su libro, *True Unity*: "A medida

que me iba haciendo viejo me
daba cuenta de que los
jóvenes aprendían igual o
más rápidamente que los
más mayores. Es sorprendente lo rápido que aprendían
y lo permanente que era lo
aprendido".

Uno de los más respetados
caballistas australianos, Tom
Roberts, escribió en 1974, en
su libro *Horse Control: The
Young Horse* (El Control del
Caballo: El Caballo Joven):

El Dr. Miller con un potrillo recién nacido en Colorado.
Es notable el poco interés que muestra su madre;
ella ya había recibido el imprinting al nacer. El imprinting
se ha hecho con éxito en caballos, ganado, cebras,
llamas, camellos, alces, elefantes, una jirafa
y un rinoceronte. (Debby Miller)

Incluso en la primera semana de su vida podemos empezar a
acostumbrar al potro a ser manejado de la forma en que lo será a
lo largo de su vida futura. A medida que crece, podemos ir acostum-
brándolo a la cabezada, a dejarse llevar, y también a inspeccionar sus
patas.

Estas lecciones pueden empezar tan pronto como quieras y
en cualquier oportunidad que se presente. Pero el potro debe
mantenerse respetuoso, no se le debe permitir que se vuelva descara-
do o irrespetuoso.

El profesor Robert W. Miller (no tiene ninguna relación de parentesco
con el veterinario Robert M. Miller, co-autor de este libro), escribió en 1975,
en su libro *Western Horse Behavior & Training* (Conducta y Entrenamiento
del Caballo Western): "Si el potro se doma para que se deje conducir muy
pronto después del nacimiento, puede amansarse al mismo tiempo. Puedes
coger sus patas y se deja cepillar por todo el cuerpo".

Caballistas procedentes de muchas partes del mundo y de diversos
modos de vida han observado lo mismo: Es extraordinariamente ventajoso iniciar el aprendizaje del caballo lo más pronto posible.

El veterinario Miller tomó la idea y desarrolló un sistema comprensible de entrenamiento, basado en la ciencia del comportamiento y en
los eternos principios del manejo del caballo, y lo acuñó como Imprint
Training. Han hecho falta varias décadas para que fuera comúnmente
aceptado, pero hoy día se practica en todo el mundo.

IMPRINT TRAINING (ENTRENAMIENTO DE IMPRINTING)

Robert M. Miller se graduó en 1956 y empezó su práctica veterinaria, que incluye toda especie de animales, incluyendo animales de zoológico, pero ha trabajado principalmente con équidos. Caballistas y maestros de equitación veteranos le habían aconsejado siempre evitar el manejo de potros recién nacidos. Él no tenía razones entonces para cuestionar sus consejos tradicionales. En ese tiempo, casi todo el mundo pensaba que un excesivo contacto con el potro recién nacido podía hacer que la madre lo rechazara. También se creía que demasiado manejo estropeaba al potro y lo volvía irrespetuoso. Las experiencias con potros huérfanos parecían confirmar este concepto. Además, muchas personas pensaban que los potros muy jóvenes, como las mascotas o los bebés humanos, son simplemente demasiado jóvenes para aprender nada.

Durante el verano de 1959, el Dr. Miller observó a potros que habían sido manipulados forzosamente debido a emergencias obstétricas. Estos potros, cuando los volvía a ver, tanto si era al día siguiente, o dos, tres o cuatro meses después, se comportaban de manera diferente a los no manipulados. Parecían ser menos temerosos, más dóciles y fáciles de manejar. La mayoría actuaban como si le conocieran. Estando familiarizado con el trabajo de Lorenz, Miller concluyó que, como resultado de su contacto con esos potros justo en su nacimiento, él había quedado grabado en su memoria.

Al año siguiente, experimentó con un potro propio, una yegüita quarter horse. En lugar de minimizar las manipulaciones postpartum, las maximizó, manejando la potrita durante dos horas, mientras su madre la mimaba, lamiéndola o simplemente estando a su lado. Al día siguiente, Miller se dio cuenta de que había hecho un gran descubrimiento. La potrita era sorprendentemente cariñosa, dejando que la tocara por todo el cuerpo, permaneciendo tranquila y calmada. A la semana siguiente, la potra se podía conducir hacia delante, atrás, girando y aceptaba la maquinilla de esquilar, pedazos de plástico, cuerdas y presión sobre las áreas de la silla y la cincha. Podía coger sus patas y tocarlas, y permitía la entrada veterinaria por todos sus orificios naturales.

Después de repetir este éxito con otros potros propios, Miller empezó a recomendar este procedimiento a su clientela y haciendo demostraciones del mismo. La mayoría rehusó intentarlo, pero unos pocos que lo experimentaron tuvieron un éxito espectacular. Aún más, a medida que los potros iban creciendo, eran pacientes ideales y cooperantes con el herrador, ansiosos de aprender y muy receptivos al entrenamiento.

El Dr. Miller llamó a este proceso "Imprint Training" porque empezaba durante el período de aprendizaje justo después del nacimiento, y tenía lugar dentro de ese crítico período del potro: su primera semana de vida.

En 1984, después de veinticinco años de recomendar el entrenamiento de imprinting a sus clientes, Miller hizo una cinta de vídeo sobre el comportamiento general del caballo (*Influencing the Horse's Mind* / Influenciando en la Mente del Caballo), en el que se analiza brevemente el Imprint Training. El interés del público le llevó a publicar un segundo vídeo, *Imprint Training of the Foal.*

Sabiendo que la industria basada en los thoroughbreds (purasangres de carreras) podría ser renuente ante cualquier cosa que redujera la tendencia a la carrera en los potros, Miller escogió para el vídeo potros recién nacidos de tres granjas donde se crían purasangres de carreras y practicaban rutinariamente el entrenamiento del imprinting en sus potrillos. Estas granjas habían sido muy reacias a aplicar el proceso (la tendencia normal en Norteamérica en esa época era que los potros dóciles no eran buenos corredores), pero ahora estaban muy satisfechos de los resultados.

El segundo vídeo fue bien recibido en algunas ramas de la industria del caballo de carreras, sobre todo por algunos criadores de quarter horses y de caballos árabes.

En 1991 la revista *Western Horseman* editó el libro de Miller sobre este tema, con el título de *Imprint Training of the Newborn Foal* (Entrenamiento del Imprinting en el Potro Recién Nacido) . Tuvo mucho éxito y posteriormente fue traducido a varios idiomas. En 1995 se editó un vídeo actualizado y ampliado, *Early Training* (Entrenamiento Precoz). En él se demostraba el procedimiento en potros de varias razas. Una cinta de audio y un CD del mismo título se editaron en 1998 y 2002, respectivamente.

Miller dejó de ejercer su carrera, en 1988, después de treinta y dos años de trabajar como veterinario, para dedicarse en exclusiva el resto de su vida a promocionar y explicar no sólo el entrenamiento del imprinting, sino además la revolución en la equitación que él veía que estaba ocurriendo a su alrededor.

Sus libros, cintas de vídeo, programas de audio y seminarios en los Estados Unidos y el resto de países popularizaron el entrenamiento del imprinting por todo el mundo del caballo. Como las mulas se estaban popularizando, los criadores aprendieron que un manejo correcto al nacer podía producir un animal que era totalmente contrario a la imagen que de él se tenía.

La industria de los caballos de carreras aprendió también que un potro bien educado corre mejor y sufre menos lesiones. Entrenadores renombrados como D. Wayne Lucas refrendó el imprinting diciendo: "¡Es de sentido común!".

Algunos de los instructores más efectivos relacionados con la revolución en la equitación se han vuelto defensores acérrimos del imprinting de potros. Pat Parelli adoptó el método para todos sus potros y añadió algunas nuevas aplicaciones. Parelli animó a sus estudiantes a usarlo, demostrando sus resultados de manera espectacular, y posteriormente editó un vídeo, *A Natural Beginning* (Un Principio Natural), mostrando su propia versión.

Monty Roberts tiene todos los potros que han nacido en su rancho entrenados con el imprinting, y ha dedicado un capítulo de su libro "De Mis Manos a las Tuyas" (editado en España) a este método. Muchos de sus potros llegan a ser caballos de carreras y ganadores de concursos. Richard Shrake, Clinton Anderson y muchos otros caballistas influyentes han apoyado también el imprinting entre sus audiencias.

Cualquier cosa nueva y no tradicional, no obstante, incita a la controversia. La oposición al imprinting ha venido desde fuentes diversas. Aunque esta oposición disminuye rápidamente a medida que la industria del caballo corrobora el éxito del método, no es probable que desaparezca del todo a medio plazo.

La Oposición Intelectual al Imprinting

Muchos académicos del comportamiento han apoyado el imprinting. Varios estudios universitarios han apoyado la eficacia y racionalidad del entrenamiento de imprinting en potros recién nacidos. Sin embargo, otros estudios informan de pobres resultados o incluso efectos adversos. Después de

Kay Sharpnack, de Hinterland Ranch, en Sisters, Oregón, posa en 2002 con su llama 'imprintada'. El procedimiento es llamado 'mallonizing' en el mundo de los camélidos. (Kay Sharpnack Collection)

un examen posterior, se ha constatado en todos los casos que, o bien el procedimiento no había sido correcto, o que no había sido desarrollado de manera científica. Como cualquier otro método de entrenamiento de caballos, el entrenamiento de los potros se debe hacer correctamente.

Algunos expertos objetan el término "imprinting", aduciendo que lo que está ocurriendo no es realmente "impresión", sino "socialización". Es un problema de semántica. Lo importante no es cómo se llama el método; sino cómo funciona. Además, lo cierto es que el potro puede "imprintarse" / recibir el imprinting de una gran variedad de objetos en movimiento, como árboles oscilando bajo el viento y máquinas, como tractores o carromatos.

No hay duda que muchos académicos se sienten molestos debido a que un caballista sin credenciales universitarias en la ciencia del comportamiento se presentó con algo que ellos no habían enseñado. El Dr. Miller, cuya educación es comparable a la de un médico en medicina general, pero no en psicología o psiquiatría, no puede reclamar haber inventado nada. Otros ha habido que han entrenado potros recién nacidos. Lo que Miller ha hecho es darle un nombre al procedimiento, ritualizarlo, explicar cómo y por qué funciona y promocionarlo.

La Oposición de los Entrenadores de Caballos

Algunos entrenadores se oponen al entrenamiento del imprinting porque no es tradicional, porque ellos han tenido éxito con otros métodos más tradicionales, o porque se han presentado con potros malcriados que habían sido entrenados inadecuadamente al nacer. Invariablemente, estos entrenadores no hicieron ningún esfuerzo personal para intentar aplicar el método o no tuvieron nunca la intención de aplicarlo.

Algunos entrenadores piensan que si los dueños de los potros los entrenan personalmente, perderán una buena porción del negocio, porque ya no serán necesarios. Esto, desde luego, es completamente falso. Los buenos entrenadores serán siempre necesarios, pero si los potros reciben el imprinting adecuadamente al nacer, serán mucho más fáciles de enseñar, y se reducirá significativamente el número de lesiones en los caballos jóvenes y en la gente que los maneja o monta.

Otra razón por la que algunos entrenadores y técnicos rechazan el imprinting (o cualquier cosa que se le parezca), es porque es diferente. Si el noventa y nueve por ciento de la gente está de acuerdo en que el cielo es azul y una persona insiste en que es rojo ¿a cuál de ellos recordarás? Algunas personas harían cualquier cosa para ser famosas.

Para terminar, es probable que algunos instructores que se oponen al imprinting lo hacen porque creen que estropeará su actuación de cowboys en sus clínics públicos. Es impresionante ver a un potro sin domar, excitado y temeroso, transformarse en un animal obediente, complaciente y relajado. Iniciar a un potro calmado, sin miedo, que ha sido entrenado en imprinting al nacer no es un espectáculo excitante.

La revolución en la equitación se basa en establecer una relación mutua beneficiosa con el caballo, usando los métodos más humanitarios y sencillos posibles. Si lo que queremos es un espectáculo excitante, ¿por qué no hacerlo con los métodos antiguos? Es muy espectacular ver un potro sin domar enlazado, derribado, casi ahogado, agarrado por las orejas, con una pata doblada y atada, con los ojos tapados con un trapo, con maniotas, ensillado a la fuerza, montado, botándose, fustigado y espoleado en cada bote, hasta lograr que se rinda completamente. Muchos caballos útiles se han formado de esta manera. ¿Es así como queremos hacerlo, a la fuerza? ¿O estamos buscando un camino mejor, más amable y más civilizado, uno que nos dé un caballo que quiera estar con nosotros?

Si un caballo se entrena adecuadamente desde el momento de su nacimiento, el resultado es mucho mejor, para ambos: caballo y humano. Es debido a esto que el entrenamiento de potros recién nacidos es una parte importante de la revolución en la equitación.

El Imprinting es ya popular en todo el mundo. La escritora y criadora de caballos española Pilar Fabregat con su potro American Paint Horse recién nacido. (Robert Miller Collection)

El Entrenamiento del Imprinting se Extiende por todo el Mundo

La oposición al imprinting ha ido disminuyendo notablemente a principios del siglo veintiuno, y más y más criadores van añadiendo innovaciones al método, a medida que van comprobando que los potros recién nacidos aprenden más rápido y efectivamente que los caballos de más edad. Por todo el mundo sus defensores practican y animan a otros a trabajar con los potros recién nacidos.

En Argentina la familia de rancheros Malcolm y Gloria Cook y sus cuatro hijos, todos ellos entrenadores de caballos, empezaron a influenciar a otros caballistas en este método de entrenamiento de potros.

En España, la veterinaria Cecile Clamour y su esposo Máximo, herrador de profesión, han convencido a muchos criadores de caballos para que probaran estos métodos. En el mismo país, la presidenta de la Asociación de Quarter Horses Pilar Fabregat y su esposo Carlos, guarnicionero, son entrenadores entusiastas de potros.

En las afueras de París, Francia, en la escuela Parelli Natural Horse-Man-Ship, La Cense, entrenan los potros al nacer.

El entrenador de caballos Ole Johanssen, en Noruega, está ganando carreras con sus caballos trotones entrenados desde el nacimiento. Los entrena ya con arneses a la semana de edad, y ya no lo olvidan nunca más.

El caballista natural, instructor, charro y veterinario Alfonso Aguilar, practica el imprinting, así como el entrenador de caballos de carreras Jorge Cardiel, ambos en Méjico. El hermano de Jorge, Marco Cardiel, uno de los primeros partidarios del Dr. Miller, ha editado un original vídeo sobre el tema, con sus potros thoroughbred, en Malibu Valley Farm's.

En Irlanda, la famosa granja Kildangen, en la que residen cerca de un millar de caballos de carreras, la enfermera veterinaria y encargada de las yeguas de cría Amanda Kelly entrena en imprinting a sus potros, aunque debido al gran número que nacen en una noche (cerca de cuarenta), usa una versión abreviada. No obstante, a cada potro se le coloca la cabezada, se conduce y maneja diariamente, de manera que a la semana de edad pueden completarse la mayoría de los procedimientos del Dr. Miller.

El presentador del espectáculo "Burke's Backyard" de la televisión australiana Don Burke, denomina al imprinting "el avance más importante en el entrenamiento de caballos del siglo veinte, y posiblemente de todos los tiempos".

Más cerca de los Estados Unidos, una compañía llamada CM Equine Products, en Norco, California, ha desarrollado unos arneses para potrillos para que aprendan a dejarse conducir, retroceder y mantenerse parados en cuadro. Se llama *CMTM Lead and Drive Training System*, y trabaja muy bien con el imprinting.

Cuando Bill Dorrance vio por vez primera la cinta de vídeo sobre imprinting, llamó por teléfono al Dr. Miller para presentarse. "Yo y mi hermano Tom hemos creído siempre en el entrenamiento de los potros, pero nunca habíamos pensado en hacerlo a los recién nacidos. ¡Creo que has dado en el clavo!" Bill tiene suficiente experiencia como hombre de a caballo para comprender las implicaciones del imprinting en potros recién nacidos.

El Dr. Miller con una cebra de tres días de edad. La cebra madre era salvaje y peligrosa y tuvo que ser separada del potro. El potro, en cambio, era amable y confiado. Saddlerock Ranch, Malibú, California. (Debby Miller)

Allen Pogue, el entrenador tejano que ha desarrollado el endotapping, emplea el imprinting con sus potros. Se vuelven muy obedientes, aprenden a pararse o a quedarse quietos y esperar pacientemente sobre un pedestal. Él dice: "Hace unos pocos años, el primer pionero en el campo del imprinting estableció unos pasos a seguir y la mayoría de los criadores progresistas de yeguas adoptaron sus propias versiones del proceso. Esto es una oportunidad, como otras pocas, de experimentar de manera significativa y una guía hacia un despertar de una nueva vida. Como sabes, los caballos, como especie, nacen 'a punto de aprender' y éste es un método lógico para empezar el entrenamiento verdadero de un caballo, justo a las pocas horas o días de su nacimiento".

El negocio de las carreras, al principio renuente a un manejo intensivo del potro, está aceptándolo con rapidez. Hay sólo un estimulante legal en las carreras de caballos: la propia adrenalina que produce el cuerpo del caballo. Si el caballo llega excitado a las cajas de salida, su adrenalina se consume antes ya de empezar la carrera. La adrenalina es una

Miller enseña al potro a flexionar su cuello mientras su propietaria, Sami Semler, desensibiliza sus pies. (Debby Miller)

Desensibilizando al potro con un plástico. (Debby Miller)

poderosa hormona de emergencia, proporcionándole más velocidad, más fuerza y resistencia para una situación de combate o huida vertiginosa, pero actúa durante poco tiempo. El caballo que llega a la salida calmado, relajado y libre de la excitación o el miedo, tiene una gran ventaja cuando la caja se abre y él necesita un chorro de adrenalina.

El imprinting está probado que es aplicable a cualquier especie salvaje precoz. El Dr. Miller recibe un constante flujo de noticias sobre los éxitos alcanzados con su método con alces, ciervos, jirafas, elefantes, camellos y ganado en general.

CAPÍTULO 16

EL DEBATE SOBRE EL CUIDADO DE LOS CASCOS

En el 360 A.C., Jenofonte escribió entre sus consejos sobre cómo evaluar un caballo antes de comprarlo:

> ...lo primero que te diría es que miraras a ver cómo son sus pies. De igual manera que una casa no servirá para nada si, a pesar de que sea muy bonita, sus fundamentos no son adecuados, así mismo un caballo de batalla, incluso si en los otros puntos es correcto, no te servirá para nada si tiene unos pies defectuosos; no importa cuán bueno sea en los otros aspectos.

En 1751, en Inglaterra, se publicó un libro con un título que expresaba el mismo pensamiento un poco más sucintamente: *No Foot, No Horse* (Sin pie no hay caballo). Éste es también el grito de batalla de los modernos caballistas. Los problemas de las patas no sólo hacen a un caballo inútil para el hombre, sino que también suelen causar al caballo dolores importantes y acortan su vida.

La salud de los cascos de un caballo se ve afectada por la genética, por lo que come, por el entorno en el que vive, por la forma en que se recortan sus cascos, cómo es (si lo es) herrado, y conforme al uso que se da al caballo. En la vida salvaje, la naturaleza y el caballo cuidan de todo ello. En la domesticación es cosa del hombre.

El hombre ha luchado con esta responsabilidad durante siglos e, incluso hoy día, con los beneficios de la tecnología y la investigación científica, se sigue discutiendo sobre la manera más adecuada de hacerlo. La revolución en la equitación no sería completa en lo concerniente al cuidado de los cascos, pero el diálogo entre los expertos en cascos ha llevado al propietario a una comprensión del casco del caballo como pocos poseían en generaciones anteriores.

Antes de intentar comprender el casco del caballo y el reto que representa su correcto cuidado, demos un vistazo a cómo evolucionó el casco.

LA EVOLUCIÓN DEL CASCO EQUINO

Según los restos arqueológicos, el primer ancestro conocido del caballo, el *Hyracotherium* (más tarde conocido por eohippus, "el primer caballo"), vivió en el sur de Norteamérica, con varias variedades migrando hasta lo que hoy es Europa, hace de unos 50 a 80 millones de años. Era un cuadrúpedo del tamaño de un cordero, de unos 25 a 35 centímetros de altura, con cuatro dedos en sus patas delanteras, y tres en las traseras, provistos de suaves almohadillados en la base de los dedos. Viviendo en marismas y bosques, mucho antes de que aparecieran las planicies herbosas, comía hojas y probablemente tenía un pelaje a rayas o manchas como camuflaje. Sus ojos estaban bastante juntos y tenía unas orejas pequeñas y dientes afilados y pequeños. El Hyracotherium no se parecía mucho al caballo moderno.

A medida que la tierra se enfriaba y se hacía más árida, aparecieron las praderas de hierba y el caballo se hizo más grande, las patas más largas y cada vez más rápido para escapar de sus predadores. Se dedicó al pastoreo en lugar de ramonear por el campo y el número de sus dedos se redujo a tres en cada una de las cuatro patas.

En el *Merychippus*, que vivió hace unos 20 millones de años, podemos ver un atisbo del casco moderno: los almohadillados de los dedos han desaparecido y el dedo medio ha crecido hasta hacerse prominente, soportando el peso de un animal de casi un metro de alto. El dorso es más largo y plano, y el cráneo más pesado.

Alrededor de los 6 millones de años atrás llegó el *Pliohippus*. Medía unos 120 centímetros (doce manos) y tenía todo el aspecto de un caballo moderno, con un hocico más largo, conteniendo unos dientes delanteros largos para poder cortar los duros tallos de hierba, y molares con crestas para triturarlos. Tenía una raya dorsal y podría haber tenido rayas también en las patas. Y lo más importante, ahora tenía un solo dedo, cubierto por una capa dura: el casco.

Finalmente, llegó el *Equus caballus*, el caballo moderno, hace alrededor de un millón de años. Por todo ello, el caballo actual es un cuadrúpedo de un único dedo en cada pata, aunque el hecho de tener que preocuparse de un dedo en lugar de tres o cuatro no ha simplificado mucho las cosas.

Y LLEGA LA COJERA

El casco del caballo moderno (o sea el pie, desde la banda coronaria hacia abajo), tiene diversas funciones: absorbe los impactos, proporciona tracción, protege las estructuras óseas y los tejidos interiores, y ayuda a impulsar la sangre de vuelta al corazón.

Las terminales nerviosas del pie mandan una señal al cerebro cuando algo no va bien. El caballo percibe esto como una sensación de dolor, y trata de reducir su incomodidad cojeando o tratando de no apoyar el pie. Puede ser una condición transitoria, quizás una ligera inflamación que se curará por sí sola, o algo más grave, quizás incurable, como una artritis o la degeneración del hueso navicular, una bursitis o una lesión de los ligamentos. Sea cual sea la gravedad o la permanencia de ese estado, si un caballo cojea suena la palabra "cojo" y la alarma está servida.

Esto no quiere decir que la cojera no sea importante. En un caballo salvaje, puede ser una sentencia de muerte si sufrirla le impide huir y escapar de un predador, uno de los medios naturales para eliminar al individuo peor dotado (o con menos suerte) en el juego de la genética. A esto se llama *selección natural*: la especie mejora a expensas de los peor dotados.

La cojera no es tan amenazante para los caballos domésticos porque el hombre controla la vida del caballo. El hombre no está dispuesto a sacrificar al individuo para preservar la especie, ni está particularmente interesado en criar para lograr patas óptimas. Está más interesado en rasgos tales como el tamaño, la conformación, la habilidad atlética, el color y el temperamento, en lugar de aquello que hará al caballo mejor integrado en el entorno en que vive. Podríamos decir que el hombre va *contra la selección natural*. Y así ha sido durante siglos.

El casco del caballo está perfectamente diseñado para la vida en las praderas herbosas de hace un millón de años. Pero, desde el momento en que fue requerido para el servicio humano, el caballo doméstico ha estado disfrutando de una vida muy diferente. Para ser útil, el caballo debe estar a mano, lo que significa confinarlo en un corral, a veces durante semanas o meses. Este es el destino de muchos caballos, por cuestiones de necesidad o conveniencia. Es muy corriente encontrar caballos ence-

El confinamiento permanente en cuadra es perjudicial para la salud mental y física del caballo. (Heidi Nyland)

rrados en cuadras de tres por tres metros (y menos aún) durante las veinticuatro horas del día. Los más afortunados pueden disfrutar de una hora de paseo en monótonos círculos en una noria. El casco del caballo no está diseñado para estas condiciones de vida.

La meta del cuidado del casco es prevenir la cojera y curarla si aparece. La cuestión es qué es lo mejor que se puede hacer. Esto no es un tema sencillo, y las líneas de opinión en esta revolución no están claramente muy definidas.

ARGUMENTOS PARA DEJAR LOS CASCOS SIN HERRAR

Algunas personas creen que eliminar las herraduras, recortando el casco para dejarlo similar al de un caballo salvaje, y mantenerlo constantemente en un entorno natural es el camino para conservar su salud. La veterinaria alemana Hiltrud Strasser y el herrador norteamericano Jaime Jackson son los defensores más conocidos del casco sin herrar. Ambos han escrito libros describiendo detalladamente el proceso, con fotografías y dibujos y argumentos convincentes. Strasser y Jackson han conseguido que haya cada vez más caballistas concienciados de lo que constituye el estilo natural de vida para el caballo. En este proceso, han recogido gran cantidad de apoyos a su punto de vista de dejar sin herrar los cascos, especialmente entre los propietarios de caballos que buscan información a través de internet, aunque es menos bien recibido por muchos herradores y veterinarios.

Strasser y Jackson argumentan que el mecanismo del casco, la expansión y contracción del mismo durante las alternancias en los apo-

yos del peso durante las diferentes fases de la marcha, se ve notablemente inhibido por el herrado convencional. Con este mecanismo del
casco inhibido, se reduce el efecto de bombeo de la sangre, por lo que la
circulación en la parte inferior de las extremidades se ve muy comprometida, la curación de las heridas es más lenta y se somete al corazón a
un trabajo extra. Menor circulación de sangre en el casco significa menos
sensibilidad. El herrado tiene, por lo tanto, un efecto entumecedor de los
pies, que puede enmascarar la incomodidad que es el síntoma más
revelador de los problemas que necesitan atención médica.

El mecanismo del casco es similar al que se da en nosotros cuando
andamos, con la expansión y contracción de los pies a medida que apo-
yamos nuestro peso sobre ellos. Podrías forzar tus pies dentro de unos
zapatos demasiado pequeños, pero cuando te apoyaras en ellos, los nota-
rías apretados e incómodos. Tu pie perdería sensibilidad. Esto, según las
enseñanzas de Strasser y Jackson, es exactamente lo que pasa con las
herraduras clavadas en los cascos del caballo.

Uno de los primeros críticos del herrado fue Bracy Clark (1771-1800),
un cirujano veterinario de caballos, que muchos consideran como una de
las autoridades en cascos más relevantes de la historia. En su Tratado
de 1829, *Podophtora: Demonstration of a Pernicious Defect in the Principle
of the Common Shoe* (Podología: Demostración de un Defecto Pernicioso
en los Principios del Herrado Común), dejó sentadas las bases del argumento contra el herrado aún vigentes hoy en día. Sus oponentes han
declarado que las conclusiones de Clark se basan en la observación de
un solo caballo y carecen de mérito científico.

Eliminar las herraduras sólo es el primer paso para iniciar el método
de desherrar al caballo. Strasser y Jackson insisten en que los caballos
deben estar en entornos naturales, como grandes pastizales de terreno
variado que sea parecido al natural. Esto les permite estar moviéndose
prácticamente durante todo el día. El paso, algo de trote y el galope son
buenos para sus cascos porque estimulan el mecanismo del casco y, por
lo tanto, proporciona más circulación en la parte baja de las extremidades. Un terreno variado también endurece los cascos y permite la
abrasión natural que evita el excesivo crecimiento de los mismos. Para
Strasser y Jackson, tener los caballos en cuadras es *completamente
prohibido* y su rigidez en este punto ha hecho que muchos propietarios
de caballos que no tienen otra opción que tenerlos en cuadras, hayan
hecho oídos sordos al tema de dejar los cascos sin herrar.

Existe cierta ironía en esta filosofía anticuadra. Jenofonte, cuyo éxito con caballos desherrados es considerado ejemplar, fue pragmático sobre el uso de cuadras:

Incluso cascos naturalmente sanos pueden estropearse con suelos húmedos y lisos. Los pisos deben ser inclinados, para evitar la humedad, y para evitar la suavidad del suelo es conveniente enterrar piedras bastante juntas una de la otra, cada una del tamaño aproximado del casco. El mero hecho de estar sobre tales superficies fortalece el pie.

Nos damos cuenta de que Jenofonte no sugiere *prescindir* de las cuadras.

Aunque, en general, estaban de acuerdo en muchas cosas, Strasse y Jackson tenían sus diferencias. Por ejemplo, Strasser insistía en que los caballos pueden acostumbrarse a cualquier tipo de terreno y a cualquier tipo de monta sin usar herraduras de metal. Insiste en que su experiencia en los Raids con caballos sin herrar lo prueba. Sólo hace la concesión de que, en casos extremos, pueden ser necesarias un par de botas de caucho para los cascos delanteros. Después de todo, su argumentación es que los ejércitos más grandes de la historia montaban sobre caballos sin herrar y que en muchas ocasiones hacían travesías de más de 150 kilómetros diarios. No le da mayor importancia al hecho de que la introducción de la herradura se cita frecuentemente como un hecho importante en el desarrollo de la guerra a caballo.

Jackson está menos seguro de lo correcto cuando se trata de la equitación, debido a que ésta es muy diferente de la vida natural del caballo en la naturaleza.

La diferencia más importante entre Strasser y Jackson, no obstante, está en la forma de los recortes del casco que cada uno recomienda. Jackson se inclina por un recortado que imite el casco en estado natural, como su "Mustang Roll", un caso redondeado, que no se diferencia mucho del que usualmente hacen muchos herradores. Ambos autores no tienen noticia de ningún caballo que haya resultado lesionado por el recorte recomendado por Jackson.

El recorte de Strasser es otra historia. Todos los caballos, sin importar la conformación de sus cascos, se recortan hasta unas pautas predeterminadas. El recorte de Strasser se caracteriza por un casco más largo y un ángulo más bajo en relación al suelo (algo menos de 45 grados) en su parte delantera, y un tallado ostensible de la suela y barras para permitir el mecanismo del casco. Esto también contrarresta el espesor normal, a medida que se endurece con el uso; un modelo muy diferente del normal en un caballo en libertad. Este recorte muy agresivo produce, a menudo, un cierto sangrado y se corre el peligro de dejarlo dolorido, una condición que Strasser dice que es normal y temporal en el camino hacia la buena salud.

Esta declaración es discutida por un cierto número de veterinarios y herradores en Europa y Norteamérica, incluyendo veterinarios universitarios que comunican de caballos lesionados grave y permanentemente como consecuencia de este tipo de recortes. "Una suela de grosor inadecuado es la causa más común de dolor crónico del casco", dice el Dr. Stephen O'Grady, herrador, veterinario y nombrado en el International Equine Veterinarian Hall of Fame en 2003. "El grosor de la suela puede ser mantenido en condiciones sólo con un recorte apropiado de la pared del casco y eliminando muy poco, si acaso, la suela en cada recorte" *(The Horse, mayo de 2003)*.

La queja más común sobre el recorte agresivo de la suela es que puede producir osteitis podal, una reacción inflamatoria en el borde externo del hueso del pie en los cascos delanteros, causado por los constantes impactos traumáticos y el desgaste de la suela.

Se ha sugerido que los propietarios de caballos son partidarios del sistema de desherrado de Strasser (mientras los herradores se oponen a él), porque elimina el costo de herrar al caballo cada seis semanas. No obstante, si uno sigue al pie de la letra las recomendaciones de Strasser, esto puede salir aún *más caro* que herrarlo. El recortado debe ser realizado cada mes, a veces semanalmente, o aún más a menudo si hay problemas. Los herradores especializados en el sistema de Strasser cobran por sus servicios. Las botas de casco o los baños son a veces necesarios.

Luego está el tema del terreno. Para imitar las condiciones de vida y el entorno de un caballo salvaje, se requiere un terreno muy grande y a menudo muy costoso, mucho más de lo que la mayoría de los propietarios de caballo pueden asumir o, en último extremo, necesitan. Finalmente, el régimen de cascos desherrados requiere que el propietario del caballo sea mucho más activo y disponga de más tiempo para cuidar de los cascos de su caballo. Para los propietarios ocupados, el tiempo es dinero.

POR FALTAR UN CLAVO

Por faltar un clavo se perdió una herradura, por faltar una herradura se perdió un caballo,

por faltar un caballo se perdió un jinete, por faltar un jinete se perdió un ejército,

por faltar un ejército se perdió una batalla, por perder una batalla se perdió la guerra,

por perder una guerra se perdió el imperio,

y todo por faltar un pequeño clavo para una herradura.

BENJAMÍN FRANKLIN

No todos los partidarios del caballo desherrado siguen los métodos de Strasser y Jackson. O'Grady, Gene Ovniceck, K. C. La Pierre, y los Dres. Ric Redden y Robert Bowker, entre otros, han contribuido al desarrollo de un recortado para el desherrado ideal, sin desdeñar el uso de clavos y herraduras metálicos.

ARGUMENTOS PARA HERRAR LOS CABALLOS

Los argumentos para herrar los caballos *no son* argumentos contra el desherrado. Aquéllos que defienden el uso de herraduras también están de acuerdo en que los caballos fueron creados para ir sin herraduras y así debiera ser, si sus condiciones de vida y usos lo permitieran. De hecho, ir desherrados durante períodos de tiempo ayuda a mejorar los defectos del herrado. Cuantos más caballos domésticos puedan vivir como los salvajes, más candidatos habrá a ir desherrados, al menos durante algunos períodos. El problema es que muchos caballos domésticos no viven como sus primos libres. No comen como ellos, tienen que llevar a cuestas un jinete, que muchas veces pesa demasiado y no sabe cómo comportarse, van a lugares a los que nunca escogerían ir y corren a la velocidad que no correrían. Éstas son consideradas circunstancias extenuantes que hacen que el herrado sea aconsejable y hasta humanitario.

Así como uno no puede aceptar *todos* los tipos de recorte de cascos, tampoco puede aceptar *todos* los métodos de herrado. El herrado "normal" varía significativamente desde un herrado de competición a un herrado terapéutico. El herrado varía para las distintas razas de caballos. Y claro, un herrado bien hecho difiere completamente de uno mal hecho. El herrado ¿inhibe realmente el mecanismo del casco, como declaran Strasser y Jackson? No es así, según Dave Millwater, Maestro Herrador Profesional, miembro fundador del *Guild of Professional Farriers* (Gremio de Herradores Profesionales). "La única parte de un casco sano que puede realmente flexionar es la mitad o la tercera parte trasera del pie", dice Millwater en su página web. "Ésta es la parte que está unida a la estructura interna flexible del cartílago. La mitad o los tres cuartos delanteros del casco están unidos al hueso rígido. Las herraduras están fijadas apropiadamente con clavos solamente en el frente (soporte de hueso duro) del casco, dejando la trasera (soportada por cartílago), libre para que pueda flexionar".

Escritores a ambos lados del debate sobre herrado apelan al sentido común en sus argumentos. Para un dueño de caballo consciente es difícil llegar a una conclusión en la que ambos bandos son tan apasionados y convencidos. Los más lógicos pueden argumentar que ambos bandos poseen argumentos *válidos* en los que pueden apoyar lógicamente sus premisas, pero es la *solidez* de los argumentos lo que se debate. Como cualquier estudiante de primer año podría decirte, un argumento válido no es un argumento sólido, a menos que sus bases sean verdaderas. Cada bando tiene su propia versión de las premisas, y los *hechos* apoyan cada argumento. Esto es desesperante para el dueño de caballo, que cree, como cualquier persona razonable, que la verdad sólo tiene *una* versión.

LAS PRIMERAS HERRADURAS

Si el herrado es o no perjudicial para el caballo es una de las cuestiones en las que ambos bandos no se ponen de acuerdo. Cuándo y por qué empezó la costumbre de herrar es otro tema.

Sabemos de cierto que las primeras herraduras adoptaron diferentes formas. Las primeras eran "calcetines" o fundas hechas de cuero o de fibras vegetales tejidas, atadas alrededor de la caña y el menudillo, algunas veces con una placa de hierro, plata u oro debajo, como suela. Los griegos envolvían el pie de sus caballos con una bolsa cuando viajaban por la nieve. Griegos y romanos formaban las "hiposandalias", con placas de hierro aseguradas con tiras de cuero.

La práctica de usar clavos con herraduras metálicas se cree que empezó durante la Edad Media, en Europa. Los caballeros nobles querían que sus caballos estuvieran muy a la mano, preparados para obedecer sus órdenes. Los caballos, en esa época, se conseguían en sus pastizales naturales y llevados hasta las cuadras dentro de los castillos. Esto era catastrófico para sus cascos: estar sobre estiércol y barro en las cuadras hacía que los cascos se ablandaran y deformaran. Las herraduras metálicas fueron aplicadas para solucionar este problema. No obstante, el herrado metálico no se extendió por todas partes hasta hace pocos siglos.

Esta versión sobre el nacimiento del herrado se cuenta a menudo entre la comunidad que refrenda el casco sin herrar. Apoya la idea de que el confinamiento en cuadras hace que pasen cosas malas con el casco del caballo. No obstante, el confinamiento en cuadra no empieza en la Edad Media. Jenofonte ya escribió sobre cuadras 300 años antes de Cristo. Él estaba totalmente preocupado por el estado de los cascos del caballo y tenía cantidad de posibilidades para menospreciar el uso de cuadras. No lo hizo.

Por lo tanto, las cuadras no son la causa del herrado. Pero asumamos que, por la razón que sea, usar clavos para asegurar las herraduras data de la Edad Media. Después, esta práctica continuó durante una buena parte de los siguientes mil años, con pocas voces en contra.

Los caballistas de los siglos pasados no eran imbéciles. Sus vidas dependían de sus caballos. ¿Por qué deberían haberse involucrado en una práctica, el herrado, que fuera perjudicial para la salud de sus caballos y que, a la larga, reduciría su disponibilidad? La respuesta es que ellos no veían el herrado desde ese punto de vista.

Millwater continúa: "Ellos usaban los caballos todos los días y eran expertos en su cuidado. Hubo ocasiones o lugares en la historia en los que la escasez de hierro, de herradores y de talleres de forja, hizo inevitable el uso de caballos desherrados. Podrías pensar que si ir desherrados era tan beneficioso para el trabajo del caballo, la gente habría comprendido que irían bien sin herraduras. Pero, en lugar de esto, llevaron su caballo al herrero antes de que el fuego en la forja estuviese preparado. ¿Crees que los granjeros y los transportistas en carros sólo querían estar a la moda? ¿O quizás querían poder usar sus caballos incluso sobre terrenos duros y rocosos, sin que se quedaran cojos y con sus cascos ensangrentados?".

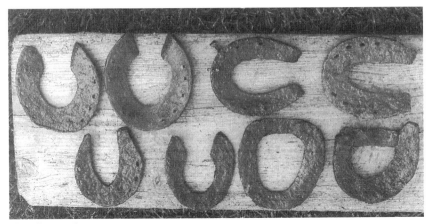

Herraduras antiguas.

El contexto histórico que impulsó el herrado aún está siendo discutido. Esto es algo muy importante, debido a que los caballistas del pasado tenían mucha más experiencia práctica con los caballos que la mayoría de nosotros. Quizás no tenían el conocimiento científico que tenemos hoy día, pero el que tenían era quizás, por lo menos, igual de importante. Empezaron a herrar a sus caballos y no dejaron de hacerlo por alguna razón. No debemos olvidar esto.

En realidad, la costumbre del herrado empezó en diferentes momentos, en muchos lugares, de muchas maneras y por muchas razones. Desde la distancia a lo largo del tiempo, quizás nunca aprenderemos la historia completa. Y otro factor que complica las cosas es que el hierro era un material tan valioso en la antigüedad que muchas herraduras usadas eran reconvertidas en clavos, cañones de mosquete y otros objetos de hierro, quedando menos evidencia arqueológica de su uso de lo que sería de esperar.

KEG SHOES (HERRADURAS KEG)(*)

En un pasado no muy lejano los caballos solían ser herrados cuando un viaje demasiado largo les provocaba molestia o cojera. Un herrero forjaba una herradura de hierro que era fijada con clavos. En América, los herradores aprendían el oficio a través de un aprendizaje que duraba unos tres años, o por medio de unos cursos impartidos por la Escuela de la Caballería de los Estados Unidos, una división del Ejército.

(*) KEG. No es un término conocido en España, se usa para designar las herraduras prefabricadas. (N. del T.)

LAS HERRADURAS KEG Y LA GUERRA CIVIL AMERICANA

Según Fran Jurga, editor de la revista Hoofcare and Lameness Journal (www.hoofcare.com), la producción en masa de Herraduras Keg se produjo alrededor del 1840. Originalmente hechas de hierro y distribuidas en barriles o "kegs" (de ahí su nombre), actualmente se hacen en aleaciones metálicas. La mayoría de las fábricas de herraduras antes de la Guerra Civil americana estaban en los estados del Norte, y se cree que ésta fue una de las razones que influyeron en las victorias en las campañas de la caballería. El sur carecía de fábricas de herraduras, y por ello las tropas confederadas tenían que confiar en los herreros locales para que les forjaran las herraduras para sus caballos. Los soldados de la Unión recibieron la orden de destruir todas las herrerías y ferreterías que encontraran en el sur.

A medida que el número de caballos disminuyó en la primera mitad del siglo veinte, lo mismo sucedió con la disponibilidad de maestros herradores y la posibilidad de aprendizaje del oficio. La Escuela de Herradores de la Caballería de los Estados Unidos cerró sus puertas y ocuparon su lugar escuelas privadas que ofrecían cursos rápidos para preparar aprendices que eran muy difíciles de encontrar. Por ello, cuando aumentó de nuevo el número de caballos y hacían falta cada vez más herradores, un gran número de escuelas empezaron a practicar la enseñanza con unos conocimientos y experiencia limitados.

Por suerte, las herraduras prefabricadas Keg ya estaban disponibles. No es necesario ser un experto herrero o un maestro herrador para clavarlas al casco. Cowboys en los ranchos de ganado y herradores recién salidos de la escuela pueden hacerlo. Las herraduras prefabricadas llenaron las necesidades de los aficionados dueños de caballos, pero también propiciaron un cambio en el nivel de habilidad y pericia de los herradores normales, que se convirtieron en poco más que zapateros mecánicos de caballos. Lo que se había perdido era el conocimiento de la anatomía y la biomecánica del movimiento que había convertido el herrado en una ciencia y un arte. Algunos caballos sufrieron como resultado de esto, y hoy día se ha hecho patente la necesidad de estandarizar la educación del herrador y del entrenador, así como una certificación oficial. Para llegar a esto, la American Farrier's Association (en EE.UU) ofrece un programa de certificación de cuatro niveles para miembros y no miembros. Además, la *podología equina* está surgiendo como campo de especialización en sí mismo, y puede que algún día llene el espacio que actualmente existe entre el herrador y el veterinario. Lo que ha mantenido viva la necesidad de herradores hábiles ha sido que las herraduras prefabricadas no se adaptan a todos los caballos. Algunos necesitan herrados especiales, debido al uso que se les da o a causa de problemas en sus pies.

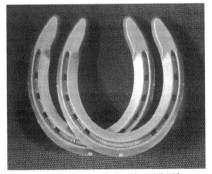

Herraduras Keg para caballos de exhibición.
(Hoofcare & Lameness Journal)

Las disciplinas de exhibición, como el reining, los caballos de aires especiales, o carreras, por ejemplo, requieren herraduras especiales y expertos en su aplicación.

Asimismo, los problemas de cascos también apuntan frecuentemente hacia unos procedimientos especiales de herrado. Herraduras correctivas proporcionan un soporte adicional, casi siempre para la ranilla y la pared, y algunas veces hay que alterar el ángulo del casco en relación al suelo. Los dos problemas de casco más importantes en los que se recomienda un herrado terapéutico, son la laminitis crónica y el síndrome navicular.

LAMINITIS

El hueso más largo en el interior del pie del caballo tiene varios nombres: el hueso coffin (en EE.UU), el hueso del pie, la falanje distal, la tercera falanje, P III y P 3. A partir de ahora lo llamaremos "hueso del pie", para usar el más común, descriptivo y sencillo.

La laminitis (conocida comúnmente como *infosura*) es una inflamación de la delicada estructura de tejido (la lámina) que conecta el hueso del pie con la pared delantera del casco, que es debida casi siempre al tipo de alimentación del

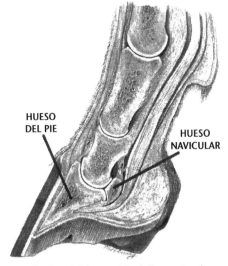

HUESO DEL PIE

HUESO NAVICULAR

Una vista lateral del casco del caballo muestra el "hueso del pie" y el "navicular".
(Hoofcare & Lameness Journal)

El nivel de azúcar en la hierba varía con la estación, grado de crecimiento y clima del día. Comer más de la cuenta cuando los niveles son altos, puede producir laminitis. (Heidi Nyland)

caballo. Uno de sus aliados, la "enfermedad primaveral", nos recuerda la situación en la que aparece muy frecuentemente: cuando los caballos se dejan libres en el pastizal después de haber permanecido en las cuadras durante el invierno, para que puedan comer a su aire la suculenta, fresca, irresistible y rica en azúcares, y peligrosa, hierba primaveral. Un consumo excesivo de esta hierba puede causar una afección metabólica que se manifiesta por una laminitis. También puede afectar el normal tránsito digestivo, produciendo un cólico, pero ésta es otra triste historia.

De manera similar, la laminitis puede ocurrir por unas sobredosis de grano, como cuando el caballo tiene acceso al almacén de la comida, por ejemplo por un descuido. También puede aparecer como reacción ante ciertas medicinas, o como efecto secundario de otras enfermedades. En algunos casos, la laminitis puede ser debida o agravada por la obesidad.

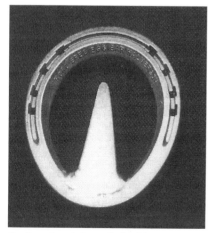

Una herradura de huevo (redonda) con una barra interior (heartbar) para proteger la ranilla. (Hoofcare & Lameness Journal)

La laminitis en sus formas más graves se llama con frecuencia infosura, un término popular para la laminitis crónica. La laminitis crónica se asocia a una rotación y hundimiento del hueso del pie, algunas veces hasta el punto de perforar la suela, debido a la falla de la lámina de la planta callosa. La laminitis es un proceso muy doloroso del que muchos caballos no se recuperan.

No todos los casos de laminitis se asocian a una alimentación excesiva o a la obesidad. En algunos casos es debida a los continuos impactos en el pie del caballo.

El Tratamiento de la Laminitis

La laminitis se trata casi siempre a base de medicación y un herrado terapéutico. Tradicionalmente se usan varios métodos de herrado. Uno de ellos es aplicar una herradura con apoyo posterior, una técnica que aún se usa hoy día. En las últimas décadas, se han desarrollado métodos más radicales, incluyendo el uso de herraduras con *heartbar* o sea con un soporte para la ranilla.

Hay otros tratamientos, que incluyen cirugía, como la tenotomía y la reconstrucción del casco con materiales plásticos. De todas maneras, un cuidado adecuado puede evitar la mayoría de los casos de laminitis.

SÍNDROME NAVICULAR

El síndrome navicular es otro tema. Es una extraña afección que no es aún muy comprendida, parcialmente porque el protagonista principal, el hueso navicular, como el más largo hueso del pie, está oculto profundamente dentro del casco del caballo. Está rodeado por multitud de estructuras anatómicas dentro del casco que interactúan de formas muy complejas.

El síndrome navicular se llama frecuentemente "enfermedad del navicular", o simplemente "navicular".

El Dr. David Ramey, autor de *Concise Guide to Navicular Syndrome in the Horse* (Breve Guía del Síndrome Navicular en el Caballo), define este síndrome como "una dolencia crónica, incurable, asociada a un deterioro del hueso navicular". Algunos veterinarios tienen una opinión más amplia e incluyen un problema en los ligamentos o tendones que desembocan en dolor del casco como parte del síndrome.

¿Cuál es la causa del síndrome navicular? Existen numerosas teorías, pero ninguna ha sido probada. Ciertos factores parece que predisponen a un caballo a esta dolencia. Parece ser que afecta más a caballos atléticos jóvenes, entre los siete y los catorce años de edad, aunque ha sido diagnosticada también en caballos de dos años. También parece haber una predisposición genética. Algunos estudios parecen sugerir que la forma y condición del hueso navicular son hereditarias. Desgraciadamente, excelentes caballos de competición son retirados de los circuitos por desarrollar síntomas de la enfermedad, y destinados a la cría, y posiblemente transmiten esta predisposición a las futuras generaciones. Aunque con la predisposición al síndrome navicular, muchos caballos no desarrollan la enfermedad.

Una herradura moderna para tratar el navicular.
Nótese la sección más elevada en los talones.
(TFT Horseshoes)

Existen otros factores que contribuyen al desarrollo de la dolencia, incluyendo la conformación, nutrición, uso y
cuidado. Éstos pasan a ser más relevantes cuando existe la predisposición
genética.

Como es difícil de diagnosticar y el
pronóstico de recuperación es muy som-
brío, algunos veterinarios no consideran
que un caso de dolor en el casco sea
debido al navicular hasta que, después
de transcurridos tres meses, haya fallado la terapia para mejorar la dolencia.

El Herradura Navicular

Aunque un caballo no se recupera
nunca de un síndrome navicular, un
herrado adecuado puede proporcionar alivio al dolor e incluso permitir
montarlo de nuevo. Las soluciones del herrado son almohadillados bajo
los cascos o herraduras de huevo especiales.

Más interesantes aún son aquellas herraduras que han cambiado
allí donde está el problema. Cuando la herradura es plana, sólo la
punta del casco o puntera está en contacto con el suelo cuando el talón
se levanta. Por ello el punto de apoyo del dolor se sitúa en la punta
del casco.

La llamada *Tennessee Navicular Shoe*, originalmente presentada
públicamente por el co-autor Miller en 1989, mueve el punto de la lesión
hacia el centro de la herradura, aproximadamente por debajo del hueso
navicular y esto se logra por medio de una sección elevada en el talón con
un escalón súbito. Actualmente existen varias empresas que ofrecen
variantes de esta herradura.

La herradura *Full Rocker*, del Dr. Ric Redden, con su superficie
inferior en curva continua (parecida a las patas en arco de una silla
mecedora), logra el mismo efecto pero con la ventaja añadida de permitir que el caballo encuentre su propio punto de apoyo. Según
Redden, las herraduras basculantes se han estado usando durante
más de 400 años, y por lo tanto, "son tan antiguas que son nuevas
otra vez".

Caballos con síndrome navicular han seguido prestando servicios, razonablemente sanos, durante muchos años e incluso algunos han competido en concursos deportivos gracias a las herraduras naviculares.

EQUILIBRIO NATURAL Y EDSS

Otro avance importante es el *Equine Digit Support System* (Sistema de soporte digital equino) EDSS, del herrador Gene Ovniceck, creador de los métodos de recorte y herrado "Natural Balance". Este sistema ofrece un tratamiento específico de la cojera en el síndrome navicular, laminitis y otros problemas del casco.

El sistema empieza con el *Sole Support Impression Material* EDSS, que se usa para crear un molde flexible de caucho de la base del casco. La finalidad es que actúe como la huella compactada sobre un suelo blando, que muestra cómo se distribuye la presión ampliamente por la suela. Para los caballos con laminitis, parte del molde debe recortarse en la zona del dolor. Para el tratamiento del síndrome navicular, contractura de los talones y cuartos en el casco, se requiere un completo relleno de la suela.

El *EDSS Pad*, una plataforma semitransparente de poliuretano, se coloca sobre el molde y se fija en su lugar por medio de clavos a la herradura EDSS, una modificación de la herradura de *Natural Balance*. La almohadilla está diseñada para permitir el acoplamiento a la ranilla, y proporcionarle soporte adicional, si es necesario. Los últimos componentes son los raíles del casco. Si es necesario, éstos se ajustan a los dos tercios posteriores de la herradura y vienen en tres diferentes grosores en los bordes.

El principio del Equilibrio Natural, en el que está basado este sistema de herrado terapéutico, fue introducido en 1995 por Ovnicek, como resultado de sus estudios sobre caballos salvajes entre 1986 y 1987.

Ovnicek descubrió que los cascos automantenidos, tanto si son de caballos domésticos como salvajes, mostraban las siguientes características:

El Equine Digit Support System ofrece un tratamiento adaptado de la cojera. (Gene Ovnicek)

1. La pared del casco estaba muy gastada a nivel de la suela y ésta era por tanto la estructura que soportaba todo el peso.

2. El área del casco, alrededor de la ranilla y las barras, estaba llena de suciedad, lo que parece que funcionaba de soporte.

3. El ápex (borde delantero) de la ranilla estaba mucho más unido al casco de lo esperado; también era bastante grande y fuertemente encallecido.

4. Había cuatro puntos principales de contacto con el suelo en cada casco, uno a cada lado del talón y uno a cada lado de la puntera. Si lo comparamos a la esfera de un reloj, estos puntos estarían alrededor de las 10:00 y las 14:00 en la puntera, y las 7:30 y 16:30 en el talón.

5. En relación a la parte más ancha del casco, los puntos de contacto del talón estaban dos veces más separados que los puntos de contacto de la puntera.

Ovnicek llegó a la conclusión de que el talón toca el suelo en primer lugar, ligeramente antes que el resto del casco. Estableció que el punto de ruptura de mayor impacto no se halla en el extremo de la puntera, como se creía, sino bastante más atrás, en los puntos de contacto que él había identificado. La posición y desarrollo de la ranilla, por otra parte, le sugería que servían de soporte al ápex del hueso del pie. Usando toda

Gene Ovnicek toma un molde impreso del pie de un caballo salvaje. A partir del estudio de muchos de estos moldes, desarrolló sus principios de Equilibrio Natural para recortar y herrar. (Gene Ovnicek)

esta información, Ovnicek desarrolló sus teorías sobre el Natural Balance en el recortado de cascos y herrado de caballos. Debido al importante papel que la ranilla, las barras y la suela juegan en el soporte de las estructuras internas del casco, solamente se las rebaja ligeramente, y nunca se recortan en profundidad de la forma que hace el método de Strasser.

ALTERNATIVAS A LOS CLAVOS EN LAS HERRADURAS

A veces la protección que el hombre proporciona a los pies del caballo es una necesidad. Todo el mundo está de acuerdo en esto. La bota de casco es una solución que los dos bandos del debate han adoptado, aunque con diferentes propósitos en mente.

Muy frecuentemente, los jinetes con caballos herrados llevan una sola Easy Boot™ como "rueda de repuesto", en caso de que el caballo pierda o se le afloje una herradura. Esto puede significar la diferencia entre regresar a casa a pie o montado.

Los jinetes que van con caballos desherrados pueden usar las *Old Mac Boots, Horsneakers* o el equivalente en los cascos delanteros cuando van por terrenos escabrosos. En condiciones extremadamente duras pueden optar por ponerles botas en las cuatro patas.

Desde un punto de vista práctico, las botas de casco necesitan cierto mantenimiento. Si llevas al caballo por el agua o por arena profunda, necesitarás quitárselas y vaciarlas periódicamente. También deberás vigilar los roces en la piel del pie, especialmente en la corona.

Herraduras pegadas con adhesivo es otra solución en la que también están de acuerdo ambos bandos.

Treinta años antes de escribir este libro, el Dr. Victor Tierstein, un veterinario californiano, experimentó con herraduras de plástico, que se pegaban al pie del caballo. Los adhesivos usados no dieron resultado, y muchas herraduras se desprendían prematuramente.

"Yo sé", decía, "que, si se desarrolla la tecnología adecuada, las herraduras pegadas reemplazarán a la larga a las herraduras clavadas".

La tecnología ya está aquí. Entre las numerosas herraduras pegadas con adhesivo que han llegado al mercado en años recientes, hay una desarrollada por Rob Sigafoos, C.J.F., Jefe del Servicio de Herradores en el Centro New Bolton, de la Universidad de Pennsylvania. Él la llama "Sigafoos Series I" y está manufacturada por *Sound Horse Technologies*, en Unionville, Pennsylvania.

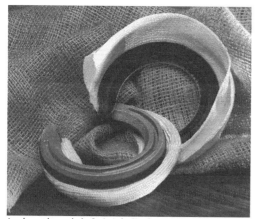

Las herraduras de la Serie I de Sigafoos, que van pegadas con adhesivo, pueden ser más seguras que las clavadas. (Sound Horse Technologies)

Tras diez años de desarrollo, el producto consiste en una herradura de aluminio ligero, con un borde de uretano de unos seis milímetros, para absorción de impactos, y una corona de tejido que se extiende hasta más de la mitad de la pared del casco. Cuando se satura con un adhesivo acrílico polimerizado, que proporciona la misma empresa, la corona se adhiere a la pared del casco para crear una resistencia a la tensión de más de 800 kilogramos, dos veces más que la herradura con clavos. Se hace hincapié en que esta herradura no se suelta hasta que el herrador lo decide. En principio usada para caballos con dolencias de cascos, la Serie I ha ido ganando adeptos, incluso para caballos de carreras y de deporte. Las herraduras de barra y las terapéuticas especiales forman parte de la Serie II.

CONCLUSIÓN

¿Es cierto que las herraduras han matado algunos caballos, como proclaman ciertos defensores de los caballos descalzos? ¿Es quizás una mala práctica recomendar el recortado de Strasser a los propietarios de caballos, como algunos veterinarios han sugerido? ¿Existe algún término medio entre los grandes pastizales para los caballos en libertad y el confinamiento constante en una cuadra? ¿Podemos equilibrar una buena relación con el caballo con una buena administración del territorio? ¿Compensa tener el caballo sano permanentemente descalzo, con los costos adicionales en tiempo, dinero y molestias en el caballo? Si herrar un caballo le hace estar más cómodo y utilizable, ¿se perderá la ventaja acortando su vida útil? ¿Qué pasa con la cualidad de su vida mientras tanto? ¿Puede que la asistencia a largo plazo compense las necesidades humanas?

Hay muchas preguntas, algunas prácticas y otras filosóficas, que debemos contestar nosotros mismos al decidir cómo vamos a cuidar los pies de nuestro caballo.

Generalizando sobre lo más importante, los autores tienen tres sencillos consejos sobre cómo debemos cuidar nuestros caballos y mulas:

1. Hiérralo sólo cuando sea necesario.
2. Hiérralo y recorta a intervalos regulares.
3. Proporciónale vacaciones descalzas tan a menudo y por tanto tiempo como puedas.

LA LEYENDA DE SAN DUNSTAN (925-988)
(Cortesía del Museo Internacional del Caballo)

¿Por qué muchas personas ponen una herradura sobre sus puertas para alejar las desgracias? En la Edad Media, vivía en Inglaterra un herrero llamado Dunstan. Un día, el diablo llegó a su taller de forja para que herrara sus cascos hendidos (el diablo se aparece a veces con patas de chivo). Dunstan aceptó el encargo, pero, en lugar de ello, lo amarró al yunque y le golpeó furiosamente con su martillo. El diablo pidió clemencia. Dunstan hizo que el diablo prometiera que nunca entraría en una casa con una herradura en la puerta. El diablo aceptó enseguida; y desde entonces, los herradores y otras personas ponen una herradura sobre sus puertas. La herradura debe ponerse con la puntera hacia abajo, de manera que atraiga las bendiciones del cielo. ¿Y qué fue del noble Dunstan? No siguió como herrero, sino que llegó a ser arzobispo de Canterbury y fue hecho santo después de su muerte.

CAPÍTULO 17

LA REVOLUCIÓN EN EL CUIDADO DE LA SALUD DEL CABALLO

DURANTE LOS DECENIOS QUE SIGUIERON a la Segunda Guerra Mundial el automóvil cambió el estilo de vida y la cultura de las naciones industriales más que cualquier otro invento anterior. Aunque el automóvil no fue inventado en los Estados Unidos, allí su producción, desarrollo y disponibilidad fueron mayores que en cualquier otro lugar del mundo. El motor de combustión interna cambió la vida en las granjas tan profundamente como en las ciudades. Eran los caballos y las mulas los que habían proporcionado la fuerza para el tiro de los carros en las granjas, que requerían gran número de animales para ello. En una nación que necesitaba más de 20 millones de caballos domésticos a principios del siglo veinte, sólo quedaba la décima parte hacia mediados del siglo. Los tractores habían reemplazado completamente la fuerza del caballo en la agricultura.

En las ciudades el cambio aún fue más notorio. Allí donde las calles habían estado repletas de caballos y carros, coches y camiones pululaban por doquier.

La profesión veterinaria comenzó a ejercerse durante la época del Imperio Romano. El veterinarius fue el mecánico de los tiempos antiguos. Hasta bien entrado el siglo veinte esta profesión existió, prosperó y fue vital principalmente a causa del caballo.

Fue, irónicamente, debido a la invención del neumático por el veterinario escocés John Boyd Dunlop (1840-1921), lo que sentenció la aparente desaparición de la profesión. El neumático permitió aumentar la velocidad, adaptabilidad y versatilidad del vehículo propulsado con gasolina. Muchos pensaron que la profesión de veterinario no sería ya necesaria. Muchos veterinarios se retiraron de la profesión para buscar otros medios de vida. Otros se dedicaron a la práctica de la alimentación animal, una decisión que fue muchas veces difícil de tomar porque el caballo había sido considerado como el pilar de la sociedad, y los médicos que los habían tenido como pacientes estaban muy bien considerados. La mayoría de los veterinarios en el pasado nunca consideraron la posibilidad de tratar otros animales.

Muchas grandes escuelas veterinarias cerraron durante aquellos días, incluyendo la Universidad de Harvard y el Colegio Veterinario de Kansas City, que tenían aulas más grandes que cualquier escuela actual. Tenían que pasar cuarenta y siete años antes de que se prublicara un nuevo libro de texto sobre medicina equina.

En 1956 se graduó la última promoción de veterinarios norteamericanos en la que la anatomía del animal más estudiado a lo largo del curso fue el caballo. Actualmente es el perro.

No obstante, la población equina en los Estados Unidos sería más del triple en las siguientes décadas, rozando más de los siete millones, con un valor promedio que excedía el valor promedio al comienzo del siglo. Carreras, espectáculos, placer y otros deportes hípicos crecieron a medida que crecía la economía y el nivel de vida, y pagar por un caballo miles, decenas de miles y hasta centenas de miles de dólares se hizo cosa normal.

Con la revivida población de caballos y con su valor económico en alza, volvió a surgir el interés por la medicina veterinaria equina. La creciente tecnología en la medicina humana y en otras áreas de la medicina animal impulsó la equina.

El primer reto al que se enfrentan los practicantes es la prevención de la enfermedad. El segundo es el diagnóstico de la enfermedad, y el tercero es el tratamiento. La revolución en el cuidado de la salud equina se ha manifestado en los tres.

Los avances en la medicina y cirugía equinas incluyen todos los aspectos de la ciencia médica, pero algunos de ellos pueden ser definidos como "revolucionarios", porque han afectado profundamente la salud, bienestar y el entorno vital del caballo. Los casos que citaremos también se dan en otras especies, incluyendo la nuestra, pero el orden de importancia no es necesariamente el mismo.

PARÁSITOS

En la cabecera de la lista, y que condicionan la salud de la mayoría de los caballos, podrían citarse los vermífugos, productos contra los parásitos intestinales.

Todas las especies tienen parásitos, pero desde que la domesticación ha obligado a los caballos a residir en recintos cerrados contaminados de estiércol, y como éste contiene innumerables huevos y larvas de parásitos, los caballos domésticos están sujetos a numerosas infestaciones de gusanos y otros parásitos internos. La remoción regular del estiércol ayuda pero no elimina el problema. Los caballos salvajes también están parasitados, pero no en la misma proporción porque, en general, no pastorean en los mismos lugares en que depositan el estiércol.

Recordemos que los parásitos de todas las especies animales no quieren matar a sus anfitriones. Si lo hicieran, también morirían. Los parásitos, en su maravillosamente complejo ciclo vital, sólo quieren residir y vivir de su anfitrión. No obstante, un exceso de parásitos puede llegar a matar a un caballo. Las lombrices migratorias (ascáridos) pueden causar neumonía en los potros. Los parásitos de la sangre (estróngilos) dañan los vasos sanguíneos, provocan cólicos que pueden ser mortales, y pueden conducir al desarrollo de zonas debilitadas, llamadas aneurismas, en las arterias. Estos aneurismas pueden romperse provocando hemorragias internas mortales. Estas muertes de caballos eran corrientes hasta la introducción de antiparasitarios más nuevos y mejores hacia finales del siglo veinte. La ruptura de los aneurismas mataban muchos potros jóvenes, y muchos de más edad morían prematuramente por la misma razón o debido a cólicos provocados por parásitos como los ascáridos, estróngilos o larvas gasterofilus. Estas lombrices provocan picazón y hacen que los caballos restrieguen su cola contra la pared hasta que se quedan sin pelo en la base de la cola. Otros parásitos provocan enfermedades de la piel, alteran la nutrición del caballo y causan enfermedades oculares.

Hacia mediados del siglo veinte, sólo habían dos medicamentos capaces de tratar estos parásitos de los caballos: la fenotiazina y el carbodisulfito. Ambos eran muy tóxicos y debían usarse con precaución y experiencia. El carbodisulfito sólo podía administrarse a través de un tubo introducido por la nariz hasta el estómago, una opción que los veterinarios practicaban diariamente en 1950.

Hoy día tenemos gran cantidad de medicamentos antiparasitarios, fácilmente administrados en gel, pasta, gránulos o en presentación líquida. Son mucho más efectivos y seguros que los del pasado. El promedio de vida de los caballos ha aumentado significativamente debido al uso de estos medicamentos y la salud en general del caballo y, especialmente, del potro, se ha visto mejorada notablemente.

DIENTES, ODONTOLOGÍA

Los dientes del caballo son muy diferentes de los nuestros. Técnicamente, se llaman *hypsodontium* o dientes de corona alta. En el caballo recién nacido ya están casi totalmente formados, de unos 9 a 12 centímetros de largo y encastrados profundamente en la mandíbula. A través de su vida, los dientes del caballo emergen a razón de unos 3 milímetros al año. Los dientes deben desgastarse aproximadamente a la misma velocidad para evitar problemas. En estado salvaje, sus dientes sufren suficiente abrasión y desgaste debido a sus dietas alimenticias. Pero las prácticas de alimentación modernas han alterado la natural abrasión de sus dientes. Esto y el hecho de que algunos caballos tienen una oclusión deficiente, hace necesaria la rutina dental de proceder al limado de sus dientes (llamado popularmente "limarle las puntas"). Si se cuidan adecuadamente, los dientes del caballo deben durarle más de treinta años. Pocos caballos viven tanto tiempo, y los problemas dentales en sus años de vejez contribuyen a ello.

La odontología equina es actualmente mucho más refinada que antaño. Se usan herramientas mecánicas iguales a las que son comunes en la humana, además de las tradicionales limas y escofinas. Se han descubierto nuevas conexiones entre la salud dental del caballo y la condición física general, especialmente cuando la buena unión mandibular está comprometida.

Actualmente, la odontología equina es una parte importante dentro de las prácticas veterinarias. Además, un experto en dentición del caballo es un profesional muy apreciado con especialización en odontología, pero sin grado de veterinario. El "dentista" recibe muchos de sus encargos de parte de los veterinarios, que suelen estar presentes para supervisar o administrar la medicación necesaria conforme a las leyes.

CIRUGÍA

La última parte del siglo veinte vio otro hito en la medicina equina: anestésicos mejorados y una mejor tecnología en su administración. Los veterinarios, antes de 1970, conocían cómo realizar la mayoría de las operaciones quirúrgicas ortopédicas, gastrointestinales u otras que hoy son corrientes y rutinarias. Lo que no tenían eran métodos de anestesia fiables, controlables y seguros. El cambio en esto puede considerarse como revolucionario.

Quirúrgicamente, el avance más revolucionario ha sido en la cirugía abdominal laparoscópica. Operar los órganos viscerales durante el tiempo no mayor de lo necesario requiere abrir el abdomen. La mayoría de las operaciones ortopédicas se hacen hoy día por medio de la artroscopia. El laparoscopio, introducido por una pequeña incisión, proporciona una excelente visión interna del caballo mostrada en un monitor para guiar al cirujano en su trabajo. Las herramientas quirúrgicas pueden insertarse a través de otra pequeña incisión. El riesgo de infección y la recuperación después de estas operaciones se ven extraordinariamente reducidos.

HOSPITALES

Los hospitales para caballos han sufrido también cambios extraordinarios. En el pasado, la mayoría podían hallarse solamente en las escuelas veterinarias y muchos de ellos dejaban mucho que desear. Se perdían muchos caballos, no por falta de conocimientos sobre cómo tratarlos y salvarlos, sino por falta de instalaciones y equipamientos.

Hoy día, prácticamente todas las escuelas veterinarias poseen hospitales equinos sofisticados. Especialmente en las zonas más pobladas, han proliferado los centros privados de cirugía equina para atender la demanda. Incluso hay centros de rehabilitación especializados.

Las avanzadas tecnologías y técnicas en tales instalaciones aceleran extraordinariamente la recuperación de los pacientes equinos.

MEDICAMENTOS

No fue hasta los años 60 cuando estuvieron disponibles los primeros tranquilizantes para caballos, y en las décadas siguientes se desarrollaron otros tranquilizantes, hipnóticos, disasociativos y medicamentos modificadores del comportamiento. Estas drogas son inmensamente valiosas para controlar las reacciones de estos animales, grandes, físicamente poderosos, altamente reactivos y asustadizos. Hoy día la mayoría de los estudiantes de veterinaria son mujeres y estas drogas han hecho su trabajo más fácil reduciendo grandemente la necesidad de fuerza física en el tratamiento de caballos.

Antes de 1960 teníamos antibióticos como la penicilina, los corticosteroides (cortisona) y drogas antiinflamatorias no esteroideas, como la aspirina y la fenilbutazona. Desde entonces, cada una de estas categorías farmacéuticas se ha expandido grandemente. Lo mismo puede aplicarse a las hormonas. Algunas ya existían antes de 1960, pero ahora hay muchas más y son especialmente útiles en la medicina reproductiva.

De todos estos descubrimientos médicos, las vacunas han salvado más vidas humanas que cualquier otro. Antiguos azotes como la viruela, difteria, poliomielitis, sarampión y fiebre amarilla han sido erradicados o, por lo menos, minimizados gracias a la vacunación. También los caballos se han visto beneficiados de estos procedimientos inmunizadores. Antes de 1960, había vacunas contra estróngilos, tétanos y la enfermedad del sueño (encefalomielitis), pero hoy día estas vacunas se han mejorado, son más efectivas y libres de efectos secundarios.

Además, se han desarrollado nuevas vacunas para antiguas enfermedades como la influenza, la rabia y la rinoneumonitis, que causan problemas respiratorios y provocan abortos en las yeguas. También tenemos vacunas para enfermedades que no existían hasta hace poco tiempo, en Norte América, como la encefalomielitis venezolana y el virus del Nilo.

PROCEDIMIENTOS DE DIAGNÓSTICO

Hace años, además del historial médico del caballo, los síntomas y el examen físico, existían varias pruebas que podían hacerse, y teníamos los rayos X, muy valiosos para comprender los cambios en los huesos, articulaciones y tejidos blandos que causaban cojera en los caballos. La cojera en la mayoría de los animales, y en el hombre, es un problema, claro, pero en los caballos significa el fin de su utilidad, o de su carrera como competidor, y por esto la radiología fue importante en la medicina equina tan pronto como estuvo disponible. Hoy día, no obstante, disponemos de muchas otras técnicas, incluyendo resonancia magnética, escaners, termografía endoscópica, ultrasonidos y una sorprendente variedad de pruebas de laboratorio.

Según el Dr. Jack Snyder, profesor y cirujano equino en la Escuela Veterinaria de la Universidad de California, el radar de apertura sintética podrá algún día ser capaz de detectar enterolitos, que son piedritas que se forman en el tracto intestinal del caballo, especialmente en aquéllos cuya dieta contiene un alto porcentaje de alfalfa. Estas piedritas, que aumentan la posibilidad de sufrir cólicos, a veces no pueden ser detectadas por los rayos X, debido al tamaño del abdomen del caballo.

ESPECIALIZACIÓN

Hace unos cincuenta años, no había verdaderos especialistas titulados en medicina veterinaria, excepto en patología. Todos los graduados en escuelas veterinarias eran, en efecto, practicantes de medicina general, aunque muchos desarrollaron habilidades en áreas concretas de la práctica.

Hoy día la situación es muy diferente, con especialistas bien preparados en casi todas las ramas de la medicina veterinaria que existen en la medicina humana, incluyendo neurólogos, endocrinólogos, dermatólogos, radiólogos, especialistas en medicina interna, cirujanos, oftalmólogos y cardiólogos. Como sucede en la medicina humana, hay también superespecialistas.

Con esta especialización surge más investigación sobre las nuevas medicinas y los procedimientos quirúrgicos para ayudar a los caballos enfermos o lesionados.

AAEP

La *American Association of Equine Practitioners-AAEP* (Asociación Americana de Médicos Equinos), se fundó en 1954 por un grupo de once veterinarios encargados de la práctica con purasangres. Actualmente, la sede de la AAEP está en Lexington, Kentucky, y se vanagloria de tener más de 6.500 miembros asociados, entre veterinarios y estudiantes, de cincuenta y siete países. La organización es una fuente vital de educación constante para todos los veterinarios que tienen pacientes equinos.

En su discurso de investidura, en 2003, el presidente de la AAEP Dr. Larry Bramlage, expresó muy bien el papel especial del caballo en la sociedad moderna en general y cómo la AAEP quiere servir: "En nuestra sociedad cada vez más urbana el cariño por el espíritu del caballo ha sido remplazado por la familiaridad con el individuo. La relación con el caballo ha sido remplazada por una reverencia abstracta hacia el caballo que bordea la pasión, pero que está enraizada más en el cine que en el corral. Nuestra misión es atemperar este entusiasmo con comprensión, pero sin apagarlo, y asegurar que sea canalizado para el beneficio del caballo, no en su perjuicio".

CAPÍTULO 18

LA NUTRICIÓN EQUINA

LOS VETERINARIOS DE ZOOLÓGICO HAN APRENDIDO que, para proporcionar una dieta adecuada para sus pacientes, tienen que evaluar primero la dieta que la naturaleza proporciona a cada animal. Si bien no es posible duplicar esta dieta natural, debe ser sustituida por una nutrición equivalente. Lo que necesitan los animales no es comida, sino *nutrientes*.

Un ejemplo común es la comida para perros. Los perros salvajes sobreviven con una dieta de carne fresca, carroña y una amplia variedad de alimentos de origen vegetal, como frutas, frutos secos y bayas. Por ello, la industria de piensos para mascotas ha sido capaz de desarrollar comida nutritiva para perros en varias formas, y los perros se mantienen bien con ella. De hecho, los perros suelen tener dietas mejor equilibradas que nosotros.

Los humanos son otro buen ejemplo. Hemos evolucionado para subsistir a base de carne y pescado, además de raíces, semillas, frutas, frutos secos y otros vegetales. Así que parecería a primera vista que hacemos lo correcto con la dieta civilizada, pero nuestras enfermedades son más bien por exceso que por defecto. En las diferentes partes del mundo, los humanos se las apañan con dietas radicalmente distintas, que incluyen pizzas, arroz, grasas, patatas o larvas.

El caballo era originalmente pequeño, habitante de las marismas y consumidor de hojas y plantas suculentas, pero evolucionó cuando su hábitat se secó y se convirtió en llanura herbosa. Los caballos modernos se expandieron por las llanuras de Norteamérica mucho antes de que los primeros humanos emigraran hasta su hábitat. Para estas criaturas que pastoreaban por las grandes llanuras su alimentación natural era la leche materna hasta que los potros tenían dos años, y luego comían hierba. La hierba era verde una parte del año y seca el resto.

Estacionalmente, las semillas de la hierba (lo que nosotros llamamos "grano") podía comerse, y a veces la corteza de algunos arbustos servía de fibra adicional. Esencialmente, esto es lo que necesita el caballo: Una variedad de hierbas sobre una pradera sin fin por la que él pueda deambular.

Hace un siglo los caballos se alimentaban casi como lo hacían en la naturaleza. Comían hierba en forma de pasto o en forma de heno, que es simplemente hierba cortada y secada. Los caballos trabajaban duro, y el grano, especialmente la avena, se les suministraba como fuente calórica adicional.

Entonces entra en escena la tecnología. Primero, el heno se embaló. Algunos dueños de caballos tenían miedo de alimentarlos con balas de heno, porque "no era natural". Más adelante, el heno se comprimió en pastillas y después se procesó en forma de gránulos, ya a finales del siglo veinte.

Otros cultivos, aparte de la hierba, se convirtieron en heno seco. Se descubrió que algunas legumbres, como el trébol y la alfalfa, eran alimenticias, efectivas y bien aceptadas por los caballos. De hecho, la alfalfa es preferida por muchos caballos a la hierba, su "alimento natural". No obstante, la preferencia no es necesariamente sinónimo de conveniencia. El azúcar les gusta mucho a los caballos, a los perros y a los humanos, pero no es el alimento ideal para ninguna de estas especies y, en cantidad, es perjudicial. Como hemos mencionado antes, un consumo excesivo de alfalfa se asocia muchas veces a una enterocolitis y a un cólico de obstrucción en los caballos.

Aunque la hierba es la dieta natural de la especie, el caballo se ha adaptado en otras partes del mundo a unas sorprendentemente diversas dietas, incluyendo pescado congelado. De nuevo: los animales necesitan *nutrientes* más que comida. Pero este hecho no admite las preferencias de las especies. Aunque los caballos han sido enseñados a subsistir a base de una dieta de piensos en polvo o gránulos, conteniendo todas las vitaminas, minerales, proteínas, grasas y carbohidratos que necesitan, no son *felices*. Necesitan, psicológicamente, masticar y pastorear.

En años recientes se ha producido una verdadera revolución en la alimentación de los caballos. Hoy día contamos con piensos compuestos, molidos, en polvo, mezclas de concentrados melazados, ensilados, en varios tamaños de granulados, además de una gran variedad de suplementos en pastillas, líquido, polvo, gránulos, pastas o galletas.

Nutricionistas de caballos han diseñado "alimentos completos" experimentados en granjas de investigación expansiva. Actualmente se dispone de alimentos completos convenientemente envasados para caballos de cualquier edad, desde piensos para potros que estimulan el crecimiento, hasta alimentos de alta energía para caballos de competición, o para caballos viejos, fácilmente digeribles y masticables.

También hemos aprendido que una alimentación inadecuada puede perjudicar a nuestro caballo. Una alimentación con un exceso de carbohidratos predispone a la laminitis, azoturia *(tying-up)* e hiperexcitabilidad. Si se precisan más calorías, es preferible añadir grasas. Por ejemplo, un vaso o dos de aceite de maíz, junto con la alimentación diaria, es preferible para el caballo que una ración extra de grano o de pienso.

Algunos piensos concentrados son demasiado ricos y fuertes para el correcto crecimiento del caballo. Caballos jóvenes de competición, que han sido sobre-alimentados para lograr más tamaño y ventajas competitivas, han sufrido problemas relacionados con el crecimiento óseo. Hoy día sabemos que un crecimiento demasiado rápido es contraproducente.

Como dice Cherry Hills en su libro *"Horsekeeping on a Small Acreage"* (Cuidado del Caballo en un Espacio Reducido), "El sistema digestivo del caballo se ha adaptado a un gran volumen de fibra y a poca cantidad de concentrado. El heno de buena calidad debe ser la dieta principal de tu caballo. No lo alimentes con mucho grano".

CÓLICO

Por encima de todo, la mayor amenaza contra la salud del caballo proveniente de su alimentación es el cólico.

Por definición, el cólico es dolor de vientre, un síntoma de que algo malo está pasando dentro del tracto intestinal del caballo. No obstante, es costumbre que esta palabra se use tanto para los síntomas como para la causa que los provoca. Seguiremos con esta costumbre.

El cólico, la causa más importante de muerte de caballos, puede ser el resultado de una impactación, un exceso de gases, una torsión del intestino, deshidratación o cualquier otra cosa que impida el progreso de los excrementos a través del intestino. Como el caballo no puede vomitar a fin de expulsar lo que no debería haber comido, es crucial para su salud que ingiera aquello que su organismo pueda digerir y que pueda moverse suavemente de un extremo al otro de su tracto digestivo.

En estado de libertad en el campo, el caballo puede viajar grandes distancias para conseguir la alimentación que desea. En domesticación es completamente dependiente de nosotros. Tiene que comer lo que le ponemos en el pesebre o comedero si quiere sobrevivir. Aunque los caballos pastorean intermitentemente a lo largo de todo el día, en nuestra sociedad super organizada, lo corriente es alimentarlo dos veces al día. Ahora sabemos que es mejor para él pequeñas cantidades varias veces al día. De hecho, estudios en la Escuela Veterinaria Davis, de la Universidad de California, concluyeron que alimentarlo tres o más veces al día reduce el riesgo de cólico. Para lograr esto, se han propuesto dispensadores automáticos de pienso –grano, granulados o pastillas de heno– que suministran pequeñas cantidades a intervalos programados. Con una alimentación más frecuente se evitan las ansias devoradoras y la sobrealimentación.

También sabemos que un cambio en la alimentación debe hacerse *gradualmente*, durante siete u ocho días. Aunque una de las razones para el éxito del caballo en su domesticación ha sido su habilidad para adaptarse a diferentes dietas, esta adaptabilidad lleva tiempo. La microflora que vive en el interior de su tracto digestivo está adaptada a una ración alimentaria regular. Un cambio súbito en la dieta significa que la microflora no puede metabolizar la nueva comida. Esto es lo que causa una de las clases de cólico.

Los complementos en la alimentación han sido la cara y la cruz de los caballos. Si se hace correctamente, los complementos ayudan a hacer al caballo más robusto y vital. Si no se hace bien, o indiscriminadamente, en especial cuando el dueño del caballo se deja influenciar por la publicidad de los fabricantes, se puede alterar el equilibrio nutricional. Muchos bien intencionados propietarios de caballos infrautilizados suplementan la alimentación cuando no sería necesario.

La deshidratación predispone a un cierto número de problemas de salud del caballo, siendo el más grave, como siempre, el cólico. Es mejor para el caballo proporcionarle agua a intervalos regulares que dejarle que beba mucho de una sola vez. No obstante, los caballos no necesitan agua constantemente. Si se les proporciona libremente, algunos caballos beben en exceso (llamado polidipsia nerviosa, un vicio frecuente en los caballos estabulados). Otros se vuelven intolerantes al trabajo duro y a la sed.

Tener un suministro continuo de agua, incluso durante las heladas de invierno, es otra de las innovaciones más recientes.

SOBREALIMENTACIÓN

Un aspecto negativo de la revolución en la alimentación equina se convirtió en un problema significativo hacia finales del siglo veinte y se ha agravado con el tiempo. Es una forma de malnutrición que amenaza la cultura americana, y no se limita a los caballos. Perros, gatos y sus dueños humanos también están afectados. Entre nuestros niños se ha convertido en un problema capital.

Estamos hablando de la sobrealimentación.

En los albores del siglo veintiuno, los americanos se han convertido en los más gordos de la historia. Más del 65 por ciento de la población adulta tiene sobrepeso. Y aún más alarmante: la tercera parte de nuestros niños también sufren de sobrepeso. La mayoría son francamente obesos, una situación casi desconocida hace un par de generaciones. Comemos demasiado. Nuestras raciones son demasiado grandes, y siguen creciendo. Cada vez que pedimos una ración de comida rápida, le decimos al camarero: "Póngame más patas fritas, por favor". Nuestras comidas caseras son, asimismo, demasiado copiosas y, además, "picamos" entre horas.

Nunca antes de ahora en la historia ha habido tantos pobres en una sociedad que sufre de obesidad. Un triste tributo para el éxito de nuestras naciones. Somos los productores más eficientes de alimentos de bajo coste. No sólo comemos demasiado, sino que, además, comemos el tipo de alimentos equivocados. Nuestro consumo de azúcares es prodigioso y aumenta de año en año. Consumimos un exceso de grasas y, especialmente, de grasas perjudiciales.

Aunque el control de nuestras propias dietas es un asunto de educación y autodisciplina, ¿qué pasa con nuestros animales? ¿Debemos sobrealimentar a nuestras mascotas y a nuestros caballos? Los caballos con sobrepeso son propensos a la artritis, problemas de pies y una variedad de otras patologías. Los avances más recientes en la ciencia de la nutrición nos ha proporcionado el conocimiento de cómo evitar las enfermedades nutricionales debidas a deficiencias y desequilibrios de los nutrientes esenciales. Pero, ¿qué tenemos que hacer con los *excesos*?

Sobrealimentamos a nuestros caballos, en parte porque parece favorecer su aspecto, pero también por un amor mal entendido. Como nosotros, a los caballos les gusta comer. Ellos, especialmente, pueden comer a cualquier hora, y nos hace *sentir* bien cuidar de que no pasen hambre.

Tenemos que disciplinarnos para resistir la tentación de comer más de la cuenta, tanto si es a nosotros mismos o a nuestros caballos. Debemos esforzarnos en conocer sobre nutrición lo suficiente para alcanzar ese grado de condición que no es ni demasiado flaco ni demasiado gordo. Y aún más: el caballo, como atleta que es, también debe *parecerlo*. A esto se le llama "estar en forma".

CAPÍTULO 19

TERAPIAS ALTERNATIVAS

EL TEMA DE LAS TERAPIAS ALTERNATIVAS es tan controvertido entre la clase médica que tiende a empujar a sus practicantes hacia dos posiciones extremas: aquéllos que se oponen rotundamente a ellas porque la mayoría nunca han sido aprobadas con el reconocimiento de los estamentos científicos, y aquéllos que las aceptan porque quieren creer en ellas.

Todo esto es desafortunado, pero comprensible. Algunas de las llamadas terapias alternativas escapan a un análisis racional, y aquellos de nosotros que las elevamos hasta el nivel de ciencia, les suponemos aspectos legítimos que soporten un análisis lógico y científico. Con la mayoría de estas terapias alternativas no sucede esto.

¿Significa que no funcionan? No. Y aquí surge el problema.

Evidencias anecdóticas, experiencias de personas reales que viven en el mundo real, apoyan la eficacia de ciertas terapias alternativas que no pueden ser probadas como científicamente válidas. Cuando todo ha fallado, las terapias alternativas ofrecen esperanza, lo que para algunas personas es simplemente irresistible.

Entre los veterinarios equinos, las terapias alternativas tienen una aceptación variada, quizás por la más simple de las razones: el término es demasiado amplio. Se incluyen terapias tan respetables y populares como la acupuntura, pero también están lado a lado con otras que no tienen ninguna credibilidad entre la comunidad médica, como la cristaloterapia o la aromaterapia.

Lo que complica aún más todo este asunto es que las terapias alternativas han crecido en importamcia a medida que ha pasado el tiempo. Por ejemplo, antes de 1990 la aplicación de la quiropráctica a grandes animales como el caballo se consideraba cosa de chiste en Norteamérica. Por esa época, en Australia los quiroprácticos para caballos estaban sumamente ocupados. Actualmente se ha extendido hasta América. El concepto original de la quiropráctica –que la enfermedad es causada por lesiones en la columna vertebral– sacude las mentes de los doctores modernos. Pero los "tratamientos" de quiropráctica, de hecho, ayudan a muchos pacientes humanos, y sus practicantes han demostrado que caballos con dolores responden a estos tratamientos.

¿Podría ser que no aceptamos lo que no conocemos? La honestidad intelectual nos dictaría un sincero "¡Sí!".

Pocos veterinarios equinos abandonan la probada práctica tradicional, a favor de las terapias alternativas y, cada vez, hay más que aplican ambas en combinación. Por ello las terapias alternativas son más apropiadamente consideradas como terapias complementarias y la combinación de ambas "medicina integradora".

EL PODER DE LA FE

Quizás lo más difícil de aceptar de las terapias alternativas es que parece que funcionan mejor si se cree en ellas. Esta es quizás la píldora más difícil de tragar por los más escépticos. En materia de ciencia, estamos acostumbrados a rechazar aquello que no se ha probado que es cierto. La importancia de una actitud positiva en asuntos de salud es bien comprendida y aceptada, pero también esperamos que la medicina funcione independientemente de que pensemos que va a funcionar. En el mundo de las medicinas alternativas, la conexión cuerpo-mente es tan fuerte que la fe en la curación es prácticamente un prerrequisito casi indispensable para el éxito.

Al tratar a caballos, no importa mucho lo que podamos pensar, pero nuestros deseos de conseguir ciertos resultados pueden empañar nuestra percepción de lo que ha sucedido realmente. Es importante recordar que la mayoría de los problemas de salud en caballos y en humanos desaparecen por sí mismos. Cualquier terapia administrada durante la enfermedad o lesión puede, por lo tanto, parecer la responsable de la mejoría del paciente.

Pero dejemos de generalizar. Demos un vistazo a algunas terapias alternativas específicas que están en boga hoy en día.

ACUPUNTURA Y MOXIBUSTIÓN

Las terapias alternativas más usadas en la actualidad son la acupuntura y algunas otras que son parte de la "medicina china tradicional".

En el tratamiento con acupuntura unas extremadamente finas agujas se insertan en la piel del caballo, en lugares muy concretos y conocidos como "puntos de acupuntura". El número de agujas, la profundidad de penetración, en lugar del cuerpo y el tiempo que deben estar colocadas varía con la meta que se quiera alcanzar con el tratamiento. El caballo apenas sufre un poco de incomodidad.

Los puntos de acupuntura están situados a lo largo de las "líneas de meridiano", que están definidas como líneas de energía que fluye a través del cuerpo. Insertando las agujas se dice que se estimula la energía corporal y provoca un incremento o un retorno del flujo de energía en la parte correspondiente del cuerpo. Estimula la circulación y el sistema nervioso, ayudando a que dicha área recupere su funcionamiento normal.

Para reforzar una sesión de acupuntura, las agujas deben colocarse para que emitan unos casi imperceptibles impulsos eléctricos. Con la moxibustión se trata de quemar unas hierbas de moxa(*) en unos soportes especiales cerca de los puntos de acupuntura, y añade el elemento calor con el propósito de estimular aún más la circulación.

La acupuntura se usa para calmar el dolor en una gran variedad de situaciones.

ACUPRESIÓN

Similar a la técnica japonesa del Shiatsu, la acupresión es la acupuntura, pero sin agujas. Se usan los dedos para ejercer una presión firme en puntos específicos del cuerpo del caballo. Se dice que produce resultados positivos relacionados con la inmunidad, los sistemas linfático y circulatorio, mientras reduce el ritmo de las pulsaciones del corazón, calmando el dolor, los nervios y provocando un sentimiento de satisfacción y bienestar.

La acupresión produce unos resultados similares a los de la acupuntura, aunque parecen menos espectaculares. Se sugiere que las realice el dueño del caballo, entre las sesiones profesionales de acupuntura.

HOMEOPATÍA

La homeopatía se basa en la "ley de las similitudes", o el principio de que "lo similar se cura con lo similar". Fue desarrollada a principios del siglo diecinueve por el científico alemán Samuel Hahnemann, que creía que la

---

(*) Moxa/Moxibustión: Es una terapia oriental que utiliza la raíz de la planta artemisa prensada y conformada en forma de cigarro puro, llamado "moxa", que se quema en la proximidad de la piel del enfermo, bien sujeta a las agujas de acupuntura o acercándola a la piel. (N. del T.)

sustancia que causa ciertos síntomas en una persona sana puede usarse para curar los mismos síntomas en una persona enferma.

Frecuentemente, la sustancia que se usa en un remedio homeopático sería tóxica para el paciente si no estuviera extremadamente diluida. La dilución es normalmente del orden de unas pocas partes por millón. Se hace a través de múltiples diluciones, agitadas vigorosamente entre una y otra.

Se dice que la potencia de una solución homeopática concreta depende de las veces que se haya diluido y agitado. No obstante, se supone que la dilución se hace más potente en cada etapa en lugar de menos, un aspecto de la homeopatía difícil de aceptar por la mayoría. Químicamente, no debe quedar nada de la sustancia original en la última solución, pero se ha sugerido que toda sustancia deja detrás de sí sus "huellas", o, en la jerga de los físicos cuánticos, "campos de energía", que quizás algún día puedan explicar satisfactoriamente esa potenciación.

Es mejor dejar en manos del veterinario la prescripción de un tratamiento homeopático. Algunas veces se usa para reducir el estrés, la inflamación, problemas de los órganos internos y el tratamiento de problemas en lugares específicos del cuerpo, como la piel y los cascos. Aunque la homeopatía es generalmente rechazada por la ciencia médica, se usa por algunos veterinarios.

QUIROPRÁCTICA

La quiropráctica es la manipulación de las articulaciones, especialmente de la columna vertebral, para provocar una respuesta terapéutica. El concepto original de la quiropráctica de que la dolencia es causada por subluxaciones (dislocaciones parciales) de la columna, está desfasado. No obstante, se acepta el principio de que la disfunción vertebral provoca dolor y disfunción generalizada.

La manipulación de ciertas partes del cuerpo puede ayudar en ciertas condiciones ortopédicas, y los caballos han respondido bien a tales manipulaciones hechas por quiroprácticos.

Los ajustes quiroprácticos, generalmente, son realizados por manipulación manual, con estiramientos o presiones sobre el caballo, de formas diferentes, con el objetivo de tratar la disfunción en las lesiones de los tejidos blandos o articulares (flexibilidad). Algunas veces, los quiroprácticos usan macitos de caucho manuales, o una variedad más nueva, que usa un resorte con la que se puede aplicar una presión muy precisa.

De acuerdo a la American Association of Equine Practitioners, según un artículo aparecido en Los Angeles Times, el 25 de mayo de 2004, más del 60 por ciento de los veterinarios equinos han enviado caballos a tratar por quiroprácticos expertos en caballos.

HIERBAS

Las hierbas medicinales se han usado ampliamente desde tiempos inmemoriales e, incluso hoy día, muchas drogas farmacéuticas se hacen aún partiendo de compuestos de hierbas naturales o copias sintéticas de los mismos. No obstante, la planta en sí misma no se usa nunca. Los investigadores identifican y aíslan sólo el principio activo o el componente principal, descartando el resto de la planta, y convirtiendo los componentes en concentrados refinados que suelen ser más potentes, actúan más rápidamente y de duración más corta.

La medicina natural a base de hierbas está volviendo a la planta verde en su totalidad, en la creencia de que la combinación de los componentes químicos de la planta contribuye a lograr beneficios positivos, beneficios que suelen ser más lentos en aparecer, pero que son más duraderos y, en general, son mejores para el paciente.

Las hierbas usadas en los tratamientos de caballos incluyen la yuca, Pau d'Arco(*), ajo, psyllium, algas, melaza de caña, diente de león, y áloe vera. Las fórmulas de hierbas chinas también están disponibles para caballos. Las hierbas son buenas para la tos, la estimulación del sistema inmunológico, úlceras de estómago, problemas de cólicos crónicos, enfermedades respiratorias, desórdenes digestivos y para la irritabilidad en las yeguas. Algunas hierbas, como la raíz de valeriana, tiene fama de ser un calmante muy efectivo.

Usar las hierbas equivocadas o una mala combinación de ellas puede ser perjudicial; por ello hay que consultar con un veterinario o herborista experto en estas terapias.

LÁSER

El láser es una nueva tecnología implicada en las nuevas terapias. Las ondas de luz coherente se usan para tratar desde problemas oculares hasta lesiones musculares o de los tendones. Dependiendo del problema a tratar, el rayo de luz debe dirigirse directamente hacia el área lesionada o a los puntos de acupuntura.

(*) Planta arbórea que se cría en Brasil y de la que pueden extraerse esencias curativas. (N. del T.)

Diferentes productos proporcionan la terapia del láser de diferentes maneras. Algunos sistemas usan un grupo de LEDs (diodos emisores de luz) sobre almohadillas que pueden fijarse a la zona que hay que tratar. Los LEDs pueden programarse para que se enciendan de manera prescrita para lograr el efecto deseado.

Otros aparatos de láser son parecidos a luces de flash, disparando un rayo de luz que se controla manualmente.

La terapia del láser puede ser valiosa sobre todo para estimular la curación cuando un caballo no puede tolerar ciertas medicaciones. Continuamente se encuentran nuevas aplicaciones de esta técnica.

LA TERAPIA DEL MAGNETISMO

Actualmente hay en el mercado más de 5.000 productos para el campo de la terapia del magnetismo en todo el mundo. Es un método de curación que se usa desde hace cientos de años. Es fácil de usar y fácil de comprender, aunque sigue estando controvertido por la comunidad médica. La mayoría aduce que no ha sido probado científicamente.

La teoría es que, colocando imanes cerca de una parte concreta del cuerpo, se crea allí un campo magnético. El hierro que contiene la sangre se carga de energía por el campo magnético y se incrementa asimismo la circulación, junto con el aporte de oxígeno al funcionamiento celular. El incremento en la intensidad de la circulación es común a las terapias alternativas, que se dice ayuda a que el organismo se cure por sí mismo.

La terapia magnética se usa en el tratamiento de fracturas, heridas, enfermedades degenerativas de las patas, deficiencias circulatorias, distensión de ligamentos y problemas en las articulaciones. Los imanes se presentan en envoltorios que pueden aplicarse a los corvejones o cuartillas. Se dispone de mantas con imanes dispuestos estratégicamente. Incluso se pueden pegar pequeños imanes a los cascos del caballo para incrementar el crecimiento de los mismos, de nuevo gracias a un aumento de la circulación.

EL MASAJE TERAPÉUTICO

Casi todo el mundo hemos experimentado los beneficios positivos del masaje. Referente a los caballos, puede ir desde la suave y relajante caricia que le hace su propietario hasta el tratamiento de los tejidos profundos hecho por un profesional.

El masaje sobre los tejidos profundos puede reducir el dolor muscular, mejora el rendimiento y acelera la recuperación después de una lesión. La fortaleza física y el conocimiento de los músculos y la estructura esquelética del caballo son ventajas que posibilitarán el trabajo. Curiosamente, no es necesaria la vista. El terapeuta equino experto en masajes Ray Morris, de Nueva Zelanda, es ciego y frecuentemente aconseja a sus estudiantes que cierren los ojos si están teniendo problemas al masajear un caballo. El sentido del tacto parece que se agudiza cuando se reduce la cantidad de señales recibidas por los otros sentidos.

No todos los profesionales masajistas tienen el mismo nivel de entrenamiento o experiencia, y aún no existe una certificación oficial estandarizada. Si quieres acudir a uno de estos profesionales es mejor que te dejes aconsejar por tu veterinario.

Un masaje ligero puede realizarlo el mismo dueño del caballo en cualquier momento, y esto produce beneficios adicionales, tanto haciendo que el caballo se acostumbre a ser tocado en todo el cuerpo, como aumentando considerablemente la profundidad de la relación entre caballo y humano.

TERAPIA DE ONDAS DE CHOQUE EXTRACORPÓREAS

Desde principios de los 80, la terapia de ondas de choque extracorpóreas se ha usado con éxito en el tratamiento de piedras del riñón y cálculos biliares. Ondas de choque acústicas administradas desde el exterior del cuerpo pulverizan las piedras, de manera que puedan eliminarse fácilmente. También se ha usado en problemas ortopédicos como el espolón del talón, las tendinitis y fracturas difíciles de soldar.

Desde 1998 la tecnología se ha aplicado a los caballos para el tratamiento de ligamentos, tejidos blandos y lesiones en los huesos que no sanan con los medios tradicionales. El objetivo no es aquí pulverizar el hueso, sino estimular la curación mejorando la circulación de la sangre y el metabolismo celular, así como estimular también el crecimiento de los ligamentos y el hueso. En el proceso, se reduce el dolor y el tiempo de rehabilitación.

Las ondas de choque acústicas usadas en medicina son como una serie de pequeñas explosiones que desplazan la masa a su alrededor. La forma en que funciona esta terapia de ondas no es aún comprendida por completo, pero se sabe que ha tenido un efecto positivo en aproximadamente un ochenta por ciento de los casos tratados en la Universidad de California, según el Dr. Jack Snyder.

Actualmente, una lesión típica de los tejidos blandos necesita tres sesiones de 2.000 disparos. Cada sesión dura unos 30 minutos. El tratamiento ortopédico normal como una fractura de fatiga se completa casi siempre en una sola sesión.

Existen en el mercado dos sistemas de ondas acústicas de presión: la terapia de ondas de choque extracorpóreas produce unas ondas de alta energía que se pueden concentrar en un punto específico del cuerpo del caballo. La terapia con ondas de presión radial genera una onda de menor energía, no concentrada. Los estudios clínicos demuestran que ambas técnicas producen efectos terapéuticos (curativos) y analgésicos (reducen el dolor). Posteriores estudios podrán determinar qué tipo de terapia produce mejores resultados para determinadas lesiones y arrojarán más luz sobre el mecanismo exacto de la técnica.

COMPLEMENTOS NUTRICIONALES

Los complementos nutricionales son alimentos suplementarios que pretenden potenciar la función y estructura corporal del caballo. Están compuestos de substancias que son presentes en la naturaleza, frecuentemente en el mismo cuerpo del caballo o en sus dietas naturales. Algunos de estos complementos se detallan a continuación:

El **MSM** (metil-sulfonato de metano), derivado de las algas, es una importante fuente de sulfatos y se recomienda para caballos con artritis y caballos de competición. También parece que ayuda en la cicatrización de heridas y puede ser útil en el tratamiento de úlceras del tracto intestinal.

La **condroitina** se extrae del cartílago de la vaca o del cerdo y del pepino de mar. Se usa para ayudar a los caballos a reparar el cartílago de sus articulaciones. Se cree que también neutraliza las enzimas destructivas de la articulación.

La **glucosamina** es otra ayuda en la reparación del cartílago articular. Se obtiene de los caparazones de crustáceos. Los productos con glucosamina contienen frecuentemente ácido ascórbico (vitamina C) y manganeso, que ayuda a la absorción. Como la condroitina, está disponible en forma líquida o en polvo, y recientemente también en inyectable.

El **cartílago de tiburón** es muy controvertido y sus usos aún están siendo estudiados. Sus posibles aplicaciones son combatir la artritis y los tumores cancerosos. Se asegura que el cartílago de tiburón previene la angiogénesis y la formación de nuevos vasos sanguíneos en los tejidos anómalos. Esto puede reducir la inflamación y detener, o quizás revertir, el crecimiento de tumores. Por el contrario, puede ralentizar la curación de heridas e interferir en el proceso de la concepción. Se han hecho estudios en humanos y en perros, pero no en caballos.

La **plata coloidal** es un suplemento mineral obtenido a partir de partículas de plata cargadas electromagnéticamente suspendidas en agua desmineralizada. Sus defensores declaran que es efectiva contra las bacterias, virus y hongos, pero su uso causa problemas. La plata permanece en el cuerpo y, si se administra en exceso, puede causar coloración azul grisácea en la piel. La plata coloidal es otra terapia de último recurso, usualmente para tratar infecciones pertinaces que no responen a los antibióticos.

La **coenzima Q10**, también conocida como ubiquinona, se produce naturalmente por el cuerpo y ayuda a transportar y convertir la grasa en energía utilizable. Las nutriciones deficitarias y los procesos normales de envejecimiento pueden hacer que disminuya, lo que afecta a los tejidos, pero especialmente al corazón. La coenzima Q10 se ha probado útil en el tratamiento de afecciones cardíacas de otros animales, pero por ahora es excesivamente cara a las dosis necesarias para un animal del tamaño de un caballo. No obstante, continúan las investigaciones para determinar si la coenzima Q10 podría ayudar a mantener el alto rendimiento en los caballos, con menos efectos secundarios dañinos.

Los complementos nutricionales no se consideran drogas y no están sujetos a control estatal. Por ello, los fabricantes pueden hacer cualquier afirmación que quieran en sus campañas de promoción. Desgraciadamente, algunas de estas afirmaciones son fraudulentas. Hay que ser precavido. Cuando se escojan estos complementos, el propietario de caballos debe tener en consideración la reputación y experiencia del laboratorio que ofrece el producto.

Como hemos dicho antes, la mayoría de las terapias alternativas no han probado científicamente ser efectivas. A pesar de esto la evidencia anecdótica (los informes de sus usuarios) las apoyan. Es importante tener claro lo que esto significa.

Ser científicamente no probado no es lo mismo que haberse probado y que no funcione. Sólo significa que la prueba no se ha hecho, que no se han sacado resultados concluyentes, o que el asunto no es posible testarlo con los medios convencionales. Asimismo, la opinión popular tampoco es una medida de la verdad. Hubo una época en la que mucha gente estaba convencida que la tierra era plana, pero esta creencia no hacía que fuera cierto.

El pensamiento científico occidental está orientado mucho más a las causas y efectos y al uso de métodos científicos para establecer lo que es verdad. Muchas terapias alternativas reflejan la filosofía de Oriente, que no funciona bajo las mismas reglas básicas; por consiguiente, es posible que nunca sea probado que son "ciertas" para satisfacción de los pensadores occidentales.

Las terapias alternativas existen en esa "tierra de nadie", ese área gris, una realidad alternativa, que es más cómodo explorar para algunas personas que para otras. Algunos se atreven con ellas porque piensan que la medicina convencional es muy rápida a la hora de medicar u operar. Algunos adoptan las alternativas cuando las opciones convencionales han fracasado. Otros simplemente para explorar otros caminos de conocimiento y otras opciones.

La primera regla del cuidado de la salud es no hacer daño. Hemos visto que la mayoría de las terapias alternativas, cuando se usan correctamente, bajo la supervisión de un veterinario, no es probable que causen daño o dolor al paciente. Esto ya es, en sí mismo, muy positivo. Si representan o no la mejor opción entre los recursos disponibles es un asunto que cada uno debe decidir.

Los misterios de la vida se desvelan a su propio ritmo. Es mucho lo que todavía no sabemos. Afortunadamente, tenemos algunas herramientas extraordinarias para luchar contra esa incerteza: una mente abierta y el escepticismo, el toma y daca del proceso intelectual. Sin el escepticismo, nos convertimos en crédulos; sin una mente abierta, nos convertimos en arrogantes. Un equilibrio entre ambas posturas nos ayudará a que comprendanos un poco más el sentido del mundo que nos rodea.

CAPÍTULO 20

LA AUTÉNTICA IMPORTANCIA DE LA REVOLUCIÓN

No Hay Nadie que se Involucre con los caballos para llegar a ser mejor persona, o para encontrar el significado de la vida, o para hacer que el mundo sea un poco mejor, pero muchas veces esto es exactamente lo que sucede.

Al principio tú vas a jugar con los caballos, porque es divertido, una diversión agradable. Luego te das cuenta de que te satisface de una forma más profunda y duradera que cualquier otro pasatiempo. Puede que seas aficionado a las motocicletas, pero tu "Harley" no te saluda relinchando por las mañanas. Hay algo muy especial en esto de los caballos que hace que quieras mejorar el trato con ellos y para ellos.

Los caballos son fuente de placer y relajación para millones de personas. (Fotos de Coco)

Pero sólo querer hacerlo mejor no es suficiente, porque esto es algo muy diferente y que va contra nuestra naturaleza de humanos. Hace falta tiempo y esfuerzo para aprender a comunicarnos efectivamente con un caballo. Debes tener ganas de volver a la escuela, a aprender y cambiar tu forma de pensar. Tienes que dejar de lado tu ego y dejarlo ahí mientras te reinventas como caballista y como ser humano.

Esta nueva persona observa, recuerda y compara. Escucha más y habla menos. Se torna responsable en lugar de señalar un culpable. Controla sus emociones. Se hace más consciente de su lenguaje corporal. Trata de mejorar. Se obliga a actuar con justicia. Cultiva su paciencia. Perdona. Vive el presente en lugar de apoyarse en el pasado o esperar en el futuro. Y, claro, pone las necesidades y deseos de otra criatura viva por delante de las suyas propias.

Y hace todo esto porque, al menos al principio, le hará ser un mejor caballista.

No será fácil. No tenemos una varita mágica o un brebaje para cambiar la naturaleza de nuestra especie más de lo que un leopardo puede cambiar las manchas de su pelaje. Hace falta trabajar, y mucho. Hace falta voluntad y persistencia, objetivo y fortaleza. En una época de diversiones sin sentido y de gratificación instantánea de nuestras ansias físicas y emocionales, aquellas virtudes no se lograrán fácilmente. Pero, si persistimos, la recompensa habrá valido la pena.

LLEVÁNDOLA HASTA LA CALLE

La revolución en la equitación nos ha dado la motivación y los medios para alcanzar una autosuperación significativa, y el mundo más allá de la industria del caballo ha tomado nota. Las grandes corporaciones, por ejemplo, han descubierto que puede inspirar diferentes formas de mejorar su liderazgo, formar equipos de trabajo más fuertes y efectivos, y fomentar un lugar de trabajo más agradable con la incorporación de los principios de la revolución en la equitación.

Algunas de estas corporaciones han llamado a Monty Roberts en busca de ayuda. Roberts ha acuñado un mensaje basado en la confianza, usando el "Join Up" como metáfora, y lo ha ofrecido a entidades como American Express, Jonhson & Johnson o Dean Witter. Educadores, psicólogos, niños autistas, adolescentes en peligro, víctimas y victimarios también se han beneficiado de los trabajos de Roberts.

El instructor Frank Bell ofrece unos cursos diarios prácticos de relación con los caballos para empleados de grandes empresas y clientes, como medio de desarrollar la concentración y el enfoque para prepararse mejor ante los retos de sus puestos de trabajo. Curiosamente, fue el trabajo del experto en ventas Dale Carnegie *(How to Win Friends and Influence People* / Cómo Ganar Amigos e Influenciar a la Gente) quien enseñó a Bell la importancia de hacer una primera buena impresión e inspiró los siete pasos del *Safety System* para preparar un

Frank Bell enseña a la gente cómo hacer una primera buena impresión a los caballos y a los humanos. (Frank Bell Collection)

caballo para montarlo. Ahora usa la equitación natural para ayudar a la gente a alcanzar su pleno potencial, cerrando así el círculo.

El instructor canadiense Chris Irwin enseña *Equine Assisted Personal Development* (Evolución Personal Asistida Equina). EAPD es una novedosa forma de "terapia experimental" para personas con un amplio abanico de necesidades, desde adolescentes y familias en crisis hasta directivos de empresa que buscan potenciar sus posibilidades. Trabajar con un caballo es una experiencia que hace que se potencie la introspección. Irwin ve la tarea previa para los humanos como un aprendizaje para comunicar y dirigir en términos que el caballo, u otra persona, en este caso, comprenda. Él llama a esto "favorecer al mejor caballo". Explica: Si nosotros, los entrenadores, profesores y terapeutas podemos facilitar que las personas aprendan 'a ser mejores caballos', estamos ayudándoles a que desarrollen y equilibren habilidades tales como la conciencia, el enfoque, la paciencia, la empatía, la reafirmación personal, los límites, la consistencia, claridad, compasión, calma, coraje y la multitarea".

El caballo es realmente un vehículo no sólo para transportarnos de un lugar a otro, sino también para elevar a la especie humana para acercarnos a esa esquiva meta que es realizar nuestro potencial humano.

EL CABALLO COMO TERAPIA

Este potencial es diferente para cada uno de nosotros. Hay quien nace con todas las ventajas. Tienen unos cuerpos y mentes sanos, entornos hogareños en los que crecer, y sus vidas transcurren sin grandes contratiempos importantes. Para estas personas, las posibilidades son prácticamente infinitas.

Otras personas están sometidas a tremendas desventajas desde que nacen; crecen en una espiral de muy pocas posibilidades de vida, o sufren enfermedades o dolencias debilitantes. Lo que el caballo puede significar para ellos es quizás, incluso, más increíble.

Por ejemplo, hace dos décadas, uno de los autores conoció a una inteligente y elocuente jovencita (la llamaremos Terry), que tenía muy disminuida su capacidad de movimiento por debajo del cuello. Una extraña enfermedad neurológica la había privado del control de la mayoría de su cuerpo. Aunque podía hacer un uso limitado de una mano, era, para todo propósito o intención, tetrapléjica.

Terry fue la fundadora de una organización para la equitación terapéutica, en Oregón. Amaba a los caballos y se rebeló a dejar que su condición le impidiera a ella misma montar a caballo. Con perseverancia, Terry adquirió una silla especial con un soporte extra para la espalda y un sistema de arneses para mantenerla en su sitio. Encontró un caballo dócil que cuidaría de ella. Y ella empezó a montar, primero por la pista y más tarde por el campo.

Poco a poco, Terry se hizo más atrevida y, al cabo de un tiempo, participó en una salida de trail en las Cascadas Wilderness. Cuando le preguntaron por qué quería hacer algo que era peligroso para cualquier jinete, pero impensable para uno en sus condiciones, contestó emocionada: "¿Cómo podría hacer que comprendiera lo que esto significa para mí", dijo: "una persona completamente dependiente, que pueda montar sola por el bosque, oír el sonido de la distante cascada, y tratar de encontrarla por mí misma? Sola. Sólo mi caballo, yo y la cascada".

A la edad de cinco meses, a Bridget McGrath se le diagnosticó espasmo infantil, un trastorno del crecimiento. Su estado se estabilizó a base de medicación y se inició un programa de fisioterapia con la esperanza de que algún día pudiera llegar a caminar. A los dos años, aún incapaz de mantenerse en pie, Bridget pareció

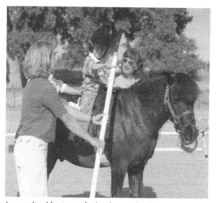

La equitación terapéutica ha probado ser muy beneficiosa en una amplia variedad de situaciones. (L. Anselmann/NARHA)

no querer luchar más. La Terapia Asistida Equina en el *Somerset Hills Handicaped Riding Center* de New Jersey hizo la diferencia.

A los seis meses Bridget podía mantenerse erguida sobre la silla, con la ayuda de voluntarios, y atrapar un hula-hoop mientras trotaba. Entonces empezó la terapia del habla. A los tres años, podía pronunciar las primeras palabras, y hoy día, a los siete años, corre por el establo llamando a su caballo por su nombre.

El caballo ha demostrado ser una poderosa terapia para el cuerpo y la mente. (L. Anselmann/NARHA)

El valor de los caballos y la equitación para individuos discapacitados ha sido reconocido desde hace siglos. Los antiguos griegos solían montar a caballo para alabar a los espíritus de aquéllos que consideraban incurables. Un estudio en 1875, en París, concluyó que la equitación puede ayudar a mejorar la postura, el equilibrio, la flexibilidad de las articulaciones, el control muscular y a elevar la moral del paciente. Actualmente ya sabemos porqué. Cuando montamos, la pelvis se mueve hacia adelante y hacia atrás, de manera similar a cuando gateamos o caminamos. La equitación ayuda a desarrollar los músculos necesarios para andar. La equitación proporciona una terapia física y motivación que es inigualable para preparar a los niños minusválidos a que puedan caminar algún día.

El caballo también ha ayudado a rasgar el misterioso velo del autismo. Niños que han estado durante años completamente incomunicados con el mundo que les rodea, han respondido a la experiencia de estar montados sobre un dócil caballo.

La equitación terapéutica organizada por todo el mundo comenzó después de que la danesa Liz Hartel ganara la medalla de plata en Doma Clásica en las Olimpiadas de Helsinki en 1952. Aunque afectada de polio, Hartel se había rehabilitado a sí misma desde la silla de ruedas hasta la silla de montar, hasta lograr alcanzar una alta calidad en equitación.

AUTISMO Y CABALLOS

El autismo es una enfermedad que afecta el desarrollo normal del cerebro en las áreas que controlan la interacción social y la comunicación. Los estímulos de todo tipo, sonidos, visión o táctiles, se perciben muy magnificados, hasta el punto de ser insoportables y dolorosos, y por ello el individuo frecuentemente se cierra en sí mismo como defensa y autoprotección. La Dra. Temple Grandin, como profesora asistente del comportamiento y manejo animal, en la Universidad del Estado de Colorado, es una autista "superreceptiva" que ha proporcionado una importante visión introspectiva de esta enfermedad. Según Grandin, los autistas avanzados no piensan en el concepto del lenguaje, sino de las imágenes y categorías, parecido a la forma en que piensan los caballos. Esto, junto con una hipersensibilidad a los estímulos sensoriales, que un autista humano también comparte con el caballo, podría explicar porqué aquél puede conectar con el caballo en una forma que no puede hacerlo con los humanos. Cualquiera que sea la razón, la equitación terapéutica ha significado un avance importantísimo en esta área.

Hacia 1969 se fundó una organización conocida como *North American Riding for the Handicapped Association* (Asociación Norteamericana de la Equitación Asistida para Minusválidos), o sea NARHA. No hay una organización en todo Estados Unidos tan respetada y apreciada dentro de la industria del caballo como ésta, y varias corporaciones, clínicas y el público en general la subvencionan ampliamente.

No sería justo declarar que la revolución en la equitación natural es la responsable por el auge de la moderna equitación terapéutica. Ambas se han desarrollado de forma paralela a través de las últimas tres décadas, aunque sí es cierto que son altamente compatibles y persiguen metas complementarias. La principal diferencia es una que hay que destacar. Con la equitación terapéutica, la meta final es instruir y mejorar al ser humano. Con la equitación natural, la meta final es el desarrollo de una asociación entre caballo y humano, y la instrucción del humano es el medio para alcanzar esta meta.

Horsemanship y rehabilitación se cruzan espectacularmente en los Programas de Amansar Mustangs que se vienen celebrando en numerosas prisiones en los Estados Unidos. El *Comstock Wild Horse Program*, mencionado anteriormente, es un ejemplo. El *Hutchinson Correctional Facility Wild Horse Program*, en Hutchinson, Kansas, es otro. El lema de este Centro "Saving horses / changing men" (Salvar caballos/cambiar hombres), lo dice todo. Para participar en este programa de amansar y preparar caballos mustangs salvajes para ser subastados, un interno debe dejar de lado el orgullo y el propio ego y aprender a controlar sus emociones y su comportamiento. Él debe

Un interno conecta con un caballo en el Hutchinson Correctional Facility, cuyo lema es "Salvar caballos/Salvar hombres". (Hutchinson Correctional Facility)

trabajar en una meta a largo plazo y esperar mucho hasta recibir la recompensa.

Para un interno, el caballo puede representar la primera relación totalmente honesta de su vida. El caballo no engaña. No existe una segunda intención en el comportamiento del caballo. Para tener éxito, el interno debe ser observador, percibir el menor cambio y premiarlo. Debe estar preparado y pensar anticipadamente, y debe proporcionarle descanso y recompensa. Más que nada, tiene que desarrollar la empatía, la habilidad para ver el mundo a través de los ojos del otro individuo, una habilidad que en la mayoría de las instituciones penitenciarias no se ha promovido. Cuando el interno aprende a desarrollar la confianza en el caballo salvaje, también viene a confiar en que existen otros caminos para su propia vida.

La revolución en la equitación es una revolución en las relaciones entre caballos y personas y con el mundo en que ambos viven.

TIEMPO

La impaciencia es algo muy corriente en la vida actual del hombre. En nuestras vidas, estamos acostumbrados a medicamentos de efecto rápido, productos para ahorrar tiempo y soluciones inmediatas. Esto es una insidiosa y muda aceptación en casi todo lo que hacemos, en que *este momento* no vale la pena saborearlo, pues tenemos que apresurarnos para poder conseguir otro momento que podamos disfrutar. El problema para la mayoría de nosotros es que nunca llegamos a alcanzar aquel momento realmente valioso.

La vida es aquello que nos sucede mientras esperamos que suceda.

El caballo nos responde mejor cuando bajamos el ritmo y vivimos ese momento con los sentidos y la mente totalmente comprometidos. Cuánto tiempo durará esto es algo que no significa nada para el caballo. Los maestros en la equitación natural actuales sugieren con frecuencia que dejemos el reloj y el móvil en casa cuando estemos trabajando con nuestro caballo, y nos acordemos de una encomiable expresión del gran jugador de beisbol Yogi Berra(*): "Tómate el tiempo que haga falta, y entonces te hará falta menos tiempo".

Pocos afortunados podemos olvidarnos del elemento tiempo en nuestras vidas, pero ciertamente podemos reducir nuestra dependencia de él. Haciendo esto, quizás podremos dejar de correr un poco. Quizás pensaremos en lo que estamos haciendo ahora mismo, en lugar de pensar en lo que haremos después. Quizás encontraremos la dicha en vivir la vida, en lugar de tratar de alcanzar la meta final. Quizás ahora aprenderemos a disfrutar del viaje. Si es así, debemos darle gracias al caballo por ello.

¿POR QUÉ LA REVOLUCIÓN?

Ahí lo tienen: una revolución en la equitación.

Esta revolución ha hecho más fácil, segura y más placentera para los humanos la interacción con los caballos para propósitos recreativos. En nuestras ocupadas, estresadas vidas esto podría ser suficiente para hacer de ello un momento histórico. Pero hemos visto que aquí hay algo mucho más profundo. Mucho más que mejorar la calidad de nuestra diversión, esta revolución ha mejorado sensiblemente la calidad de nuestras vidas.

Nos ha enseñado que el ser humano, todos los seres humanos, tienen algo mucho más valioso que pueden hacer en su desarrollo. Nos ha retado a intentarlo con más perseverancia, a pensar más claramente y a sentirnos más realizados como seres humanos, más de lo que se esperaba para esta especie.

(*) Lawrence Peter "Yogui" Berra. Afamado jugador y manager de béisbol en los Yankees de Nueva York. De origen italiano, nació en 1925 en San Louis, Missouri. Debido a su aspecto moreno y a esperar su turno al bate sentado con las piernas cruzadas, decían que se parecía a un santón hindú, un "yogui". De ahí su apodo, que años más tarde inspiró a los dibujantes Hanna y Barberá al crear el personaje del "Oso Yogui"(Yogui Bear).

Pero, ¿por qué el caballo?

El caballo es la antítesis del ser humano. Es la presa suprema para el cazador supremo. No podía haber dos especies más incompatibles sobre la tierra y, no obstante, cuando se le ofrece la oportunidad, el caballo nos complementa. Es el día en nuestra noche, el calor en nuestro frío, la luz en nuestra oscuridad. En expresión más afín a nuestra mentalidad occidental, el caballo es el ying a nuestro yang.

Quizás es por esta razón que se ha producido la revolución: para pro-porcionarnos un arma poderosa para desarrollar nuestra humanidad por

Cuando se le da la oportunidad, el caballo nos complementa. (Stephan Miechel)

completo, la parte que no se nos ha dado genéticamente, la parte que, de hecho, va contra nuestra herencia genética de instinto predador. La parte que debemos trabajar para alcanzar y que, por tanto, es la más valiosa para nosotros.

¿Quién será capaz de no estar de acuerdo en que el mundo sería un lugar mejor si nuestro liderazgo fuera más benevolente, nuestros propósitos más claros, nuestras intenciones más honorables, nuestro comportamiento consecuente y nuestras relaciones empáticas? Este ha sido el mensaje de los incontables líderes religiosos y sociales a lo largo de toda la historia, y ahora llega de nuevo hasta nosotros de la mano de un mensajero equino, anteriormente una bestia de carga, que era, por lo demás, irrelevante en nuestra vida moderna. No es la primera vez que verdades importantes nos han llegado por medio de mensajeros irrelevantes.

El caballo iba camino de convertirse en una curiosidad histórica, algo para leer en los libros de historia o verlo en los zoos. Pero ha vuelto de una forma totalmente diferente a lo que era antes. Quizás ha vuelto para salvarnos.

Todos nosotros sabemos que hay algo diferente y especial en esto de los caballos. Pero quizás es que, en realidad, hay algo diferente y especial en nosotros cuando estamos con ellos. Nos damos cuenta de que en el caballo están los medios para que podamos alcanzar nuestra verdadera vocación como humanos. Quizás ésta es la verdadera importancia de la revolución en la equitación.

EPÍLOGO

Una muestra de la magnitud de esta revolución en la equitación es la gran cantidad de respetables participantes –instructores, entrenadores, jinetes, escritores y otros– que han sido mencionados en estas páginas.

A algunos los conocemos. A otros no. Algunos buscan la fama, mientras otros prefieren evitarla. Algunos harán futuras aportaciones que no podemos ni imaginar. Todos vosotros merecéis nuestra admiración y gratitud, porque habéis mostrado este nuevo camino a la gente, resaltando lo mejor de los caballos y también de los humanos, y haciendo este mundo un poco mejor para todos nosotros.

APÉNDICE:
MAESTROS DE HORSEMANSHIP

Nombre	Teléfono	Página Web
Alfonso Aguilar	005-443-303-5101	
Craig Alexander	505-876-4909	
Clinton Anderson	888-287-7432	www.clintonanderson.net
Doug Babcock	785-675-3080	www.dougbabcock.com
Mike Beck	831-484-2810	www.mikebeck.com
Frank Bell	800-871-7635	www.horsewhisperer.com
Eitan Beth-Halachmy	530-346-2715	www.cowboydressage.com
Ted Blocker	503-631-2380	www.blockerranch.com
Buck Brannaman		www.brannaman.com
Mike Bridges	530-344-1133	www.mikebridges.net
Peggy Brown	419-865-8308	www.anatomyinmotion.com
Lester Buckley	808-325-5567	
Brad Cameron	406-961-1381	www.muletrainer.com
Craig Cameron	800-274-0077	www.craigcameron.com
Peter Campbell	800-349-7078	www.willingpartners.com
Chris Cox	940-327-8113	www.chris-cox.com
Peggy Cummings	800-310-2192	www.peggycummings.com
Leslie Desmond		www.lesliedesmond.com
Paul Dietz	623-742-7285	www.pauldietzhorsemanship.com
Steve Edwards	602-401-9703	www.muleranch.com
Greg Eliel	509-968-4234	www.gregeliel.com
Matt Gable	704-663-4851	www.gablehorsemanship.com
J. P. Giacomini	281-934-1736	www.equus.net
Jayne Glenn	+61 3 57773831	www.wranglerjayne.com
Julie Goodnight	719-530-0531	www.juliegoodnight.com
Karen Parelli Hagen	209-785-7066	www.naturalhoofprints.com
Van Hargis	903-383-2160	www.vanhargis.com
Kenny Harlow	434-983-2221	www.kennyharlow.com

Esta información se facilita solamente para conveniencia de nuestros lectores.
No nos hacemos responsables de cualquier inclusión u omisión de los datos.

Clay Harper	719-942-4429	www.clayharperinc.com
Susan Harris	607-753-7357	www.anatomyinmotion.com
Cherry Hill		www.horsekeeping.com
Meredith Hodges	970-663-0066	www.luckythreeranch.com
Wil Howe	800-987-7875	www.wilhowe.com
Ray Hunt	208-587-4192	www.rayhunt.com
Mel Hyland	403-362-8220	
Chris Irwin	877-394-6773	www.chrisirwin.com
Bob Jeffreys	845-692-7478	www.bobjeffreys.com
Shawna Karrasch	800-638-2090	www.on-target-training.com
Alexandra Kurland		www.theclickercenter.com
Rick Lamb	877-843-4677	www.ricklamb.com
Willis Lamm		www.kbrhorse.net
John Lyons	970-285-9797	www.johnlyons.com
Josh Lyons	970-285-9797	www.joshlyonstraining.com
Marty Marten	303-665-5281	www.martymarten.com
Dr. Jim McCall	870-554-2450	www.the-old-place.com
Buster McLaury		users.elknet.net/ circlewind
KenMcNabb	307-645-3149	www.kenmcnabb.com
Dr. Robert Miller		www.robertmmiller.com
Terry Myers	740-666-1162	www.tmtrainingcenter.com
Bryan Neubert	530-233-3582	www.bryanneubert.com
Lynn Palm	800-503-2824	www.lynnpalm.com
Pat Parelli	800-642-3335	www.parelli.com
Linda Parelli	800-642-3335	www.parelli.com
Curt Pate		www.curtpate.com
GaWaNi Pony Boy		www.ponyboy.com
Sam Powell	615-826-2826	www.asksampowell.com
Mark Rashid	866-577-9944	www.markrashid.com
Dennis Reis	800-732-8220	www.reisranch.com
Michael Richardson	254-796-4001	www.michaelbrichardson.com
Monty Roberts	888-826-6689	www.montyroberts.com
Steve Rother	503-970-4002	www.horseteacher.com
Dave Seay	540-582-5815	www.seayhorse.com
Karen Scholl	888-238-3447	www.karenscholl.com
Richard Shrake	541-593-1868	www.richardshrake.com
Steve Sikora	480-232-3261	www.ssequinetraining.com
Bill Smith	307-864-5671	
Lee Smith	480-633-2618	www.leesmithdiamonds.com
Dan Sumerel	800-477-2516	www.sumereltraining.com
Sally Swift	215-438-1286	www:centeredriding.org

Linda Tellington-Jones	800-854-8326	www.lindatellingtonjones.com
Jerry Tindell	760-948-1172	www.jerrytindell.com
Terry Tryon	812-877-6190	www.leanintranch.com
Don West	800-821-3607	www.donwest.net
Harry Whitney	800-267-4729	www.harrywhitney.com
Charles Wilhelm	510-886-9000	www.cwtraining.com
Richard Winters	805-640-0956	www.wintersranch.com
Patrick Wyse	406-266-3311	www.horsewyse.com

BIBLIOGRAFÍA Y LECTURAS RECOMENDADAS

ANDERSON, CLINTON. *Clinton Anderson's Downunder Horsemanship: Establishing Respect and Control for English and Western Riders.* Trafalgar Square Publishing, North Pomfret, VT: 2004.

ARRIGON, JAMES R. *Mental Equitation.* Alpine Publications, Loveland, CO: 1999.

BEERY, JESSE. *A Practical System of Colt Training.* The Parmenter Printing Co., Lima, OH: 1896.

——. *Prof. Beery's Illustrated Course in Horse Training* (eight booklets). The Jesse Beery Company, Pleasant Hill, OH: 1908.

——. *Prof. Beery's Saddle-Horse Instructions (five booklets).* The Jesse Beery Company, Pleasant Hill, OH: 1909.

BELASIK, PAUL. *Dressage for the 21st Century.* Trafalgar Square Publishing, North Pomfret, VT: 2001.

BENEDIK, LINDA, AND VERONICA WIRTH. *Yoga for Equestrians.* Trafalgar Square Publishing, North Pomfret, VT: 2000.

BENNETT, DEB, PH.D. Conquerors: *The Roots of New World Horsemanship.* Amigo Publications, Solvang, CA: 1998.

BLAZER, DON. *Horses Don't Care About Women's Lib.* Joyce Press, Inc., San Diego, CA: 1978.

——. *Nine Secrets of Perfect Horsemanship.* Success Is Easy, Cave Creek, AZ: 1998.

BOWKER, NANCY. *John Rarey: Horse Tamer.* J. A. Allen & Company, Ltd., London, England: 1996.

BRANNAMAN, BUCK. *Groundwork: The First Impression.* Rancho Deluxe Design, Marina Del Rey, CA: 1997.

——. *The Faraway Horses.* The Lyons Press, Guilford, CT: 2001.

BRENNAN, MARY L., D.V.M. *Complete Holistic Care and Healing for Horses: The Owner's Veterinary Guide to Alternative Methods and Remedies.* Trafalgar Square Publishing, North Pomfret, VT: 2001.

BROWN, SARA LOWE. *Rarey, the Horse's Master and Friend.* F. J. Heer and Company, Columbus, OH: 1916.

——. *The Horse Cruiser and the Rarey Method of Training Horses.* F. J. Heer and Company, Columbus, OH: 1925.

CAMERON, CRAIG, AND KATHY SWAN. *Ride Smart: Improve Your Horsemanship Skills on the Ground and in the Saddle.* Western Horseman, Colorado Springs, CO: 2004.

CARNEGIE, DALE. *How to Win Friends and Influence People.* Simon and Schuster, New York, NY: 1936.

CAVENDISH, WILLIAM. *A General System of Horsemanship.* 1658.

——. *A New Method and Extraordinary Invention to Dress Horses and Work Them According to Nature.* 1667.

CONNELL, ED. *The Hackamore Reinsman.* The Longhorn Press, Cisco, TX: 1952.

——. *Reinsman of the West: Bridles & Bits.* Lennoche Publishers, Bakersfield, CA: 1964.

CUMMING, PEGGY. *Connected Riding.* Primedia Enthusiast Publications, Inc., Gaithersburg, MD: 1999.

DE KUNFFY, CHARLES. *The Ethics and Passions of Dressage.* Half Halt Press, Incorporated, Middletown, MD: 1993.

DORRANCE, BILL, AND LESLIE DESMOND. *True Horsemanship Through Feel.* Diamond Lu Productions, Novato, CA: 1999.

DORRANCE, TOM. *True Unity: Willing Communication Between Horse and Human.* Give-It-A-Go Enterprises, Bruneau, ID: 1987.

DUARTE I, DOM. *Livro de Ensynanca de Bem Cavalgar toda a Sela.* 1434.

EDWARDS, ELWYN HARLEY, ED. *Encyclopedia of the Horse.* Crescent Books, Avenel, NJ: 1994.

EVANS, NICHOLAS. *The Horse Whisperer.* Delacorte Press, New York, NY: 1995.

EVANS, J. WARREN. *Horses, a Guide to Selection, Care and Enjoyment.* W. H. Freeman and Company, New York, NY: 1989.

FOREMAN, MONTE, AND PATRICK WYSE. *Monte Foreman's Horse-Training Science.* University of Oklahoma Press, Norman, OK: 1983.

GALVAYNE, SYDNEY. *Horse Dentition: Showing How to Tell Exactly the Age of a Horse up to Thirty Years.* Thomas Murray, Glasgow, Scotland: 1885, 1950.

——. *The Horse: Its Taming, Training and General Management: with Anecdotes &c. Relating to Horses and Horsemen.* Thomas Murray, Glasgow, Scotland: 1888.

——. *War Horses Present and Future, or, Remount Life in South Africa.* London, England: 1902.

——. *The Twentieth Century Book of the Horse.* Robert Atkinson Limited, London, England: 1905.

GRISONE, FEDERICO. *Textbook on Riding.* 1555.

DE LA GUÉRINIÈRE, FRANÇOIS ROBICHON. *École de Cavalerie.* 1729.

HAWORTH, JOSEPHINE. *The Horsemasters: The Secret of Understanding Horses.* Methuen, London, England: 1983.

HAYES, ALICE. *The Horsewoman: A Practical Guide to Side-Saddle Riding.* W. Thacker & Company, London, England: 1893.

HAYES, M. HORACE, F.R.C.V.S. *Veterinary Notes for Horse Owners.* Thacker, Spink & Company, Calcutta, India: 1877.

——. *Riding on the Flat and Cross Country.* W. Thacker & Company, London, England: 1881.

——. *Illustrated Horse Training.* W. Thacker & Company, London, England: 1889, 1896.

——. *Points of the Horse.* W. Thacker & Company, London, England: 1893.

——. *Training and Horse Management in India.* Thacker, Spink & Company, Calcutta, India: 1893.

——. *Among Men and Horses.* T. Fisher Unwin, London, England: 1894.

——. *Stable Management and Exercise.* Hurst & Blackett, Ltd., London, England: 1900.

——. *Riding and Hunting.* Hurst & Blackett, Ltd., London, England: 1901.

HENDERSON, CAROLYN, ED. *The New Book of Saddlery & Tack.* Howell Book House, New York, NY: 1998.

HILL, CHERRY. *Becoming an Effective Rider.* Storey Communications, Inc., Pownal, VT: 1991.

——. *Making Not Breaking.* Breakthrough Publications, Inc., Ossining, NY: 1992.

——. *Horsekeeping on a Small Acreage.* 2nd ed. Storey Publishing, North Adams, MA: 2005.

HILL, CHERRY, AND KLIMESH RICHARD, C.J.F. *Maximum Hoof Power.* Howell Book House, New York, NY: 1994.

HOLMES, TOM. *The New Total Rider.* Half Halt Press, Boonsboro, MD: 2001.

HUNT, RAY. *Think Harmony with Horses.* Give-It-A-Go Enterprises, Bruneau, ID: 1978.

IRWIN, CHRIS. *Horses Don't Lie*. Great Plains Publications, Ltd., Winnipeg, Manitoba, Canada: 1998.

JACKSON, JAIME. *The Natural Horse*. Star Ridge Publishing, Harrison, AR: 1992.

——. *Horse Owners Guide to Natural Hoof Care*. Star Ridge Publishing, Harrison, AR: 1999.

JAHIEL, JESSICA, PH.D. *Riding for the Rest of Us*. Howell Book House, New York, NY: 1996.

——. *The Horseback Almanac*. Lowell House, Los Angeles, CA: 1998.

——. *The Complete Idiot's Guide to Horseback Riding*. Alpha Books, Indianapolis, IN: 2000.

——. *The Horse Behavior Problem Solver*. Storey Publishing, North Adams, MA: 2004.

JEFFERY, KELL B. *A New Deal for Horses*. Australia.

JOHNSON, DUSTY. *Saddle Savvy, a Guide to the Western Saddle*. Saddleman Press, Loveland, CO: 1998.

JONES, DAVE. *Practical Western Training*. University of Oklahoma Press, Norman, OK: 1968.

JURGA, FRAN. *Understanding the Equine Foot*. The Blood-Horse, Inc., Lexington, KY: 1998.

KARRASCH, SHAWNA AND VINTON. *You Can Train Your Horse to Do Anything*. Trafalgar Square Publishing, North Pomfret, VT: 2000.

KEVIL MIKE. *Starting Colts*. Western Horseman, Inc., Colorado Springs, CO: 1992.

KIRK, DES. *Horse Breaking Made Easy with Des Kirk*. Des Kirk, Australia: 1977.

——. *The Gentle Art of Horse Breaking*. Phyllis Kirk, Australia.

KURLAND, ALEXANDRA. *Clicker Training for Your Horse*. Sunshine Books, Inc., Waltham, MA: 1998.

——. *The Click that Teaches*. The Clicker Center, LLC, Delmar, NY: 2003.
LOCH, SYLVIA. *The Classical Rider*. Trafalgar Square Publishing, North Pomfret, VT: 1997.

LYONS, JOHN. *The Making of a Perfect Horse: Communicating with Cues, Part 1*. Belvoir Publications, Inc., Greenwich, CT: 1998.

——. *The Making of a Perfect Horse: Communicating with Cues, Part II*. Belvoir Publications, Inc., Greenwich, CT: 1999.

——. *Bringing Up Baby*. Primedia Enthusiast Publications, Gaithersburg, MD: 2002.

LYONS, JOHN, AND SINCLAIR BROWNING. *Lyons on Horses*. Doubleday, New York, NY: 1991.

MACLEAY, JENNIFER M., D.V.M., PH.D. *Smart Horse: Training Your Horse with the Science of Natural Horsemanship*. J & J Press, Fort Collins, CO: 2000.

MAGNER, DENNIS. *The Classic Encyclopedia of the Horse*. Warren, Johnson & Company, Buffalo, NY: 1875.

——. *The New System of Educating Horses*. Lovell Printing and Publishing Company, Rouses Point, NY: 1876.

——. *The Art of Taming and Educating the Horse*. Review and Herald Publishing, Battle Creek, MI: 1884.

——. *Magner's Standard Horse and Stock Book*. Werner Company, Chicago, IL: 1897.

——. *Magner's Horse Book and Veterinary Handbook. 1906.*

——. *The Standard Horse Book*. Saalfield Publishing, Akron, OH: 1913.

MARLEWSKI-PROBERT, BONNIE. *Debugging Your Horse*. K & B Products, Red Bluff, CA: 1996.

MARTEN, MARTY. *Problem Solving*. Western Horseman, Inc., Colorado Springs, CO: 1998.

MCBANE, SUSAN, AND HELEN DOUGLAS-COOPER. *Horse Facts*. Barnes & Noble Books, New York, NY: 1991.

MCCALL, JAMES, PH.D. *Influencing Horse Behavior*. Alpine Press, Inc., Loveland, CO: 1988.

——. *The Stallion: A Breeding Guide for Owners and Handlers*. Howell Book House, New York, NY: 1995.

MCCALL, JAMES, PH.D., AND LYNDA MCCALL. *Horses Behavin' Badly: Training Solutions for Problem Behaviors*. Half Halt Press, Boonsboro, MD: 1997.

MILLER, ROBERT M., D.V.M. *Health Problems of the Horse*. Western Horseman, Inc., Colorado Springs, CO: 1967, 1998.

——. *Imprint Training of the Newborn Foal*. Western Horseman, Inc., Colorado Springs, CO: 1991.

——. *Understanding the Ancient Secrets of the Horse's Mind*. Russell Meerdink Company, Neenah, WI: 1999.

MILLER, ROBERT W. *Western Horse Behavior & Training*. Doubleday Publishing, New York, NY: 1974.

MURRAY, TY. *Roughstock.* EquiMedia Corporation, Austin, TX: 2001.

OFFUTT, DENTON. *Best and Cheapest Book on the Management of Horses, Mules, &c.* Wm. Greer, Washington, D.C.: 1843.

——. *A Method of Gentling Horses, their Selection, and Curing their Diseases.* 1846.

——. *A New and Complete System of Teaching the Horse on Phrenological Principles.* 1848.

——. *The Educated Horse.* Washington, D.C.: 1854.

ORTEGA, LUIS B. *California Stock Horse.* News Publishing Company, Sacramento, CA: 1949.

PARELLI, PAT. *Natural Horsemanship.* Western Horseman, Inc., Colorado Springs, CO: 1993.

PLUVINEL, ANTOINE DE LA BAUME. *Le Manege Royal par Antoine de Pluvinel.* 1623.

PONY BOY, GAWANI. *Horse Follow Closely.* BowTie Press, Irvine, CA: 1998.

POWELL, SAM. *Almost a Whisper.* Alpine Publications, Loveland, CO: 1999.

PRATT, O. S. *The Horse Educator: A Practical System of Educating Horses and Dogs to Perform Different Tricks.* Craig, Finley & Rowley, Philadelphia, PA: 1870.

——. *The Horse's Friend: The Only Practical Method of Educating the Horse and Eradicating Vicious Habits.* Professor O. S. Pratt, Buffalo, NY: 1876.

PRICE, STEVEN D. *Essential Riding.* The Lyons Press, New York, NY: 2000.

——. *The Illustrated Horseman's Dictionary.* The Lyons Press, New York, NY: 2000.

RAMEY, DAVID W., D.V.M. *Concise Guide to Navicular Syndrome in the Horse.* Howell Book House, New York, NY: 1997, 2002.

RAREY, JOHN S. *The Modern Art of Taming Wild Horses.* Ohio State Journal Company, Columbus, OH: 1856.

——. *Rarey's Art of Taming Horses.* Additional chapters by Samuel Sidney. Routledge, Warnes and Routledge, London, England: 1858.

RASHID, MARK. *Considering the Horse.* Johnson Books, Boulder, CO: 1993.

——. *A Good Horse Is Never a Bad Color.* Johnson Books, Boulder, CO: 1996.

——. *Horses Never Lie.* Johnson Books, Boulder, Colorado: 2000.

——. *Life Lessons from a Ranch Horse.* Johnson Books, Boulder, CO: 2003.

RICHARDSON, CLIVE. *The Horse Breakers.* J. A. Allen & Company, Ltd., London, England: 1998.

ROBERTS, MONTY. *The Man Who Listens to Horses*. Random House, New York, NY: 1996.

——. *Shy Boy: The Horse That Came in from the Wild*. Harper Collins Publishers, New York, NY: 1999.

——. *Horse Sense for People: Using the Gentle Wisdom of Join-Up to Enrich Our Relationships at Home and at Work*. Viking Press, New York, NY: 2001.

——. *From My Hands to Yours*. Monty and Pat Roberts, Inc., Solvang, CA: 2003.

ROBERTS, TOM. *Horse Control and the Bit*. Claire Tilbrook Brothers, Australia: 1971.

——. *Horse Control: The Young Horse*. T. A. and P. R. Roberts, South Australia: 1973.

——. *Horse Control: The Rider*. T. A. and P. R. Roberts, South Australia: 1973.

——. *Horse Control Reminiscenses*. T. A. and P. R. Roberts, Richmond, South Australia: 1984.

ROJAS, ARNOLD R. *These Were the Vaqueros*. Arnold R. Rojas, CA: 1974.

SAUNDERS, TOM B., IV. *The Texas Cowboy: Cowboys of the Lone Star State*. Stoecklein Publishing, Ketchum, ID: 1997.

SCHINKE, ROBERT J. AND BEVERLY. *Focused Riding*. Compass Equestrian Limited, London, England: 1997.

SELF, MARGARENT CABELL. *Horsemastership: Methods of Training the Horse and Rider*. A. S. Barnes and Company, Inc., New York, NY: 1952.

SHRAKE, RICHARD. *Resistance Free™ Riding*. Breakthrough Publications, Tarrytown, NY: 1993.

——. *Resistance Free™ Training*. Trafalgar Square Publishing, North Pomfret, VI: 2000.

SHRAKE, RICHARD, WITH PAT CLOSE. *Western Horsemanship*. Western Horseman, Inc., Colorado Springs, CO: 1987.

STRASSER, HILTRUD, D.V.M. *A Lifetime of Soundness*. Sabine Kells: 1998.

——. *Shoeing: A Necessary Evil?* Sabine Kells: 2000.

SUMEREL, DAN. *Finding the Magic*. Warwick House Publishers, Lynchburg, VA: 2000.

SWIFT, SALLY. *Centered Riding*. St. Martin's/Marek, New York, NY: 1985.

TELLINGTON-JONES, LINDA. *A TTouch of Magic for ... Horses: The A-Z Book of Unique Training and Health Care Techniques*. Thane Marketing International, La Quinta, CA: 1994.

——. *Improve Your Horse's Well-Being.* Kenilworth Press, Addington: 1999.

——. *TTouch and TTeam Training for Your Horse: A Step-by-Step Picture Guide.* Trafalgar Square Publishing, North Pomfret, VT: 1999.

TELLINGTON-JONES, LINDA, AND URSULA BRUNS. *An Introduction to the TTellington- Jones Equine Awareness Method.* Breakthrough Publications, Millwood, NY: 1988.

TELLINGTON-JONES, LINDA, AND ROBYN HOOD. *The Tellington TTouch for Horses.* 1994.

TELLINGTON-JONES, LINDA, AND SYBIL TAYLOR. *Tellington TTouch: A Breakthrough Technique to Train and Care for Your Favorite Animal.* Viking Press: 1992.

——. *Getting in TTouch: Understand and Influence Your Horse's Personality.* Trafalgar Square Publishing, North Pomfret, VT: 1995.

——. *The Tellington TTouch: A Revolutionary and Natural Method to Train and Care for Your Favorite Animal.* Penguin Group (USA) Inc., New York, NY: 1995.

TELLINGTON-JONES, LINDA, WITH ANDREA PABEL, and Hilmar Pabel. *Let's Ride! With Linda Tellington-Jones: Fun and Teamwork with Your Horse or Pony.* Trafalgar Square Publishing, North Pomfret, VT: 1997.

TWELVEPONIES, MARY. *Everyday Training: Backyard Dressage.* Breakthrough Publications, Millwood, NY: 1983.

WADLEY, HAROld. *Spirit Blending Foals Before and After Birth: An Old Way Continued.* Harold Wadley {self published).

WATSON, MARY GORDON, RUSSELL LYON, AND SUE MONTGOMERY. *Horse, the Complete Guide.* Barnes & Noble Books, New York, NY: 1999.

WHITE JR., LYNN. *Medieval Technology and Social Change,* 1962.

WILTON, JAMES DOUGLAS. *Breaking of the Saddle Horse by Training.* Australia.

——. *The Horse and His Education.* Australia: 1972.

WRIGHT, MAURICE. *The Jeffery Method of Horse Handling.* R. M. Williams Pty, Ltd., Prospect, South Australia: 1973.

——. *The Thinking Horseman.* Maurice C. D. Wright, Dyamberin, Armidale, New South Wales, Australia: 1983.

YOUNG, JOHN RICHARD. *The Schooling of the Western Horse.* University of Oklahoma Press, Norman, OK: 1954

XENOPHON (translated by Morgan, Morris H.). *The Art of Horsemanship.* J. A. Allen & Company, Ltd., London, England: 1962.

GLOSARIO

Aires – Es el movimiento que el caballo realiza con sus extremidades, siendo éste paso, trote y galope. También puede referirse a ciertos movimientos avanzados en horsemanship clásica, como son el piaffe, passage, paso español y los otros aires elevados, aunque muchos de ellos son variaciones de los tres básicos.

Aires elevados – Los movimientos en los que dos o más patas del caballo se separan del suelo, como la levade, cabriola o pirueta. Estos son llamados también movimientos de Alta Escuela y se dice que se originan de la necesidad que, durante la Edad Media, los guerreros montados a caballo, los caballeros, les pedían a sus monturas actuar como armas ofensivas o defensivas. Un caballo encabritado podía inutilizar a un oponente o a su montura y también detener o desviar la espada o la lanza dirigida directamente contra su jinete.

Alfa – La primera letra del alfabeto griego. En los tratados sobre comportamiento animal se usa para designar al individuo dominante dentro de un grupo de animales.

Appaloosa – La raza americana que tiene manchas sobre su grupa (aunque los appaloosas leopardo tienen las manchas repartidas por todo el cuerpo). Los appaloosas también tienen los cascos de color claro, estriados, una esclerótica blanca visible alrededor de la pupila del ojo y manchas moteadas de despigmentación alrededor de los ojos, narices y zona genital. Los appaloosas pueden verse haciendo trabajos de rancho, compitiendo en espectáculos de Monta Western y en Salto y como caballos de paseo.

Ascárido – Una lombriz parásita que, cuando es ingerida en forma de huevos durante el pastoreo, causa diarrea, cólico y otros problemas internos. En su estado larvario, los ascáridos pueden emigrar hasta los pulmones y causar una neumonía parasitaria. Los problemas con los ascáridos pueden prevenirse y tratarse mediante medicación.

Barras – La zona sin dientes de las encías, que va desde los incisivos a los molares en la boca de los caballos. El bocado se apoya en esa zona. / Una continuación en la pared interior de la base del casco. Estas barras forman una "V" invertida, dentro de la que se aloja la ranilla.

Basto o fuste de la silla – Armazón de la silla, generalmente de madera, aunque actualmente se usa también la fibra de vidrio. Consiste en el asiento, las barras, el pomo y los borrenes delantero y trasero. El basto de la silla queda oculto en la mayoría de modelos una vez terminados: el asiento, por su parte inferior, se forra de piel de oveja, natural o sintético, y la parte superior y laterales van cubiertos de piezas de cuero. El pomo presenta diferentes formas, dependiendo del uso que se le vaya a dar a la silla, desde el estrecho y alto de las sillas de cutting hasta el bajo, grueso y robusto dedicado a la práctica de roping, muchas veces forrado con tiras de cuero para evitar que se queme con el roce de la cuerda del lazo.

Borrén trasero – La parte trasera más elevada de la silla.

Bosal – Un lazo de cuero crudo trenzado que forma parte de una jáquima que aplica la presión sobre el puente de la nariz del caballo.

Breakover – El punto en la base del casco que permanece en contacto con el suelo en el momento en que el talón empieza a elevarse. / El momento en que esto ocurre.

Bridón – El filete con doble brida.

Brumby – El caballo salvaje de Australia.

Bulldogging – El deporte de rodeo en el que el jinete sobre su caballo alcanza a un ternero suelto, se lanza sobre él y lo derriba al suelo cogiéndolo por los cuernos. También se le llama *wrestling*.

Cierra-boca – Una muserola diseñada para mantener cerrada la boca del caballo. Forma casi siempre parte de la brida inglesa, pero puede ser una pieza separada del arreo.

Conexión – Desarrollo de una unión emocional con otra criatura, más frecuentemente por medio de caricias y toques en una forma tranquilizadora y amistosa.

Cruz – La parte más alta de la espalda del caballo, donde se junta el cuello al cuerpo. La altura de un caballo se mide desde el suelo a la cruz. Una cruz bien definida es deseable para mantener la silla en su sitio. A los caballos con poca cruz se les llama en EE.UU. "con cruz de oveja".

Cuartilla – La parte inferior de la pata del caballo entre el menudillo y la corona.

Cuarto de Milla / *Quarter Horse* – La raza de caballos registrados más numerosa en el mundo. Son notorios su buen temperamento, agilidad y rápidos cambios de velocidad y dirección. La raza se originó en la era colonial en los Estados Unidos del Este, a raíz del cruce de un purasangre inglés llamado *Janus* con una yegua autóctona, probablemente originaria de los caballos españoles llegados al continente con los conquistadores (Ver Mustangs). En 1940 se fundó la American Quarter Horse Association (AQHA) que promociona el uso de esta versátil raza como caballo de carreras, equitación western e inglesa, espectáculo, competición, enganche, trabajos de rancho y equitación de ocio o recreacional.

Curb bit – Un bocado con palancas, usualmente con una pala en el centro de la barra. Las palancas actúan ejerciendo presión sobre las encías y el paladar. Como la barra del bocado es de una sola pieza, sin articulación, puede usarse con las riendas manejadas con una sola mano. Ver snaffle bit.

Cutting – Deporte western derivado de las prácticas necesarias para separar o cortar (*cut*) una vaca del rebaño. El caballo y su jinete entran en medio del rebaño y, lentamente, llegan hasta colocarse entre la vaca elegida y el resto de la manada. Una vez elegida la vaca, empieza a funcionar el cronómetro y el jinete deja de dirigir a su caballo. El caballo, por su cuenta, debe bloquear a la vaca para evitar que se reintegre en el rebaño, imitando cada movimiento de ésta. El tiempo termina cuando la vaca sobrepasa al caballo, y se hace evidente que no podrá volver a la manada.

Dally – Atar con varias vueltas la cuerda del lazo al pomo de la silla, después de haber lazado un ternero o una vaca. La palabra viene del español "¡dale, dale!", cuando se animaba de esta forma a los vaqueros californianos para asegurar el animal lazado durante los trabajos de rancho. En el deporte de Team Roping se usa este método cuando el ternero está atado por la cuerda del lazo al cuerno de la silla "hard and fast".

Dam – La yegua madre.

Dar cuerda – Hacer que un caballo vaya en círculos alrededor de su entrenador sujeto con una larga cuerda fijada a la cabezada. La longitud de esta cuerda varía según el propósito. Las cuerdas más cortas (4 a 6 metros) se usan para amansar al caballo y prepararlo para la silla y montarlo. Las más largas (más de 10 metros) son para ejercitar al caballo, para mejorar su porte o la técnica de su jinete. La *free longe* (libre, sin cuerda) se hace en corrales redondos (round pen), haciendo correr al caballo libre, en círculos alrededor del entrenador, con propósitos diversos. También se llama simplemente *lunge*.

Desunir los posteriores – Cuando un caballo mueve lateralmente sus posteriores (sideways), moviendo una pata, separándola de la otra. También se conoce como untracking. Como este movimiento coloca momentáneamente al caballo desequilibrado e incapaz de correr, retroceder, encabritarse, o cocear, es un ejercicio que se enseña al caballo al principio de su entrenamiento. Cuando se hace a petición del jinete, se considera un acto de sumisión y requiere que el caballo piense en el lugar en que se encuentran sus pies, en lugar de comportarse mal.

Dressage – *Doma Clásica* – Palabra francesa que significa entrenamiento. En equitación, es un método de enseñanza basado en un entrenamiento progresivo, con pasos muy definidos y pruebas de habilidad que caballo y jinete deben superar antes de pasar al siguiente nivel. Esta doma es, posiblemente, el método de entrenamiento más antiguo aún usado actualmente. La mayoría de la gente cree que la Doma Clásica es una disciplina de equitación inglesa, aunque sus raíces son más francesas que inglesas.

Enterolitos – Piedras que se forman en el tracto intestinal del caballo, especialmente en aquellos regímenes alimenticios ricos en alfalfa. También se dan en casos de ingestión de arena o tierra durante el pastoreo.

Espalda dentro – Un movimiento de escuela, inventado por La Guérinière, en el cual el caballo se mueve hacia delante con sus anteriores dirigidos hacia el interior de la pista. Cuando se hace adecuadamente, el pie interior y la mano siguen la misma senda. Forma parte del trabajo "a dos pistas".

Espejuelo – El vestigio de un antiguo dedo del caballo que crece como una excrecencia dura en la parte interna de las patas. Es distintivo como las huellas digitales en el hombre y se usa como marca de identificación en los registros de raza y las comisiones en las carreras.

Estróngilo – Un parásito de la sangre que causa anemia y daños en el tejido intestinal, incluyendo aneurismas que pueden matar al caballo prematuramente. Un programa de desparasitación es la mejor prevención.

Filete – Bocado con la embocadura partida o no, sin desveno y con anillas a cada extremo de la misma para fijar las riendas y la carrillera. El filete opera por presión directa por medio de cada rienda en lugar de presión de palanca como en el curb bit. El filete se usa en caballos de enganche, para entrenar caballos de silla jóvenes, y, cada vez más, en caballos bien domados y entrenados. Tradicionalmente, el filete se ha considerado por algunos como bocado suave y por otros como bocado severo. La verdad es que todo depende de las manos que lo usen.

Flexión lateral – Acto de doblar el cuello del caballo hacia un lado. Aunque el caballo, de forma natural, puede correr incluso con el cuello doblado voluntariamente a un lado, no suele inclinarse a hacerlo si su cuello es doblado por el jinete, probablemente debido a que no es una postura muy propicia para ello. Los ejercicios de flexión lateral refuerzan el papel de líder del jinete, enseñan al caballo a ceder a la tensión, y le hacen más ágil, flexible y ligero al mando. Un caballo que flexiona bien lateralmente, aprende con más facilidad la flexión vertical, que es colocar su cabeza en posición vertical.

Flexionar el caballo – Cuando el jinete hace flexionar la cabeza del caballo a un lado, con el propósito de recuperar el control o crear un actitud sumisa. Flexionar el cuello del caballo produce la desunión de los posteriores. También se conoce como "one-rein stop" (parada con una rienda), como un freno de emergencia.

Forehand – La mano y el hombro del caballo. También se define en inglés como *forequarters o front end.*

Garganta, Ahogadero – La parte del cuerpo del caballo entre el cuello y la parte inferior del hueso de la quijada. / La parte de la brida que pasa por la parte inferior y rodea la garganta, como sujeción de la cabezada, evitando que ésta se deslice hacia delante.

Gelding – Caballo castrado / Se consideran caballos más serenos, tranquilos y fáciles de manejar que las yeguas y los caballos enteros, y son más apropiados para el aprendizaje y jinetes noveles. Los enteros o sementales no apropiados para la cría deben castrarse muy pronto después de nacer. Si se castran de jóvenes, crecen más altos, con un cuerpo más grácil que los musculosos y pesados sementales.

Gentling – El proceso de entrenamiento para enseñar al caballo a ser más confiado y respetuoso con el humano, eliminando los comportamientos irrespetuosos basados en el miedo. En el pasado se denominaba *taming* (domesticación) o *breaking* (doma), aunque esto último implica romper el espíritu del caballo, que como se ha visto no es necesario para preparar un caballo para la equitación o el enganche.

Green / *Novato* – Con poca o nula experiencia. Se aplica tanto al caballo como al humano. Juntar un caballo *green* con un humano *green* suele resultar en fracaso y lesiones para ambos. Según el refrán inglés: *"Green on green equals black and blue"* (Novato sobre novato igual a desgracia y tristeza).

Greenhide – Palabra de origen australiano para el cuero sin curtir, como *rawhide* en inglés.

Gymkhana – Juegos de equitación, como el *pole bending*. La palabra significa "salón de baile" en hindú y viene de la India, pues estos juegos eran populares entre los soldados de caballería ingleses destinados a la colonia. Actualmente se practica sobre todo por niños y muchachos en los Pony Clubs y Centros de Equitación.

Headstall – La brida Western, excluyendo el bocado.

Heifer – Una vaca joven, especialmente la que aún no ha parido un ternero.

Hooking on – Palabra, popularizada por Ray Hunt, para definir lo que sucede cuando un caballo decide permanecer junto a su entrenador en lugar de apartarse de él. Ver también *Join-Up*.

Hueso del pie – El hueso de la tercera falange en el casco. También se le conoce como falange distal o P3.

Infosura – Inflamación de la lámina, un tejido blando y frágil, que conecta el hueso del pie a la pared interior del casco. Una laminitis grave y crónica puede producir la rotación vertical y hundimiento del hueso del pie, lo que se conoce popularmente como infosura (*founder en inglés*). No confundir con *lameness*: cojera.

Iniciar un caballo – Entrenar un caballo o potro desde el principio, para ser montado o enganchado. En algunos ambientes, aún se usa la palabra "domar" el caballo, aunque esto no represente la intención de doblegar con violencia la voluntad del caballo.

Isolation chute – Un cerramiento hecho con tablones o paneles sólidos del tamaño adecuado para que quepa un caballo, pero lo suficientemente ajustado para evitar que pueda cocear, botarse o golpear con sus manos. Algunas veces se usa con propósitos veterinarios o para someter a un caballo alborotado o salvaje a fin de controlar por completo su movimiento.

Jáquima / Hackamore – Una brida sin bocado, que controla el caballo por medio de la presión sobre el bozal sobre la nariz del animal. Se usaba por los *vaqueros* y se hizo pieza importante en California, dentro del sistema de preparación de un caballo para admitir el bocado.

Join-Up – Palabra, popularizada por Monty Roberts, con el mismo sentido que *hooking on*.

Keg shoes – Herraduras producidas en serie. Recibieron este nombre en los EE.UU. por suministrarse en barriles de madera (*kegs*).

Larva – La larva parásita de la mosca gasterophilus. Aparecen en forma de puntitos amarillentos en los labios del caballo y las patas anteriores, y son ingeridos hasta el estómago, donde pueden causar cólicos y pérdida de peso. Un programa de desparasitación reduce el riesgo de que un caballo se vea afectado, así como lavar cualquier huevo que se encuentre en el pelo del caballo. Eliminar el estiércol en el que viven las larvas y moscas, es otro tratamiento preventivo.

Látigo – Las tiras o correas de cuero que sirven para sujetar la cincha en las sillas western. También las tiras de cuero que cuelgan de algunas sillas western para sujetar paquetes, el lazo, etc.

Limar las puntas – Limar o rebajar las puntas de algunos dientes afilados dentro de la boca del caballo. Los dientes del caballo nacen y crecen a lo largo de toda su vida. Los caballos domésticos no sufren la suficiente abrasión de su dentadura debido a los alimentos con tanta intensidad como sería necesario, por lo que se impone la abrasión sistemática para su confort, buena salud, correcta masticación y para lograr una buena respuesta al bocado.

Línea de Control – Una línea imaginaria vertical que cruza el cuerpo del caballo, aproximadamente donde las piernas del jinete cuelgan naturalmente, sin estribos. La presión aplicada detrás de esa línea imaginaria hace que el caballo avance. La presión aplicada por delante de la línea hace que el caballo reduzca la velocidad, pare o retroceda. Si se aplica presión por delante de la línea en un lado del caballo y por detrás en el otro lado, hará que el caballo pivote sobre sus cuartos delanteros o traseros.

Lunge – Palabra americana para la francesa *longe*.

Maniotas – Artilugio fijado a la pata o patas de un caballo con el propósito de restringir y controlar sus movimientos.

Martingala / *Gamarra* / *Tijerillas* – Una correa de cuero fijada a la cincha, que pasa entre las manos del caballo hasta la cabezada (gamarra), o que se divide en dos y pasa por las riendas gracias a unas arandelas (tijerillas). Éstas se usan para evitar que se levante parcialmente la cabeza del caballo en las maniobras de control. La martingala fija se usa para restringir el movimiento hacia arriba de la cabeza del caballo.

Monta de broncos – Un caballo que se bota estando ensillado, que se usa en las competiciones de rodeo de esta modalidad.

Mustang – El caballo nativo americano en los Estados Unidos. Descendiente de los primeros caballos españoles llegados a América en el siglo XV, escapados, huidos o robados de las granjas y ranchos. Actualmente los mustangs suelen ser de poca estatura (unas quince manos = 150 centímetros) y siguen siendo animales rústicos que pastorean libres por las praderas de los Estados Unidos. Cercanos a la extinción, hoy día están protegidos por la Ley americana a través del Bureau of Landing Management–BLM (Oficina de Gestión Territorial), por medio de apadrinamientos y otras actuaciones que se describen en este libro. La palabra mustang viene del español *mesteño* (sin dueño conocido).

Nuca – La parte más elevada de la cabeza del caballo, entre las orejas.

One-rein stop – Ver *flexionar el caballo*.

Opposition reflex – Ver *positive thigmotaxis*.

Pilares – Son para el entrenamiento del caballo, que parecen inventados por el francés Antoine de la Baume Pluvinel (1556-1620), quien los usaba para enseñar al caballo los movimientos conocidos como aires elevados. Con o sin jinete, se ataba al caballo a un poste, o bien entre dos postes sólidamente fijados al suelo, y se le instaba a realizar las difíciles y peligrosas maniobras militares.

Pinto / *American Paint Horse* – La raza americana con parches de blanco u otro color por encima de las rodillas y además que al menos uno de sus progenitores esté registrado en la American Paint Horse Association, el Jockey Club (Thoroughbreds) o la American Quarter Horse Association. Un caballo con color uniforme puede ser registrado como un Breeding Stock Paint si ambos progenitores están registrados como American Paint Horses.

Pomo, Perilla – La parte frontal elevada de las sillas inglesa o western.

Positive thigmotaxis – La tendencia natural de los caballos (y otros organismos) a moverse contra la fuente de una presión. También se conoce como reflejo de oposición. Por medio del entrenamiento, los caballos superan esto y aprenden a ceder a la presión.

Punto de presión – En el ajuste de la silla sobre el caballo, el punto sobre el que ésta ejerce y se concentra, en lugar de repartirse en un área más extensa. La evidencia de esta presión excesiva y puntual puede localizarse observando el patrón del sudor en la piel del caballo bajo la silla y el sudadero después de un trabajo prolongado. Las zonas secas indican los puntos de presión en los que el flujo de la sangre ha resultado inhibido. La meta para lograr una silla bien adaptada es eliminar los puntos de presión.

Quirt – Fusta.

Ramal – Un tipo de rienda en el que las dos tiras que salen del bocado se juntan en un punto y terminan en una sola rienda, que es lo que sostiene el jinete. El estilo de Monta Western en que se usa este tipo de rienda, generalmente en California.

Ranilla – La masa blanda de forma triangular entre las barras y el talón del casco del caballo.

Reata – Cuerda hecha de cuerdas trenzadas de cuero sin curtir o de pelo de caballo / Palabra de origen español.

Reunión – El estado de reunión del caballo, en el que goza del aspecto más compacto, con la espalda elevada, su nuca flexionada y sus cuartos traseros más remetidos bajo el cuerpo. Aunque el caballo puede ser entrenado para ello con las riendas flojas, la reunión se obtiene casi siempre impulsando al caballo hacia adelante con presión de las piernas, mientras se le mantiene inmóvil con las riendas tensas.

Riendas largas – El proceso de entrenamiento consistente en que el entrenador camina detrás del caballo controlándolo por medio de rienda largas. Aunque se usa para enseñarle a ir conducido por un arnés de enganche, las riendas largas se usan también para enseñar a caballos jóvenes antes de montarlos. También se le conoce como *ground driving* si se hace para caballos de enganche o *long reining* si se hace con un caballo de silla.

Roached mane – La crin cuando sus pelos se cortan tan cortos que se mantienen erectos. Se hace por apariencia, facilidad de cuidado y para evitar que la crin moleste al jinete. En algunos lugares, el esquilado parcial de la crin indica el grado de doma y entrenamiento del caballo.

Rough string – En los equipos de cowboys del pasado, una fila (grupo) de caballos difíciles de montar por ser propensos a botarse, morder, desbocarse o cocear, que se llevaban separados del resto de los caballos de remuda (grupo de caballos de recambio). Este grupo de caballos se asignaba a un cowboy, que recibía un salario extra por montarlos y amansarlos.

Sacking out – Desensibilizar a un caballo al contacto y roce de diversos objetos y materiales. Generalmente se usaban y aún se usan sacos de pienso vacíos para ello. El método es a base de frotar todo el cuerpo del caballo con el saco, moviéndolo de una parte a otra sólo cuando el caballo se mantiene tranquilo y completamente indiferente y relajado. El sacking out se hace para lograr que el caballo esté atento a lo que pasa pero que no tenga miedo. El estar relajado es la muestra de que está desensibilizado a los estímulos.

Shank – Las dos piezas o palancas largas del bocado, que van desde ambos lados exteriores de éste hasta la fijación de las riendas. La longitud de éste determinan la cantidad de acción de palanca que se puede ejercer a través de las riendas.

Side pull – Cabezada de entrenamiento, con anillas en los lados, donde van fijadas las riendas.

Síndrome navicular – Enfermedad crónica e incurable asociada a un deterioro de hueso navicular.

Sobrecincha, Cinchuelo – Una correa, generalmente de cuero o nylon, que rodea el tórax del caballo. Puede usarse como sujeción segura de una manta sobre el caballo o para dar mayor seguridad a la silla en los caballos de carreras, haciendo las veces de una sobrecincha. En el siglo diecinueve, las sobrecinchas provistas con anillas se usaron frecuentemente en el entrenamiento de caballos difíciles. Hoy día, se usan para preparar un caballo a aceptar la silla y también en el trabajo pie a tierra con riendas largas.

Sometimiento – Un antiguo término que significa enseñar al caballo a someterse al mando del humano. Descartado en Horsemanship.

Spade bit – Un tipo de bocado muy ornamentado para caballos bien entrenados, usado por los *vaqueros* de California. Una cucharilla o pieza de diferentes formas y tamaños está colocada en el centro de la embocadura, donde iría el desveno, permitiendo al jinete aplicar una fuerte presión en el paladar del caballo. La embocadura se une a las largas palancas exteriores por una bisagra o una soldadura. Aunque parezca un instrumento brutal, en manos de un jinete experto no es más severo que cualquier otro bocado.

Spinning – En el Reining, una maniobra en la que el caballo hace uno o más giros de 360 grados, mientras pivota alrededor de su cuarto trasero interior.

Stakes winner – Un caballo que ha ganado la carrera de "apuestas". / Esta carrera es para caballos muy bien entrenados, en los que los propietarios de los animales participantes aportan una cantidad de dinero, que se añade al premio.

Swells – En la silla western, las extensiones laterales del pomo que sirven de ayuda para mantener la posición del jinete y le da un sitio donde apoyarse cuando usa el lazo. Las sillas "Beartrap" del pasado tenían *swells* más grandes, que se extendían sobre las piernas del jinete, proporcionándole mayor sujeción sobre la silla. En las sillas de borrenes lisos, como las montadas sobre baste "Wade", no tienen *swells* y en ocasiones se añaden unos almohadillados de quita-y-pon, llamados "bucking rolls" para darle al jinete una mayor seguridad cuando monta caballos difíciles. La mayoría de las sillas western tienen unos *swells* moderados ya incorporados.

Tender el caballo en el suelo – Un método de amansamiento usado por muchos entrenadores a través de la historia, particularmente durante el siglo diecinueve. Generalmente se hace con una maniota en una mano del caballo para limitar sus movimientos, luego desequilibrándolo hasta que se tiende en el suelo. Una vez ahí, el caballo es acariciado y mimado. Cuando se le quita la maniota y se le pide que se levante, está mucho más sumiso y tratable. También es conocido como *casting o throwing a horse.*

Thoroughbred – Raza estrechamente vinculada con las carreras lisas y de obstáculos (steeplechase), por su alta velocidad y resistencia en las competiciones de más de un cuarto de milla (más de 400 metros). Todos los Thoroughbreds tienen su origen en uno o más de los sementales fundadores de la raza *Byerly Turk, Darley Arab y Godolphin Barb*. El Thoroughbred es excelente en competiciones de caza, Salto, caza del zorro y como montura de Doma Clásica, y ha contribuido con las razas de Standardbred, Saddlebred, American Quarter Horse y algunas razas europeas de sangre caliente. Aunque erróneamente, se usa a veces para designar al purasangre inglés (PSI).

Throwing horse –Ver *Tender el caballo en el suelo.*

Tie-down – Palabra western para designar la martingala fija o gamarra.

Untracking horse – Ver *Desunir posteriores.*

Using horse – Una palabra western que designa a un caballo que puede usarse para algo útil, como el caballo de trabajo de rancho.

Vaquero / *Cowboy* / *Cowman* – Empleado de rancho encargado del manejo del ganado.

War bridle – Brida de emergencia, hecha con una cuerda. Consiste básicamente en un lazo de cuerda que pasa por detrás de las orejas del caballo y por dentro de su boca, a veces atando su labio superior. Puede también rodear el hocico del caballo por fuera. Aunque se asocia a los nativos americanos, esta "brida" tiene orígenes diversos. Algunas veces se usa para entrenar un caballo y muchas como brida improvisada.

SOBRE LOS AUTORES

DOCTOR ROBERT M. MILLER

El Dr. Robert M. Miller es experto en conducta equina internacionalmente famoso, autor y caballista. Su trabajo en las capacidades precoces de aprendizaje de los potros recién nacidos, englobadas en el sistema llamado Imprint Training, es uno de los avances más profundos en la historia de la relación con el caballo.

Dr. Robert M. Miller y Rick Lamb. (Tevis Photographic)

El Dr. Miller ganó su doctorado en medicina veterinaria en la Universidad del Estado de Colorado, en 1956, y más tarde fundó lo que hoy día es el *Conejo Valley Veterinary Hospital* en Thousands Oaks, California. Desde su retiro de la práctica veterinaria en 1988, ha estado viajando por todo el mundo promocionando y enseñando el *imprint training* y la cada vez más extendida revolución en horsemanship, en la que él mismo ha tenido un importante papel. Su experiencia es solicitada desde las granjas de cría en Kentucky hasta los campus universitarios en Europa.

Un escritor prolífico y dibujante, el Dr. Miller es el autor de cinco libros sobre el cuidado del caballo y su entrenamiento, nueve libros ilustrados sobre veterinaria, cincuenta artículos científicos e incontables artículos en revistas. Él y su esposa, Debby, viven en California, donde montan y crían caballos y mulas.

RICK LAMB

Rick Lamb es el presentador de dos programas de radio de ámbito nacional, *The Horse Show with Rick Lamb* y *The Horse Show Minute*. Desde

1997 ha conducido más de 1.000 entrevistas con entrenadores, instructores, deportistas, competidores, veterinarios y otros expertos en caballos. Un entrevistador experto y muy comprometido, Mr. Lamb ha ganado seis premios nacionales, y sus programas lo han convertido en uno de los más populares y respetados pedagogos en la pujante industria del caballo en Norteamérica.

Lamb recibió su grado de Bachiller en Matemáticas y Filosofía en la Universidad del Estado de Wichita, en 1973. Cuatro años después abrió "Lambchops Studios", hoy en día una de las instalaciones de producción de audio más importantes del sudoeste de los EE.UU, y la base de operaciones de *The Horse Show*.

Lamb ha escrito más de 700 comentarios radiofónicos, cientos de anuncios comerciales, seis artículos en revistas y ha escrito un libro. Músico profesional desde los catorce años, todavía interpreta cuando tiene tiempo para ello. Reside en Arizona con su esposa, Diana. Crían y entrenan sus propios caballos.

ÍNDICE

Made in the USA
Lexington, KY
23 September 2011